道路桥梁
工程材料及施工技术

王立朋 张逸飞 黄天懿 著

吉林科学技术出版社

图书在版编目（CIP）数据

道路桥梁工程材料及施工技术 / 王立朋，张逸飞，黄天懿著 . -- 长春：吉林科学技术出版社，2022.1
ISBN 978-7-5578-8601-1

Ⅰ.①道… Ⅱ.①王…②张…③黄… Ⅲ.①道路工程—工程材料②桥梁工程—工程材料③道路施工④桥梁施工 Ⅳ.① U41 ② U44

中国版本图书馆 CIP 数据核字（2021）第 162274 号

道路桥梁工程材料及施工技术

著　　者	王立朋　张逸飞　黄天懿
出 版 人	宛　霞
责任编辑	端金香
封面设计	皓　月
制　　版	刘　佳
幅面尺寸	170mm×240mm　1/16
字　　数	350 千字
页　　数	340
印　　张	21.25
印　　数	1-1000 册
版　　次	2022 年 1 月第 1 版
印　　次	2022 年 1 月第 1 次印刷

出　　版	吉林科学技术出版社
发　　行	吉林科学技术出版社
地　　址	长春市福祉大路 5788 号出版大厦
邮　　编	130118
发行部电话 / 传真	0431-81629529　81629530　81629531
	81629532　81629533　81629534
储运部电话	0431-86059116
编辑部电话	0431-81629517
印　　刷	三河市嵩川印刷有限公司

书　　号	ISBN 978-7-5578-8601-1
定　　价	60.00 元

版权所有　翻印必究　举报电话：0431-81629508

前 言

随着近些年我国国内经济水平的飞速发展，人们日常生活质量和水平都得到明显提升，人们对于日常出行以及交通运输等方面都有了更高层次上的要求，加之物流行业的飞速发展，都推动了国内道路桥梁的建设与完善。它不但标志着现代化技术的发展水平，还是推动社会发展的重要工具。现阶段我国对于道路桥梁工程的建设规模和建设数量都在不断地提升中，加之道路桥梁的质量关系着交通运输和人们出行的安全，因此有针对性地提升道路安全质量就变得非常重要了，而施工材料和施工技术在一定程度上决定了道路桥梁的整体质量，因此对材料质量进行检测、对施工技术进行优化就变得至关重要了。保证材料质量的优良性和施工技术的先进性，才能有效保证道路桥梁工程的质量，进而保证人们出行顺畅以及交通运输的安全性。

基于此，编者对道路桥梁工程材料和施工技术进行分析，希望能够更好推动道路桥梁工程整体水平的提升。全书共分为六章，内容包括：道路桥梁工程材料、土木工程材料实验检测、桥隧结构检测技术、道路施工技术、桥梁施工技术、道路桥梁施工组织与管理。

本书由中铁十九局集团第五工程有限公司的王立朋、安徽审计职业学院的张逸飞和武汉铁路桥梁职业学院的黄天懿担任著者。具体分工如下：王立朋负责第一章和第六章的撰写（共计13万字）；张逸飞负责第三章和第五章的撰写（共计11万字）；黄天懿负责第二章和第四章的撰写（共计11万字）。

目 录

第一章 道路桥梁工程材料概述 ... 001
- 第一节 土的工程性质与砂石材料 ... 001
- 第二节 建筑砂浆与金属材料 ... 016
- 第三节 墙体与屋面材料 ... 038
- 第四节 建筑装饰材料 ... 051
- 第五节 工程聚合物材料 ... 078

第二章 土木工程材料试验检测 ... 086
- 第一节 土木工程材料检测概论 ... 086
- 第二节 水泥试验 ... 098
- 第三节 建筑砂浆试验 ... 107
- 第四节 钢筋与沥青试验 ... 113
- 第五节 混凝土试验 ... 120

第三章 桥隧结构检测技术 ... 139
- 第一节 桥隧结构检测技术的内涵 ... 139
- 第二节 结构混凝土无损检测技术 ... 151
- 第三节 桥梁上部结构检测技术 ... 154
- 第四节 桥梁成桥检测技术 ... 162
- 第五节 隧道检测技术 ... 166

第四章 道路施工技术 … 191
第一节 道路施工技术综述 … 191
第二节 路基工程施工 … 196
第三节 道路基层施工 … 199
第四节 沥青路面施工 … 210
第五节 水泥混凝土路面施工 … 222

第五章 桥梁施工技术 … 236
第一节 桥梁施工技术综述 … 236
第二节 桥梁基础施工 … 242
第三节 桥梁墩台施工 … 265
第四节 混凝土连续梁施工 … 276

第六章 道路桥梁施工组织与管理 … 289
第一节 施工组织设计介绍 … 289
第二节 施工组织的一般方法 … 303
第三节 机械化施工组织 … 307
第四节 环境保护与施工安全 … 314

结语 … 330

参考文献 … 331

第一章 道路桥梁工程材料概述

本章主要介绍了道路桥梁工程中的砂石材料、建筑砂浆材料、金属材料、墙体材料、屋面材料、建筑装饰材料、工程聚合物材料等。

第一节 土的工程性质与砂石材料

一、土的工程性质

（一）土的三相组成

土的三相包括固相、液相和气相。土的三相物质组成是很复杂的。

1. 土的固相

土的固相物质分无机矿物颗粒和有机质，称为土的骨架。矿物颗粒由原生矿物和次生矿物组成。原生矿物是指岩浆在冷凝过程中形成的矿物，如石英、长石、云母等。原生矿物经化学风化作用后发生化学变化而形成新的次生矿物，如三氧化二铁、三氧化二铝、次生二氧化硅、黏土矿物、碳酸盐等。次生矿物按其与水的作用可分为可溶的或不可溶的，可溶的按其溶解难易程度又可分为易溶的、中溶的和难溶的。次生矿物的成分和性质均较复杂，对土的工程性质影响也较大。

在风化过程中，往往有微生物的参与，在土中产生有机质成分，如多种复杂的腐殖质矿物。此外，在土中还会有动植物残骸体等有机残余物，如泥炭等。有机质对土的工程性质影响很大，但目前对土的有机质组成的研究还很不够。

2. 土的液相

土的液相是指土孔隙中存在的水。一般把土中的水看成是中性的，无色、无味、无嗅，其密度为1g/cm³，容量为9.81kN/m³，在0℃时冻结，在100℃时沸腾。但实质上，土中水是成分复杂的电解质水溶液，它与土粒间有着复杂的相互作用。

由于土的颗粒表面通常带有负电荷，因此水在带电固体颗粒之间受到表面电荷电场的作用，水分子和水化阳离子就会向颗粒周围聚集。根据受颗粒表面静电引力作用的强弱，土孔隙中的水可以划分为三种类型：强结合水、弱结合水和自由水。

（1）强结合水

强结合水是指紧靠土颗粒表面的水，受表面电荷静电引力最强。静电引力把极性水分子和水化阳离子牢固地吸附在颗粒表面上形成固定层。这部分水的特征是没有溶解能力，不能传递静水压力，不能自由移动，只有吸热变成蒸汽时才能移动。它极其牢固地结合在土颗粒表面上，其性质接近于固体，密度为1.2~2.4g/cm³，冰点极低，有时甚至在-78℃都不冻结，具有极大的黏滞性。如果将完全干燥的土移置在天然湿度的空气中，则土的质量将增加，直到土中吸着强结合水达到最大容量为止。土颗粒越细，土的比表面积越大，则最大吸湿容量就越大。强结合水层也称为吸附层或固定层，其厚度很薄，一般仅为1~2个水分子的厚度。

（2）弱结合水

弱结合水就是紧靠强结合水外围的一层水膜。在这层水膜范围内的水分子和水化阳离子仍受到一定程度的静电引力，离颗粒表面距离越远，受静电引力越小。这部分的水仍然不能传递静水压力，但水膜较厚的弱结合水能向邻近较薄水膜处缓慢转移。弱结合水层称为扩散层。固定层和扩散层与土层表面负电荷一起构成所谓的双电层。

（3）自由水

在结合水膜以外的水，为正常的液态水溶液，它受重力的控制而流动，能传递静水压力，称为自由水。自由水又包括毛细水及重力水。毛细水是受毛细作用控制的水，它除了受重力作用外，还受到表面张力引起的毛细作用的支配。可以把土的孔隙看作是连续的变截面的毛细管，毛细管中毛细水的上升高度取决于毛细管的直径，毛细管直径越小，上升高度越高。土中的毛细水也会从潜水面上升到一定的高度。毛细水对公路路基的干湿状态及冻害有重要的影响，对砂类土的强度也有一定的影响。重力水是只受重力控制的自由水，它不受表面张力的影响，在重力或压力差作用下在土中渗流。

土中除结合水、自由水等液态水外，还可能有气态水（呈水蒸气形态的水）和固态水（呈冰形态的水）存在。不同形态的水，在一定条件下会相互转化，并对土的性质起着重要作用。

3. 土的气相

土的气相主要指土孔隙中充填的空气。土的含气量与含水率有密切关系。土孔隙中占优势的是气体还是水，土的性质会有很大的不同。

土中的气体可分为与大气连通的和不连通的两类。与大气连通的气体对土的工程性质影响不大，在受到外力作用时，这种气体能很快地从孔隙中被挤出。而与大气不连通的密封气体对土的工程性质影响较大。在受到外力作用时，随着压力的增大，这种气泡被压缩或溶解于水中；压力减小时，气泡会恢复原状或重新游离出来。这种含气体的土称为非饱和土。

非饱和土的工程性质研究已形成土力学的一个新分支。

（二）土的物理性质

由于土是由固体颗粒、液体和气体三部分组成，各部分含量的比例关系直接影响土的物理性质和土的状态。例如，同样一种土，松散时强度较低，经过外力压密后，强度会提高。对于黏性土，含水量不同，其性质也有明显差别，含水量高，则软，含水量低，则硬。在土力学中，为进一步描述土的物理和力学性质，将土的三相成分比例关系量化，用一些具体的物理量来表示，这些物理量就是土的物理性质指标，如含水量、密度、土粒比重、孔隙比、孔隙率和饱和度等。

（三）土的颗粒级配

1. 土粒大小及粒组划分

自然界中土的颗粒大小十分不均匀，性质各异。土颗粒的大小，通常以颗粒直径大小来表示，简称粒径，单位为mm。土粒并非理想的球体，通常为椭球状、针片状、棱角状等不规则形状，因此粒径只是一个相对的、近似的概念，应理解为土粒的等效粒径。土的粒径变化范围极大，大的可达数千毫米以上，小的可小于万分之一毫米。随着粒径的变化，土粒的成分和性质也逐渐发生变化。

自然界中土一般都是由大小不等的土颗粒混合而组成的，也就是不同大小的土颗粒按不同的比例搭配关系构成某一类土，比例搭配（级配）不一样，则土的性质各异。因此,研究土的颗粒大小组合情况,也是研究土的工程性质一个很重要的方面。所谓土的颗粒大小组合情况,在工程上就是按土颗粒(粒径)大小分组,称为粒组。每个粒组都以土粒直径的两个数值作为其上下限,并给以适当的名称。简言之,粒组就是人为划分的一定的粒径区间,以毫米表示。从土的工程性质角度出发,粒组的划分一般应考虑三个原则:其一,符合粒径变化所引起的质的变化规律,即每个粒组具有相同或相似的成分与性质;其二,与粒组的分析技术条件相适应,即不同大小的土粒可采用不同的适用方法进行分析;其三,粒组界限值力求服从简单的数学规律,以便于记忆与分析,即各粒组界限值是200 mm、20 mm、2 mm。这三条中,第一条是最重要的。

粒组划分及详细程度各国并不一致,其中砂粒与粉粒界限值有所不同,有0.075 mm、0.06 mm和0.05 mm等三种方案,但本质上差别不大。20世纪80年代以前,我国以0.05 mm作为砂粒与粉粒的界限值,与东欧诸国一致,后经修订改为0.075 mm。粉粒与黏粒的界限值也有三种不同的值,即0.005 mm、0.002 mm和0.001 mm,土壤学中以0.001 mm作为该两组的界限值。

小于0.002 mm的土粒中很少有未风化矿物,以次生矿物为主;而在0.002~0.005 mm土粒中,尚有未风化的原生矿物,所以以0.002 mm粒径作为黏、粉粒两组界限值是有一定依据的,并为许多国家所采用。我国的《土的工程分类标准》(GB/T 50145—2007)多年来采用0.005 mm作为该两粒组的界限值,而《公路土工试验规程》(JTG E40—2007)仍采用0.002 mm作为黏粒和粉粒的界限值,是在工程实际中总结了土的工程性质。

目前,我国广泛应用的粒组划分方案是符合量变到质变的规律的,同时,该方案与现代粒组分析技术及观察技术相适应,如粒径大于200 mm的土粒可直接测其粒径大小,粒径大于2 mm的土粒,用粗筛分离粒组,用肉眼观察颗粒大小与矿物成分,也可进行岩石的薄片研究;砂粒可用细筛分离粒组,用双目镜观察;粉粒与黏粒可按颗粒在静水中的沉降原理进行分离,并测定各粒组的相对含量;粉粒可用显微镜观察,黏粒常用电子显微镜观察。

2. 粒度成分及其确定方法

土的粒度成分是指干土中各种不同粒组的相对含量(以干土质量的百分比表示),它可用来描述土的各种不同粒径的分布特征。它是通过土的颗粒分析试验测定的,在土的分类和评价土的工程性质时,常需测定土的粒度成分。目前，颗粒分析的试验方法可分为筛分析方法和静水沉降方法两大类。

（1）筛分法

将风干、分散的代表性土样通过一套筛孔直径与土中各粒组界限值相等的标准筛，称出经过充分过筛后留在各筛盘上的土粒质量，即可求得各粒组的相对百分含量。目前我国采用的标准筛的最小孔径为0.075 mm（或0.1 mm）。

（2）静水沉降法

首先应将土中集合体分散制成悬液，然后根据不同粒径的土粒在静水中的沉降速度不同的原理，测定细粒组的颗粒级配。土粒在静水中沉降时受到土粒的重力和液体水的阻力两种力的作用，斯托克斯（Stokes）根据这两种力的平衡条件建立了土粒直径与沉降速度的关系。

（四）土的工程分类

自然界的土类众多，工程性质各异。土的分类体系就是根据土的工程性质差异将土划分成一定的类别，其目的在于通过一种通用的鉴别标准，将自然界错综复杂的情况予以系统地归纳，以便于在不同土类间做有价值的比较、评价、积累以及学术与经验的交流。不同部门研究问题的出发点不同，使用分类方法各异，目前国内各部门根据各自的用途特点和实践经验，制定了各自的分类方法。在我国，为了统一工程用土的鉴别、定名和描述，同时也便于对土性状做出一般定性的评价，制定了国家标准《土的工程分类标准》（GB/T 50145—2007）。

目前，国内外有两大类土的工程分类体系，一是建筑工程系统的分类体系，它侧重于把土作为建筑地基和环境，故以原状土为基本对象，因此，对土的分类除考虑土的组成外，很注重土的天然结构性，即土粒连结与空间排列特征，如《建筑地基基础设计规范》（GB 50007—2011）地基土的分类。二是工程材料系统的分类体系，它侧重于把土作为建筑材料，用于路堤、土坝和填土地基等工程。故以扰动土为基本对象，注重土的组成，不考虑土的天然结构性，如《土的工程分类标准》（GB/T 50145—2007）工程用土的分类和《公路土工试验规程》（JTG E40—2007）的工程分类。

二、砂石材料

（一）岩石材料

岩石是组成地壳的基本物质，是由造岩矿物在地质作用下按一定的规律聚集而成的自然体。按岩石的形成条件可将岩石分为岩浆岩、沉积岩、变质岩三大类，不同类型的岩石其结构构造也不同。工程中常用的岩石类型有花岗岩、玄武岩、辉长岩、石灰岩、砂片、石英岩、片麻岩等。

岩石材料是道路与桥梁建筑中用量最大的一种材料，它是由岩石风化或加工而成，可直接用于道路与桥梁工程的结构材料，亦可加工成各种尺寸的集料，作为水泥混凝土和沥青混合料的集料。

1. 岩石

岩石的技术性质主要从物理性质、力学性质、化学性质三项进行评价。

（1）物理性质

岩石的物理性质包括物理常数（如真实密度、毛体积密度、孔隙率）、水理性（吸水率、饱水率等）和耐候性（抗冻性、坚固性）。

①物理常数

岩石的物理常数是反映岩石矿物组成、结构状态的参数。岩石的内部结构主要由矿质实体和孔隙（包括与外界连通的开口孔隙和不与外界连通的闭口孔隙）组成。

为了反映岩石的组成结构与物理和力学性质之间的关系，通常采用一些物理常数来表征。常用的物理常数主要是真实密度、毛体积密度和孔隙率。

②水理性

a.吸水性

岩石的吸水性是指岩石在规定的条件下吸水的能力。由于岩石的孔隙尺寸和分布状态有差异。在不同的试验条件下吸水能力不同，为此《公路工程岩石试验规程》（JTG E41—005）规定，采用吸水率和饱水率两项指标来表征岩石的吸水性。

b.透水性

岩石能被水透过的性能称为岩石的透水性。它主要取决于岩石空隙的大小、数量、方向及其相互连通的情况。

c.岩石的软化性

岩石受水的浸泡作用后，其力学强度和稳定性趋于降低的性能，称为岩石的软化性。软化性的大小取决于岩石的空隙率、矿物成分及岩石结构、构造等因素。凡孔隙大、含可溶性物质多、吸水率高的岩石，受水浸泡后，岩石内部颗粒间的连结强度降低，导致岩石软化。表示岩石软化性的指标是软化系数。

③耐候性

道路与桥梁都是暴露于大自然中无遮盖的建筑物，经常受到各种自然因素的影响，所以用于道路与桥梁建筑的岩石必须具有抵抗大气自然因素作用的能力，即岩石的耐候性。在工程使用中，引起岩石组成结构的破坏而导致力学强度降低的因素，首先是温度的升降，其次是岩石在潮湿条件下，受到正、负气温的交替冻融作用，引起岩石内部组成结构的破坏。

评价岩石耐候性的方法按照《公路工程岩石试验规程》（JTG E41—2005）有抗冻性试验和坚固性试验。

岩石的抗冻性是指岩石在饱水状态下，抵抗多次冻结和融化作用而不发生显著破坏，同时也不严重降低强度的性质。

岩石的抗冻性试验通常采用直接冻融法。该方法是将岩石加工为规则的试块试样，在常温20±2℃条件下，采用逐渐浸水的方法，让开口孔隙吸饱水分，擦去表面水分，然后置于-15℃的冰箱中冻结4h，最后在常温条件下溶解4h，如此为一冻融循环。经过规定的冻融循环次数（如10次、15次、25次或50次），详细检查各试件表面有无剥落、裂缝、分层及掉角等现象，记录检查情况并计算冻融后质量损失率和冻融系数，判断岩石的抗冻性能的好坏。

（2）力学性质

在结构工程中，岩石应具有一定的抗压、抗剪、抗折强度，还应具备如抗磨耗、抗冲击和抗磨光等力学性能。在此主要介绍岩石的抗压强度和磨耗率，这两项指标用于评价岩石技术等级。

①单轴抗压强度

我国现行《公路工程岩石试验规程》（JTG E41—2005）中规定，将岩石制备成标准试件，经吸水饱和后，在单轴受压并按规定的加载条件下，达到极限破坏时，单位面积承受的荷载称为单轴抗压强度。

②磨耗性

磨耗性是指岩石抵抗撞击、剪切和摩擦等综合作用的性能，用磨耗损失表示。岩石的磨耗性测试是采用洛杉矶磨耗试验。

（3）化学性质

在道路工程中，通常按照SiO_2含量将岩石划分为酸性、中性、碱性。岩石化学组成中SiO_2含量大于65%的岩石称为酸性岩石，如花岗岩、石英岩等；SiO_2

含量为52%～65%岩石称为中性岩石，如闪长岩、辉绿岩等；SiO_2含量小于52%的岩石称为碱性岩石，如石灰岩、玄武岩等。

2．岩石的技术标准和技术分级

按照我国《公路工程岩石试验规程》（JTG E41—2005）中规定，路用岩石材料按其所属岩石类型分为4类，每一类岩石又按其饱水极限抗压强度及磨耗率指标分为4个等级，一级为最坚强的岩石，二级为坚强的岩石，三级为中等强度的岩石，四级为较软的岩石。

3．岩石的工程应用

（1）道路路面用岩石制品

①高级铺砌用整齐块石

由高强、硬质、耐磨的岩石，经精凿加工而成，造价很高，只用在特殊要求路面，如特重交通路面，尺寸按要求确定。抗压强度不低于100MPa，洛杉矶磨耗率不大于5%。

②路面铺砌用半整齐块石

粗凿成的方块石或条石，顶面与底面平行，顶面积与底面积之比不小于40%～75%。半整齐块石用硬质岩石制成，一般只用在特殊地段，如土基尚未沉实稳定的桥头引道及干道。

③铺砌用不整齐块石

铺砌用不整齐块石又称为举石，要求顶面为一平面，底面与顶面基本平行，顶面积与底面积之比大于40%～60%。其优点是造价低，经久耐用；缺点是不平整，行车震动大。

④锥形块石

锥形块石又称为大块石，用于路面底基层，是由片石进一步加工而成，要求上小下大，接近锥形。其底面积不宜小于100 cm^2，以便砌摆稳定。

（2）桥梁建筑用主要岩石制品

①片石

粗打石料，其形状不限制，但薄片者不得使用。一般片石最小边长不小于15cm，体积不小于0.01 m^3，每块质量大于30kg。

②块石

块石形状大致方正、无尖角、有两个较大的平行面，其厚度不小于20cm，宽度为厚度的1.5～2.0倍，长度为厚度的1.5～3.0倍。极限抗压强度应符合设计文件的规定。

③方块石

在块石中选择形状比较整齐者稍加修整，厚度不小于20cm，宽为厚度的1.5~2.0倍，长度为厚度的1.5~4.0倍。极限抗压强度应符合设计文件规定。

④粗料石

形状尺寸和极限抗压强度应符合设计文件规定，其表面积凹凸不大于10mm，砌缝宽度小于20mm。

⑤细料石

形状尺寸和极限抗压强度应符合设计文件规定，其表面凹凸不大于5mm，砌缝宽度小于15mm。

⑥镶面石

镶面石受气候因素的影响，损坏较快，一般应选用较好的、较坚硬的岩石。

（二）集料

集料是指在混合料中起骨架或填充作用的粒料，包括岩石天然风化而成的砾石（卵石）、砂以及岩石经人工轧制成的各种尺寸的碎石、石屑。

不同粒径的集料在水泥（或沥青）混合料中起的作用不同，对它们的技术要求也不同，为此工程上将集料分为粗集料和细集料两类。在沥青混合料中，粒径大于2.36mm的称为粗集料，粒径小于2.36mm的称为细集料。在水泥混凝土中，粒径大于4.75mm的称为粗集料，粒径小于4.75mm的称为细集料。

1. 粗集料的技术性质

（1）物理性质

①物理常数

在计算粗集料的物理常数时，不仅要考虑颗粒中的孔隙（开口孔隙和闭口孔隙），还要考虑颗粒间的空隙。

②集料粒径与筛孔

a.集料最大粒径　指集料100%都要求通过的最小的标准筛孔尺寸。

b.集料公称最大粒径　指集料可能全部通过或允许有少量不通过（一般容许筛余量不超过10%）的最小标准筛筛孔尺寸，通常是集料最大粒径的下一级粒径。

c.标准筛　对颗粒材料进行筛分试验应用符合标准形状和尺寸规格要求

的系列样品筛标准筛（方孔）筛孔尺寸有75mm、63mm、53mm、37.5mm、31.5mm、26.5mm、19mm、16mm、13.2mm、9.5mm、4.75mm、2.36mm、1.18mm、0.6mm、0.3mm、0.15mm、0.075mm。

③级配

粗集料中各组成颗粒的分级和搭配称为级配。级配通过筛分试验确定。筛分试验就是将一定质量粗集料经过一系列规定筛孔尺寸的标准筛，测定出存留在各筛上的集料质量。根据集料试样的质量与存留在各标准筛上的集料质量，可求得一系列与集料级配有关的参数：分计筛余百分率、累计筛余百分率和通过百分率。各参数的计算方法详见细集料。

④粗集料针片状颗粒含量

粗集料的颗粒形状以立方体为佳，不宜含有过多的针状、片状颗粒，否则将显著影响混合料的强度和施工。针状颗粒是指颗粒长度大于平均粒径2.4倍的颗粒，片状颗粒是指颗粒厚度小于平均粒径0.4倍的颗粒（平均粒径指该粒级上、下粒径的平均值）。按《公路工程集料试验规程》（JTG E42—2005）规定，粗集料针片状颗粒含量可采用规准仪法和游标卡尺法测定。

⑤坚固性

除前述的将原岩加工成规则试块进行抗冻性和坚固性试验外，对已轧制成的碎石或天然卵石，亦可采用规定级配的各粒级集料，按《公路工程集料试验规程》（JTG E42—2005）规定，选取规定数量的集料，分别装在金属网篮中浸入饱和硫酸钠溶液中进行干湿循环试验。经一定的循环次数后，观察其表面破坏情况，并用质量损失百分率来计算其坚固性。

（2）力学性质

道路与桥梁建筑用粗集料的力学性质主要是压碎值和磨耗性（同岩石磨耗性的测定方法），其次是新近发展起来抗滑表层用集料的三项指标，即磨光值、道瑞磨耗值和冲击值。

①粗集料压碎值

粗集料压碎值是指集料在连续增加的荷载下，抵抗压碎的能力。粗集料的压碎值是作为衡量粗集料强度的一个指标，用以评价水泥混凝土路面基层、底基层及沥青面层的粗集料品质。

②磨光值

在现代高速行车条件下，路用粗集料在使用过程中不仅要表现出较高的承载能力，而且还要有较高的耐磨光性，以满足长期使用时高速行驶车辆对路面抗滑性的要求。

集料磨光值的测定法是利用加速磨光机磨光集料，用摆式摩擦系数仪测定集料磨光后的摩擦系数。集料磨光值越高，表示其抗滑性越好。

③道瑞磨耗值

粗集料磨耗值用于评定抗滑表层的粗集料抵抗车轮撞击及磨耗的能力。我国现行试验规程《公路工程集料试验规程》（JTG E42—2005）规定采用道瑞磨耗试验机来测定粗集料磨耗值。

④集料冲击值

车辆高速行驶过程中急刹车或车辆产生颠簸时，都可能对路面产生冲击作用，集料抵抗多次连续重复冲击荷载作用的性能称为冲击韧性。

2. 细集料的技术性质

工程中用的细集料主要是砂。砂按来源分两类：一类为天然砂，它是由自然风化、水流冲刷、堆积形成的粒径小于4.75mm的岩石颗粒，按生存环境分为河砂、山砂、海砂；另一类为人工砂，它是经人为加工处理得到的符合规格要求的集料，常见的石屑、机制砂、矿渣砂、燃烧砂都属于人工砂。人工砂表面多棱角，较洁净，但造价高，如无特殊情况，多不采用。细集料技术性质主要包括物理常数、颗粒级配和粗度。

（1）物理常数

细集料的物理常数主要有表观密度、毛体积密度、堆积密度和空隙率等，其含义与粗集料完全相同。细集料的物理常数计算方法与粗集料相同，详见"粗集料技术性质"。

（2）颗粒级配

细集料的级配是指细集料各级粒径颗粒的分配情况，通过筛分试验确定。对水泥混凝土用细集料可采用干筛法，如果需要也可采用水筛法筛分，对沥青混合料用细集料必须用水洗法筛分。

细集料的筛分试验是将预先通过9.5 mm筛（水泥混凝土用天然砂）或4.75 mm筛（沥青混合料用天然砂、石屑、机制砂等）的试样，称取500 g，置于一套孔径为4.75 mm、2.36 mm、1.18 mm、0.6 mm、0.3 mm、0.15 mm、0.075 mm的方孔筛上，分别求出试样存留在方孔筛上的质量，即筛余量，然后计算有关级配参数。

3. 集料的工程应用

各种集料按一定的比例组成矿质混合料，矿质混合料可与沥青、水泥制成沥青混合料和水泥混凝土，或与无机结合料直接摊铺、压实形成道路结构层。在此主要介绍无机混合料的工程应用。无机混合料主要用于道路结构的基层或垫层，其作用是承受面层传递的荷载，并将荷载分布于路基或垫层。根据无机混合料的组成和施工方式，常用的形式为级配型集料和填隙碎石。

（1）级配型集料

粗、小、细集料各占一定比例组成的矿质混合料称为级配型集料。级配型集料包括级配碎石、级配砾石和级配碎砾石，可以用于铺筑沥青路面和水泥混凝土路面的基层和底基层，也可以用作路基改善。

级配型集料强度形成和抗变形能力主要取决于集料颗粒之间的摩擦作用、嵌锁作用和料结作用。表面粗糙、级配良好、形状规则且经过充分压实的级配型集料具有较高的承载能力和力学性质。根据这种观点，级配碎石性能是最好的，级配砾石是最差的。级配集料结构层的强度和稳定性还与施工条件如集料的含水量、加工和摊铺的均匀性、碾压密实度等有关。

级配型集料的组成原料可以是坚硬岩石或已崩解稳定且质量均匀的矿渣，各种碎石和砾石的压碎值、针片状颗粒含量应满足要求。此外，碎石、砾石中不应有黏土块、植物等有害物质。级配型集料在工程使用中，主要应控制级配，特别是最大粒径和一些关键筛孔的颗粒含量。

（2）填隙碎石

用单一尺寸的粗碎石作主骨料形成嵌锁结构，起承受和传递荷载作用，以石屑作为填隙料填满粗碎石间空隙，增加密实度和稳定度，这种材料称为填隙碎石。填隙碎石可适用于各等级公路的底基层和二级以下公路的基层。

填隙碎石结构强度的形成主要靠粗碎石颗粒之间的嵌锁作用。嵌锁作用的大小，主要取决于粗碎石的尺寸、强度和形状以及集料的压实度。因此，粗碎石应具有棱角，接近立方体，并具有较高的强度和韧性。石屑、天然砂砾或粗砂等填缝料在粗碎石结构中可产生一定的黏结作用，进一步增加填隙碎石结构的强度和稳定性。

填隙碎石在施工时，从上到下粗碎石间的空隙一定要填满，达到规定的密实度。填隙料不能覆盖于粗碎石表面而自成一层，在结构层的表面可以看见粗碎石。保证薄沥青面层与基层黏结良好，避免薄沥青面层在基层顶面产生推移破坏。

填隙碎石中的粗碎石可以用具有一定强度的各种岩石轧制，最好使用石灰岩轧制，也可用稳定的矿渣轧制。

（三）矿质混合料的组成设计

矿质混合料是指粒径大小不同的几种集料混合在一起组成的集料混合料。路桥工程中，砂石材料大多是以矿质混合料的形式与各种结合料（如水泥、沥青等）组成水泥混凝土或沥青混合料使用。为了满足路用性能的要求，除了保证各种集料必须符合相应的技术要求外，矿质混合料还必须满足最小空隙率和最大摩擦力的基本要求。

①最小空隙率　不同粒径的各级矿质集料按一定比例搭配，使其组成一种具有最大密实度（即最小空隙率）的矿质混合料。

②最大摩擦力　各级集料在矿质混合料中排列时，任何一级集料不干涉（或很少干涉）其他各级集料的紧密排列，使其形成一个多级空间骨架结构，从而保证具有最大的摩擦力。为此，在拌制混合料之前，必须先将几种不同规格的集料按一定的方法进行级配设计，组成符合级配要求的矿质混合料。

1. 矿质混合料的组成设计方法

（1）级配类型

①连续级配

连续级配是采用标准套筛对某一矿料进行筛分后，矿料的颗粒由大到小连续分布，每一级都占有适当的比例，所得级配曲线平顺圆滑，具有连续性。这种由大到小、逐级粒径均有、并按比例互相搭配组成的矿质混合料称为连续级配矿质混合料。

②间断级配

间断级配是在矿质混合料中剔除某一个或几个分级而形成的一种不连续的级配，称为间断级配。

③连续开级配

整个矿料颗粒分布范围较窄，从最大粒径到最小粒径仅在数个粒级上以连续的形式出现，形成所谓的连续开级配。

连续级配主要考虑了最大密实度的要求，而间断级配则主要是减少集料空隙率，充分发挥矿料颗粒的骨架作用。在实际施工中，间断级配的混合料由于缺少中间粒径，故对水泥混凝土而言，易产生离析现象，这种级配较适宜用于沥青混合料。

(2) 级配曲线

为了直观形象地表示矿料各粒径的颗粒分布状况，常采用级配曲线的形式来描述矿料的级配。即以通过量的百分率为纵坐标，筛孔尺寸（也表示矿料的粒径）为横坐标，将各筛上的通过量绘制在坐标图中，然后用曲线将各点连接起来，得到所谓的级配曲线。

2. 矿料的级配理论和级配范围

(1) 级配理论

实践中应用较多的是针对连续级配各级粒径矿料数量的计算，计算的理论依据是最大密度曲线理论。该理论认为，当矿料的颗粒级配曲线愈接近抛物线，则其密度放大，即当矿料级配曲线为抛物线时，所得矿料组成满足最大密实度的要求。

(2) 级配范围

由于矿料在轧制生产过程中的不均匀性以及混合料在配制时的误差等的影响，往往使所配制的混合料难以与理论级配完全吻合一致。因此，必须允许配料时的合成级配在适当的范围内波动，这个允许的波动范围就是"级配范围"。

3. 矿质混合料的组成设计方法

矿质混合料的组成设计就是将天然或人工轧制的两种或两种以上的集料按一定比例配合起来，组成符合级配范围要求的矿质混合料的过程。设计的方法很多，主要采用试算法和图解法。

(四) 工业废渣

工业废渣包括粉煤灰、煤渣、粒化高炉矿渣、钢渣、冶金矿渣及煤矸石等，其中粉煤灰、粒化高炉矿渣、煤矸石合称为三大工业废渣。目前在公路工程中最常用的是粉煤灰、粒化高炉矿渣、煤矸石、磷石膏等。

1. 粉煤灰

粉煤灰是火力发电厂排放的废渣，磨细的煤粉在温度为 1 100~1 500 ℃ 的锅炉中燃烧后排出的细灰即是粉煤灰。粉煤灰为灰色或浅灰色粉末，属于火山灰质活性材料。它含有较多的活性氧化硅、活性氧化铝，它们与氢氧化钙在常温下起化学反应生成稳定的水化硅酸钙和水化铝酸钙，这些成分有助于混合料的硬化，增加强度。

（1）粉煤灰的物理及力学性质

①粒度：指粉煤灰各组成颗粒的粗细程度。一般认为，粉煤灰颗粒越小，与水反应的速度越快，越容易发挥粉煤灰的活性，从而提高强度。

②相对密度：粉煤灰相对密度比一般相同成分的矿物要小，数值为1.9~2.6。

③击实特性：粉煤灰的含水量未到达最大干密度之前，即使在与最佳含水量相差一半的情况下，其干密度也可能达到最佳值的90%。

④抗压强度：由于普通纯粉煤灰的活性太低，因而无侧限抗压强度很低。

（2）粉煤灰的工程应用

我国目前粉煤灰产量很大，全国年产量达5 000万t以上，利用粉煤灰筑路，既能"变废为宝"减少污染，又能就地取材解决路用材料缺乏，并能提高道路质量，所以粉煤灰在道路工程中得到了广泛利用。

粉煤灰其本身很少或没有黏结性，但它与水和消石灰或水泥混合，可以发生反应形成具有黏结性的化合物。所以粉煤灰可以用来稳定各种粒料和土，粉煤灰主要应用如下：

①可以在硅酸盐水泥中加入适量的粉煤灰制成粉煤灰质硅酸盐水泥。

②用作水泥混凝土路面的掺合料，节省水泥用量，提高混凝土的工作性。

③用作沥青混凝土路面的添加剂。

④用粉煤灰加水泥或石灰稳定土做路面基层、底基层以及垫层。

⑤拌制建筑砂浆，代替部分石膏效果较好。

⑥粉煤灰与黏土烧结粉煤灰砖可用于建筑工程中。

⑦适用于受化学侵蚀的水泥混凝土及灌浆、泵送的水泥混凝土。

2. 冶金矿渣集料

冶金矿渣是指在高炉冶金生产过程中由矿石、燃料及助熔剂中易熔硅酸盐化合而成的副产品。冶金矿渣可分为黑色金属冶金矿渣和有色金属冶金矿渣。这些冶金矿渣从熔炉排出后，在空气中自然冷却，形成一种坚硬的材料。

冶金矿渣的力学强度均较高，其他性能如压碎值、冲击值、磨光值和磨耗值等均符合道路用岩石性能的要求。因此，冶金矿渣是一种很好的路用材料，它可以作为基层材料，又可以作为修筑水泥混凝土或沥青混凝土路面用的材料。

3. 煤矸石

煤矸石是采煤过程中产生的废石。我国每年排放量在1亿t以上。煤矸石的成分类似于黏土，常和火山灰材料一起使用，可用于二级及二级以下公路路面的基层或底基层。

4. 磷石膏

磷石膏是合成洗衣粉厂、磷粉厂等制造磷酸时的废渣，全世界每年排放的磷石膏高达1.5亿t以上。

磷石膏的作用除了可以用它生产建筑石膏及制品外，还可以与石膏、水泥、粉煤灰等结合料共同作用形成性能更好的稳定土结合料，可用于道路工程的基层。

第二节 建筑砂浆与金属材料

一、建筑砂浆

（一）建筑砂浆的组成

1. 胶凝材料

胶凝材料对砂浆的强度及和易性会产生非常重要的影响，常见的胶凝材料可选用水泥、石灰（石灰膏）、矿物掺合料和聚合物等。胶凝材料的选取应根据所制砂浆的用途和使用环境而定，对于干燥环境中使用的砂浆，可选用气硬性胶凝材料；对于处于潮湿环境中使用的砂浆，则必须使用水硬性胶凝材料。

（1）水泥

宜选用硅酸盐水泥、普通硅酸盐水泥、矿渣硅酸盐水泥、火山灰硅酸盐水泥和复合硅酸盐水泥等，但由于建筑砂浆对强度要求不高，一般选中等强度等级的水泥，即强度不大于42.5级，如果水泥强度过高，将使砂浆中水泥用量不足而导致保水性不良，但可掺入矿物掺合料进行调节。用于地面的砂浆应采用硅酸盐水泥、普通硅酸盐水泥。在特殊用途情况下，还可选用白水泥和膨胀水泥等，如装饰砂浆、裂缝修补砂浆、预制构件的嵌缝砂浆等。

（2）石灰（石灰膏）

为了改善建筑砂浆的和易性，通常还掺入石灰膏配制成混合砂浆。生石灰在使用前必须经过熟化处理，方可使用。生石灰熟化成石灰膏时，应用孔径不大于3mm×3mm的网过滤，熟化时间不得少于7 d；磨细生石灰粉的熟化时间不得少于2d。所用的磨细生石灰粉需满足《建筑生石灰粉》(JC/T 480—1992)的要求。沉淀池中储存的石灰膏应采取防止干燥、冻结和污染的措施。禁止使用已脱水硬化的石灰膏,因为其不但不能改善砂浆的和易性,而且还会对砂浆强度产生不利影响。

(3) 矿物掺合料

矿物掺合料在建筑砂浆中的使用与其在混凝土中的使用相同,其可以改善砂浆的和易性、节省水泥用量、降低成本。宜优先选用粉煤灰和粒化高炉矿渣粉作为建筑砂浆的矿物掺合料,粉煤灰质量应符合《用于水泥和混凝土中的粉煤灰》(GB/T 1596—2005)的规定。粒化高炉矿渣粉质量应符合《用于水泥和混凝土中的粒化高炉矿渣粉》(GB/T 18046—2008)的规定。

(4) 聚合物

聚合物为链型或体型高分子化合物,其在砂浆中可呈膜状大面积分布,可提高砂浆的黏结性、韧性和抗冲击性,但使用量过多会导致砂浆强度出现明显下降。常用的聚合物有聚醋酸乙烯酯、甲基纤维素醚、聚乙烯醇、聚酯树脂和环氧树脂等。

2. 细骨料

天然砂、机制砂、陶砂以及膨胀珍珠岩和膨胀蛭石颗粒等均可作为建筑砂浆中的细骨料,但其性能应满足《建筑用砂》(GB 14684—2011)要求。细骨料在建筑砂浆中主要起骨架和填充作用,对砂浆的流动性、黏聚性和强度等技术性能影响较大。此外,其对砂浆的收缩开裂还有较高的抑制作用。由于砂浆层较薄,砂的最大粒径应有所限制,理论上不应超过砂浆厚度的1/5~1/4,例如,用于砖砌体砂浆中细骨料的最大粒径不应大于2.5 mm;石砌体砂浆中细骨料的最大粒径不应大于5.0 mm;抹面及勾缝砂浆应使用细砂,其最大粒径不应大于1.2 mm,细骨料中的含泥量对砂浆和易性和强度具有明显影响,应予以限制。砌筑砂浆中细骨料的含泥量不应超过5%;强度等级为M2.5级的水泥混合砂浆用细骨料的含泥量不应超过10%;预拌砂浆用细骨料含泥量不得大于3%。

3. 保水增稠材料

保水增稠材料是指用于建筑砂浆中能够提高砂浆保水性,改善砂浆施工性能,并对其耐久性无不良影响的非石灰类粉状材料。建筑砂浆中掺保水增稠材料时,应在使用前进行试验验证,并应有完整的检验报告。常用的保水增稠材料有可再分散性乳胶粉、纤维素醚等。

（1）可再分散性乳胶粉

可再分散性乳胶粉是建筑砂浆中常用的保水增稠材料。其是高分子聚合物乳液经喷雾干燥以及后续处理而成的粉状热塑性树脂，可以增加砂浆的内聚力、黏聚力和柔韧性。

（2）纤维素醚

纤维素醚是碱纤维素与醚化剂在一定条件下反应生成一系列产物的总称。根据随所用醚化剂的不同而有甲基纤维素、羟乙基甲基纤维素、羧甲基纤维素、乙基纤维素等。砂浆内的纤维素醚在水中溶解后，由于表面活性作用保证了胶凝材料在体系中有效地均匀分布，而纤维素醚作为一种保护胶体，"包裹"住固体颗粒，并在其外表面形成一层润滑膜，使砂浆体系更稳定，也提高了砂浆在搅拌过程的流动性和施工的滑爽性。纤维素醚溶液由于自身分子结构特点，使砂浆中的水分不易失去，并在较长的一段时间内逐步释放，赋予砂浆良好的保水性和工作性。

4. 外加剂

为了改善新拌及硬化后砂浆的各种性能或赋予某些特殊性能，常在砂浆中掺入适量外加剂，如增塑剂、减水剂、早强剂、防水剂、发泡剂等。除此之外，目前建筑砂浆中还普遍使用复合型外加剂如砂浆宝（王），其能显著提高砂浆的强度，改善砂浆和易性、降低泌水率，并提高抗冻性和抗渗性能。砂浆宝（王）的常用掺合量为水泥质量的0.05%~0.2%，应采用机械搅拌。

5. 拌合水

建筑砂浆用拌合水的技术要求与混凝土拌合水相同。为节约用水，经化验分析或试拌验证合格的工业废水也可以用于拌制砂浆。

（二）建筑砂浆的技术性质

1. 新拌砂浆的和易性

砂浆的和易性是指砂浆拌合物易于施工操作并能保证良好质量的综合性质。良好的和易性能够保证砂浆在运输和施工工程中不至分层、离析，可在砖、石及砌体表面铺砌成均匀的薄层，以利于建筑材料的黏结。砂浆的和易性包括流动性和保水性。

（1）流动性

砂浆的流动性是指砂浆在重力或外力作用下的流动性质，用稠度表示。稠度的测试以圆锥体在砂浆内自由沉入10 s时的深度来表示，又称沉入度，单位为mm。沉入的深度越大，砂浆的流动度越好。建筑砂浆应根据基体材料种类、气候条件以及施工方法选择适宜的流动性。例如，对于多孔吸水的砌体材料和干热的天气，则要求砂浆的流动性大一些；而密实性大、不吸水的材料和热冷天气，则要求砂浆的流动性小一些。

（2）保水性

保水性是砂浆保存内部水分不泌出的能力，用分层度表示。砂浆的保水性不好，在施工过程中很容易泌水、分层、离析，并且当铺抹于基底后，水分容易被基面很快吸收，从而使砂浆干涩，不便于施工，不易铺成均匀密实的砂浆薄层。同时影响砂浆的正常水化硬化，降低砂浆本身强度以及基层的黏结强度。但是，并非砂浆保水性越高越好，对于不吸水的基层材料，砂浆保水性太高会使砂浆内部水分早期无法蒸发释放，从而不利于砂浆强度的增长，并且增大了砂浆的干缩裂缝，降低了整个砌体的整体性。影响砂浆保水性的主要因素有胶凝材料种类及用量、保水增稠材料种类及用量、外加剂种类及用量，以及砂的质量和用量。

2. 硬化砂浆的强度和强度等级

建筑砂浆在砌体中起着黏结块体材料和传递荷载的作用，硬化后的砂浆应具有足够的强度。砂浆强度等级是以边长为70.7 mm × 70.7 mm × 70.7 mm的立方体试块，在标准养护条件（温度20 ± 2℃、相对湿度为95%以上）下，用标准试验方法测得28 d龄期的抗压强度值确定。根据《砌筑砂浆配合比设计规程》（JGJ 98—2010）的规定，砂浆的强度等级分为M20、M15、M10、M7.5、M5、M2.5。一般情况下，多层建筑物墙体选用M1～M10的砌筑砂浆；砖石基础、检查井、雨水井等砌体常采用M5砂浆；工业厂房、变电所、地下室等砌体选用M2.5～M10的砌筑砂浆；二层以下建筑常用M2.5以下砂浆；简易平房、临时建筑可选用石灰砂浆；一般高速公路修建排水沟使用M7.5强度等级砌筑砂浆。

砂浆的强度除受砂浆本身的组成材料、配合比、施工工艺、施工及硬化时的条件等因素影响外，还与基体材料的吸水率有关，砂中泥及其他杂质含量多时，砂浆强度也受影响。

3. 砂浆的黏结力

砂浆的黏结力对砌体的强度、耐久性、抗震性能都有较大的影响。一般情况下，砂浆的黏结强度与抗压强度成正比，即随着抗压强度的增加，黏结强度增大。除此之外，砂浆的黏结强度还与基层材料的表面状态、清洁程度、湿润状况以及施工养护条件等因素有关。胶凝材料种类对砂浆的黏结强度也有较大影响,加入聚合物可使砂浆的黏结强度大幅提高。砌筑砂浆的黏结强度一般应大于0.2 MPa;预拌抹灰砂浆的黏结强度一般应大于0.5 MPa。

4．砂浆的变形性

砌筑砂浆在承受荷载或在温度变化时会产生一定体积变形。如果变形过大或不均匀,容易使砌体整体性下降,产生沉陷或裂缝,影响到整个砌体质量。抹面砂浆在空气中也容易产生收缩等问题,变形过大会使面层出现裂纹或剥离等问题。因此,砂浆应具有较小的变形性。

(三)砌筑砂浆

砌筑砂浆是建筑砂浆中应用最为广泛的一种砂浆,它主要用于砖、石和砌块等建筑材料的黏结,在砌体中起着黏结材料、传递荷载、均匀分布应力、协调变形的作用。目前常见的砌筑砂浆有水泥砂浆和水泥石灰混合砂浆两类。对于砌筑地下、基础等潮湿环境和强度要求较高的砌体必须选用水泥砂浆;对于砌筑地面以上的干燥环境砌体可以选用水泥石灰混合砂浆。

1. 砌筑砂浆的技术条件

①水泥砂浆及预拌砂浆砌筑砂浆的强度等级宜分为M5.0、M7.5、M10、M15、M20、M25、M30;水泥混合砂浆的强度等级可分为M5、M7.5、M10、M15。

②水泥砂浆拌合物的密度不宜小于1 900 kg/m^3;水泥混合砂浆拌合物的密度不宜小于1 800 kg/m^3;预拌砂浆的表观密度不宜小于1 800 kg/m^3。

③砌筑砂浆应采用机械搅拌,对水泥砂浆和水泥混合砂浆,搅拌时间不得少于2 min;对掺有粉煤灰和外加剂的砂浆以及预拌砌筑砂浆,其搅拌时间不得少于3 min。

④砌筑砂浆的稠度应按规定选用,稠度、保水率和抗压强度3项技术指标必须同时满足技术要求。砌筑砂浆的保水率:水泥砂浆要求不小于80%,水泥混合砂浆应不小于84%,预拌砂浆应不小于88%。

⑤水泥砂浆的水泥用量不应小于200 kg/m^3;水泥混合砂浆中水泥和石灰膏、电石膏的总量宜不小于350 kg/m^3;预拌砌筑砂浆中胶凝材料的用量不应小于200 kg/m^3。

⑥有抗冻性要求的砌体工程,砌筑砂浆应进行冻融试验。砌筑砂浆的抗冻性应符合规定。当设计对抗冻性有明确要求时,尚应符合设计规定。

⑦砌筑砂浆中可掺入保水增稠材料、外加剂等，掺量应经试配后确定。

2. 砌筑砂浆的配合比设计

砌筑砂浆的配合比设计要根据工程类型和砌筑部位确定砂浆的品种和强度等级，再按所要求的强度等级确定配合比。确定砂浆配合比时，应按《砌筑砂浆配合比设计规程》（JGJ/T 98—2010）的规定进行。

（1）现场配制水泥砂浆配合比选用

水泥砂浆如按水泥混合砂浆同样计算水泥用量，则水泥用量偏少，因为水泥与砂浆相比，其强度太高，造成通过计算出现不太合理的结果。

（2）预拌砌筑砂浆的试配要求

①预拌砌筑砂浆应满足下列规定

在确定湿拌砂浆稠度时应考虑砂浆在运输和储存过程中的稠度损失；湿拌砂浆应根据凝结时间要求确定外加剂掺量；干粉砂浆应明确拌制时的加水量范围；预拌砂浆的搅拌、运输、储存以及预拌砂浆的性能等应符合《预拌砂浆》（JG/T 230—2007）的规定。

②预拌砂浆的试配应满足下列规定

预拌砂浆生产前应进行试配，试配强度的确定与现场配制水泥混合砂浆相同，试配时稠度取70～80mm；预拌砂浆中可掺入保水增稠材料、外加剂等，掺量应经试配后确定。

（3）砌筑砂浆配合比试配、调整与确定

砌筑砂浆试配时应考虑工程实际要求。当稠度和保水率不能满足要求时，应调整材料用量，直到符合要求为止，然后确定为试配时的砂浆基准。配合比试配时至少应采用3个不同的配合比，其中一个配合比应为按《砌筑砂浆配合比设计规程》（JGJ/T 98—2010）得出的基准配合比，其余两个配合比的水泥用量应按基准配合比分别增加及减少10%。在保证稠度、保水率合格的条件下，可将用水量、石灰膏、保水增稠材料或粉煤灰等活性掺合料用量做相应调整。

砂浆试配时稠度应满足施工要求，并应按《建筑砂浆基本性能试验方法标准》（JGJ/T 70—2009）分别测定不同配合比砂浆的表观密度及强度；并应选定符合试配强度及和易性要求、水泥用量最低的配合比作为砂浆的试配配合比。

（四）商品砂浆

1. 商品砂浆的定义

商品砂浆是指工厂化生产进入商品流通的建筑用砂浆，包括干粉砂浆和预拌砂浆。

预拌砂浆是指由水泥、砂、保水增稠材料、水、粉煤灰或其他矿物掺合料和外加剂等组分按一定比例，在集中搅拌站（厂）经计量、拌制后，用搅拌运输车运至使用地点，放入密封容器储存，并在规定时间内使用完毕的砂浆拌合物。

干粉砂浆是指由生产厂家生产的，经干燥筛分处理的细集料与无机胶结料、保水增稠材料、矿物掺合料和添加剂按一定比例混合而成的一种颗粒状或粉状混合物，它既可由专用罐车运输至工地加水拌和后使用，也可采用包装形式运到工地拆包加水拌和使用。

2. 商品砂浆的分类

按砂浆干湿分为干粉砂浆和预拌砂浆；按砂浆性能分为普通砂浆和特种砂浆。普通砂浆是指对性能无特殊要求的用于砌筑工程、抹灰工程、地面工程的商品砂浆，包括砌筑砂浆、抹灰砂浆、地面砂浆。特种砂浆是指对性能有特殊要求的专用建筑、装饰类砂浆，包括防水砂浆、保温砂浆、饰面砂浆、墙地砖黏结剂、界面（处理）剂、填缝胶粉等。

3. 商品砂浆与传统砂浆对应关系

传统抹灰砂浆分为水泥砂浆和混合砂浆两类，其品种规格采用灰砂比表示。

传统地面砂浆由于对耐磨、强度要求较高，一般使用水泥砂浆，采用灰砂比表示品种规格，例如1∶2水泥浆。

传统砌筑砂浆与商品砂浆一样按强度等级来划分，例如M10。

4. 商品砂浆的特点

（1）预拌砂浆的优缺点

预拌砂浆工业化生产有专业化生产工人、精确的计量系统和完善的质量保证体系；工地不需要任何加工设备，使用比较方便，有利于提高工效，加快施工进度；由于到工地的产品是浆体，因此不会产生扬尘，能有效避免对工地周围环境的污染。但预拌砂浆对工作性能的稳定性有较高的要求，因此具有时效性，其必须在规定的时间内用完，否则会影响工作性能；而且施工用量要统计准确，否则会造成浪费。

（2）干粉砂浆的优缺点

干粉砂浆除具有预拌砂浆的优点外，还具有使用不受时间限制，根据需要取用，避免了浪费；砂浆品种多，使用范围广；贮存期较长等特点。但干粉砂浆原材料的选择受到一定的限制，使得生产成本增加。

5. 商品砂浆的技术优势

商品砂浆是远高于现场拌合砂浆科技含量的升级换代产品。与传统砂浆相比，商品砂浆具有以下技术优势：

（1）工厂化生产，产品质量有保证

无论是干粉砂浆，还是预拌砂浆，都有固定的生产场所，有成套生产设备，有全电脑控制电子计量搅拌系统，有完善的质量控制措施；另一方面，商品砂浆工艺对各种原材料进行预处理，如对砂进行烘干和级配的优化，对水泥和外加剂品种进行优选，使二者为砂浆性能的稳定提供了可靠的保证。

（2）产品种类众多，规格齐全，满足工程不同的用途和功能需求

目前，国内外已经形成8大类260多个商品砂浆品种，涵盖了大部分土建工程项目，且新产品仍在不断地开发。各种新型墙材、日益重视的建筑保温节能、多方面的防水需求、要求越来越高的瓷片黏结剂和勾缝剂等越来越多的应用需求，产生了各种用途和功能的商品砂浆，以干粉砂浆为例：普通砂浆是应用最大的一类，特种砂浆是发展迅速、品种众多的一类，商品砂浆可以满足建设工程上的多种需要。

（3）添加剂改变了砂浆的性能，解决了传统砂浆开裂等质量通病

由于商品砂浆使用了各种性能的添加剂（各种聚合物），使商品砂浆具有良好的施工性能保水性、流动性、黏结性、力学性能、耐久性和耐磨性。而传统自拌砂浆由于保水性、黏结性、防水性、耐磨性等较差，抹灰墙面开裂、空鼓、脱落、渗漏，地面起粉起砂等质量通病较为常见。因此，发展商品砂浆能很好克服传统自拌砂浆开裂等质量通病。

（4）减少材料损耗和浪费，降低粉尘和噪声

在工程建设中，粉尘污染和材料浪费主要是由现场混凝土、砂浆搅拌和砂石、水泥驳运造成的。如果使用商品混凝土、商品砂浆，施工现场基本不使用袋装水泥和砂石，那么粉尘、噪声、材料损耗及浪费将大大减少。

（5）改善施工环境，减轻劳动强度，便于文明施工管理

商品砂浆是随用随进或随用随拌，当天用完，避免了现场搅拌，对环境污染小，有利于环境保护；商品砂浆便于运输和存放，避免了施工现场各种原材料的堆积；在施工过程中使用方便，占用场地少，省时省力，客观以人为本，

大大减轻工人劳动强度，便于文明施工管理。施工场地使用商品砂浆，具有很多优势，概括而言是一多（多用途）、二快（拌料快、涂抹快）、三好（保水性好、和易性好、黏结性好）、四省（省心、省钱、省工、省料）。

二、建筑金属材料

（一）钢材的分类

金属材料包括黑色金属和有色金属两大类。黑色金属是指以铁元素为主要成分的金属及其合金，如钢和铸铁。有色金属是指黑色金属以外的金属，如铝、铜、铅、锌等金属及其合金。

土木工程中用量最大的金属材料是钢材。它广泛用于大跨度结构、多层及高层建筑、受动力荷载结构和重型工业厂房结构，以及钢筋混凝土之中，而铝、铜及其合金等主要应用于建筑安装及装饰工程中。

钢材是指含碳量小于2.06%的铁碳合金。含碳量大于2.06%的为生铁。

建筑钢材是指用于工程建设的各种钢材，包括钢结构用的各种型钢（圆钢、角钢、槽钢和工字钢）、钢板，钢筋混凝土用的各种钢筋、钢丝和钢绞线。除此之外，还包括用作门窗和建筑五金等钢材。

钢材的强度高、品质均匀，具有一定的弹性和塑性变形能力，能承受冲击振动荷载。钢材还具有很好的加工性能，可以铸造、锻压、焊接、铆接和切割，装配施工方便。但钢材的缺点是容易生锈，所以在建筑工程中必须根据钢材所处环境采取措施进行防锈处理。

钢的分类方法很多，目前的分类方法主要有如下几种：

（1）按化学成分分类

①碳素钢：含碳量为0.02%～2.06%，按含碳量又可分为低碳钢（含碳量<0.25%）、中碳钢（含碳量0.25%～0.6%）、高碳钢（含碳量>0.6%）。

②合金钢：分为低合金钢（合金元素总量<5%）、中合金钢（合金元素总量为5%～10%）、高合金钢（合金元素总量>10%）。

（2）按有害杂质含量分类

①普通钢：硫含量<0.050%，磷含量<0.045%。

②优质钢：硫含量<0.035%，磷含量<0.035%。

③高级优质钢：硫含量<0.025%，磷含量<0.025%。

④特级优质钢：硫含量<0.025%，磷含量<0.015%。

（3）按冶炼时脱氧程度分类

按冶炼时脱氧程度可分为沸腾钢、镇静钢、特殊镇静钢和半镇静钢。

（4）按用途分类

按用途可分为结构钢、工具钢和特殊钢。

在建筑工程中，主要用的是碳素钢中的低碳钢、合金钢中的低合金钢。

（二）钢材的主要技术性能

在土木工程中，掌握钢材的性能是合理选用钢材的基础。钢材的性能主要包括力学性能（抗拉性能、冲击韧性、疲劳强度和硬度等）和工艺性能（冷弯性能、焊接性能和热处理性能等）两个方面。

1. 钢材的力学性能

（1）抗拉性能

抗拉性能是建筑钢材重要技术性能指标。通过拉伸试验可以测得屈服强度、抗拉强度和伸长率等性能指标。

（2）冲击韧性

冲击韧性是指钢材抵抗冲击荷载作用的能力，用冲断试件所需能量的多少来表示。钢材的冲击韧性试验是采用中部加工有V形或U形缺口的标准弯曲试件，置于冲击机的支架上，试件非切槽的一侧对准冲击摆，当冲击摆从一定高度自由落下将试件冲断时，试件吸收的能量等于冲击摆所做的功，以缺口底部处单位面积上所消耗的功，即为冲击韧性指标。冲击韧性指标越大，冲击韧性越好，即其抵抗冲击作用的能力越强，脆性破坏的危险性越小。

钢材冲击韧性的高低影响因素很多，当钢材内硫、磷的含量高，脱氧不完全，存在化学偏析，含有非金属夹杂物及焊接形成的微裂纹，都会使钢材的冲击韧性显著下降。同时环境温度对钢材的冲击韧性也密切相关，冲击韧性随温度的降低而下降，开始时下降缓慢，当达到一定温度范围时，突然下降很快而呈脆性。这种性质称为钢材的冷脆性，这时的温度称为脆性转变温度。脆性转变温度越低，钢材的低温冲击韧性越好。因此，在负温下使用的结构，应当选用脆性转变温度低于使用温度的钢材。脆性临界温度的测定较复杂，规范中通常是根据气温条件规定-20℃或-40℃的负温冲击值指标。

（3）硬度

钢材的硬度是指其表面抵抗硬物压入产生塑性变形的能力。测定钢材硬度的方法有布氏法、洛氏法和维氏法等，钢材常用布氏硬度和洛氏硬度表示。

（4）疲劳强度

钢材在交变荷载反复作用下，应力在远小于抗拉强度的情况下突然破坏，这种破坏称为疲劳破坏。钢材的疲劳破坏指标用疲劳强度（或疲劳极限）来表示，它是指试件在交变应力下，在规定周期内不发生疲劳破坏的最大应力值，周期一般为200万次或400万次以上。

钢材的疲劳破坏是由拉应力引起的。首先在局部开始形成微细裂纹，其后由于裂纹尖端处产生应力集中而使裂纹迅速扩展直至钢材断裂。因此，钢材的内部成分的偏析和夹杂物的多少以及最大应力处的表面光洁程度、加工损伤等，都是影响钢材疲劳强度的因素，并且钢材的抗拉强度越高，其疲劳强度也越高。

疲劳破坏经常突然发生，因而有很大的危险性，往往造成严重事故。在设计承受反复荷载且须进行疲劳验算的结构时，应当了解其所用钢材的疲劳强度。

2. 钢材的工艺性能

钢材应具有良好的工艺性能，以满足施工工艺的要求。冷弯、冷拉、冷拔及焊接性能是建筑钢材的重要工艺性能。

（1）冷弯性能

冷弯性能是指钢材在常温下承受弯曲变形的能力，也是建筑钢材的重要工艺性能。

钢材的冷弯性能是以试验时的弯曲角度（α）和弯心直径（d）为指标表示。钢材冷弯试验时，用直径（或厚度）为a的试件，选用弯心直径$d=na$的弯头（n为自然数，其大小由试验标准来规定），弯曲到规定的角度（90°或180°）后，弯曲处若无裂纹、断裂及起层等现象，即认为冷弯试验合格。

钢材的冷弯性能与伸长率一样，也是反映钢材在静荷作用下的塑性，但冷弯试验条件更苛刻，更有助于暴露钢材的内部组织是否均匀，是否存在内应力、微裂纹、表面未熔合及夹杂物等缺陷。

（2）焊接性能

建筑工程中，焊接是各种型钢、钢板和钢筋的重要连接方式。因此，要求钢材应有良好的可焊性。

钢材的可焊性是指钢材是否能用通常的方法与工艺进行焊接的性能。钢材的化学成分、冶炼质量、冷加工、焊接工艺及焊条材料等都会影响焊接性能。使母材与焊材的各项性能尽量接近，以提高焊接质量。含碳量小于0.25%的碳素钢具有良好的可焊性,含碳量大于0.3%时可焊性变差;硫、磷及气体杂质会使可焊性降低;加入过多的合金元素也会降低可焊性。对于高碳钢和合金钢,为改善焊接质量,一般需要采用预热和焊后热处理,以保证质量。

钢材焊接后必须取样进行焊接质量检验,一般包括拉伸试验和弯曲试验,拉伸试验后要求试件的断裂不能发生在焊接处,弯曲试验后试件不能断裂,并要检查焊缝处有无裂纹、砂眼、咬肉和焊件变形等缺陷。

(三)钢材的化学成分对钢材性能的影响

建筑工程中所用的钢材含碳量均在0.8%以下。建筑钢材既有较高的强度,同时塑性、韧性也较好,从而能很好地满足工程所需的技术性能。

钢中除铁和碳元素外,还含有少量的硅、锰、硫、磷、氧、氮、钒、钛等元素,这些元素含量虽少,但对钢的性能影响却大。

(1)碳(C)

碳是钢的主要元素之一,对钢的性能有重要影响。含碳量在0.8%以下时,随含碳量的增加,钢的强度和硬度提高,塑性和韧性降低;但当含碳量大于1.0%时,随含碳量增加,钢的强度反而下降。含碳量增加,钢的焊接性能变差。

(2)硅(Si)

硅含量在1.0%以下时,可提高钢的强度、疲劳极限、耐腐蚀性及抗氧化性,对塑性和韧性影响不大。硅可作为合金元素,用以提高合金钢的强度。

(3)锰(Mn)

锰可提高钢材的强度、硬度及耐磨性,能消减硫和氧引起的热脆性,改善钢材的热工性能。锰可作为合金元素,当含量在1%~2%时,可提高钢材的强度和硬度,几乎不降低塑性和韧性。

(4)磷(P)

磷是钢中有害元素。磷引起钢材的冷脆性显著提高,磷含量提高,钢材的强度、硬度、耐磨性和耐蚀性提高,塑性、韧性和可焊性显著下降。

(5)硫(S)

硫也是钢中有害元素。硫引起钢材的"热脆性",会降低钢材的各种机械性能,使钢材的可焊性、冲击韧性、耐疲劳性和抗腐蚀性等均降低。

(6)氧(O)

氧是钢中有害元素。含氧量增加,使钢材的机械强度降低,塑性和韧性降低,促进时效,还能使热脆性增加、焊接性能变差。

（7）氮（N）

对钢性质的影响与碳、磷相似，氮使钢材的强度提高，塑性特别是韧性显著下降。氮会加剧钢的时效敏感性和冷脆性，使可焊性变差。但在铝、铌、钒等元素的配合下可细化晶粒、改善钢的性能，故可作为合金元素。

（8）钛（Ti）

钛是强脱氧剂，能细化晶粒，显著提高钢材强度和改善韧性，还能减少钢材时效倾向，改善可焊性。

（四）钢材冷加工与时效

钢材于常温下进行冷拉、冷拔或冷轧使之产生塑性变形，从而提高强度，但钢材的塑性和韧性会降低，这个过程称为冷加工强化处理。

将经过冷拉的钢筋于常温下存放15~20 d，或加热到100~200℃并保持2~3 h后，则钢筋强度将进一步提高，这个过程称为时效处理。前者称为自然时效，后者称为人工时效。通常对强度较低的钢筋可采用自然时效，强度较高的钢筋则须采用人工时效。

对钢材进行冷加工强化与时效处理的目的是提高钢材的屈服强度，以便节约钢材。经冷加工强化与时效处理的钢材屈服强度提高明显，而经冷加工而没有经时效处理的钢材屈服强度提高有限。

建筑工地或预制构件厂常用的冷加工方法是冷拉和冷拔。

①冷拉：将热轧钢筋用冷拉设备进行张拉，拉伸至产生一定的塑性变形后，卸去荷载。冷拉参数的控制直接关系到冷拉效果和钢材质量。一般钢筋冷拉仅控制冷拉率，称为单控；对用作预应力的钢筋，须采用双控，即既控制冷拉应力，又控制冷拉率。冷拉时当拉至控制应力时可以未达控制冷拉率，反之钢筋则应降级使用。

钢筋冷拉后，屈服强度可提高20%~30%，可节约钢材10%~20%，钢材经冷拉后屈服阶段缩短、伸长率降低、材质变硬。

②冷拔：将光圆钢筋通过硬质合金拔丝模孔强行拉拔，每次拉拔断面缩小应在10%以内。钢筋在冷拔过程中，不仅受拉，同时还受到挤压作用，因而冷拔的作用比纯冷拉作用强烈。经过一次或多次冷拔后的钢筋表面光滑，屈服强度可提高40%~60%，但塑性大大降低，具有硬钢的性质。

（五）土木工程中常用的钢材

土木工程用钢有钢结构用钢和钢筋混凝土用钢两类，前者主要有型钢、钢板和钢管,后者主要有钢筋、钢丝和钢绞线。二者钢制品所用的原料多为碳素结构钢、优质碳素结构钢和低合金结构钢。

1. 主要钢种

(1)碳素结构钢

按《碳素结构钢》(GB/T 700—2006)的要求,钢的牌号由代表屈服强度的字母、屈服强度的数值、质量等级符号、脱氧方法符号4个部分按顺序组成。

Q,钢材屈服强度"屈"字汉语拼音首位字母;A、B、C、D,分别为质量等级;F,沸腾钢"沸"字汉语拼音首位字母;Z,镇静钢"镇"字汉语拼音首位字母;TZ,特殊镇静钢"特镇"两字汉语拼音首位字母。在牌号表示方法中,"Z"与"TZ"符号可以省略。

例如,Q235-B,表示屈服强度为235 MPa(当钢材厚度或直径小于16 mm时),质量等级为B级的镇静碳素结构钢。

碳素钢的特性及应用:

①Q195钢强度不高,塑性、韧性、加工性能与焊接性能较好,主要用于轧制薄板和盘条等。

②Q215钢用途与Q195钢基本相同,由于其强度稍高,还大量用作管坯和螺栓等。

③Q235钢既有较高的强度,又有较好的塑性和韧性,可焊性也好,在土木工程中应用最广泛,大量用于制作钢结构用钢、钢筋和钢板等。其中Q235-A级钢,一般仅适用于承受静荷载作用的结构,Q235-C和Q235-D级钢可用于重要的焊接结构。另外,由于Q235-D级钢含有足够的能形成细晶粒结构的元素,同时对硫、磷有害元素控制严格,故其冲击韧性好,有较强的抵抗振动、冲击荷载能力,尤其适用于负温条件。

④Q275钢强度、硬度较高、耐磨性较好,但塑性、冲击韧性和可焊性差,不宜用于建筑结构,主要用于制作机械零件和工具等。

(2)优质碳素结构钢

优质碳素结构钢是含碳量小于0.8%的碳素钢,这种钢中所含的硫、磷及非金属夹杂物比碳素结构钢少,机械性能较为优良。

根据《优质碳素结构钢》(GB/T 699—1999)的规定,钢中除含有碳(C)元素和为脱氧而含有一定量硅(Si)(一般不超过0.40%)、锰(Mn)(一般不超过0.80%,较高可到1.20%)合金元素外,不含其他合金元素(残余元素除外）。此类钢必须同时保证化学成分和力学性能。其硫（S）、磷（P）杂质元素含量一般控制在0.035%以下。若控制在0.030%以下者称为高级优质钢，其牌号后面应加"A"，例如20A；若P控制在0.025%以下、S控制在0.020%以下时，称为特级优质钢，其牌号后面应加"E"以示区别。对于由原料带进钢中的其他残余合金元素，如铬（Cr）、镍（Ni）、铜（Cu）等的含量一般控制在Cr<0.25%、Ni<0.30%、Cu<0.25%。

优质碳素结构钢的牌号用2位数字表示，即是钢中平均含碳量的万分位数。如20号钢表示平均含碳量为0.20%的优质碳素钢。对于沸腾钢则在尾部加上F，如10F、15F等。有的牌号锰（Mn）含量达到0.70%~1.20%，称为锰钢，如45Mn优质碳素结构钢的硫磷含量低于0.035%，主要用来制造较为重要的机件。在工程中一般用于生产预应力混凝土用钢丝、钢绞线、锚具，以及高强度螺栓、重要结构的钢铸件等在建筑工程中，30—45号钢主要用于重要结构的钢铸件和高强度螺栓等，45号钢用作预应力混凝土锚具，65—80号钢用于生产预应力混凝土用钢丝和钢绞线。

（3）低合金高强度结构钢

低合金高强度结构钢是一种在碳素结构钢的基础上添加总量不小于5%合金元素的钢材，所加合金元素主要有锰（Mn）、硅（Si）、钒（V）、钛（Ti）、铌（Nb）、铬（Cr）、镍（Ni）及稀土元素，均为镇静钢。

根据《低合金高强度结构钢》（GB/T 1591—2008）的规定，钢的牌号由代表屈服强度的汉语拼音字母、屈服强度数值、质量等级符号3个部分组成。例如：Q345D，其中的Q是钢的屈服强度"屈"字汉语拼音的首位字母；345是屈服强度数值，单位MPa；D是质量等级为D级。

牌号有Q345、Q390、Q420、0460、Q500、Q550、Q620、Q690共8个等级，质量等级有A、B、C、D、E共5个等级。

当需方要求铜板具有厚度方向性能时，则在上述规定的牌号后加上代表厚度方向（Z向）性能级别的符号，例如Q345、DZ15。

低合金高强度结构与碳素结构钢具有强度高、综合性能好、使用寿命长、应用范围广、比较经济等优点。该钢多轧制成板材、型材、无缝钢管等，被广泛用于桥梁、船舶、锅炉、车辆及重要建筑结构中。

2. 钢筋混凝土用钢材

（1）热轧钢筋

热轧钢筋是经热轧成形并自然冷却的成品钢筋，由低碳钢和普通合金钢在高温状态下压制而成，主要用于钢筋混凝土和预应力混凝土结构的配筋，是土木工程中使用量最大的钢材品种之一。直径6.5~9mm的钢筋，大多数卷成盘条；直径10~40mm的一般是6~12m长的直条。热轧钢筋应具备一定的强度，即屈服点和抗拉强度，它是结构设计的主要依据，分为热轧光圆钢筋和热轧带肋钢筋两种。热轧钢筋为软钢，断裂时会产生颈缩现象，伸长率较大。

（2）冷轧带肋钢筋

冷轧带肋钢筋是用热轧盘条经多道冷轧减径，一道压肋并经消除内应力后形成的一种带有二面或三面月牙形的钢筋。冷轧带肋钢筋在预应力混凝土构件中，是冷拔低碳钢丝的更新换代产品。

冷轧带肋钢筋牌号由CRB和钢筋的抗拉强度最小值构成。C、R、B分别为冷轧（Cold-rolled）、带肋（Ribbed）、钢筋（Bars）3个词的英文首位字母。冷轧带肋钢筋分为CRB550、CRB650、CRB800和CRB970共4个牌号。CRB550为普通钢筋混凝土用钢筋，其他牌号为预应力混凝土钢筋。

冷轧带肋钢筋各国大都以焊网的形式用于工程中，少量用直条钢筋在现场绑扎。不论是直条钢筋还是焊网，都实行工厂化生产，按施工进度要求分批送到施工现场，钢筋工只需按图铺放，不需再做任何加工。

（3）预应力混凝土用钢筋

①预应力混凝土用螺纹钢筋

《预应力混凝土用螺纹钢筋》（GB/T 20065—2006）规定，预应力混凝土用螺纹钢筋是一种热轧成带有不连续的外螺纹的直条钢筋，该钢筋在任意截面处均可用带有匹配形状的内螺纹的连接器或锚具进行连接或锚固。主要用于制造高强度、大跨度、钢筋用螺母连接方式的混凝土制品上，如核电站、水电站、桥梁、隧道、高速铁路等重点工程。

预应力混凝土用螺纹钢筋以屈服强度划分级别，其代号为P、S、B加上规定屈服强度最小值表示。P、S、B分别为Prestressing、Screw、Bars的英文首位字母。例如，PSB830表示屈服强度最小值为830MPa的钢筋。强度等级分PSB785、PSB830、PSB930和PSB1080共4个等级。

钢筋以热轧状态、轧后余热处理状态或热处理状态按直条交货。

②预应力混凝土用钢丝

《预应力混凝土用钢丝》（CB/T 5223—2002）规定，预应力混凝土用钢丝是用优质碳素结构钢制成。按加工状态分为冷拉钢丝（WCD）和消除应力钢丝两类。消除应力钢丝按松弛性能又分为低松弛级钢丝（WLR）和普通松弛钢丝（WNR）。按外形分类光圆（P）、螺旋肋钢丝（H）和刻痕钢丝（I）。冷拉钢丝是用盘条通过拔丝模或扎辊经冷加工而成的产品，以盘卷供货。

预应力混凝土用钢丝有强度高、柔性好、无接头、质量稳定可靠、施工方便、不须冷拉、不须焊接等优点。主要用于大跨度屋架及薄腹梁、大跨度吊车梁、桥梁、电杆和轨枕等的预应力钢筋等。

③预应力混凝土用钢绞丝

《预应力混凝土用钢绞线》（GB/T 5224—2004）规定，预应力混凝土用钢绞丝是以数根优质碳素结构钢钢丝经绞捻和消除内应力的热处理而制成。根据捻制结构（钢丝的股数），将其分为1×2、1×3、1×3I、1×7和（1×7）C共5类。预应力混凝土用钢绞线的最大负荷随钢丝的根数不同而不同，7根捻制结构的钢绞线，整根钢绞线的最大力达384 kN以上，规定非比例延伸力可达346 kN以上，1000 h松弛率1.0%~4.5%。

预应力混凝土用钢绞线具有强度高、柔韧性好、无接头、质量稳定和施工方便等优点，使用时按要求的长度切割，主要用于大跨度、大负荷的后张法预应力屋架、桥梁和薄腹板等结构的预应力筋。

3. 钢结构用钢材

钢结构用钢材主要是热轧成型的钢板和型钢等；薄壁轻型钢结构中主要采用薄壁型钢、圆钢和小角钢；钢材所用的母材主要是普通碳素结构钢和低合金高强度结构钢。

（1）热轧型钢

钢结构常用型钢有H形钢、工字钢、T形钢、Z形钢、槽钢、等边角钢和不等边角钢等。热轧型钢由于截面形式合理，材料在截面上分布对受力最为有利，且构件间连接方便，所以它是钢结构中采用的主要钢材。

我国建筑用热轧型钢，目前主要采用普通碳素钢（碳含量0.14%~0.22%），如Q235-A，其特点是冶炼容易，成本低廉，强度适中，塑性和可焊性较好，适合建筑工程使用。低合金钢热轧型钢基本为热轧螺纹钢筋和以16Mn轧成的型钢，少数用15MnV，异形断面型钢用得较少。

工字钢广泛应用于各种建筑结构和桥梁，主要用于承受横向弯曲（腹板平面内受弯）的杆件，但不宜单独用作轴心受压构件或双向弯曲的构件。

与普通工字钢相比，H形钢具有截面模数大、质量轻、省钢材、便于同其他构件组合和连接等优点，常用于承载力大、截面稳定性好的大型建筑。其中宽翼缘和中翼缘H形钢适用于钢柱等轴心受压构件，窄翼缘H形钢适用于钢梁等受弯构件。

槽钢可用作承受轴向力的杆件、承受横向弯曲的梁以及联系杆件，主要用于建筑结构、车辆制造等。

角钢主要用作承受轴向力的杆件和支撑杆件，也可作为受力构件之间的连接零件。

在我国，热轧型钢已成为各项基本建设中使用最为广泛的材料之一。

（2）冷弯型钢

冷弯型钢指用钢板或带钢在冷状态下弯曲成的各种断面形状的成品钢材。冷弯型钢是一种经济的截面轻型薄壁钢材，也称为钢制冷弯型材或冷弯型材。冷弯型钢是制作轻型钢结构的主要材料。它具有热轧型钢所不能生产的各种特薄、形状合理而复杂的截面。与热轧型钢相比较，在相同截面面积的情况下，回转半径可增大50%～60%，截面惯性矩可增大0.5～3.0倍，因而能较合理地利用材料强度；与普通钢结构（即由传统的工字钢、槽钢、角钢和钢板制作的钢结构）相比较，可节约钢材30%～50%。

目前，我国现有冷弯型钢主要品种有：结构用冷弯方矩形管、客车用冷弯钢、卷帘门钢及商用型钢、低压流体输送用焊管、通用开口冷弯型钢、建筑用钢结构冷弯型钢以及各种断面的冷弯异型材。

（3）钢板

钢板有热轧钢板和冷轧钢板之分，按厚度可分为厚板（厚度>4mm）和薄板（厚度≤4mm）两种。厚板用热轧方式生产，材质按使用要求相应选取；薄板用热轧或冷轧方式均可生产，冷轧钢板一般质量较好，性能优良，但其成本高，土木工程中使用的薄钢板多为热轧型。

钢板的钢种主要是碳素钢，某些重型结构、大跨度桥梁等也采用低合金钢。厚板主要用于结构，薄板主要用于屋面板、楼板和墙板等。在钢结构中，单块钢板不能独立工作，必须用几块板组合成工字形、箱形等结构来承受荷载。

（4）钢管

按照生产工艺，钢结构所用钢管分为热轧无缝钢管和焊接钢管两大类。

①热轧无缝钢管以优质碳素钢和低合金结构钢为原材料，多采用热轧—冷

拔联合工艺生产，也可用冷轧方式生产，但后者成本高昂。主要用于压力管道和一些特定的钢结构。

②焊接钢管采用优质或普通碳素钢钢板卷焊而成，表面镀锌或不镀锌（视情况而定）。按其焊缝形式有直缝电焊钢管和螺旋焊钢管，适用于各种结构、输送管道等用途。焊接钢管成本较低，容易加工，但多数情况下抗压性能较差。

在土木工程中，钢管多用于制作桁架、塔桅、钢管混凝土等，广泛应用于高层建筑、厂房柱、塔柱、压力管道等工程中。

（六）钢材的腐蚀与防护

1. 钢材的腐蚀

钢材与环境中的介质接触，由于环境和介质的作用，其中的铁与介质发生化学反应或电化学反应，钢材逐步被破坏，导致钢材腐蚀，也称为锈蚀。腐蚀可分为化学锈蚀和电化学锈蚀。

（1）化学锈蚀

也称为干腐蚀，属于纯化学腐蚀，是指钢材与周围介质（如氧气、二氧化碳、二氧化硫和水等）直接发生化学反应，生成疏松的氧化物而产生的锈蚀。在干燥环境中化学锈蚀速度缓慢，但在温度和湿度较大的情况下，这种锈蚀进展加快。

（2）电化学锈蚀

电化学锈蚀也称为湿腐蚀，是指钢材与电解溶液接触而产生电流，形成原电池而引起的锈蚀。电化学锈蚀是建筑钢材在存放和使用中发生锈蚀的主要形式。在强碱溶液中，钢材表面能形成FeO钝化膜，会形成稳定的保护层，阻止钢筋的锈蚀。但混凝土在碱环境从表面向内部逐渐被破坏或减弱（即混凝土中性化），导致FeO钝化膜逐步被破坏，使钢材发生腐蚀，如果有氯离子参与钢材腐蚀，会加快锈蚀速度。

2. 腐蚀的防止

钢材的腐蚀有材质的因素，也有与钢材相接触的环境介质等因素，因此防腐蚀的方法也有所侧重。目前采用的防腐蚀方法主要有以下几种：

（1）制成合金钢

钢材的化学成分对耐腐蚀性有很大的影响，在碳素钢的基础上加入少量铜、锡、铬、镍、钛等合金元素，可以提高耐腐蚀能力。

（2）保护层

在钢材表面设置防护层，使钢材不与周围腐蚀介质接触，从而防止腐蚀。保护层可以分为金属保护层和非金属保护层。

用耐腐蚀性好的金属以电镀或喷镀的方法覆盖在钢材的表面，提高钢材的耐腐蚀能力。

常用的方法有镀锌（如白铁皮）、镀锡（如马口铁）、镀铜和镀铬等。

非金属保护层是用有机和无机材料作为保护层。在钢材表面喷涂各种防锈涂料是钢结构防止锈蚀的常用方法。目前，在部分重要钢筋混凝土结构中，环氧涂层钢筋得到应用，其采用静电喷涂环氧树脂粉末工艺在钢筋表面形成一定厚度的环氧树脂防腐蚀涂层，这种钢筋保护层能长期保护钢筋使其免遭腐蚀。

（3）混凝土配筋的防腐蚀措施

对于钢筋混凝土中钢筋防腐蚀，通常的做法是提高混凝土的密实性，增加钢筋的混凝土保护层厚度和限制混凝土氯离子含量等途径来实现。预应力钢筋混凝土中的钢筋更易腐蚀，更要禁止氯离子掺入到混凝土中。

除了常规方法钢筋防腐蚀，还采用了环氧涂层保护法和电化学保护法。钢筋电化学保护法是根据电化学原理在钢筋上采取措施，使之成为腐蚀电池中的阴极，从而防止或减轻钢筋腐蚀的方法。按照防锈原理又分为2种不同的方法：牺牲阳极保护法是用电极电势比被保护金属更低的金属或合金做阳极，固定在被保护钢筋上，形成腐蚀电池，被保护钢筋作为阴极而得到保护；外加电流法是将被保护钢筋与另一附加电极作为电解池的两个极，使被保护的钢筋作为阴极，在外加直流电的作用下使阴极得到保护。钢筋电化学法主要用于防止土壤、海水及河水中钢筋的腐蚀。

3. 钢材在火灾中的防护

钢材虽属非燃烧材料，但由于钢材的热膨胀系数很高，在高温下可能造成结构的屈曲，而其良好的导热性也将助长热量的蔓延。在火灾高温下，其力学性能如屈服强度、弹性模量等会随着温度的升高而降低。无防火被覆钢材在400℃的温度下，其强度就会降低到原强度的一半；当温度达600℃时，钢材基本丧失其全部的强度，从而在火灾中变得很"软弱"。

目前，钢材防火保护基本采用的方法是截流法。截流法的原理是截断或阻滞火灾的热流量向构件传输，从而使得构件在规定的时间内温度升高不超过其临界温度。其做法是在构件表面设置一层保护材料，火灾产生的高温首先传给这些保护材料，再由保护材料传给钢材。由于所选保护材料的导热系数较小而热容又较大，所以能较好地阻滞热流向构件的传输，从而起到保护作用。截流法又分水喷淋法、完全封闭法、屏蔽法、喷涂法和包封法等。在土木工程上，钢结构用得较多的是其中的防火涂料喷涂法。钢筋混凝土中的钢筋已被混凝土浇筑其中，比钢结构耐火性好。

（七）土木工程中的其他金属材料

1. 铸铁

铸铁是含碳量大于2.06%的铁碳合金，它是将铸造生铁（部分炼钢生铁）在炉中重新熔化，并加进铁合金、废钢、回炉铁调整成分而得到。与生铁区别是铸铁是二次加工，大都加工成铸铁件。铸铁件具有优良的铸造性，可制成复杂零件，一般有良好的切削加工性；另外耐磨性和消震性良好，价格低。但铸铁也有缺点，铸铁性脆、无塑形、抗压强度较高、抗拉和抗折强度较低，不适合做结构材料。土木工程中常用于排水沟、地沟、铸铁给水排水管、暖气片、栏杆、栅栏等。

2. 铝合金及制品

铝为银白色轻金属，纯铝的密度为$2.7\ g/cm^3$，约为钢的1/3。铝的性质活泼，在空气中能与氧结合形成致密坚固的氧化铝薄膜，覆盖在下层金属表面阻止其继续腐蚀。因此，铝在大气中有良好的抗蚀能力。

（1）铝合金

铝合金是以铝为基料的合金总称，主要合金元素有铜、硅、镁、锌、锰，次要合金元素有镍、铁、钛、铬、锂等。铝合金密度低，但强度比较高，接近或超过优质钢，塑性好，可加工成各种型材，具有优良的导电性、导热性和抗蚀性，工业上广泛使用，使用量仅次于钢。

铝合金在建筑装饰中得到广泛的应用。常用的铝合金有防锈铝合金（LF）、硬铝合金（LY）、超硬铝合金（LC）和锻铝合金（LD）。防锈铝合金中主要合金元素是锰和镁。Al-Mn系合金由于锰的作用，比纯铝具有更高的耐腐蚀性能和强度，并具有良好的可焊性和塑性，但切削性能差。Al-Mg系合金由于镁的作用，密度比纯铝小，强度比AL-Mn合金高，并具有相当好的耐腐蚀性。在土木工程中，防锈铝合金主要用于要求工艺塑性高、抗腐蚀的中轻载构件和管道。

硬铝合金属热处理可强化铝合金，包括AL-Cu-Mg系和AL-Cu-Mn系合金。

这类合金强度和耐热性能均好,但耐蚀性不如纯铝和防锈铝合金。常用包铝方法提高硬铝制品在海洋和潮湿大气中的耐蚀性。该类合金广泛应用于各种构件和铆钉材料。在造船、建筑等部门也大量应用。在Al-Zn-Mg系中添加铁和镍可发展为锻造合金,有良好的高温强度和工艺性能。AL-Cu-Mn系合金的工艺性能良好,易于焊接,主要用于耐热可焊的结构材料和锻件。

超硬铝合金在Al-Zn-Mg系的基础上添加铜发展起来的铝合金,其强度可达784 N/mm²,但耐热耐蚀性差,对铁敏感、抗应力腐蚀性差,应适当控制合金中锌和镁的比例,添加铜、锰等元素后,将进一步提高合金强度,改善塑性和耐应力腐蚀性能。工业上使用的室温力学性能最高,一般σ_b为490~690 MPa的可压力加工铝合金,又称高强度铝合金。在土木工程中,超硬铝合金主要用于承重构件和高荷载零件。

锻铝合金是在铝中加入镁、硅及铜等元素。这类合金具有良好的热塑性,并有较好的机械性能,常用来制造形状复杂建筑型材。

(2)铝合金制品

①铝合金门窗

铝合金门窗是将按特定要求成形并经表面处理的铝合金型材,经下料、打孔、铣槽、攻丝等加工制得门窗框料构件,再加连接件、密封件、开闭五金件等一起组合装配而成。在现代建筑中使用铝合金门窗,尽管造价比普通门窗高3~4倍,但由于长期维修费用低、性能好、美观、节约能源等,所以在世界范围内仍然得到广泛使用。

铝合金门窗与普通门窗相比,具有质量轻、气密性、水密性、隔声性、隔热性好,色泽美观,不需要涂漆、不褪色、不脱落,经久耐用、零部件经久不坏、开关灵活轻便、无噪声,利于工业化生产等优点。

②铝合金装饰板及吊顶

铝合金装饰板是现代较为流行的建筑装饰板材,具有质量轻、不燃烧、耐久性好、施工方便、装饰效果好等特点。

建筑装饰中主要使用的是金属板中的铝扣板吊顶。但是纯铝较软,因此铝扣板其实是铝合金材质的吊顶,有铝镁合金、铝锰合金等。铝锰合金扣板硬度较高,铝镁合金在增加了硬度的同时,还增加了一些亮度,质感好,装饰效果强。优质的铝锰合金扣板因为耐腐蚀性能好,俗称不锈铝。

有一些劣质基材采用垃圾铝、回收铝或土杂铝等材质制造装饰板及吊顶,其易变形、易氧化，有的甚至是含铬、铅、汞等有害物质的回收废铝，这种铝扣板基材价格低、硬度大、有一定的厚度，非常具有欺骗性。

第三节　墙体与屋面材料

一、墙体材料

1. 墙用砌块

砌块是用于砌筑的人造块材，外形多为直角六面体，也有各种异形的。

砌块按规格大小分为大砌块（主规格的高度大于980mm）、中砌块（主规格的高度为380~980mm的砌块）、小砌块（主规格的高度大于115mm而又小于380mm的砌块）。目前，我国中小型砌块使用较多。

砌块按其空心率大小分为空心砌块和实心砌块两种。实心砌块空心率小于25%或无孔洞，空心砌块空心率等于或大于25%。

砌块按其所用主要原料及生产工艺分为水泥混凝土砌块、粉煤灰硅酸盐混凝土砌块、石膏砌块、烧结砌块等。

（1）普通混凝土小型空心砌块

普通混凝土小型空心砌块是由水泥、粗骨料、细骨料加水搅拌，经装模、振动（或加压振动或冲压）成型，并经养护而成。粗骨料、细骨料可用普通碎石或卵石、砂子，也可用轻骨料（如陶粒、煤渣、煤矸石、火山渣、浮石等）及轻砂。主要规格尺寸为390mm×190mm×190mm，其他规格尺寸可由供需协商。砌块的最小外壁厚应不小于30mm，最小肋厚应不小于25mm，空心率应不小于25%。

根据《普通混凝土小型空心砌块》（GB 8239—1997）要求，普通混凝土小型空心砌块分为承重砌块和非承重砌块两类。按其外观质量分为优等品、一等品和合格品3个产品等级。按砌块的抗压强度分为MU20、MU15.0、MU10.0、MU7.5、MU5.0、MU3.5共6个等级。

按相对含水率分为M和P两种级别，P级无相对含水率要求。按其是否要求抗渗性指标分为S和Q两级，Q级表示无抗渗要求。

混凝土砌块的导热系数随混凝土材料及孔型和空心率的不同而有差异。普通水泥混凝土小型空心砌块，空心率为50%时，其导热系数约为0.26 W/（m.K）。

混凝土小型空心砌块可用于低层和中层建筑的内墙和外墙。这种砌块在砌筑时一般不宜浇水，但在气候特别干燥炎热时，可在砌筑前稍喷水湿润。砌筑时尽量采用主规格砌块，并应先清除砌块表面污物和砌块孔洞的底部毛边。采用反砌（即砌块底面朝上），砌块之间应对孔错缝砌筑。

（2）粉煤灰硅酸盐中型砌块

粉煤灰中型砌块是以粉煤灰、石灰、石膏和骨料等为原料，经加水搅拌、振动成型、蒸汽养护而制成的密实砌块，通常采用炉渣作为砌块的骨料。粉煤灰砌块原材料组成间的互相作用及蒸养后所形成的主要水化产物等与粉煤灰蒸养砖相似。

粉煤灰砌块主规格外形尺寸为880 mm × 380 mm × 240 mm及880 mm × 430 mm × 240 mm。砌块的强度等级按其立方体试件的抗压强度分为10级和13级两个强度等级；砌块按其外观质量、尺寸偏差和干缩性能分为一等品（B）和合格品（C）两个等级。粉煤灰硅酸盐砌块的表现密度为1 300~1 550 kg/m³，导热系数为0.465~0.582 W/（m.K）。

粉煤灰砌块可用于一般工业和民用建筑的墙体和基础。但不宜用于有酸性介质侵蚀的建筑部位，也不宜用于经常处于高温影响下的建筑物。常温施工时，砌块应提前浇水湿润；冬季施工时，砌块不得浇水湿润。粉煤灰砌块的墙体内外表面宜作粉刷或其他饰面，以改善隔热、隔声性能并防止外墙渗漏，提高耐久性。

（3）蒸压加气混凝土砌块

蒸压加气混凝土砌块是以钙质材料和硅质材料以及加气剂、少量调节剂，经配料、搅拌浇注成型、切割和蒸压养护而成的多孔轻质块体材料。原料中的钙质材料和硅质材料可分别采用石灰、水泥、矿渣、粉煤灰、砂等。根据所采用的主要原料不同，加气混凝土砌块也相应有水泥-矿渣-砂、水泥-石灰-砂、水泥-石灰-粉煤灰3种。

砌块的规格一般有a、b两个系列。砌块按外观质量、尺寸偏差分为优等品（A）和合格品（B）两个产品等级。按砌块抗压强度分A1.0、A2.0、A2.5、A3.5、A5.0、A7.5和A10.0共7个强度等级。按表观密度分B03、B04、B05、B06、B07、B08共6个级别。

蒸压加气砌块具有轻质、保温、隔热、隔声、耐火、可加工性能好等特点。

蒸压加气混凝土砌块的表观密度小，一般仅为黏土砖的1/3，作为墙体材料，可使建筑物自重减轻2/5~1/2，从而降低造价；其导热系数为0.14~0.28 W/（m.K），用作墙体可降低建筑物的采暖、制冷等使用能耗。

蒸压加气混凝土砌块可用于一般建筑物的墙体，可作多层建筑的承重墙和非承重外墙及内隔墙，也可用于屋面保温。加气混凝土砌块不得用于建筑物基础和处于浸水、高湿和有化学侵蚀的环境（如强酸、强碱或高浓度二氧化碳）中，也不能用于承重制品表面温度高于80℃的建筑部位。

2．砌墙砖

以黏土、工业废渣或其他地方资源为主要原料，以不同工艺制成的在建筑中用于砌筑承重或非承重墙体的砖，统称为砌墙砖。

①按原材料分：黏土砖（N）、页岩砖（Y）、煤矸石砖（M）、粉煤灰砖（F）；

②按生产工艺分：烧结砖、非烧结砖（蒸养砖）；

③按孔洞率分：普通砖（孔洞率＜15%）、多孔砖和空心砖（孔洞率＞35%）；

④按焙烧火候分：正火砖、过火砖、欠火砖；

⑤按生产方法分：机制砖、手工砖；

⑥按颜色分：红砖、青砖。

（1）烧结砖

①普通烧结砖

烧结普通黏土砖是以黏土为原料，经调制、制坯、干燥、焙烧（950~1 050℃）、冷却后而成的墙体材料。除黏土外，还可利用页岩、煤矸石、粉煤灰等为原料来制造烧结砖，这是因为它们的化学成分与黏土相似。但由于它们的可塑性不及黏土，所以制砖时常常需要加入一定量的黏土，以满足制坯时对可塑性的需要。普通黏土砖的生产和使用，在我国已有3 000多年历史，价格低廉、工艺简单、设计和施工技术成熟。普通黏土砖浪费土地资源、耗能大、破坏环境。

烧结普通黏土砖按颜色不同分为红砖和青砖。红砖是在氧化气氛中焙烧而成。青砖是在氧化气氛中焙烧至900℃，再在还原气氛中焙烧，使砖内高价氧化铁还原成青灰色低价氧化铁而成。青砖比红砖的耐碱性和耐久性好，但不能大批量生产，且耗费燃料较多。普通黏土砖按照生产方法的不同又可分为手工砖和机制砖。机制砖组织均匀、强度大、砖型整齐、尺寸准确、质量较好，尤其能够大批量生产。目前，我国大量生产和使用的是机制红砖。

烧结普通黏土砖的标准尺寸为：240 mm × 115 mm × 53 mm。通常将240 mm × 115 mm面称为大面，240 mm × 53 mm面称为条面，115 mm × 53 mm面称为顶面。

主要性能：

a.抗风化性能：砖在干湿变化、温度变化、冻融变化等气候条件下抵抗破坏的能力，用抗冻融试验或吸水率试验来衡量。

b.泛霜：又称为盐析现象，可溶性盐在砖或砌块表面析出的现象。

c.石灰爆裂：原材料中的石灰石在焙烧工程中被烧制成生石灰，生石灰遇水膨胀，从而产生爆裂现象。

烧结普通砖的优缺点与应用：

优点：具有较高的强度和耐久性；孔隙率较大，具有良好的保温隔热性能和隔声吸声性能。

优等品砖可用于清水墙建筑；合格品砖可用于混水墙建筑；中等泛霜的砖不能用于潮湿部位。

缺点：块体小，施工效率低；产生能耗高；黏土砖所用原料黏土，需毁田取土，挤占耕地；抗震性能差；不符合可持续发展要求。

②烧结多孔砖与空心砖

a.烧结多孔砖

烧结多孔砖简称多孔砖，是指以黏土、页岩、煤矸石或粉煤灰为主要原料，经焙烧而成的具有竖向孔洞（孔洞率不小于25%，孔的尺寸小而数量多）的砖。多孔砖的技术性能应满足《烧结多孔砖》（GB 13544—2000）的要求。根据其尺寸规格分190 mm × 190 mm × 90 mm（M型）和240 mm × 115 mm × 90 mm（P型）。

P型多孔砖一般是指KPI，它的尺寸接近原来的标准砖，现在还在广泛应用。M型多孔砖的特点是：由主砖及少量配砖构成砌墙不砍砖，基本墙厚为190 mm，墙厚可根据结构抗震和热工要求按半模级差变化。这无疑在节省墙体材料上比实心砖和P型多孔砖更加合理。其缺点是给施工带来不便。目前两种砖并存。

烧结多孔砖主要用于承重部位，其强度等级划分为MU30、MU25、MU20、

MU15和MU10。

b.空心砖

空心砖是以黏土、页岩等为主要原料,经过原料处理、成形、烧结制成。烧结空心砖为顶面有孔洞的直角六面体,孔大而少,孔洞为矩形条孔或其他孔形、平行于大面和条面。空心砖的孔洞总面积占其所在砖面积的百分率,称为空心砖的孔洞率,按《烧结空心砖和空心砌块国家标准》(GB 13545—2003)要求,孔洞率一般应在40%以上。烧结空心砖的长度<365 mm,宽度<240 mm,高度<115 mm,如大于该尺寸则为空心砌块。其强度等级划分为MU10.0、MU7.5、MU5.0、MU3.5和MU2.5。

空心砖和实心砖相比,可节省大量的土地用土和烧砖燃料;减轻运输重量;减轻制砖和砌筑时的劳动强度,加快施工进度;减轻建筑物自重,加高建筑层数,降低造价。烧结空心砖强度较低,多用作建筑物非承重部位的墙体,如多层建筑内隔墙或框架结构的填充墙等,各种类型的砖在使用时均要注意耐久性。

(2)非烧结普通黏土砖

非烧结普通黏土砖以黏土为主要原料,掺入少量胶凝材料,经粉碎、搅拌、压制成形、自然养护而成。此种免烧砖可作为一般房屋建筑墙体材料。其产品规格、等级和技术条件,《非烧结普通黏土砖》(JC 422—91)规定如下:免烧砖的外形为矩形体,长240 mm、宽115 mm、厚53 mm。产品按尺寸偏差、外观质量和强度分为一等品(B)和合格品(C);按强度分为3个级别:7.5级、10级和15级。

(3)蒸养(压)砖

蒸养(压)砖以石灰和含硅材料(砂子、粉煤灰、煤矸石、炉渣和页岩等)加水拌合,经压制成形、蒸汽养护或蒸压养护而成。

①灰砂砖(又称蒸压灰砂砖)

灰砂砖是由磨细生石灰或消石灰粉、天然砂和水按一定配比,经搅拌混合、陈伏、加压成型,再经蒸压(一般温度为175~203℃、压力为0.8~1.6 MPa的饱和蒸汽)养护而成。实心灰砂砖的规格尺寸与烧结普通砖相同,其表观密度为1 800~1 900 kg/m^3,导热系数约为0.61 W/(m.K)。《蒸压灰砂砖》(GB 11945—1999)规定:按砖的尺寸偏差、外观质量、强度及抗冻性分为优等品、一等品、合格品;按砖浸水24 h后的抗压强度和抗折强度分为MU25、MU20、

MU15、MU10共4个等级。MU25、MU20、MU15的砖可用于基础及其他建筑；MU10的砖仅可用于防潮层以上的建筑。

灰砂砖应避免用于长期受热高于200℃、受急冷急热交替作用或有酸性介质侵蚀的建筑部位。此外，砖中的氢氧化钙等组分会被流水冲失，所以灰砂砖不能用于有流水冲刷的地方。灰砂砖的表面光滑，与砂浆黏结差，砌筑时灰砂砖的含水率会影响砖与砂浆的黏结力，所以，应使砖含水率控制在7%～12%。砌筑砂浆宜用混合砂浆。

②粉煤灰砖

粉煤灰砖是以粉煤灰、石灰为主要原料，掺加适量石膏和骨料经坯料制备、压制成形、常压或高压蒸汽养护而成。按《粉煤灰砖》（JC 239—2001）规定：根据砖的抗压强度和抗折强度分为MU30、MU25、MU20、MU15、MU10共5个强度等级；根据砖的尺寸偏差、外观质量、强度等级、干燥收缩分为优等品（A）、一等品（B）、合格品（C），优等品的强度等级应不低于15级。

粉煤灰砖呈深灰色，表观密度为1 550 kg/m³左右。粉煤灰砖可用于工业与民用建筑的墙体和基础，使用于基础或易受冻融和干湿交替作用的建筑部位必须是一等品或优等品。粉煤灰砖不得用于长期受热（200℃以上）、受急冷急热交替作用或有酸性介质侵蚀的建筑部位。

③炉渣砖

炉渣砖又名煤渣砖，是以煤燃烧后的炉渣为主要原料，加入适量石灰、石膏（或电石渣、粉煤灰）和水搅拌均匀，并经陈伏、轮碾、成型、蒸汽养护而成。

炉渣砖呈黑灰色，表现密度一般为1 500～1 800 kg/m³，吸水率6%～18%。炉渣砖按抗压强度和抗折强度分为MU20、MU15、MU10共3个强度等级；按外观质量及物理性能分为一等、二等2个级别。

炉渣砖可用于一般工程的内墙和非承重外墙。其他使用要点与灰砂砖、粉煤灰砖相似。

3. 墙体板材

墙体板材是砌墙砖和砌块之外的另一类重要的新型墙体材料，由于其自重轻、安装快、施工效率高，同时又能增加建筑物使用面积、提高抗震性能、节省生产和使用能耗等，随着建筑节能工程和墙体材料革新工程的实施，新型建筑板材必将获得迅猛发展。

目前我国墙板品种很多，分类方法较多：

①依据《墙体材料术语》（CB/T 18968—2003）规定，主要类型有大型墙板、条板和薄板等。条板指可竖向或横向装配在龙骨或框架上作为墙体的长条形板材；大型板材指尺寸相当于整个房屋开间（或进深）的宽度和整个楼层的高度、配有构造钢筋的墙板。

②按构成材料分：纤维水泥板、建筑石膏板、硅酸钙板、轻混凝土板、木质与植物纤维水泥板、钢丝网架水泥夹心板、金属面夹心板、钢筋混凝土绝热材料复合外墙板、植物纤维板、预应力混凝土墙板及外墙外保温板等。

③按构造分：分挂板、空心墙板、空心条板、轻质墙板、隔墙板、复合墙板、夹心板、芯板、外墙内保温板、外墙外保温板等。

（1）纤维水泥板

纤维水泥板是以水泥为胶结料、按比例掺入纤维材料增强，经制浆、成坯、养护等工序而制成的板材。

按水泥品种分有：普通水泥与低碱度水泥纤维水泥板；按表观密度分有：高密度板（加压板）、中密度板（未加压板）、轻板（含轻集料板）。

常用品种有：NTK板、NAFC板、NAL板、VRC板等。

①纤维增强低碱度水泥建筑平板（NTK板）

NTK板是以抗碱玻璃纤维等增强，以低碱度硫铝酸盐水泥为胶结料，经制浆、抄取或流浆法成坯，蒸汽养护制成的建筑平板。

要求：按《纤维增强低碱度水泥建筑平板》（JC/T 626—2008）执行，水泥强度等级＞42.5级，短切抗碱玻璃纤维，直径15μm左右、长度15～25mm。

规格：长为1 200mm，1 800mm，2 400mm，2 800mm，宽为800mm，900mm，1 200mm，厚为4mm，5mm，6mm。

外观：分优（A）、一等（B）、合格（C）3个等级。

②维纶纤维增强水泥平板（VFRC板）

VFRC板以维纶纤维为增强材料，水泥或水泥和轻骨料为基材，制成的纤维增强水泥板材，包括VFRC平板、VFRC轻质多孔条板。

VFRC平板：VFRC平板执行《维纶纤维增强水泥平板》（JC/T 671—2008）标准，按其密度分维纶纤维增强水泥板（A型板）、水泥轻板（B型板）。

规格：长为1 800mm、2 400mm、3000mm、宽900mm、1 200mm、厚为

4 mm、6.8 mm、10 mm、15 mm、20 mm、25 mm。

应用：A型板用于非承重墙体、吊顶、通风道；B型板用于内隔墙、吊顶。

VFRC轻质多孔条板：由快硬硫铝酸盐水泥、35%～40%粉煤灰、维纶纤维、冲入适量空气、并加珍珠岩，采用成组立模生产的一类空心条板。

规格：长为3 000 mm、3 600 mm，宽600 mm，厚为60 mm、90 mm、120 mm。

应用：VFRC轻质多孔板主要用作建筑隔墙板。

③真空挤出成型纤维水泥板

真空挤出成型纤维水泥板以纤维素纤维与聚丙烯纤维为增强材料，普通水泥、磨细石英砂、膨胀珍珠岩、增塑剂与水组成的砂浆为基体，经真空挤出制成的具有多种断面形状的系列化板材。

外墙用压花实心板：板断面无孔洞，表面有凹凸花纹与涂覆层，主要用作外墙面板。

外墙用多孔板：板断面有矩形孔，表面有凹凸花纹与涂覆层，用作外墙板。

内墙用多孔板：板断面有矩形孔洞，表面没有凹凸花纹，可有或没有涂覆层，用作隔墙。

多种异形件：如阳台板、拐角等。

④玻璃纤维增强水泥板（GRC板）

GRC板是以耐碱玻璃纤维、低碱度水泥、轻集料和水为主要原料，经布浆、脱水、滚压、养护制成的板材。

GRC轻质墙板有单板和复合墙板两大类：单板有GRC平板、GRC轻质多孔条板；复合墙板有GRC复合外墙板、GRC外墙内保温板、P-GRC外墙内保温板、GRC外保温板以及GRC岩棉外墙挂板等品种。

特点：轻质、高强、抗冲击性能好、耐水性好、耐久性好，节省原材料，成型工艺简单，可用作各种非承重内外墙板、装饰板等。

要求：执行《接触轨玻璃纤维增强塑料防护罩》（JC/T 1027—2007），单层板、有肋单层板、框架板、夹芯板4类（表面有或没有装饰层）。

应用：主要用作内隔墙、吊顶板；用于外墙护面装饰面板（承重或非承重的各种墙体均可）。

a.GRC复合外墙板：以低碱度水泥砂浆为基材，耐碱玻璃纤维做增强材料，制成板材面层，内置钢筋混凝土肋，并填充绝热材料内芯，以台座法一次制成的新型轻质复合墙板。

分类：板长550~900mm，宽450~600mm，板厚40~50mm，其中聚苯板厚30~40mm，GRC面层厚10mm。

特点：具有高强度、高韧性、高抗渗性、高防火与高耐候性，并具有良好的绝热和隔声性能。GRC复合外墙板规格尺寸大、自重轻、面层造型丰富、施工方便，故特别适用于框架结构建筑，尤在高层框架建筑中作为非承重外墙挂板使用。

b.GRC外墙内保温板：以GRC为面层、聚苯乙烯泡沫塑料板为芯层、以台座法或成组立模法生产的加芯式复合保温板。

分类：板长2400~2700mm，宽595mm，厚分50mm、60mm两种，前者与240外墙复合，后者与200混凝土外墙复合，节能达50%。

特点：质量轻、防水、防火性好，抗折、抗冲击性好，绝热性好。

c.P-GRC外墙内保温板：以聚合物乳液、水泥、砂配制成的砂浆作面层，用耐碱玻璃纤维网格布作增强材料，以自熄性聚苯乙烯泡沫塑料为芯材，制成的夹芯式内侧保温板。

分类：板长900~1500mm，宽595mm，厚分40mm、50mm两种。

应用：可用于烧结砖或混凝土外墙的内侧保温及外侧保温。

d.GRC外保温板：以GRC面层与高效保温材料预复合而成的外墙外保温用的板材。可故成单面板或双面板，单面板将保温材料置于GRC槽型板内；双面板是将保温材料夹在上下两层GRC板中间。

规格：板长550~900mm，宽450~600mm，厚40~50mm，其中聚苯板厚30~40mm，GRC面层厚10mm。

应用：与外墙构造有紧密结合型和空气隔离型。

e.GRC岩棉外墙挂板：将工厂预制的GRC外墙挂板、岩棉板在现场复合到主墙体上的一种外保温用板材。

规格：分窗间板和窗上下板两种，板厚10mm，肋高70mm。

（2）建筑石音板

以石膏为主料生产的轻质墙板，以其凝结硬化快、质轻、热导率低、绝热性好、难燃、装饰性好等优点而广泛应用。可分为单板和复合墙板两类。

单板有：纸面石膏板、纤维石膏板、石膏空心条板、石膏刨花板、纤维增强硬石膏压力板。

复合墙板有：预制石膏板复合墙板、玻璃纤维增强石膏外墙内保温板、现场拼装石膏板内保温复合外墙等。

①纸面石膏板

纸面石膏板以建筑石膏为主料，掺入适量轻集料、纤维增强材料和外加剂构成芯材，并与护面纸牢固地黏结成一体的建筑板材。

分类：有普通纸面、耐水纸面、耐火纸面石膏板3种；按板边形状分为矩形、倒角形、楔形和圆形4种。

要求：执行《纸面石膏板》（GB/T 9775—2008）。

规格：长1800～3600mm，宽900或1200mm，厚9.5～25mm。

应用：内隔墙、墙体复面板、天花板、预制石膏板、复合隔墙板等。

②石膏空心条板

石膏空心条板以建筑石膏为基材，掺无机轻集料、无机纤维增强材料而制成的空心条板。

分类：有石膏珍珠岩空心条板、石膏粉煤灰硅酸盐空心条板、石膏空心条板。

要求：执行《石膏空心条板》（JC/T 829-1998）。

规格：长2400～3000mm，宽600mm，厚60～120mm。

特点与应用：与石膏砌块比质量更轻，施工效率更高；主要用于非承重隔墙。

③纤维石膏板

纤维石膏板以建筑石膏为主料，掺入适量有机或无机纤维和外加剂与水混合，用缠绕、辊压压制等方法成型，经凝固、干燥制成的建筑板材。

分类：按结构有单层、三层纤维石膏板；按用途有复合板、轻质板和结构板。

规格：长1200～3000mm，宽600～1220mm，厚10～12.5mm。

应用：用于非承重隔墙、吊顶、地板、防火门等。

④石膏刨花板

石膏刨花板以建筑石膏、木质刨花、适量的缓凝剂和水为原料，采用半干法生产工艺，在受压状态下完成石青与木质材料的固结而制成的板材。

分类：有素板和表面装饰板，后者又分为微薄木饰面、三聚氰胺饰面、

PVC薄膜饰面石膏刨花板。

规格：长2 400～3 050 mm，宽1220 mm，厚8～28 mm。

应用：用于非承重隔墙、吊顶及复合墙体基材。

⑤石膏板复合墙板和墙体

石膏板复合墙板和墙体是以纸面石膏板或石膏材料为面层，与其他轻质保温材料复合，经预制或现场制作而成的复合型石膏墙体材料。

分类：有预制石膏板复合墙板、玻璃纤维增强石膏外墙内保温板、充气石膏板、现场拼装石膏板内保温复合外墙、粉刷石膏聚苯内保温墙体等。

（3）纤维增强硅酸钙板

纤维增强硅酸钙板以钙质材料、硅质材料及增强纤维（纤维素纤维、抗碱玻璃纤维等）等为主料，经成型、蒸压养护而成的建筑板材。有单板和复合墙板两类。

单板：石棉硅酸钙板、非石棉硅酸钙板；执行JC/T 564.1（2）—2008无（温）石棉硅酸钙板。

优点：轻质、高强、不燃、隔热干湿变形小、防潮性好、可加工性好，可用于各种复合墙体的面板、吊顶板及外墙板。

缺点：吸水性强，与基材粘接，需用专门抹面材料。

复合墙板：以薄型纤维增强硅酸钙板做面板，中间填充泡沫聚苯乙烯轻混凝土或泡沫膨胀珍珠岩轻混凝土等轻质芯材。分预制和整体灌浆两种。硅酸钙板整体灌浆墙体：是用硅酸钙板作面层，用轻钢龙骨作立柱，再在其空腔内泵入轻质灌浆材料而形成的实心整体墙体。

特点：自重小、绝热性能优、施工速度快。

应用：用于多高层的隔墙、吊顶等。

（4）加气混凝土板

加气混凝土板以硅质和钙质材料为主，以铝粉为发气剂，配以经防腐处理的钢筋网片，经加水搅拌、浇筑成型、预养切割、蒸压养护制成的多孔板材。

分类：加气混凝土外墙板、隔墙板和屋（楼）面板。

特点：轻质、保温、隔声性好、防火、抗震性好，具有足够的强度，可加工性好，施工方便，广泛用于各种非承重隔墙、填充墙、屋面板等。

规格：执行《蒸压加气混凝土板》（GB 15762—2008）标准，长1 800～6 000 mm，宽600 mm，厚75 mm、100 mm、125 mm、150 mm、175 mm、

200mm、250mm、300mm等。

等级：按强度分A2.5、A3.5、A5.0、A7.5共4级；按干密度分B04、BO5、B067、B07共4级；按质量分优（A）、一等（B）和合格（C）共3级。

注意事项：加气混凝土板出釜时含水率高，应存放5天以上方可出厂，运输、堆放应按要求。

（5）轻集料混凝土板

轻集料混凝土板通常有实心板和空心墙板两类。

实心板：有轻集料混凝土配筋墙板、轻质陶粒混凝土条板、水泥聚苯保温板等。

空心墙板：有轻集料混凝土墙板、工业灰渣混凝土空心隔墙条板等。

特点：具有轻质、高强及优异的抗冲击、抗裂、耐水、防火、隔声性，增加使用面积，提高施工速度，减轻劳动强度，降低造价。

（6）水泥聚苯板

水泥聚苯板以普通硅酸盐水泥、废旧聚苯乙烯破碎的颗粒、发泡剂等为原料，经加水搅拌、浇注成形为板材。

规格：长900mm，宽600mm，外保温板厚60~80mm，内保温板厚50~90mm。

应用：可用作外墙外保温板，外墙内保温板。

（7）植物纤维水泥板

植物纤维水泥板是以木纤维或秸秆等作增强材料制成的一类纤维水泥板。

①木纤维增强水泥空心墙板（PRC板）

PRC板以木纤维为增强材料，水泥砂浆为基材，用挤压法制成的具有若干个圆孔的条形板。板宽分为298mm、448mm、598mm、898mm共4种，板厚80mm。主要用于抗震设防烈度6、7度以下的非承重内隔墙。

②水泥刨花（木屑、木丝）板

水泥刨花板是以水泥为胶结料，木质刨花等为增强材料，加水和适量促凝剂，在半干状态下受压使水泥与木质材料固结而制成的板材。

规格：板长2 600~3 200mm，宽1 250mm，厚8~40mm。

优点：轻质、隔声、隔热、防火、防水、抗虫蛀、可钉、可锯、可装饰性好。

应用：用于复合墙体的墙面板和吊顶板。

③植物纤维水泥板

植物纤维水泥板是以秸秆为增强材料,以水泥为胶结料,加水和适量促凝剂,在半干状态下受压使水泥与植物纤维材料固结而制成的板材。

规格:板长2 500~3 000 mm,宽600~1 200 mm,厚5~30 mm。

优点:保温、吸声、防火性好,被明火烧灼时无有害气体产生。

应用:用作单板或预装成大板构件使用。含水率控制在8%~10%,以免引起板缝处开裂。

(8)其他墙体板材

除上述板材外,还有钢丝网架水泥夹芯板、金属面夹芯板、钢筋混凝土绝热材料复合外墙板、植物纤维板、SP墙板(预应力混凝土空心板)和外墙外保温板等。

二、屋面材料

1. 黏土瓦

黏土瓦是以黏土为主要原料,加适量水搅拌均匀后,经模压成形或挤出成形,再经干燥、焙烧而成。制瓦的黏土应杂质含量少、塑性好。

黏土瓦按颜色分有红瓦和青瓦两种;按用途分有平瓦和脊瓦两种,平瓦用于屋面,脊瓦用于屋脊。

平瓦的规格尺寸有Ⅰ、Ⅱ和Ⅲ3个型号,分别为400 mm×240 mm,380 mm×225 mm和360 mm ×220 mm。平瓦按尺寸偏差、外观质量和物理、力学性能分优等品、一等品和合格品3个产品等级。单片平瓦最小抗折荷载不得小于680 N,覆盖1 m²屋面的瓦吸水后质量不得超过55 kg,抗冻性要求经15次冻融循环后无分层、开裂和剥落等损伤,抗渗性要求不得出现水滴。脊瓦分为一等品和合格品2个等级,脊瓦的规格尺寸要求长度不小于300 mm,宽度不小于180 mm。单片脊瓦最小抗折荷载不得低于680 N,抗冻性等要求同平瓦。

2. 混凝土瓦

混凝土平瓦的标准尺寸有400 mm×240 mm和385 mm×235 mm两种。单片瓦的抗折荷载不得低于600 N,抗渗性、抗冻性应符合要求。混凝土平瓦耐久性好、成本低,但自重大于黏土瓦。在配料中加入耐碱颜料,可制成彩色瓦。

3. 石棉水泥瓦

石棉水泥瓦是用水泥和温石棉为原料,经加水搅拌、压滤成形、养护而成。石棉水泥瓦分大波瓦、中波瓦、小波瓦和脊瓦4种。

石棉水泥瓦单张面积大，有效利用面积大，还具有防火、防腐、耐热、耐寒、质轻等特性，适用于简易工棚、仓库及临时设施等建筑物的屋面，也可用于装敷墙壁。但石棉纤维对人体健康有害，现正采用耐碱玻璃纤维和有机纤维生产水泥波瓦。

4. 钢丝网水泥大波瓦

钢丝网水泥大波瓦是用普通水泥和砂子加水拌和后浇模，中间放置一层冷拔低碳钢丝网，成型后再经养护而成的大波波形瓦。这种瓦的尺寸为1 700 mm × 830 mm × 14 mm，块重较大[（50±5）kg/块]，适用于工厂散热车间、仓库及临时性建筑的屋面，有时也可用作这些建筑的围护结构。

5. 聚氯乙烯波纹瓦

聚氯乙烯波纹瓦又称为塑料瓦楞板，是以聚氯乙烯树脂为主体，加入其他配合剂，经塑化、压延、压波而制成的波形瓦。其规格尺寸为2 100 mm ×（1 100 ~ 1 300）mm ×（1.5 ~ 2）mm。这种瓦质轻、防水、耐腐、透光、有色泽，常用作车棚、凉棚、果棚等简易建筑的屋面，另外也可用作遮阳板。

6. 玻璃钢波形瓦

玻璃钢波形瓦是用不饱和聚酯树脂和玻璃纤维为原料，经手工糊制而成的波形瓦。其尺寸为：长1 800 ~ 3 000 mm，宽700 ~ 800 mm，厚0.5 ~ 1.5 mm。这种波形瓦质轻、强度大、耐冲击、耐高温、透光、有色泽，适用于建筑遮阳板及车站月台、凉棚等的屋面。

7. UPVC三层复合芯层发泡瓦

UPVC三层复合芯层发泡瓦板是一种新型屋面瓦体系。以UPVC为原料，采用三层复合芯层发泡板生产技术生产。与PVC、金属、混凝土等材质的瓦相比，具有更好的保温隔热和隔声效果。

第四节　建筑装饰材料

一、概述

1. 建筑装饰材料的定义与分类。

建筑装饰材料也称为装修材料，是在建筑施工中结构工程和水电暖通管道安装等工程基本完成后，最后装修阶段所使用的各种起装饰作用的材料。装饰材料能对建筑物的室内空间和室外环境的功能和美化处理形成不同的装饰效果。

建筑装饰材料品种很多，一般分以下两类。

（1）按建筑物装饰部位分类

建筑装饰材料按其对建筑物不同的装饰部位，可分为以下几类：

①外墙装饰材料，包括外墙、阳台、台阶及雨篷等建筑物全部外露的外部结构装饰所用的材料。

②内墙装饰材料，包括内墙墙面、墙裙、踢脚线、隔断及花架等全部内部构造装饰所用的材料。

③吊顶装饰材料，主要指室内顶棚装饰用材料。

④地面装饰材料，包括地面、楼面及楼梯等结构的全部装饰材料。

⑤室内装饰用品及配套设施，包括卫生洁具、装饰灯具、家具、空调设备及厨房设备等。

（2）按化学成分分类

建筑装饰材料从化学成分上可以分为有机装饰材料（木材、塑料机有机涂料等）、无机装饰材料（如天然石材、石膏制品及金属等）和有机、无机复合装饰材料（如铝塑板及彩色涂层钢板等）。无机装饰材料又可分为金属（如铝合金、铜合金及不锈钢等）和非金属（如石膏、玻璃、陶瓷基矿棉制品等）两大类。

2. 建筑装饰材料的基本性能

（1）颜色、光泽及透明性

颜色是材料对光谱选择吸收的结果，不同的颜色给人以不同的感觉。如红色、粉红色给人一种温暖、热烈的感觉，有刺激和兴奋的作用；绿色、蓝色给人一种宁静、清凉、寂静的感觉，能消除精神紧张和视觉疲劳。光泽是材料表面方向性反射光线的性质，用光泽度表示。材料表面越光滑，则光泽度越高。当为定向反射时，材料表面具有镜面特征。光泽度不同，则材料表面的敏感程度、视野及虚实对比会大不相同，它对物体形象的清晰程度有决定影响。透明性也与光线有关，既能透光又能透视的物体称为透明体，能透光而不能透视的物体称为半透明体，既不能透光又不能透视的物体称为不透明体。利用不同的透明度可调整光线的明暗造成不同的光学效果，可使物象清晰或朦胧。如普通玻璃是透明的，磨砂玻璃是半透明的，瓷砖是不透明的。

（2）质感

质感是材料的表面组织结构、花纹图案、颜色、光泽和透明性等给人的一种综合感觉，能引起人们的心理反应和联想，可加强情感上的气氛。一般说来，材料的这种心理诱发作用是非常明显和强烈的。各种材料在人的感官中有软硬、轻重、粗狂、细腻和冷暖等感觉，如金属能使人产生坚硬、沉重和寒冷的感觉；而皮革、丝织品会使人联想到柔软、轻盈和温暖；石材可使人感到稳重、坚实和牢固。而未加装饰的混凝土则容易让人产生粗狂、草率的印象。相同组成的材料，表面不同可以有不同的质感，如普通玻璃与压花玻璃，镜面花岗石与剁斧石。相同的表面处理形式往往具有相同或类似的质感，但有时也不尽相同，如人造大理石、仿木纹制品，一般均没有天然的花岗石和木材亲切、真实。虽然仿制的制品不真实，但有时也能达到以假乱真的效果。装饰材料的质感特征与建筑装饰的特点要有一致性。

（3）形状、尺寸及立体造型

对块材、板材和卷材等装饰材料的形状和尺寸，以及表面的天然花纹、纹理及人造花纹或图案都有特定的规格和偏差要求，能按需要裁减和拼装获得不同的装饰效果。同时尺寸大小要满足强度、变形、热工和模数等方面要求，如型材的截面大小要满足承载能力、变形要求，玻璃的厚度满足其热工性能要求等。材料本身的形状、表面的凹凸及材料之间交界面上产生的各种线型，有规律的组合易产生感情意味。水平线给人有安全感，垂直线显得稳定均衡，斜线有动感和不稳定感。装饰材料的选用需考虑造型的美观。

（4）强度、耐水性、热工、耐腐蚀、防火性

建筑外部装饰材料要经受日晒、雨淋、冰冻、霜雪、风化和介质侵蚀作用，建筑内部装饰材料要经受摩擦、冲击、洗刷、玷污和火灾等作用。因此，装饰材料在满足装饰功能同时要满足强度、耐水性、保温、隔热、耐腐蚀和防火性等方面的要求。

二、石材

建筑装饰用石材可分为天然石材和人造石材两大类。古今中外的建筑工程中广泛采用各种天然石材作为装饰材料。随着科学技术的发展，人造石材作为

一种新型的饰面材料也得到了长足的发展。

1. 天然石材

凡是从天然岩石开采出来的经加工或是未加工的石材，统称为天然石材。天然石材在地壳中蕴藏丰富，分布广泛，便于就地取材。在性能上，天然石材具有抗压强度高、耐久、耐磨等特点。在建筑立面上使用天然石材，不仅具有坚定、稳重的质感，还可以取得庄重、雄伟的艺术效果。用于装饰工程的天然石材主要有大理石板材和花岗石板材两大类。

（1）天然大理石装饰板材

①主要化学成分

多数大理石中除碳酸钙外，通常还含有氧化铁、二氧化硅、云母、石墨等杂质，从而呈现红、黄、棕、黑、绿等各种色彩和斑驳纹理。因此它经磨细抛光后的表面色彩美观，花纹清晰多样。纯净的大理石呈白色，称为汉白玉，其耐久性比其他大理石好。

②技术性能与特点

大理石的主要技术性能与特点是：

a.结构较均匀，质地较细腻，抗压强度较高。

b.构造致密，但硬度不高，莫氏硬度值为3～4，属中硬性石材，因此易于锯解、雕琢和磨光等加工，使其可用于制作石雕、工艺品等。

c.抗风化性较差，不耐酸，但耐碱性较好。由于大理石的主要化学成分是碳酸钙，它属于碱性物质，容易受环境中或空气中的酸性物质的侵蚀作用，且经过侵蚀后的表面会失去光泽，甚至出现斑孔，故一般不宜作室外装饰。少数较纯净的大理石具有性能较稳定的特性，可用于室外装饰。

d.装饰性好，加工性好。大理石色彩丰富，纹理斑斓，磨光后美丽典雅，是最理想的饰面装饰材料之一。

e.耐磨性好，吸水率低。其质量磨耗率约为12%，吸水率小于1%。

③品种规格及用途

大理石板材一般为磨光板，常以磨光后所显示的花色、产地等特征命名，如汉白玉、晚霞、残雪、风雪、苍白玉、杭灰等

大理石板材规格分为定型产品和非定型产品两类。定型产品规格主要有300mm×300mm、400mm×400mm、600mm×600mm、1 200mm×600mm、305mm×305mm、610mm×306mm、915mm×610mm等；非定型产品的规格

可与厂家议定。板材厚度一般为20mm，也可以加工成厚度为7mm左右的薄型板材。

大理石板材可用于各种工程的装饰，如纪念性建筑、宾馆、展览馆、商场、图书馆、车站、机场等建筑物的装饰墙面、柱面、地面、造型面、楼梯踏步、石质栏杆、电梯门脸等，还可用于吧台、服务台的里面和台面、高档洗手间的盥洗台及各式家具的台面、桌面等。

④质量标准

天然大理石板材分为普型板材（N型）和异型板材（S型）两类。普型板材为正方形或长方形的平板材，其他为异型板材。《天然大理石建筑板材》（JC 79—92）规定的技术指标要求，天然大理石板材可划分为优等品（A）、一等品（B）及合格品（C）3个等级。

大理石板材的命名顺序为：荒料产地、花纹色调特征、大理石代码（M）。标记顺序为：命名、分类、规格尺寸、等级、标准号。如北京房山白色大理石荒料生产的普型规格尺寸为600mm×400mm×20mm的一等品板材，命名为房山汉白玉大理石，标志为房山汉白玉（M）N600×400×20BJC79。

（2）天然花岗石建筑板材

①化学成分与外观

花岗石的主要矿物成分是长石、石英及少量云母和暗色矿物，其中长石含量为40%~60%，石英含量为20%~40%，其结构为全晶质结构，磨光板呈均匀粒状斑纹及发光云母微粒。花岗石的颜色取决于其矿物组成和相对含量，常呈灰色、黄色、红色等，以深色品种较为名贵。花岗石的化学成分多为酸性氧化物，对环境中酸性介质的抵抗能力较强，具有良好的化学稳定性。

②技术性能与特点

花岗石具有如下性能与特点：

a.构造致密，质地坚硬，抗压强度高，耐磨性好，抗冻性好。

b.化学稳定性好，抗风化能力强，耐腐蚀性强。

c.装饰性好，质感强。磨光板材色泽质地庄重大方；非磨光板材质感厚重庄严。

d.自重大，硬度大，开采加工难度大。

e.耐火性较差，因石英在573~870℃会发生晶型转变，产生体积膨胀，遇火时会爆裂破坏。

此外，部分产地的个别花岗石的放射性可能超标，应经过检验，合格者才能使用。

③品种规格及用途

花岗石通常加工成剁斧板材、火烧板、机刨板材、粗磨板材和磨光板材。

a.利斧板材：经剁斧加工，表面粗糙，呈规则的条状斧纹，一般用于室外地面、台阶、基座等处的装饰。

b.火烧板：经火烧或其他加工而形成表现不规则凹凸的板材，可用于室外地面、台阶、基座、墙面等的饰面。

c.机刨板材：经刨石机刨平，表面较为平整，条纹相互平行，一般用于地面、台阶、基座、踏步等处的装饰。

d.粗磨板材：经粗磨加工，表面光滑而无光泽，一般用于墙面、柱面、台阶、基座、纪念碑、路牌等。

e.磨光板材：经细磨和抛光加工，表面光亮、晶体裸露、质地较均匀、有多种色彩，多用于室内外地面、墙面、柱面装饰，还可用于吧台、服务台、展示台和家具台面等部位的装饰。

定型产品的主要规格与大理石板材相同。

④质量标准

天然花岗石板材分为普型板材（N型）和异形板材（S型）两类，普型板材为正方形和长方形的平板材，其他为异形板材。按表面加工程度又分为：细面板材（代号RB，表面平整光滑）、镜面板材（代号PL，表面平整，具有镜面光泽）、粗面板材（代号RU，表面粗糙平整，具有较规则加工条纹的机刨板、火烧板、剁斧板、锤击板等）。《天然花岗石建筑板材》（JC 205—1992）规定，天然花岗石板材分为优等品（A）、一等品（B）及合格品（C）3个等级。

花岗石板材的命名顺序为：荒料产地、花纹色调特征、花岗石（代码G）。标记顺序为：命名、分类、规格尺寸、等级、标准号。如山东济南黑色花岗石荒料生产的普型规格尺寸为600mm×400mm×20mm的镜面优等品板材，命名为济南青花岗石，标记为济南青（G）NPL600×400×AJC205。

2. 人造石材

人造石材按照生产材料和制造工艺的不同，可分为以下几类：

（1）水泥型人造石材

水泥型人造大理石是以各种水泥（如硅酸盐水泥、铝酸盐水泥等）或石灰磨细砂为黏结剂，砂为细集料，碎花岗石、工业废渣等为粗骨料，经配料、搅拌、加压蒸养、磨光、抛光面制成的，如水磨石和各类花阶砖等。

水泥型人造大理石的取材方便，价格低廉，但装饰性较差。

（2）树脂型人造大理石

树脂型人造大理石多是以不饱和聚酯为黏结剂，将天然花岗石、天然大理石、方解石阶及一些无机填料按一定比例搅拌混合，再加入催化剂、固化剂、颜料等，经脱模、烘干、抛光等工序制成。使用不饱和聚酯作为黏结剂的产品光泽度好、颜色浅、可以调成不同的颜色，而且树脂粘度比较低，易于成形、固化快、可在常温下固化，是目前使用最广泛的一种人造石材。

（3）复合型人造大理石

复合型人造大理石是指在制作过程中所用黏结剂既有无机材料也有有机高分子材料。

先将无机填料用无机胶黏剂胶黏结成形、养护后，再将坯体浸渍于具有聚合性能的有机单体中使其聚合。对于板材制品，底层用廉价、性能稳定的无机材料，面层用聚酯和大理石粉制成，可获得较佳效果。但它受温度影响后聚酯面容易产生剥落和开裂。

（4）烧结型人造大理石

烧结型人造大理石是将长石、石英、辉石、方解石和铁矿粉及部分高岭土等混合，经组坯成形后用半干压法成形，在密炉中以1000℃左右高温焙烧而成。烧结型人造石材装饰性好，性能稳定，但是因经过高温焙烧，能耗大，因而造价高。

三、木材

木材作为建筑和装饰材料具有一系列的优点：比强度大，具有轻质高强的特点；弹性韧性好，能承受冲击和震动作用；导热性低，具有较好的隔热、保温性能；在适当的保养条件下，有较好的耐久性；纹理美观、色调温和、风格典雅，极富装饰性；易于加工，可制成各种形状的产品；绝缘性好、无毒性；木材的弹性、绝热性和暖色调的结合，给人以温暖和亲切感。木材的主要缺点是：构造不均匀，呈各向异性；湿胀干缩大，处理不当易翘曲和开裂；天然缺陷较多，降低了材质的利用率；耐火性差，易着火燃烧；使用不当，易腐朽、虫蛀；如果经常处于干湿交替的环境中，耐久性较差。

1. 木材的分类

自然界中的树木可分为针叶树和阔叶树两大类。其中，针叶树的树叶多呈针状，其树干一般通直而高大，纹理平顺，材质均匀而松软，故易于加工成材。因此，由针叶树加工而成的木材又称软木材。土木工程中常用的软木材主要是由杉木、冷杉、雪杉、柏树、各种松木等加工而成的木材。

阔叶树的特点是树干通直部分一般较短，材质较硬且多疵病和缺陷，故较难加工。因此由阔叶树加工而成的木材又称为硬木材。土木工程中常用的硬木材主要取自水曲柳、榆树、槐树和柞树等阔叶树。由于树种和生长环境的不同，木材的构造差别很大，这些差异将直接影响木材的性质与应用。

（1）木材的宏观构造

木材的宏观构造是指可以用肉眼或放大镜观察到的结构。由于木材构造的不均匀性，可从树干的3个切面剖析其结构。其中横切面为垂直数轴的切面，径切面是通过数轴的纵切面，弦切面是平行于数轴的纵切面。

树木是由树皮、木质部和髓心所构成的整体。其中木质部是树皮至中心的部分，靠近树皮的部分色浅，称为边材；靠近髓心的部分色深，称为芯材；与边材相比，芯材的材质较硬、密度大、含水量少、不易翘曲变形、耐腐蚀性较好。在土木工程中，木质部是木材中最具利用价值的主要部分。

髓心位于树干的中心，它质地松软、强度低、易受腐蚀和虫蛀。木材表面若含有髓心，则容易从髓心处产生破损。由髓心向外的辐射线，称为髓线，它与周围的结合力弱，干燥时易沿此开裂。因此，取材时应尽可能避开髓心。

横切面上颜色深浅相同的同心圆环称为年轮。在同一年轮内，春天生长的木质颜色较浅，其材质松软，强度也较低，故称为春材；夏秋两季生长的木质颜色较深，材质坚硬且强度较高，故称为夏材。对于相同的树种，年轮密而均匀的材质好。横切面上径向单位长度中，所含夏材宽度总和占全长的百分率，称为夏材率。通常，木材中的夏材部分越多时其强度越高，因此，夏材率也是反映木材质量的重要特征。

（2）木材的微观构造

木材的微观构造是指其在显微镜下观察到的构造特征，不同的木材具有不同的构造特征，但其基本构成却具有相近的形式。

在微观状态下，木材是由无数管状细胞结合而成的集合体，其中，绝大部分细胞纵向排列，少数细胞横向排列。每个细胞均由细胞壁和细胞腔所构成，细胞壁是由更细的纤维所构成，其纵向连接较横向牢固。细纤维间具有较小的空腔，能吸附和渗透水分。当木材的细胞壁越厚且细胞腔越小时，其材质越密实，表观密度和强度就越高，但其胀缩性也更明显。对于同一木材，夏材的细胞壁比春材厚，且细胞腔较小，故夏材的胀缩性也较明显。

根据木材中各种细胞的功能不同可分为管胞、导管、木纤维、髓线等多种。管胞主要起支撑和输送养分的作用。木质素的作用是将纤维素、半纤维素黏结在一起，构成坚韧的细胞壁，使木材产生足够的强度和硬度。

针叶树的微观结构简单而规则，主要是由管胞和髓线构成。其髓线较细小，且不很明显。某些树种在管胞间还有树脂道。阔叶树的微观结构较复杂，它主要是由导管、木纤维及髓线等组成，且其髓线很发达，粗大而明显；导管是由壁薄而腔大的细胞所构成的大管孔。根据导管分布的不同，阔叶树木材又分为环孔材和散孔材。有些木材的春材中导管很大并成环状排列，称为环孔材；而有些木材中的导管大小差不多，且散乱分布，其年轮不明显，被称为散孔材。因此，有无导管和髓线的粗细是鉴别阔叶树和针叶树的重要特征。

2. 木材的化学性质

木材是一种天然生长的有机材料，由高分子物质和低分子物质组成。构成木材细胞壁的主要物质是纤维素、半纤维素和木质素3种高聚物，一般总量占木材的90%以上，在高聚物中以纤维素和半纤维素两种多糖居多，占木材的65%~75%。除高分子物质外，木材中还含有少量低分子物质，如抽提物、灰分等。木材的化学性质不仅取决于其组织中各种化学成分的相对含量，而且与各组分的分布和相互间的联系相关。

（1）木材的化学组成

在木材细胞壁中，纤维素起骨架作用，半纤维素起黏结作用，木质素起硬固作用，它们在细胞壁中纵横交错，排列和组合复杂，分布是不均匀的。

①纤维素

纤维素是由许多β-D-吡喃式葡萄糖通过1，4-苷键连接形成的线型高聚物，分子式为$(C_6H_{10}O_5)_n$，n为聚合度。随原料种类变化，天然纤维素的平均聚合度为7 000~10 000（木材纤维素约为10 000）。纤维素分子链沿着链长方向彼此近似平行地排列着，借分子间的醇羟基形成强有力的氢键聚集成微纤维。它是不溶于水的均一聚糖。

纤维素具有吸湿性，木材的吸湿性与纤维素的吸湿有密切关系。此外，纤维素在受各种化学、物理、机械和光作用时，容易发生降解，会影响木材的加工和使用性能。

②半纤维素

半纤维素是木材细胞壁中具有支键和侧链且相对分子质量较低的非纤维素杂高聚糖，通常含有100~200个糖基，相对分子质量较低、聚合度小、大多带有支链，可用水或碱液直接从木材或从纤维素中提取。半纤维素具有吸湿性强、耐热性差、容易水解等特点，在外界条件作用下易发生变化，对木材的某些性质和加工工艺产生影响，尤其是木材半纤维素中的木聚糖类对木材的制浆造纸过程和产品质量有重要影响。

③木质素

木质素是由苯基丙烷结构单元通过醚键和碳-碳键连接而成，具有三维结构的芳香族高分子化合物，结构单元的类型、数目和连接方式随树种变化很大。木质素在木材中的分布不均匀，一般采集部位越高，木质素含量越低。木质素在植物结构中的分布是有一定规律的，胞间层的木质素浓度最高，细胞内部浓度则减少，次生壁内层又增高。

木质素的一些物理和化学特性与木材性质和木材加工工艺有密切关系。如木质素的化学结构与木材树种分类有关，对木材颜色有重要影响；木质素的紫外光谱特性对木材表面劣化和木材保护有重要作用；木质素的高聚物特性对木材及木质基材料的胶合性能产生影响等。

④木材抽提物

木材抽提物是存在于木材组织中相对分子质量较低的非细胞壁组成物，是用乙醇、苯、乙醚、丙酮或二氯甲烷等有机溶剂从木材中抽提出来的物质的总称。木材抽提物包含许多种物质，主要有脂肪族化合物、萜类化合物和酚类化合物3类。提取物的组成随树种而异，因此可作为木材化学分类的依据，也可反映木材利用上的特点。它不仅影响木材的色泽、香味、抗病虫害能力，而且也影响木材机械加工和化学加工过程和产品。

3. 木材的物理性质

（1）密度与表观密度

木材的密度是指构成木材细胞壁物质的密度。密度具有变异性，即从髓到树皮或早材与晚材及树根部到树梢的密度变化规律随木材种类不同有较大的不同，平均密度为$1.50 \sim 1.56 \, g/cm^3$，表观密度为$0.37 \sim 0.82 \, g/cm^3$。

（2）吸湿性与含水率

木材的含水率是木材中水分质量占干燥木材质量的百分比。木材中的水分按其与木材结合形式和存在的位置，可分为自由水、吸附水和化学结合水。

自由水是存在于木材细胞腔和细胞间隙中的水，影响着木材的表观密度、抗腐蚀性、干燥性和燃烧性。吸附水是被吸附在细胞壁内纤维之间的水，吸附水的变化则影响木材强度和木材胀缩变形性能。化学结合水即为木材中的化合水，它在常温下不变化，故其对木材的性质无影响。

当木材中无自由水，而细胞壁内吸附水达到饱和时，这时的木材含水率称为纤维饱和点。木材中所含的水分是随着环境的温度和湿度的变化而改变的。当木材长时间处于一定温度和湿度的环境中时，木材中的含水量最后会达到与周围环境湿度相平衡，这时木材的含水率称为木材平衡含水率。

（3）湿胀干缩性

木材具有显著的湿胀干缩性。木材含水率在纤维饱和点以下时吸湿具有明显的膨胀变形现象，解吸时具有明显的收缩变形现象。

木材各个方向的干缩率不同。木材弦向干缩率最大，为6%~12%；径向次之，为3%~6%；纤维方向最小，为0.1%~0.35%。髓心的干缩率较木质部大，易导致锯材翘曲。木材在干燥的过程中会产生变形、翘曲和开裂等现象。木材的干缩湿胀变形还随树种不同而异。密度大、晚材含量多的木材，其干缩率就较大。湿胀干缩性对木材的下料有较大影响。

4. 木材的力学性质

（1）木材的强度

木材按受力状态分为抗拉、抗压、抗弯和抗剪4种。由于木材构造的特点，使木材的各种力学性能具有明显的方向性，在顺纹方向（作用力与木材纵向纤维平行的方向）木材的抗拉和抗压强度都比横纹方向（作用力与木材纵向纤维垂直的方向）高得多，所以在工程上应充分利用它们的顺纹强度。

①抗压强度

木材用于受压构件非常广泛。顺纹受压破坏是木材细胞壁丧失稳定性的结果，并非纤维的断裂。木材顺纹抗压强度较高，仅次于顺纹抗拉和抗弯强度，且木材的疵病对其影响较小。工程中常见的柱、桩、斜撑及桁架等城中构件均是顺纹受压。木材横纹抗压强度比顺纹抗压强度低得多，通常只有顺纹抗压强度的10%~20%。木材横纹受压时，开始细胞壁弹性变形，此时变形与外力成正比；当超过比例极限时，细胞壁失去稳定，细胞腔被压扁，随即产生大量变形。所以，木材的横纹抗压强度以使用中所限制的变形量来决定，通常取其比例极限作为横纹抗压强度极限指标。

②抗拉强度

理论上木材的顺纹抗拉强度是木材各种力学强度中最高的，木材单纤维的抗拉强度可达80～200MPa，因此顺纹受拉破坏时往往不是纤维被拉断而是纤维间被撕裂。顺纹抗拉强度为顺纹抗压强度的2～3倍。但木材在使用中不可能是单纤维受力，木材的疵病（木节、斜纹、裂缝等）会使木材实际能承受的作用力远远低于单纤维受力。例如当树节断面等于受拉试件断面的1/4时，其抗拉强度约为无树节试件抗拉强度的27%。同时，木材受拉杆件在连接处应力复杂，使顺纹抗拉强度难以被充分利用。另外，含水率对木材顺纹抗拉强度的影响不大。

木材的横纹抗拉强度很小，仅为顺纹抗拉强度的1/40～1/10，这是因为木材纤维之间横向连接薄弱。

③抗弯强度

木材受弯曲时内部应力比较复杂，上部纤维是顺纹受压，下部纤维为顺纹受拉，在水平面中还有剪切力作用。破坏时，通常是受压区首先达到强度极限，形成微小的不明显的皱纹，这时并不立即破坏。随着外力增大，皱纹慢慢地在受压区扩展，产生大量塑性变形，当受拉区内纤维达到强度极限时，因纤维本身的断裂及纤维间连接的破坏而最后破坏。

木材的抗弯强度很高，为顺纹抗压强度的1.5～2倍。因此，在土木工程中常用作受弯构件，如用于桁架、梁、桥梁、地板等。但木节、斜纹等对木材的抗弯强度影响很大，特别是当它们分布在受拉区时尤为显著。

④剪切强度

根据作用力与木材纤维方向的不同，木材的剪切有顺纹剪切、横纹剪切和横纹切断3种。

顺纹剪切时木材的绝大部分纤维本身并不破坏，而只是剪切面上的纤维间的连接发生了破坏。所以，顺纹抗剪强度很小，一般为同一方向抗压强度的15%～30%。横纹剪切时，剪切是破坏剪切面中纤维的横向连接，因此木材的横纹剪切强度比顺纹剪切强度还要低。横纹切断时，剪切破坏是将木材纤维切断，因此横纹剪切强度较大，一般为顺纹剪切强度的4～5倍。

（2）影响木材强度的主要因素

木材强度除由本身组织构造因素决定外，还与含水率、疵病（木节、斜纹、裂缝、腐朽及虫蛀等）、负荷持续时间、温度等因素有关。

①含水率的影响

木材的含水率对木材强度影响很大，当细胞壁中水分增多时，木纤维间的连接力减小，使细胞壁软化，含水率在纤维饱和点以上变化时，只是自由水的变化，因而不影响木材强度。在纤维饱和点以下时，随着含水率的降低，吸附水减少，细胞壁趋于紧密，木材强度增大，反之，强度减小。实验证明，木材含水率的变化对木材各种强度的影响程度是不同的，对抗弯和顺纹抗压影响较大，对顺纹抗剪影响较小，而对顺纹抗拉几乎没有影响。

②负荷时间

木材在长期外力作用下，只有在应力远低于强度极限的某一定范围时，才可避免因长期负荷而破坏。而它所能承受的不致引起破坏的最大应力，称为持久强度。木材的持久强度仅为极限强度的50%～60%。木材在受力作用下会产生塑性流变，当应力不超过持久强度时，变形到一定限度后趋于稳定；若应力超过持久强度时，应考虑负荷时间对木材强度的影响，一般应以持久强度为依据。

③温度的影响

温度对木材强度有直接影响。当环境温度升高时，木材中的胶结物质处于软化状态，其强度和弹性均降低。当温度从25℃升至50℃时，将因木纤维和其间的胶体软化等原因，使木材抗压强度降低20%～40%，抗拉和抗剪强度降低12%～20%；当温度在100℃以上时，木材中部分组织会分解、挥发、木材变黑、强度明显下降；达到275℃时木材开始燃烧。因此，环境温度可能超过50℃时，不应采用木结构。当温度降至0℃以下时，其中水分结冰，木材强度虽然增大，但材质变脆，一旦解冻，各项强度都将比未解冻时的强度低。

④疵病的影响

木材在生长、采伐、保存过程中所产生的一切缺陷，统称为疵病。木材的疵病主要有木节、斜纹、裂纹、腐朽和虫害等，一般木材或多或少都存在一些疵病，使木材的物理力学性质受到影响。

木节可分活节、死节、松软节、腐朽节等几种，其中活节影响较小。木节使木材顺纹抗拉强度显著降低，而对顺纹抗压影响较小；在横纹抗压和剪切时，木节反而会使其强度增加。

在木纤维与数轴成一定夹角时形成斜纹。木材中的斜纹严重降低其顺纹抗拉强度，对抗弯强度也有较大影响，对顺纹抗压强度影响较小。

裂纹、腐朽、虫害等疵病会造成木材构造的不连续或破坏其组织，严重影响木材的力学性质，有时甚至能使木材完全失去使用价值。

（3）木材的韧性

木材的韧性较好，因而木结构具有良好的抗震性。木材的韧性受很多因素影响，如木材的密度越大，冲击韧性越好；高温会使木材变脆，韧性降低，而负温会使湿木材变脆，韧性降低。任何缺陷的存在都会严重降低木材的冲击韧性。

（4）木材的硬度和耐磨性

木材的硬度和耐磨性主要取决于细胞组织的紧密度，各个截面上相差显著。木材横面的硬度和耐磨性都较径切面和弦切面为高，木髓线发达的木材其弦切面的硬度和耐磨性均比径切面高。

5. 木材的应用

木材生长缓慢，而使用范围广泛，需求量大，如何合理地使用木材以及木材的综合利用是节约木材的有效途径。

常用木材按加工程度和用途不同，分为原条、原木和锯材3类。承重结构用的木材，其材质按缺陷（木节、腐朽、裂纹、夹皮、虫害、弯曲和斜纹等）状况分为3个等级：Ⅰ受拉或拉弯构件、Ⅱ受弯或压弯构件、Ⅲ受压构件及次要受弯构件。

木材的综合利用是将木材枝丫、废材及木材加工过程中产生的大量边角、碎料、刨花、木屑等废料，经过再加工处理制成各种人造板材，有效提高木材利用率。

（1）木质人造板

①胶合板

原木经蒸煮软化处理后，用旋切、刨切、弧切及锯切等方法制成的薄片状木材，称为单板，由一组单板按相邻层木纹方向互相垂直组坯，经热压胶合而成的板材即为胶合板，通常其表板和内层板对称地配置在中心层或板芯的两侧。胶合板一般为3~13层，工程上常用的是三夹板和五夹板。胶合板多数为平板，也可经一次或多次弯曲处理制成曲形胶合板。针叶树和阔叶树均可制作胶合板。

胶合板的特点是：材质均匀，强度高，无明显纤维饱和点存在，吸湿性小，不翘曲开裂，无疵病，幅面大，使用方便，装饰性好。它克服了木材的天然缺陷和局限，大大提高了木材的利用率。

胶合板广泛用作建筑室内隔墙板、护壁板、天花板、门面板以及各种家具和装修。

②纤维板

纤维板是以植物纤维为主要原料，经切片、浸泡、磨浆、施胶、成形及干燥或热压等工序制成的人造板材。纤维板原料丰富，木材采伐加工剩余物如板皮、刨花、树枝、稻草、麦秸、竹材等均可使用。纤维板的特点是：材质均匀，完全避免了节子、腐朽、虫眼等缺陷，且胀缩小，不翘曲开裂。

纤维板按体积密度分为硬质纤维板、中密度纤维板和软质纤维板，按表面分为一面光板和两面光板，按原料分为木材纤维板和非木材纤维板。

a.硬质纤维板：密度大、强度高、耐磨、不易变形，主要用作壁板、门板、地板、家具和室内装修等。

b.中密度纤维板：表面光滑、材质细密、性能稳定、边缘牢固，且板材表面的再装饰性能好，是家具制造和室内装修的优良材料。

c.软质纤维板：表观密度低、结构松软、强度低，但吸声、绝热性能好，主要用作吸声和绝热材料。

③刨花板、木丝板和木屑板

刨花板、木丝板和木屑板是利用木材加工中产生的大量刨花碎片、木丝、木屑为原料，经干燥、拌胶料辅料，经热压成形制得的板材。所用胶料有动植物胶（如豆胶、血胶等）、合成树脂胶（酚醛树脂、脲醛树脂等）和无机胶凝材料（水泥、菱苦土等）。

表观密度小、强度低的板材主要用作吸声和绝热材料，经饰面处理后还可用作吊顶板材等；表观密度大、强度高的板材经饰面处理可用作隔断板材等。

④细木工板

细木工板属于特种胶合板的一种，芯板用木板拼接而成，两面胶粘一层或两层木质单板，经热压黏合制成。细木工板按结构不同可分为芯板条不胶拼的和芯板条胶拼的两种。它集木板与胶合板的优点于一身，具有质坚、吸声、隔热等特点，适用于家具和建筑物内装修。

（2）木质复合材料

木质复合材料是以木质材料为主，复合其他材料而构成的具有特殊微观结构和性能的新型材料。通过利用木材与其他材料的复合效果，可根据用途改良天然木材固有的缺点改善木材的使用性能，赋予木材新的功能，提高木材的使用价值和利用率，扩大木材的使用范围和延长其使用寿命，实现低质材的优化利用。因此，木质复合材料的研究和开发对高效利用木材资源、保护生态环境和促进社会持续发展具有重要意义，是木材工业的主要发展方向。

木质复合材料按其复合形态可分为层积复合、混合复合和渗透复合3种。

①层积复合材料

层积复合是由一定形状的板材经涂胶层积、加压胶合而成的具有层状结构和一定规格、形状的结构材料。它可利用低品质小径木或速生材为原料，复合制成具有规格大、强度高、材质变异小、耐久性能好、尺寸稳定性高的复合材料。常见的层积复合材料有单板层积材、平行定向成材、集成材、木材层积塑料等。

②混合复合材料

混合复合材料是以刨花、木丝、锯末、木粉等木碎料与其他物质如无机物质等相混合，或木质纤维与非木质纤维相混合，加压成板或熔融成形而制得的产品。如石膏刨花板、水泥木丝板、矿渣刨花板、木质与非木质纤维复合板、木塑复合材料等，可用于建筑、装饰、交通等领域。

③渗透复合材料

渗透复合是通过向实木或木质材料中渗入其他物质（有机物、无机物），使之与木材形成一定的化学或物理结合，从而改善木材的性能和使用性能的一类处理方法。已经制得的渗透复合材料有塑化木材、酰化木材、酯化木材、醚化木材、金属化木材等，可用于高档建筑材料、工艺材料等领域。

除上述木质复合材料外，尚有其他多种形式的复合方法处在研究开发之中。如木材纤维与金属丝、金属网、金属框架等的复合，木材与玻璃纤维的复合，木材与织物的复合，木材与其他有机高分子材料的复合，以及将纳米科技导入木材领域的材料——无机纳米复合材料等。

预计未来的木质复合材料将朝着多功能化和生态型的方向发展，前景广阔。

（3）木质地板

木材具有天然的花纹、良好的弹性，给人以淳朴、典雅的质感。用木材制成的木质地板作为室内地面装饰材料具有独特的功能和价值，得到了广泛的应用。

木地板是由软木树材（如松、杉等）和硬木树材（如水曲柳、榆木、柚木、橡木、枫木、樱桃木、柞木等）经加工处理而制成的木板拼铺而成。木地板可分为条木地板、拼花木地板、漆木地板、复合木地板等。

①条木地板是使用最普遍的木质地板。条木地板自重轻、弹性好、脚感舒适，其导热性小，冬暖夏凉，且易于清洁。条木地板被公认为是良好的室内地面装饰材料，它适用于办公室、会议室、会客室、休息室、旅馆客房、住宅起居室、卧室、幼儿园及实验室等场所。

②拼花木地板是较普通的室内地面装修材料，它是由水曲柳、柞木、胡桃木、柚木、枫木、榆木、柳桉等优良木材，经干燥处理后，加工出的条状小木板。它具有纹理美观、弹性好、耐磨性强、坚硬、耐腐等特点，且拼花木地板一般均经过远红外线干燥，含水率恒定（约12%），因而变形稳定，易保持地面平整、光滑而不翘曲变形。拼花木地板适用于高级楼宇、宾馆、别墅、会议室、展览室、体育馆和住宅等的地面装饰。可根据装修等级的要求选择合适档次的木地板。

③漆木地板是国际上最新流行的高级装饰材料。这种地板的基板选用珍贵树种如水曲柳、香柏、金丝木等，经先进设备严格按规定进行锯割、干燥、定形、定湿等科学化处理，再进行精细加工而成为精密的企口地板基板，然后对企口基板表面进行封闭处理，并用树脂漆进行涂装。漆木地板特别适合高档的住宅装修，容易与室内其他装饰产生和谐感，应用在客厅、餐厅、卧室能使人仿佛置身于大自然中。

④复合地板随着木材加工技术和高分子材料应用的快速发展，复合地板作为一种新型的地面装饰材料得到了广泛的开发和应用。在我国木材资源（尤其是珍贵木材资源）相对缺乏的情况下，采用复合地板代替木质地板不失为节约天然资源的好方法。复合地板分为两类：实木复合地板和耐磨塑料贴面复合地板。

实木复合地板一般为3层结构：表层4~7 mm，选用珍贵树种如橡木、枫木、樱桃木、水曲柳等的锯切板；中间层7~12 mm，选用一般木材如松木、杉木、杨木等；底层2～4mm，选用各种木材弦切单板。也有以多层胶合板为基层的多层实木复合地板。耐磨塑料贴面复合地板简称复合地板。它是以防潮薄膜为平衡层，以硬质纤维板、中密度纤维板、刨花板为基层，木纹图案浸汁纸为装饰层，耐磨高分子材料面层复合而成的新型地面装饰材料。该地板的主要特点是避免了木材受气候变化而产生的变形、虫蛀，以及防潮和经常性保养等问题。复合地板耐磨、阻燃、防潮、防静电、防滑、耐压、易清理、花纹整齐、色泽均匀，但其弹性不如实木地板。复合地板适用于能铺设实木地板的场所，还可以用于具有洁净要求的车间、实验室、游乐场所、健身房及医院等。但用在湿度较大的场所应先作防潮处理。

四、建筑陶瓷

建筑陶瓷是指在各种建筑物中起饰面、保护剂作用的各类陶瓷制品。其中最常用的有各类室内外墙砖、地砖、卫生陶瓷、园林陶瓷及琉璃制品等，它们均属于陶瓷类烧土材料。

1. 陶瓷的生产

（1）陶瓷的生产工艺

陶瓷的生产工艺流程一般都要经过：选料配比、混合加工、成形制作、高温烧制等过程。如果生产带釉面装饰的陶瓷，还需在坯体上或素烧之后再施釉，然后回炉烧成釉面陶瓷。

陶瓷的生产过程中主要是利用黏土的常温与高温性能，使其获得所期望的效果。因此，黏土的种类和性能对陶瓷材料的制作与产品性能具有重要的影响。

（2）建筑陶瓷的生产原料

在生产陶瓷时，为便于制作且能获得稳定的坯体、良好的烧结性与可靠的物理力学性能，在配制原料时应分别考虑满足这些性质要求的原料成分。

①可塑性原料

可塑性原料也称为黏土原料，主要利用其产生的可塑性而使陶瓷坯体成形为所需要的形状。因此，它是陶瓷坯体的主体。

②瘠性原料

瘠性原料是在烧结过程中维持陶瓷制品体积稳定的成分，它可减少坯体的收缩，防止其高温变形，但在制作坯体时会降低黏土的塑性。常用的瘠性原料有石英砂、熟料和瓷粉等。

③熔剂原料

熔剂是为降低烧成温度而加入原料中的成分，通过它在较低温度下的熔融及其诱导作用，可使某些成分的熔点降低而降低陶瓷的烧成温度。它的存在可节约燃料并提高陶瓷的烧成效率。建筑陶瓷常用的熔剂原料有长石、滑石，以及钙、镁的碳酸盐等。

④釉料及着色剂

釉料是指附着于陶瓷坯体表面的连续玻璃态薄层。陶瓷制品的表面釉层又称为瓷釉，它是将釉料碰涂于坯体表面，经高温焙烧后残剩的熔融物；在高温焙烧时釉料能与坯体表面发生相互反应，熔融后形成致密的玻璃质层。

使用不同的釉料，会产生不同颜色和装饰效果的面层。通常采用的釉料是由石英、长石、高岭土等为主，再配以多种其他成分研制而成的浆体。釉料在组成上与坯料不同之处是含有大量易熔组分，在低温釉、熔块釉中多采用大量低熔点的熔剂，如PbO、B_2O_3、K_2CO_3、Na_2O_3和KNO_3等。配釉所用矿石原料的纯度要求较高，有些则是化工原料。

施釉是对陶瓷制品进行深加工的重要手段，其目的主要是改善陶瓷制品的表面性能。通常素烧的坯体表面，多显得粗糙无光，尤其是多孔结构陶坯，不仅影响美观和力学性能，而且也容易沾污和吸湿。而当坯体表面施釉以后可显著提高陶瓷表面的机械强度、化学稳定性和热稳定性，并使其表面光滑、美观，掩饰坯体缺点，且保护坯体不透水、不受污染，以改善陶瓷制品的综合性能。

为了获得不同的外观效果，可在陶瓷表面施加透明釉，也可利用釉料使制品表面着色，通常所使用的着色剂大多是各种金属氧化物（天然的或人工制成的），它们大多不溶于水，可直接混在釉中而使坯体表面着色。

2. 陶瓷的釉面装饰

建筑陶瓷的装饰可以通过对陶瓷坯体的改变实现，也可通过在坯体表面上施釉来实现。

釉能大大地提高制品的外观效果，而且对陶瓷制品本身起到一定的保护作用，从而将制品的实用性和装饰性有机地结合起来。

（1）釉的特点和分类

釉是指附着于陶瓷坯体表面的连续玻璃质层，它具有与玻璃相类似的某些物理与化学性质。釉料必须在坯体烧结温度下成熟，一般要求釉的成熟温度略低于坯体烧成温度，为了便于一次烧成，釉应当具有较高的始熔温度和较宽的熔融温度范围；釉料要与坯体牢固结合，从而在遇到温度变化情况时，不易发生开裂或釉面剥离现象；釉料在高温熔化后，要有适当的黏度和表面张力，以保证冷却后具有平滑、光亮的釉面层；釉面质地坚硬、耐磕碰、不易损坏。

（2）釉下彩绘

在生坯或素烧釉坯上进行彩绘，然后施一层透明或半透明釉，再经釉烧为釉下彩绘。其优点在于由于有釉层的保护，画面不会因为陶瓷在经常使用过程中被损坏，而且画面显得清秀光亮。然而釉下彩绘的画面与色调远远不如釉上彩绘那样丰富多彩，同时难以机械化生产，因而目前难以广泛采用。青花、釉里红及釉下五彩均为我国名贵的釉下彩绘制品。

（3）釉上彩绘

釉上彩绘是在釉烧过的陶瓷釉上用低温彩绘进行彩绘，然后在不高的温度下彩烧的装饰方法。由于釉上彩绘的彩烧温度低，因此，全部的陶瓷颜料都可以采用，故釉上彩绘的色彩极其丰富，有人工绘制、贴花、喷花、刷花等几种，但是釉上彩绘的画面易于磨损，光滑性差，同时容易发生彩料中的铅溶出引起铅中毒的情况。

（4）贵金属装饰

贵金属装饰是指将金、铂、钯或银等贵金属，用各种方法置于陶瓷表面而形成富有贵金属色泽的图案，具有华丽、高贵的效果，是高级陶瓷制品的一种艺术处理方法。饰金是极其常见的，其他贵金属装饰比较少见，用金装饰陶瓷主要有亮金（如金边和描金）、潜光金及腐蚀金等方法。无论哪种金饰方法，其使用的金材料基本上只有两种，即金水（液态金）与粉末，此外还有少量的液态磨光金。

另外，陶瓷装饰还有其他的一些方法，如结晶釉、流动釉、裂纹釉等。

3. 常用建筑陶瓷制品

建筑陶瓷通常构造致密，质地较为均匀，有一定的强度、耐水、耐磨、耐化学腐蚀、耐久性好等，能拼制出各种色彩图案。建筑陶瓷的品种很多，最常用的有釉面内墙砖、外墙贴面砖、陶瓷地砖、陶瓷锦砖、卫生陶瓷以及琉璃制品等。

（1）釉面内墙砖

釉面内墙砖又称为瓷砖，是将磨细的泥浆脱水干燥后，用半干法压型，素烧后施釉入窑烧制而成的。釉面内墙砖是建筑装饰工程中最成熟、最重要的饰面材料之一，具有坚固耐用，色彩鲜艳，易于清洁、防火、防水、耐磨、耐腐蚀等优点。

釉面砖正面施釉，背面有凹凸纹，以便于施工时与基体粘贴牢固。釉面砖因其所用釉料及其生产工艺不同，有许多品种，如白色釉面内墙砖、彩色釉面内墙砖、印花釉面内墙砖等。

另外，还配有各种配角砖，如阴角、阳角、压顶条等。

（2）外墙贴面砖

外墙贴面砖是镶嵌于建筑物外墙上的片状陶瓷制品，是采用优质耐火度较高的黏土，经半干压法压制成型，再经1 100℃左右焙烧而成的陶瓷制品。坯体颜色较多，如米黄、紫红及白色等。外墙贴面砖具有坚固耐用、色彩鲜艳、易清洗、防火、防水、耐磨、耐腐蚀和维修费用低等特点。

（3）陶瓷地砖

陶瓷地砖是以品质均匀，耐火度较高的黏土作为原料，经压制成形，在高温下烧制而成的。其表面有上釉和不上釉，而且具有表面光平或粗糙等不同的质感与色彩。其背面为了与基材有良好的黏结，常常具有凹凸不平的沟槽等。陶瓷地砖品种规格繁多，尺寸各异，以满足不同的使用环境条件的需要。

（4）陶瓷锦砖

陶瓷锦砖俗称马赛克，是以优质瓷土烧制而成的小块瓷砖，可上釉和不上釉，目前各地产品多为不上釉。由于规格小，直接粘贴很困难，故需预先反贴于牛皮纸上形成联。

陶瓷锦砖美观、耐磨、不吸水、易清洗、抗冻性能好、坚固耐用、造价较低，主要用于室内铺贴地面，也可作为建筑物的外墙饰面起到装饰作用，并增强建筑物的耐久性。

（5）琉璃制品

琉璃制品是以难熔黏土为原料，经配料、成形、干燥、素烧，表面涂以琉璃釉后，再经烧制而成的制品，一般是施铅釉烧成的，并用于建筑及艺术装饰的带色陶瓷，包括琉璃瓦、琉璃脊、琉璃兽以及花窗、花格、栏杆等。

（6）陶瓷壁画

陶瓷壁画是以陶瓷面砖、陶板等为基础，经艺术加工而成的现代化建筑装饰。既可镶嵌在高层建筑的外墙面上，也可黏贴在候机室、会客室等内墙面上，具有较强的装饰效果。

五、建筑玻璃

玻璃是用石英砂、纯碱、长石和石灰石为主要原料，并加入一些如助溶剂、着色剂、发泡剂、澄清剂等辅助原料，在1 550～1 660℃高温下烧至熔融，成形后急冷而制成的固体材料。

其成形方法有引上法和浮法。引上法成形是通过引上设备使熔融的玻璃液被垂直向上提拉，经急冷后切割而成。它的优点是工艺比较简单，缺点是玻璃厚度不易控制，并易产生玻筋、玻纹等，使透过的影像产生歪曲变形。浮法成形是将熔融的玻璃液流入盛有熔锡的锡槽炉，使其在干净的锡液表面自由摊平，逐渐降温、退火而成。该法生产的玻璃表面十分平整、光洁，且无玻筋、玻纹，光学性能优良。现在国内外普遍采用浮法生产玻璃。

1. 普通玻璃的技术性质

（1）密度

玻璃的密度与其化学组成有关，普通玻璃的密度为2 450～2 550 kg/m³。

（2）强度

玻璃的强度主要取决于其组成，还与生产和使用过程造成的缺陷有关。普通玻璃的抗压强度为600～1 200 MPa，抗拉强度为40～120 MPa，抗弯强度50～130 MPa，玻璃的抗冲击性很小，是典型的脆性材料。

（3）热学性质

玻璃的热学性质主要包括玻璃的热膨胀、热稳定性等性质。玻璃的热膨胀性决定于玻璃本身的化学组成及其纯度，纯度越高膨胀系数越小。玻璃的热稳定性决定玻璃在温度剧变时抵抗破裂的能力。玻璃的热膨胀系数越小，其稳定性越好。普通玻璃的导热系数为0.73～0.82 W/（m.K），热膨胀系数为8×10^6～10×10^{-6}/℃。

（4）光学性质

玻璃既能透过光线，还有反射光线和吸收光线的能力。普通清洁玻璃的透光率达82%以上，透明性好。玻璃反射光线的多少决定于玻璃反射面的光滑程度、折射率及投射光线的入射角大小。玻璃对光线的吸收则随玻璃化学组成和颜色而变化。

（5）化学稳定性

玻璃的化学稳定性较好，能抵抗除氢氟酸外的所有酸的腐蚀，但长期遭受到侵蚀性介质的腐蚀，也能导致变质和破坏。

2．常用建筑玻璃

（1）平板玻璃

平板玻璃又称为白片玻璃或净片玻璃，是建筑玻璃中用量最大的一种，习惯上将窗用玻璃、磨光玻璃、磨砂玻璃、压花玻璃、有色玻璃均归入平板玻璃之列。

窗用平板玻璃既透光又透视，透光率可达85%左右，能隔声，略有保温性，具有一定机械强度，但性脆且紫外线透过率较低。

平板玻璃按生产工艺的不同可分为引拉法玻璃和浮法玻璃。通常按厚度分类，主要有2mm、3mm、5mm、6mm等尺寸，其中以3mm和5mm的玻璃使用量最大。

平板玻璃按外观质量分为优等品、一等品和合格品3等，成品装箱运输，产量以标准箱计，厚度为2mm的平板玻璃，每标准箱所装玻璃面积共计$10m^2$。

（2）中空玻璃

中空玻璃是由两片或多片平板玻璃构成，用边框隔开，用胶接、焊接或熔接等方法将四周边缘部分密封，玻璃中间充入干燥空气或其他惰性气体。玻璃可采用平板原片，有浮法透明玻璃、彩色玻璃、镜面反射玻璃、夹丝玻璃、钢化玻璃等。由于玻璃与玻璃间存在空腔，因此中空玻璃具有良好的保温、隔热、隔声等性能。还可以在玻璃之间充以各种能漫射光线的材料或电解质等，以获得更好的声控、光控、隔热等效果。

中空玻璃主要用于如宾馆、饭店、办公楼、学校、医院等需采暖、空调、隔音、防结露等建筑中。

（3）钢化玻璃

钢化玻璃又称为强化玻璃，是将玻璃加热到玻璃软化温度，经迅速冷却或用化学方法钢化处理所得玻璃制品，它具有良好的抗弯强度和抗冲击能力。

玻璃经钢化处理后，其机械力学性能大大提高。一旦破碎，局部会发生应力重新分布，先出现网状裂纹，破碎后无尖锐棱角碎块，不伤人，故又称为安全玻璃。但是钢化玻璃不能任意切割、磨削，边角不能碰击，不能现场加工，使用时只能选择现有尺寸规格的成品，或提出具体设计图纸加工定做。

钢化玻璃有普通钢化玻璃、钢化吸热玻璃、磨光钢化玻璃等品种。

（4）夹层玻璃

夹层玻璃是在两片或多片玻璃之间嵌夹透明、柔软且强劲的塑料薄片，经加热、加压黏合而成的平面或曲面的复合玻璃制品、夹层玻璃具有较高的强度，受到破坏时产生辐射状或同心圆形裂纹，碎片不易脱落，且不影响透明度，不产生折光现象，属安全玻璃的一种。常用的有赛璐珞塑料夹层玻璃和乙烯醇缩丁醛树脂夹层玻璃两种。其玻璃原片可用普通平板玻璃、磨光玻璃、浮法玻璃、钢化玻璃及吸热玻璃等。

（5）夹丝玻璃

夹丝玻璃也称为防碎玻璃或钢丝玻璃。它是将普通平板玻璃加热到已软化红热状态，再将热处理的钢丝网或铁丝网压入玻璃中间而制成，表面可以是压花或磨光的。在玻璃遭受冲击或温度剧变时由于铁丝网的骨架作用破而不缺，裂而不散，避免了有棱角的小块飞出伤人。当火灾蔓延，夹丝玻璃受热炸裂时，仍能保持完整，起到隔绝火焰的作用，故又称防火玻璃。

（6）压花玻璃

压花玻璃又称为花纹玻璃或滚花玻璃。它是将熔融的玻璃液在冷却中通过带图案花纹的辊压，使玻璃单面或双面压有深浅不同的各种花纹的制品。在压花玻璃有花纹的一面，用气溶胶法对表面进行喷涂处理，玻璃可呈浅黄色、浅蓝色等。经过喷涂处理的压花玻璃，强度可提高50%~70%。压花玻璃有一般压花玻璃、真空镀膜压花玻璃、彩色膜压花玻璃等。

（7）磨光玻璃

磨光玻璃又称为镜面玻璃，是平板玻璃经过抛光后制得的玻璃。磨光玻璃可以单面磨光也可双面磨光，其表面平整光滑且有光泽，透光率大于84%，物相透过玻璃不变形。玻璃厚度一般为5~6mm经机械研磨和抛光的磨光玻璃，虽质量较好，但既费工又不经济，被浮法工艺取代后，在一般建筑和汽车工业中用量已逐渐减少。

（8）磨砂玻璃

磨砂玻璃又称为毛玻璃。通常采用普通平板玻璃经研磨、喷砂和氢氟酸溶蚀等加工，使表面呈现均匀粗糙状。由于表面粗糙、使光线产生漫射，有透光不透视、室内光线不刺眼等效果，一般用于建筑物的卫生间、浴室、办公室等门窗及隔断，也用作黑板等。

（9）热反射玻璃

热反射玻璃又称为镀膜玻璃或镜面玻璃，既具有较高的热反射能力，又保持了平板玻璃良好的透光性能。热反射玻璃是在玻璃表面喷涂金、银、铜、铝、铬、镍、铁等金属及金属氧化物，或者粘贴有机薄膜，或者以某种金属或离子置换玻璃中原有的离子而制成的。

（10）玻璃幕墙

玻璃幕墙是以铝合金型材为边框，玻璃为内外复面，其中填充绝热材料的复合墙体。目前，玻璃幕墙所采用的玻璃已由浮法玻璃、钢化玻璃等较为单一品种，发展到吸热玻璃、热反射玻璃、中空玻璃、夹层玻璃、釉面钢化玻璃、纹网印花钢化玻璃及真空镀膜玻璃等。

六、建筑涂料

1. 建筑涂料的分类

涂料品种很多，分类方法也有多种形式，一般各国都根据本国涂料生产情况，确定自己的分类方法。《涂料产品分类和命名》（GB/T 2705—2003）对建筑涂料的分类进行了规定。

目前通常采用习惯分类方法，主要有以下几种：

（1）按建筑物的使用部位分类

建筑涂料按其在建筑物的不同部位使用可分为外墙涂料、内墙涂料、地面涂料、顶棚涂料、屋面涂料、地下结构涂料等。

（2）按性状分类

建筑涂料按其性状可分为溶剂型涂料（如溶剂型聚丙烯酸酯涂料）、水溶性涂料（如聚乙烯醇水玻璃内墙涂料）、乳液型涂料（如聚丙烯酸酯乳液涂料）和粉末涂料等。

（3）按特殊性能或使用功能分类

建筑涂料按其特殊性能或使用功能可分为防火涂料、防水涂料、防霉涂料、杀虫涂料、隔热涂料、隔声涂料、多彩涂料等。

（4）按主要成膜物质性质分类

建筑涂料按其主要成膜物质性质可分为有机系涂料（如聚丙烯酸酯外墙涂料）、无机系涂料（硅酸钾水玻璃外墙涂料）、有机-无机复合系涂料（如硅溶胶-苯丙复合外墙涂料）等。

（5）按涂膜状态分类

建筑涂料按涂膜状态分为薄质涂层涂料（如苯丙乳液涂料）、厚质涂层涂料（如乙丙厚质型外墙涂料）、砂壁状涂层涂料（如苯丙彩砂外墙涂料）、彩色复层凹凸花纹外墙涂料等。

2．建筑涂料的基本组成与功能

（1）建筑涂料的基本组成

与普通涂料类似，建筑涂料也是由多种不同物质经混合、溶解、分散组成的。按这些物质在涂料中所起的不同作用，可将它们分为主要成膜物质、次要成膜物质和辅助成膜物质3大类。

①主要成膜物质

建筑涂料中的主要成膜物质又称为基料。它的作用是将涂料中的其他组分连接成一个整体，附着在被涂基料的表面，形成均匀、连续而坚韧的保护膜。基料的性质对所形成涂膜的硬度、柔性、耐磨性、耐冲击性、耐水性、耐热性、耐候性及其他物理化学性能起到决定性的作用。此外，涂料的状态及涂膜固化方式也由基料性质决定。基料一般为高分子化合物或成膜后能形成高分子化合物的有机物质。

当前我国建筑涂料的主要基料以合成树脂为主，如聚乙烯醇、聚醋酸乙烯及其共聚物、丙烯酸酯及共聚物、氯乙烯-偏氯乙烯共聚物、环氧树脂、氯化橡胶、聚氨酯树脂等。此外，还有水玻璃、硅溶胶等无机胶结材料。其中以丙烯酸酯及其共聚物的乳液使用最为广泛。

②次要成膜物质

在涂料工业中，颜料和填料也是构成涂膜的重要组成部分，但它们本身不会单独成膜，必须通过主要成膜物质的作用，与主要成膜物质一起构成涂层，因此称为次要成膜物质。颜料的品种很多，按化学组成可分为有机颜料和无机颜料；按来源则可分为天然颜料和合成颜料。无机颜料的耐候性及耐磨性较好，资源丰富，价格低廉，因而在建筑涂料中应用最多。有机颜料色彩鲜艳，但耐老化性能往往较无机颜料差。金属颜料主要品种有铝粉及铜粉等。

填料大部分为天然矿物和工业副产物。加入基料之后可改变涂料的某些性能，例如可增加涂膜厚度、提高涂膜耐磨性和耐久性等，同时也可降低涂料成本。常见品种根据其化学成分可分为5大类：钡化合物（重晶石粉、沉淀硫酸钡等）、钙化合物（轻质碳酸钙、重质碳酸钙等）、铝化合物（高岭土、云母粉等）、镁化合物（滑石粉、沉淀碳酸镁等）、硅化合物（硅藻土、石英粉、白炭黑等）。

③辅助成膜物质

辅助成膜物质主要包括溶剂、水和助剂等。溶剂和水是建筑涂料的重要组分。涂料涂刷到基材上后溶剂和水逐渐挥发，涂料逐渐干燥硬化，最终形成均匀、连续的涂膜。溶剂和水最终并不存在于涂膜中，但它们对涂料的成膜过程起着极其重要的作用，因此称为辅助成膜物质。建筑涂料中经常使用的溶剂主要有：醇类、醚类、脂类、酮类、苯类等。水是建筑涂料中应用最广的溶剂或分散介质之一。它具有无毒、无味、不燃、来源广泛、价格低廉等特点，因此是一种优良的涂料辅助材料。水溶性涂料、水乳性涂料中大量使用水。

建筑涂料制备中使用到多种助剂，常用的有：催干剂、固化剂、增塑剂、润湿剂、分散剂、增稠剂、成膜助剂、防冻剂、消泡剂、防霉剂、防锈剂。

（2）建筑涂料的功能

建筑涂料具有色彩鲜艳、质感丰富、性能全面、施工方便、价廉物美等特点，在建筑饰面材料中越来越受到人们的青睐，因此建筑涂料的主要功能是装饰功能。除此之外，它还应具有保护功能和其他特殊的功能。

①装饰作用

建筑涂料对建筑进行施工后，使建筑物的可视面得到美化的功能称为装饰功能。涂装后的建筑物不但色彩丰富，还可具有不同的色泽和平滑度。再加上各种立体图案和标志和周围环境协调配合，会使人在视觉上产生美观、舒畅之感。室内若采用内墙涂料及地面涂料装饰后，可使居住在室内的人们产生愉悦感。若在涂料中掺加粗、细骨料，或采用拉毛、喷涂和滚花等方法进行施工，可以获得各种纹理、图案及质感的涂层，使建筑物产生特殊的艺术效果，从而达到美化环境、装饰建筑的目的。

②保护功能

建筑涂料对建筑进行施工后能保护建筑物不受环境影响的功能称为保护功能。建筑物暴露在大气中受到阳光、雨水、冷热和各种介质的作用，表面会发生风化、腐蚀、生锈、剥落等破坏现象。建筑涂料通过刷涂、滚涂和喷涂等施工方法，涂敷在建筑物的表面上形成连续的薄膜，产生抵抗气候影响、化学侵蚀及污染等功能，阻止或延迟这些破坏现象的发生和发展，起到保护建筑物、延长其使用寿命的作用。

③特种功能

建筑涂料除了固有的装饰和一般性保护功能以外,近年来世界各国都十分重视研究特种功能的建筑涂料,这类涂料又称为功能性建筑涂料。例如:防水涂料、防火涂料、防霉涂料、杀虫涂料、吸声或隔声涂料、隔热、保温涂料、防辐射涂料、防结露涂料、伪装涂料等。在工业建筑、道路设施等构筑物上,涂料还可起到标志作用、色彩调节作用、美化环境作用和调节人们心理状况的作用。

第五节　工程聚合物材料

随着高等级道路的发展,对路面和桥梁建筑所用的材料提出了更高的要求。工程高聚物材料在道路工程中的应用,不仅提供了代替传统材料的新材料,而且可以作为改性剂来改善和提高现有材料性能。为此必须掌握高聚物材料的组成、性能和配制,才能正确选择和应用这类材料。

一、高聚物材料概论

高聚物按国际理论化学和应用化学协会(IUPAC)的定义是组成单元相互多次重复连接而构成的物质。通常认为聚合物材料包括塑料、橡胶和纤维三类。实际上,随着高分子合金材料、复合材料、互穿聚合物网络、功能高分子材料等的不断涌现,各类高聚物材料的概念重叠交叉,他们之间并无严格的界限。

(一)高聚物的特征和基本概念

1. 高聚物的特征

高聚物在结构和功能上都有其他低分子化合物不同的特征,现择其最主要几点简单分述如下:

(1)具有巨大的相对分子质量

高聚物是由数目很大(一般为$10^3 \sim 10^7$)的重复结构单元,以共价键的形式连接而成的聚合物,所以具有大相对分子质量是其首要特征。以最简单的聚乙烯为例而言,其相对分子质量为$6 \times 10^4 \sim 80 \times 10^4$。超高相对分子质量聚乙烯可达$200×10^4 \sim 300×10^4$。高聚物的性能主要取决于其相对分子质量及相对分子质量分布。

（2）复杂的链结构

高聚物按其分子链几何形状，可分为线型、支链型、交联网状、体型等。如纤维多呈线型结构、硫化橡胶和酚醛树脂等呈网状体型结构。

（3）晶态与非晶态的共存

高聚物可以呈晶态和非晶态结构，但是多为晶态与非晶态共存。故同一种高聚物既有固态性质（有固定的形状和体积），又有液态性质（加热可以流动）。

（4）同一高聚物可加工为不同性质的材料

同一种高聚物根据使用要求不同，可以加工为性质完全不同的材料。例如聚氨酯树脂可以加工为聚氨酯弹性纤维，又可以加工为聚氨酯橡胶，还可以加工为聚氨酯泡沫塑料。

（5）高的品质系数

品质系数是极限强度与密度之比。由于高聚物的极限强度高、密度小，故其品质系数较传统材料（钢材、混凝土等）高，是一种有发展前途的新材料。

2. 高聚物的基本概念

高聚物虽然相对分子质量较大、原子数较多，但是都是由许多低分子化合物聚合而成的。例如聚乙烯（…—CH_2—CH_2—CH_2—CH_2—CH_2—CH_2—CH_2…）是由低分子化合物乙烯（CH_2=CH_2）聚合而成的，若将—CH_2—CH_2—看作聚乙烯大分子中的一个重复结构单元，则聚乙烯可写成[—CH_2—CH_2—]$_n$。

由上可知，可以聚合成高聚物的低分子化合物称为"单体"，如上例中的乙烯（CH_2=CH_2）。组成高聚物最小的重复结构单元称为"链节"，如上例中的[—CH_2—CH_2—]$_n$。相应组成的大分子称为"聚合物"，如上例的CH_2-CH_2。聚合物中所含链节的数目n称为"聚合度"。当聚合度很大（10^3以上）的聚合物称为"高聚物"。

（二）高聚物的命名和分类

1. 高聚物的命名

高聚物的命名方法主要有下列4种：

（1）习惯命名

①按原料单体的名称，在其前冠以"聚"字。

大多数烯类单体聚合物都可按此命名，部分缩聚物也可按此命名。

②部分缩聚物在原料后附以"树脂"二字命名。

（2）商品名称法

有些聚合物，特别是纤维和橡胶用商品名称来命名。

（3）系统命名法

按国际理论化学与应用化学联合会命名法，是将聚合物的重复结构单元按照有机化合物系统命名法命名，最后再在前面冠以"聚"字。

系统命名法虽然比较严谨，但冗长繁琐，除正规科技文献外，少有采用。

（4）英文缩写

由于高聚物名称较长，读写不便，所以常用英文名称的缩写表示，例如聚乙烯用PE、聚丙烯用PP、聚丁橡胶用CR、丁苯橡胶用SBR等。

2. 高聚物的分类

高聚物种类繁多，为便于研究和讨论它的性能，通常采用下列分类：

（1）按材料的性能和用途分类

按高聚物材料的性能和用途可分为下列三类：

①塑料。具有可塑性的高聚物材料。可塑性是指当材料在一定温度和压力下受到外力作用时，可产生变形，而外力除去后仍能保持受力时的形状。

按其能否进行二次加工又可分为：热塑性塑料（线型结构高聚物材料）和热固性塑料（体型结构高聚物材料）两类。

②橡胶。具有显著高弹性的高聚物材料。在外力作用下可产生较大的变形，当外力卸除后又能恢复原来的形状。按其产源可分为天然橡胶和合成橡胶两类。

③纤维。是柔韧、纤细而且均匀的线状或丝状，并且具有相当长度（约直径100倍以上）、强度和弹性的高聚物材料。纤维可分为天然纤维和化学纤维（包括人造纤维和合成纤维）两类。

（2）按高聚物主链的结构分类

按高聚物主链的元素分为：

①碳链高聚物。主链完全由碳原子组成，而取代基可为其他原子。绝大部分为烯类（包括二烯类）高聚物。

②杂链高聚物。主链上除了碳以外，还有氧、氮、硫等杂原子的高聚物。

③元素高聚物。主链中没有碳原子，而是由硅、氧、硼、氮等元素组成，

其侧基可分为含氢的有机基团。

（三）高聚物的形成反应

单体聚合物形成高聚物的反应主要有加成聚合（简称加聚）和缩合聚合（简称缩聚）两类。

1. 加聚反应

不饱和烯类单体通过加成聚合而成高聚物的反应称为加聚反应。在反应过程中无小分子伴生。

按参加反应的单体的种类和高聚物本身的构型，加聚反应可分为：

（1）均聚反应

只有一种单体进行的聚合反应称为均聚反应。其产物称为均聚物。

聚丙烯和聚氯乙烯等是由乙烯、丙烯或氯乙烯等单体加聚而成的均聚体。

（2）共聚反应

为了改善聚合物的性能，由两种或两种以上的单体进行的聚合反应，称为共聚反应。其产物称为共聚物。

共聚物的性能并非两种相应均聚物的简单相加，因为共聚物的性能不仅取决于各单体的相对数量和排列方式。两种单体共聚时，两种单体链节不同的排列方式可构成4种共聚物。

①无规共聚物：共聚物中两种单体的结构单元排列顺序没有规律性，例如，氯乙烯与乙酸乙烯酯的共聚物。

②交替共聚物：共聚物中两种单体结构单元轮番交替地排列，例如，顺丁烯二酸酐与1，2-二苯乙烯共聚形成交替共聚物。

③嵌段共聚物：共聚物中两种单体结构单元各自排列成段，二段均聚物的长短可以不同，但它们之间有化学键连接着，例如，SBS就是苯乙烯和丁二烯的嵌段共聚物。

④接枝共聚物：共聚物分子的主链由一种单体组成，支链由另一种单体组成，例如，天然橡胶接枝苯乙烯可提高其强度和耐磨性。

应该指出，任何二元共聚物的组成中，很难找到完全单一的一种单体排列方式，而是以某一种排列为主的实际聚合物。

2. 缩聚反应

具有两个（或两个以上）活性官能团的低分子物质，通过缩合聚合反应，常是缩聚低分子物质而生成高聚物的过程称为缩聚反应。

(1)按参加反应的单体不同分类

①均缩聚反应。同一种单体(含有两种或两种以上官能团)分子间进行的缩聚,称为均缩聚。例如氨基酸经缩聚生成聚酰胺。

②混缩聚反应。两种不同单体分子间进行的缩聚反应,称为混缩聚。例如二元酸和二元醇经缩聚生成聚酯。

③共缩聚反应。两种以上含双官能团单体的缩聚,或两种单体三个不同官能团间进行的缩聚,生成混合链节的高聚物,称为共缩聚。

(2)按产物的几何结构分类

按缩聚反应生成产物的几何结构不同,又可分为:

①线型缩聚。生成的产物的分子链为线状的,称为线型聚合物。例如,涤纶和尼龙都是线型聚合物。

②体型(网状)缩聚。生成产物的分子链交联成网状,或空间三维交联的,称为体型聚合物。例如酚醛树脂、醇酸树脂都是体型聚合物。

(四)高聚物结构特征

聚合物具有一些特殊的性质,如高弹性、较好的耐候性以及良好的变形性等,之所以具有这些特性,关键在于聚合物具有特殊的结构特征。

聚合物在合成过程中除了形成一维的线型链之外,在一定条件下还可形成带有支链的结构,甚至还能在链与链之间通过交联形成三维的立体型结构。对于线型或支链型聚合物,具有可塑化、熔融的特点,并能溶解于适当的溶剂;但立体型的聚合物就无法溶解,也不能熔融。所以前者呈现出较低的硬度、熔点及抗拉强度,但断裂伸长率较高;而后者具有较高刚性和良好的尺寸稳定性。

由于聚合物的分子链很长,通常长链呈现卷曲状,在外力作用下分子链伸展开来,外力停止又重新收缩恢复卷曲状,从而表现出极好的弹性特点。同时在较长的分子链之间通过分子间力相互影响,相互作用,可抵御较大的拉力作用。所以在受拉时,即使是分子链被拉断,聚合物的分子链也难以滑脱。与小分子等其他物质不同,高聚物可以呈现三种不同结构状态:玻璃态、高弹态和黏流态。在温度较低时,聚合物分子链之间的作用力很大,分子链只能在原有的位置上振动,受到外力时只能发生瞬时的微小形变,外力卸除形变立即恢复,这种状态就是玻璃态。当温度升高时,高分子链有了较大的活动能力,分子链变得柔软可以旋转,在外力作用下可以产生较大变形,外力卸除后会逐渐恢复原状，呈现显著的弹性特点，此时的状态称为高弹态。随温度进一步升高，聚合物分子链达到可以相互滑动、整体迁移的状态，受力时极易变形，外力卸除后形变无法恢复，此时称为黏流态。在一种状态变换过程中，存在两种温度：一是从玻璃态到高弹态的玻璃化转变温度，简称玻璃化温度；另一个是从高弹态到黏流态的黏流温度。显然，常温下处于玻璃态的聚合物适宜作塑料或纤维使用，处于高弹态的聚合物适宜作橡胶使用，而利用聚合物的黏流状态易于生产加工。所以，用作塑料和纤维的聚合物，希望其玻璃化温度要高一些，以保证在较高的温度范围里使这两种材料具有良好的变形稳定性；而对于橡胶材料，却希望其玻璃化温度越低越好，这样可在严寒条件下，保持高弹态而具有优良的弹性。

二、高聚物材料在道路桥梁工程中的应用

由于高聚物材料优良的综合性能，随着技术的发展，这类材料在土木建筑和道路工程中得到大量应用。例如采用聚合物对沥青进行改性、制作聚合物混凝土，并可用作胶结材料或嵌缝密封材料，以及用于加强土基和路面基层的聚合物土工布、土工格栅材料等。

（一）土工合成材料

土工合成材料，是指一类以高分子聚合物为原料的透水性土工合成材料。主要有无纺（非织造）土工织物、有纺（织造）土工织物、土工格栅、土工网、土工模袋、土工格室、土工加筋带、土工膜、土工布、塑料排水板等。土工合成材料在公路工程中的应用比较广泛。其具体的作用有：①排水作用；②反滤作用；③分隔作用；④加强作用；⑤防护作用。

（二）高聚物改性水泥混凝土

普通水泥混凝土硬化后内部存在着微孔隙，与自身的抗压强度相比，抗拉强度、抗折强度较小，脆性大，是一种典型的强而脆的材料。聚合物的介入有助于减少混凝土中的微孔隙，降低混凝土的渗透性，从而改善混凝土的耐久性，并使混凝土成为一种强而韧的材料。聚合物混凝土是由有机、无机材料复合而成的混凝土，按照组成材料和制作工艺可分为：

1. 聚合物浸渍混凝土

它是将硬化的混凝土加热、干燥、抽取孔隙中的空气，以有机单体（如甲基丙烯酸甲酯、丙烯腈等）浸渍，然后用加热或辐射等方法使孔隙中的单体聚

合形成，具有高强、耐蚀、抗渗、耐磨等优良性能。

2. 聚合物水泥混凝土

它是在拌和混凝土时掺加聚合物（如聚丙烯酸、乳胶等）或单体（如丙烯脂、苯乙烯等），通过聚合物与水泥水化产物相互穿透包裹，形成致密的网状结构，因而改善混凝土的性能，具有黏结性能好，抗拉强度高，耐久性、耐磨性和耐蚀性高的特点。主要用于机场跑道、混凝土路面或桥梁面层等构造物。

3. 聚合物胶结混凝土

这种混凝土完全采用聚合物（聚酯、聚甲基丙烯酸甲酯等）作为胶结材料的混凝土。这种混凝土由于充分利用聚合物，使混凝土呈现一些新的特点，如抗拉强度、抗压强度、抗弯强度等都得到较大的提高，且抗渗性、耐磨性、耐水性、耐腐蚀性都得到较大的改善。

与普通混凝土相比，聚合物混凝土抗拉强度、抗压强度、抗弯拉强度都得到较大提高，抗渗性、耐磨性、耐水性、耐腐蚀性都得到较大的改善。聚合物混凝土可用于铺筑路面和桥面、修补路面坑槽、机场跑道等。

（三）聚合物改性沥青

由于交通运输的飞速发展，对沥青材料高、低温性能和抗老化能力要求的日益提高，使基质沥青越来越难以满足当今高等级公路通行需要，对基质进行改性就成为必然。

目前沥青改性常用的方法之一就是采用聚合物，通过聚合物优越的综合性能对沥青的高低温性能、耐久性等进行改善。目前常用的聚合物改性沥青类型有热塑弹性体改性沥青、橡胶类改性沥青和热塑性树脂改性沥青等，其中以采用SBS热塑弹性体聚合物进行沥青改性效果最为显著。

当SBS用于沥青改性时，根据结构特点，当温度升高到超过玻璃化温度T_g2时（80℃），整个结构开始软化和流动，有利于改性沥青的拌合和施工；而在通常的沥青路面使用温度条件下仍呈现固体状态，可以产生高拉伸能力和良好的抗变形能力；在环境温度相对较低时，又由于T_g1非常低（-80℃），改性沥青能够始终保持较好的低温柔性，从而避免了沥青路面的低温开裂现象。

（四）其他应用

1. 胶黏剂

胶黏剂具有优良的黏合性能，它可将同质或不同质的材料黏合在一起，在土木工程中有广泛应用。常用的胶黏剂有环氧树脂、醋酸乙烯酯等。

2. 裂缝修补与嵌缝材料

裂缝修补与嵌缝材料实际是一种胶黏剂，用于修补水泥路面的裂缝或构件的接缝。常用该类材料有环氧树脂、聚氨酯类和橡胶类。

3. 膨胀支座和弹性支座

桥梁与管线工程中的膨胀支座一般采用聚四氟乙烯（PTFE）树脂，可以保证梁水平移动的要求。弹性支座可采用氯丁橡胶（CR）和聚异戊二烯橡胶（IR）等制作，以减少噪声和振动。

第二章　土木工程材料试验检测

本章对土木工程材料检测中的水泥试验、建筑砂浆实验、钢筋试验、沥青试验、混凝土试验等进行阐述。

第一节　土木工程材料检测概论

一、检测机构

（一）检测机构类别

检测机构：从事检测工作的实验室和检查机构。

根据检测机构的归属，将其分为第一方检测机构、第二方检测机构和第三方检测机构。

第一方检测机构：产品提供方的检测机构，通常为产品生产厂家的实验室，用于出具产品出厂检测报告。

第二方检测机构：产品使用方的检测机构，通常为施工单位的实验室，是企业内部质量安全保证体系的组成部分，可根据企业资质要求申请ISO 9000等质量安全体系认证和实验室认可，其出具的试验数据可作为工程质量安全的控制检验指标和工程竣工验收的依据，但必须有一定比例的试验委托第三方检测机构。

第三方检测机构：独立于产品生产方与使用方的检测机构，能独立承担第三方公正检验，具有资质的第三方检测机构出具的检验报告是工程竣工验收的依据。

（二）检测机构资质

检测机构资质，是指向社会出具具有证明作用的数据和结果的实验室和检查机构应当具有的基本条件和能力。

中国合格评定国家认可委员会（CNAS）统一管理、监督和综合协调实验室和检查机构的资质认定工作。

各省、自治区、直辖市人民政府质量技术监督部门和各直属出入境检验检疫机构按照各自职责负责所辖区域内的实验室和检查机构的资质认定和监督检查工作。

资质认定的形式包括计量认证和审查认可。

1. 计量认证与审查认可

计量认证证书：对向社会出具具有证明作用的数据和结果的实验室颁发，使用CMA标志。

审查认可证书：对向社会出具具有证明作用的数据和结果的检查机构颁发，使用CMA标志。

对产品设计、产品、服务、过程或工厂的核查，并确定其相对于特定要求的符合性，或在专业判断的基础上，确定相对于通用要求的符合性称为检查；从事检查活动的机构称为检查机构。

CMA是China Metrology Accredidation（中国计量认证）的缩写。取得计量认证合格证书的检测机构，可按证书上所批准列明的项目，在检测（检验、测试）证书及报告上使用CMA标志。经计量认证合格的检测机构出具的数据，用于贸易的出证、产品质量评价、成果鉴定，作为公证数据具有法律效力。

计量认证分两级实施。一级为国家级，由中国合格评定国家认可委员会组织实施；另一级为省级，由省级质量技术监督局负责组织实施，具体工作由计量认证办公室承办。不论是国家级还是省级，实施的效力均是完全一致的，不论是国家级还是省级认证，对通过认证的检测机构资质在全国范围内均有效，不存在办理部门不同而效力不同的差异。

审查认可由中国合格评定国家认可委员会组织实施。

2. 验收与授权

验收证书：对质量技术监督系统质量（纤维）检验机构颁发，使用CAL标志。

授权证书：对国家认监委授权的国家产品质量监督检验中心、省级质量技术监督部门授权的产品质量监督检验站颁发，使用CAL标志。

CAL是China Accredited Laboratory（中国考核合格检验实验室）的缩写，是

政府授权的质量监督机构。

3. 国家实验室认可

国家实验室认可是与国外实验室认可制度相一致的，是自愿申请的能力认可活动。

通过国家实验室认可的检测技术机构，证明其符合国际上通行的标准与检测实验室能力的通用要求。

国家实验室认可由中国合格评定国家认可委员会负责实施；对于符合认可准则的机构，授予CNAS认可资格、颁发CNAS认可证书。

二、委托检验

（一）委托检验的程序

（1）委托方按照有关技术标准、规范的规定，从检测对象中抽取检测样品。

（2）委托方取样后将试样从取样现场送至检测机构。

（3）委托方确定检测项目并填写委托检验单，将样品交检测机构并支付相关检测费用。检测机构对样品进行检查，如样品符合检测要求，则接收样品并编号；如样品不符合检测要求，则请委托方重新取样送检。

（4）检测机构根据国家相关标准的规定对委托检测的样品进行检测，并根据检测结果出具检测报告，检测报告仅对送检的样品负责。

（5）委托方从检测单位领取检测报告。

（二）委托检验的分类

根据委托检验的性质，可将其分为普通送检、见证取样送检和监督抽检三类。

1. 普通送检

（1）由产品的卖方或者买方负责取样和送检。

（2）送检材料的代表性由委托方负责。

2. 见证取样送检

（1）在见证人（通常由建筑单位或工程监理单位具备建筑施工检测知识的人员担任，并需取得工程质量监督机构颁发的见证员资格证）的见证下，由取样人（通常是施工企业的现场取样人员）对工程中涉及结构安全和重要使用功能的试块、试件和材料在现场取样，见证人和取样人一起将试样送至通过计量认证的检测机构进行检测。

（2）见证人制作见证记录，见证人和取样人对见证取样送检试样的代表性和真实性负责。

（3）由送检单位填写委托单，由见证人和送检人在委托单中"见证人"和"送检人"签名栏签字确认。

（4）检测机构在受理见证检测委托时，应对试样见证取样有效性进行确认（查验见证人资格证和见证记录并将复印件备案）。经确认后的见证检测项目，其检测报告除加盖计量认证章（CMA章）和检测报告专用章外，还应加盖有"见证检验"印章，在检测报告的备注中注明见证单位及见证人姓名。

（5）水泥物理力学性能检验、钢筋（含焊接与机械连接）力学性能检验、砂石常规检验、混凝土强度检验、砂浆强度检验、简易土工试验、混凝土掺加剂检验、预应力钢绞线和锚夹具检验、沥青及沥青混合料检验等必须进行见证取样送检。

3. 监督抽检

（1）建设工程质量监督机构在负责实施项目质量监督员的见证下，对进入施工现场的建筑材料、构配件或工程实体等，按照规定的比率进行取样送检或实地检测。

（2）检测机构在受理监督抽检委托时，应对试样监督抽查送检有效性进行确认，经确认后的检测项目，其检测报告除加盖计量认证章（CMA章）和检测报告专用章外，还应加盖"监督抽检"印章。

（3）对实行见证取样送检的检测项目，有下列情形之一的，其工程质量应当由市建设工程质量监督站委派检测机构进行检测确定，检测费用由责任方承担：未按规定进行见证取样送检的，见证取样送检次数达不到要求的，检测不合格而需要进行结构检测的。

（4）监督抽检通常需在具有验收/授权资质的检测机构进行，检测报告还应加盖验收/权章（CAL章）。

三、不合格产品的处理方法

（1）如送检材料检测不合格，通常需根据相关标准进行复检，并根据复检结果确定产品是否合格。

（2）复检时通常需双倍取样，并送省级或省级以上国家认可的监督检测机构进行仲裁检验。

（3）委托方对检测机构出具的检测数据有异议时，可提请本行政区域的监督检测机构复检；对监督检测机构出具的检测数据有异议的，可提请上级监督检测机构再复检。

四、测量误差

（一）误差的概念

测量的目的是得到被测物理量的客观真实数，也称真值。但由于受到测量方法、测量仪器、测量条件以及试验者水平等多种因素的限制，测量值与真值会存在一定的偏差，测量值与真值之差称为误差。

误差反映了测量值偏离真值的大小，也反映了测量值的离散程度。由于真值通常是未知的，因此误差一般也是一个未知量。对可以多次测量的物理量，可以用已修正过的算术平均值来代替被测量的真值。

（二）绝对误差和相对误差

1. 绝对误差

被测量的测量值与其真值之差定义为该量的绝对误差，绝对误差是有名数，即带有单位的数。绝对误差反映测量值偏离被测量真值的大小及方向，测量值与真值相差越大，绝对误差的绝对值也越大；绝对误差为正，说明测量值大于真值；绝对误差为负，说明测量值小于真值。绝对误差不足以说明测量的准确度，换句话说，它还不能给出实验准确与否的完整概念。

绝对误差的应用极广，常见的有三类绝对误差：

（1）测量误差，是测量结果与被测量的真值之间的差值。

（2）量具的示值误差，是量具的标称值（即名义值）和真值之间的差值。

（3）计量仪器（仪表）的示值误差，是计量仪器（仪表）的示值和真值之间的差值。

2. 相对误差

测量的绝对误差与被测量的真值之比称为相对误差，通常用百分数表示。相对误差是一个比值，其数值与被测量所取单位无关，因而是一个无名数。

对同一被测量，相对误差愈大，则真值与测量值之间相差愈大，测量结果的准确度愈低。

(三)误差的分类

从不同的角度出发,误差有不同的分类方法。从误差的来源及其对测量结果影响的性质来分,误差可分为系统误差、随机误差(或称偶然误差)和粗大误差(或称过失误差)。

1. 系统误差

将在重复条件下对同一被测量进行无限多次测量结果的平均值减去被测量的真值称为系统误差。

在实验中要鉴别系统误差也是容易的,当发现观测值的误差总往一个方向偏,误差大小和符号在重复多次的测量中几乎相同,或误差呈现一定的规律等,这种误差就是系统误差。

由于系统误差的出现是有规律的,所以在大多数情况下,系统误差可以通过技术途径来消除或使之大为减弱。

系统误差产生的原因多种多样,仪器设备、测量原理和方法、外界环境,以及测量人员的习惯等均可引起系统误差。例如电表读数中的零点不准所引起的误差、实验方法本身所引起的误差等都属于系统误差。

2. 随机误差

测量结果减去在重复条件下对同一被测量进行无限多次测量结果的平均值称为随机误差。随机误差有时也称偶然误差,但并不是指误差只是偶然才出现,没有什么规律可循,"偶然"两字只是指误差的取值带有一定的偶然性。

随机误差是由各种因素(包括环境、仪器、实验者本人等)的起伏,即完全是由于某些难以控制的偶然因素所产生的综合影响而形成的。这些因素不可避免的起伏,使得重复测量时所得到的一系列实验数据彼此各不相同而产生误差,所以在实验时产生误差是必然的。但对某一具体的测量来讲,随机误差的大小与正负很难预计,只有在大量的重复测量时才符合一定的统计规律,可以用概率统计的方法来研究。研究随机误差就是为了了解实验数据的离散性或重复性问题,或者是研究实验数据的精密度问题。

随机误差在大量的重复测量中遵循一定的统计规律,但它所遵循的是哪一种统计规律要视具体情况而定。在做实验时,如已知要处理的数据是按某一特定的规律分布的,则就要按那种规律来处理;如不能肯定遵循某一种特定规律分布,而误差是由无数微小独立的因素综合影响而产生的,那么在重复测量次数较多时,随机误差将遵循正态分布(或高斯分布),这正是绝大多数实验过程中碰到的情况。

3. 粗大误差

粗大误差是一种显然与事实不符的误差，是应力求避免的。

粗大误差主要是由于粗枝大叶、过度疲劳或操作不正确等因素引起的。此类误差虽无规律可循，但只要在实验中多加警惕，细心操作，粗大误差是完全可以避免的，而系统误差与随机误差是难以避免，甚至是不可避免的误差。

（四）修正值和偏差

1. 修正值

修正值是以代数法相加于未修正的结果，以补偿假设的系统误差之值，它等于假设的系统误差的负值。系统误差是不可能完全准确知道的，只能用有限次测量的平均值减去被测量的真值，得到当前条件下所识别的系统误差的估计值，补偿之后，在已修正结果中还存有系统误差，只不过其值已较小。

在量值溯源和量值传递中，常常采用这种加修正值的办法。用高一个等级的计量标准来校准或检定测量仪器，其主要内容就是获得准确的修正值。

2. 偏差

一个值减去其参考值，称为偏差。这里的值是指测量得到的值，参考值是指设定值、应有值或标称值。

偏差与修正值相等，或与误差等值而反向。

偏差是相对于实际值而言，修正值与误差则相对于标称值而言，它们所指的对象不同。

五、测量不确定度

（一）测量不确定度的定义与来源

表征合理地赋予被测量之值的分散性，与测量结果相联系的参数，称为测量不确定度。

不确定度是以误差理论为基础建立起来的一个新概念，表示由于测量误差的存在而对被测量值不能确定的程度，它以参数的形式包含在测量结果中，用以表征合理赋予被测量的值的分散性，表示被测量真值所处的量值范围的评定结果。

不确定度的大小，体现着测量质量的高低。不确定度小，表示测量数据集中，测量结果的可信程度高。不确定度大，表示测量数据分散，测量结果的可信程度低。一个完整的测量结果，不仅要给出测量值的大小，而且要给出测量不确定度，以表明测量结果的可信程度。测量不确定度是对测量结果质量的定量评定。测量中可能导致不确定度的来源一般有如下几个方面：

（1）被测量的定义不完整。

（2）复现被测量的测量方法不理想。

（3）取样的代表性不够，即被测样本不能代表所定义的被测量。

（4）对测量过程受环境影响的认识不能恰如其分或对环境的测量与控制不完善。

（5）对模拟式仪器的读数存在人为偏移。

（6）测量仪器的计量性能（如灵敏度、鉴别力、分辨力、死区及稳定性等）的局限性。

（7）测量标准或标准物质的不确定度。

（8）引用的数据或其他参量的不确定度。

（9）测量方法和测量程序的近似和假设。

（10）在相同条件下，被测量在重复观测中的变化。

（二）测量不确定度的分类

测量结果的不确定度一般包含多个分量，按其数值评定方法的不同，把这些分量分成A类和B类。

A类：用统计方法计算的分量，用标准偏差表征。

B类：用其他方法计算的分量，用经验或资料及假设的概率分布估计的标准偏差表征。

不确定度的分类是按评定方法进行的，两类评定都基于概率分布，并且A类、B类分量均以"标准差"的形式表示。用A类评定方法得到的标准不确定度称为A类标准不确定度分量，用B类评定方法得到的标准不确定度称为B类标准不确定度分量。A类标准不确定度分量的全部集合称为A类不确定度，B类标准不确定度分量的全部集合称为B类不确定度。

实际使用时，根据表示方式的不同，不确定度通常用到3种不同的术语：标准不确定度、合成不确定度和扩展不确定度。标准不确定度是指测量结果的不确定度，用标准偏差表示。若测量结果是由若干个其他量计算得来的，则测量结果的标准不确定度受几个不确定度分量的影响，它由各分量的方差、协方差相加导出，得到合成"标准差"，即测量结果的标准不确定度由各不确定度分量运算得到，称为合成不确定度。扩展不确定度也叫总不确定度，是将合成不确定度乘以一个因子（k）得到的，所乘的因子称为包含因子或范围因子，通常取值在2~3之间。这是k为了提高置信水平，增大包含概率，满足特殊用途，将合成标准不确定度扩大了倍，得到测量结果附近的一个置信区间，被测量的值以较高的概率落在该区间内。用扩展不确定度时，必须注明所乘的因子和概率。

A类、B类不确定度与随机误差、系统误差之间不存在简单的对应关系。A类和B类是表示两种不同的评定方法，随机和系统表示两种不同的性质，不能简单地把A类不确定度对应为随机误差，把B类不确定度对应为系统误差。A类和B类不确定度都可能是随机误差，也都可能是系统误差。用不确定度表示的测量结果的质量指标往往是既包含了随机影响，又包含了系统影响。特别是在不同的情况下，随机误差和系统误差可能相互转化，难以严格区分，引起了混乱和不统一。不确定度用评定方法划分不同性质因素产生的影响，避免了不必要的混淆，从而建立了评定测量结果、进行计量对比、质量控制、校准检定、测试检验、物质鉴定等的统一标准。

（三）测量不确定度与误差的区别

测量不确定度和误差既有联系又有区别，误差理论是测量不确定度的基础，测量不确定度是经典的误差理论发展和完善的产物。二者的区别主要表现在以下几个方面：

（1）不确定度是一个无正负符号的参数值，用标准偏差或标准偏差的倍数表示该参数的值。误差是一个有正号或负号的量值，其值为测量结果与被测量真值之差。

（2）不确定度表明被测量值的分散性，误差表明测量结果偏离真值的大小。

（3）不确定度与人们对被测量和影响量及测量过程的认识有关，误差是客观存在的，不以人的认识程度而改变

（4）不确定度可以由人们根据实验、资料、经验等信息进行评定，从而可以定量确定不确定度的值；而由于真值往往未知，通常不能准确得到误差的值，当用约定真值代替真值时，可以得到误差的估计值。

（5）不确定度分量评定时，一般不必区分其性质，若需要区分时，应表述为"由随机影响引入的不确定度分量"和"由系统影响引入的不确定度分

量"。误差按性质可分为随机误差和系统误差两类，按定义，随机误差和系统误差都是无穷多次测量时的理想概念。

（6）不能用不确定度对测量结果进行修正，已修正的测量结果的不确定度应考虑修正不完善引入的测量不确定度分量；已知系统误差的估计值时，可以对测量结果进行修正，得到已修正的测量结果。

六、数据处理

（一）有效数字和数字修约

1. 有效数字

有效数字即表示数字的有效意义，用于表示连续物理量的测量结果，指示测量中实际能测得的数字。一个由有效数字构成的数值，从最后一位算起的第二位以上的数字应该是可靠的，或者说是确定的，只有末位数字是可疑的，或者说是不确定的。所以说有效数字构成的数值是由全部确定数字和一位不确定数字构成的。

测量结果的记录、运算和报告必须注意有效数字。由有效数字构成的数值（如测量值）与通常数字的数值在概念上是不同的，例如34.5、34.50、34.500这3个数在数学上看作同一数值，但如用于表示测量值，则3个数值反映的测量结果的准确度是不同的。

数字"0"，当它用于指示小数点的位置，而与测量的准确程度无关时，不是有效数字；当它用于表示与测量准确程度有关的数值大小时，则为有效数字，这与"0"在数值中的位置有关。第一个非零数字前的"0"不是有效数字，如0.0398为三位有效数字；非零数字中的"0"是有效数字，如3.009 8为五位有效数字；小数中最后一个非零数字后的"0"是有效数字，如3.980 0为五位有效数字；以"0"结尾的整数，有效数字的位数难以判断，如398 00可能是三位、四位甚至是五位有效数字，在此情况下，应根据测量值的准确程度改写成指数形式，如3.98×10^4为三位有效数字。

记录和报告上的测量结果只应包含有效数字，对有效数字的位数不能任意增删。由有效数字构成的测量值必然是近似值。因此，测量值及其运算必须按近似计算规则进行。

2. 数字修约

（1）可用指定数位（如指明数值修约到n位小数、个位数、十位数等）或指定将数值修约成n位有效数字的方法确定修约位数。

（2）修约规则。

①在拟舍弃的数字中，若左边第一个数字小于5（不包括5），则舍去，即所拟保留的末位数字不变。如将4.243 2修约到一位小数时为4.2。

②在拟舍弃的数字中，当左边第一个数字大于5（不包括5），则进一，即所拟保留的末位数字加一。如将6.484 3修约到一位小数时为6.5。

③在拟舍弃的数字中，若左边第一个数字等于5而其右边的数字并非全部为零，则进一，即所拟保留的末位数字加一。如将1.0501修约到一位小数时为1.1。

④在拟舍去的数字中，若左边第一个数字等于5而其右边数字皆为零，所拟保留的末位数字若为奇数则进一；若为偶数（包括"0"）则不进。如将0.3500修约到一位小数时为0.4，将1.0500修约到一位小数时为1.0。

⑤负数修约时，先将它的绝对值按上述规则进行修约，然后在修约值前面加上负号。

⑥所拟舍弃的数字若为两位以上数字，不得连续多次修约，应根据所拟舍弃数字中左边第一个数字的大小，按上述规则一次修约出结果来。

⑦在具体实施中，有时测试与计算部门先将获得数值按指定的修约位数多一位或几位报出，而后由其他部门判定。为避免产生连续修约的错误，报出数值最右的非零数字为5时，应在数值后面加"（+）"或"（-）"或不加符号，以分别表明已进行过舍进或未舍未进；如果判定报出值需要进行修约，当拟舍弃数字的最左一位数字为5而后面无数字或皆为零时，数值后面有"（+）"号者进一，数值后面有"（-）"号者舍去，其他仍按上述规则进行。

（二）计数及近似计算规则

1. 记数规则

在测量结果的记录、运算和报告中，经常要记录数值，在记录这些数值时，应遵循以下几个规则。

（1）记录测量数据时，只保留一位可疑（不确定）数字。

（2）表示精密度时，通常只取一位有效数字，只有测量次数很多时，方可取两位数字，且最多只取两位。

（3）在数值计算中，当有效数字位数确定之后，其余数字应按修约规则一律舍去。

（4）在数值计算中，某些倍数、分数、不连续物理量的数值，以及不经测量而完全根据理论计算或定义得到的数值，其有效数字的位数可视为无限。这类数值在计算中需要几位就可以写几位。如数学中的常数 $\prod$、e、1、m=100cm中的100等。

（5）测量结果的有效数字所能达到的最后一位应与误差处于同一位上，重要的测量结果可多记一位估读数。

2. 近似计算规则

（1）加法和减法。几个近似值相加减时，所得和或差的有效数字取决于绝对误差最大的数值，最后结果的有效数字自左起不超过参加计算的近似值中出现的最大可疑数值。如在小数的加减计算中，各项所保留的小数点后的位数与各近似值中小数点位数最少者多保留一位，而计算结果所保留的小数点后的位数与各近似值中位数最少者相同。例如，508.4−438.68 +13.046−6.0548 ≈ 508.4−438.68 +13.05−6.05 =76.72。最后计算结果只保留一位小数，为76.7。若尚需参与下一步计算，则取76.72。

（2）乘法和除法。近似值相乘除时，所得积或商的有效数字位数取决于相对误差最大的近似值，即最后结果的有效数字位数要与各近似值中有效数字最少者相同。在实际计算中，先将各近似值修约至比有效数字位数最少者多保留一位有效数字，再将计算结果按上述规则处理。例如，0.0676×70.19×6.05237 ≈ 0.0676×70.19×6.052=28.7158。最后的计算结果用三位有效数字表示为28.7。

对于第一位是8或9的近似值，在乘除计算中有效数字的位数可多计一位。例如，0.983可视为四位有效数字，80.44可视为五位有效数字。

（3）乘方和开方。近似值乘方或开方时，原近似值有几位有效数字，计算结果就可以保留几位有效数字。例如6.54²=42.7716，保留三位有效数字则为42.8。

（4）对数和反对数。在近似值的对数和反对数计算中，所取对数的小数点后的位数（不包括首位）应与真数的有效数字位数相同。例如，$[H^+]$为$7.98×10^{-2}$mol/L溶液的pH值=−lg$[H^+]$=−lg（$7.98×10^{-2}$）=1.098；pH值为3.20溶液的$[H^+]$=$6.3×10^{-4}$mol/L。

（5）求4个或4个以上准确度接近的近似值的平均值时，其位数可增加一位。

（6）有些数据需经过多次运算的，在每一步计算过程中对中间结果不做修约，但最后结果需按上述规则修约到要求的位数。

第二节　水泥试验

水泥试验包括不溶物、烧失量、氧化镁、三氧化硫、氯离子、碱、细度、标准稠度用水量、凝结时间、安定性、压蒸安定性以及强度试验。

一、密度试验

（一）适用范围

适用于测定水泥的密度，也适用于指定采用本方法的其他粉体物料密度的测定。

（二）试验原理

将一定质量的水泥倒入装有足够量液体介质的李氏瓶内，液体的体积应可以充分浸润水泥颗粒。根据阿基米德定律，水泥颗粒的体积等于它所排开的液体体积，从而算出水泥单位体积的质量即为密度。试验中，液体介质采用无水煤油或不与水泥发生反应的其他液体。

（三）主要仪器设备

（1）李氏瓶：李氏瓶由优质玻璃制成，透明无条纹，具有抗化学侵蚀性且热滞后性小，要有足够的厚度以确保良好的耐裂性。瓶颈刻度由0～1 mL和18～24 mL两段刻度组成，且0～1 mL和18～24 mL以0.1 mL为分度值，任何标明的容量误差都不大于0.05 mL。

（2）恒温水槽：应有足够大的容积，使水温可以稳定控制在20±1 ℃。

（3）天平：量程不小于100 g，分度值不大于0.01 g。

（4）温度计：量程50 ℃，分度值不大于0.1 ℃。

（四）试验步骤

（1）水泥试样应预先通过0.90 mm方孔筛，在110±5 ℃温度下烘干1 h，并在干燥器内冷却至室温（室温应控制在20±1 ℃）。

（2）称取水泥60g，精确至0.01g。在测试其他材料密度时，可按实际情况增减称量材料质量，以便读取刻度值。

（3）将无水煤油注入李氏瓶中至"0mL"到"1mL"之间刻度线后（选用磁力搅拌此时应加入磁力棒），盖上瓶塞放入恒温水槽内，使刻度部分浸入水中（水温应控制在20±1℃），恒温至少30min，记下无水煤油的初始（第一次）读数。

（4）从恒温水槽中取出李氏瓶，用滤纸将李氏瓶细长颈内没有煤油的部分仔细擦干净。

（5）用小匙将水泥样品一点点地装入李氏瓶中，反复摇动（亦可用超声波震动或磁力搅拌等），直至没有气泡排出，再次将李氏瓶置于恒温水槽，使刻度部分浸入水中，恒温至少30min，记下第二次读数。

（6）在第一次读数和第二次读数时，恒温水槽的温度差不大于0.2℃。

二、细度试验

水泥细度试验有比表面积法和筛析法。比表面积法适合于硅酸盐水泥，筛析法适合于其他水泥。

（一）比表面积法试验

1. 适用范围

适用于测定水泥的比表面积以及适合采用本标准方法的、比表面积在2000cm^2/g到6000cm^2/g范围的其他各种粉状物料，不适用于测定多孔材料及超细粉状物料。

2. 试验原理

本方法采用Blaine透气仪来测定水泥的细度，主要根据一定量的空气通过具有一定空隙率和固定厚度的水泥层时，所受阻力不同而引起气流速度的变化来测定水泥的比表面积。在一定空隙率的水泥层中，空隙的大小和数量是颗粒尺寸的函数，同时也决定了通过料层的气流速度。

3. 主要仪器设备

（1）Blaine透气仪：由透气圆筒、压力计、抽气装置等三部分组成。

①透气圆筒，由不锈钢制成，圆筒的上口边应与圆筒主轴垂直，圆筒下部锥度应与压力计上玻璃磨口锥度一致，两者应严密连接。在圆筒内壁，距离圆筒上口边55±10mm处有一突出宽度为0.5~1mm的边缘，以放置金属穿孔板。

穿孔板由不锈钢或其他不受腐蚀的金属制成,厚度为0.1~1.0mm。在其面上,等距离地打有35个直径1mm的小孔,穿孔板应与圆筒内壁密合。

捣器,由不锈钢制成,插入圆筒时,其间隙不大于0.1mm。捣器的底面应与主轴垂直,侧面有一个扁平槽,宽度3.0±0.3mm。捣器的顶部有一个支持环,当捣器放入圆筒时,支持环与圆筒上口边接触,这时捣器底面与穿孔板之间的距离为15.0±0.5mm。

②压力计,由外径为9mm的具有标准厚度的玻璃管制成。压力计的一个臂的顶端有一锥形磨口与透气圆筒紧密连接;在连接透气圆筒的压力计臂上刻有环形线。从压力计底部往上280~300mm处有一个出口管,管上装有一个阀门,连接抽气装置。

③抽气装置,用小型电磁泵,也可用抽气球。

(2)滤纸:采用符合国标的中速定量滤纸。

(3)分析天平:分度值为1mg。

(4)计时秒表:精确读到0.5s。

(5)烘干箱:控制温度灵敏度±1℃。

4. 其他材料

(1)压力计液体:采用带有颜色的蒸馏水或直接采用无色蒸馏水。

(2)基准材料:采用中国水泥质量监督检验中心制备的标准试样。

5. 试验步骤

(1)试样准备。

将110±5℃下烘干并在干燥器中冷却至室温的标准试样,倒入100mL的密闭瓶内,用力晃动2min,将结块成团的试样振碎,使试样松散。静置2min后,打开瓶盖,轻轻搅拌,使在松散过程中落到表面的细粉分布到整个试样中。水泥试样应先通过0.9mm方孔筛,再在110±5℃下烘干,并在干燥器中冷却至室温。

(2)确定试样量。

校正试验用的标准试样量和被测定水泥的质量,应达到在制备的试料层中空隙率为0.500±0.005。

(3)试料层制备。

将穿孔板放入透气圆筒的突缘上,用捣棒把一片滤纸送到穿孔板上,边缘放平并压紧。称取确定的水泥量,精确到0.001g,倒入圆筒。轻敲圆筒的边,使水泥层表面平坦。

再放入一片滤纸，用捣器均匀捣实试料直至捣器的支持环紧紧接触圆筒顶边并旋转1~2周，慢慢取出捣器。

注意：穿孔板上的滤纸为ϕ12.7mm边缘光滑的圆形滤纸片，每次测定需用新的滤纸片。

（4）透气试验

把装有试料层的透气圆筒连接到压力计上，要保证紧密连接不致漏气，并不振动所制备的试料层。

注意：为避免漏气，可先在圆筒下锥面涂一薄层活塞油脂，然后把它插入压力计顶端锥形磨口处，旋转1~2周。

打开微型电磁泵慢慢从压力计一臂中抽出空气，直到压力计内液面上升到扩大部下端时关闭阀门。当压力计内液体的凹月面下降到第一条刻度线时开始计时，当液体的凹月面下降到第二条刻度线时停止计时，记录液面从第一条刻度线到第二条刻度线所需的时间。以秒记录，并记下试验时的温度（℃）。每次透气试验，应重新制备试料层。

（二）筛析法试验

水泥细度试验的筛析法试验包括负压筛析法、水筛法和手工筛析法，当负压筛析法、水筛法和手工筛析法测定的结果发生争议时，以负压筛析法为准。

1. 适用范围

适用于硅酸盐水泥、普通硅酸盐水泥、矿渣硅酸盐水泥、火山灰质硅酸盐水泥、粉煤灰硅酸盐水泥、复合硅酸盐水泥以及指定采用本标准的其他品种水泥和粉状物料。

2. 试验原理

采用45μm方孔筛和80μm方孔筛对水泥试样进行筛析试验，用筛上筛余物的质量百分数来表示水泥样品的细度。为保持筛孔的标准度，在用试验筛时应用已知筛余的标准样品来标定。

3. 主要仪器设备

（1）试验筛：试验筛由圆形筛框和筛网组成。负压筛筛框高度为50mm，筛子的上口直径为150mm；负压筛应附有透明筛盖，筛盖与筛上口应有良好的密封性。

（2）负压筛析仪：负压筛析仪由筛座、负压筛、负压源及收尘器组成，其中筛座由转速为30±2 r/min的喷气嘴、负压表、控制板、微电机及壳体构成。筛析仪负压为4000~6000 Pa，喷气嘴的上口平面与筛网之间距离为2~8 mm。负压源和收尘器，由功率大于600 W的工业吸尘器和小型旋风收尘筒组成，或用其他具有相当功能的设备。

（3）天平：分度值不大于0.01 g。

4．试验步骤

试验前所用试验筛应保持清洁，负压筛应保持干燥。试验时，80 μm筛析试验称取试样25 g，45 μm筛析试验称取试样10 g。

负压筛析法。筛析试验前应把负压筛放在筛座上，盖上筛盖，接通电源，检查控制系统，调节负压至4000~6000 Pa范围内。

称取试样精确至0.01 g，置于洁净的负压筛中，放在筛座上，盖上筛盖，接通电源，开动筛析仪连续筛析2 min，在此期间如有试样附着在筛盖上，可轻轻地敲击筛盖使试样落下。

筛毕，用天平称量全部筛余物。

三、标准稠度用水量试验

（一）试验目的

水泥的凝结时间和体积安定性都与用水量有很大关系。为消除试验条件带来的差异，测定凝结时间和体积安定性时，必须采用具有标准稠度的净浆。本试验的目的就是测定水泥净浆达到标准稠度时的用水量，为测定水泥的凝结时间和体积安定性做准备。

（二）试验原理

水泥标准稠度净浆对标准试杆（或试锥）的沉入具有一定阻力。通过试验不同含水量水泥净浆的穿透性，以确定水泥标准稠度净浆中所需加入的水量。

（三）主要仪器设备

（1）水泥净浆搅拌机：主要由搅拌锅、搅拌叶片、传动机构和控制系统组成。

搅拌叶片在搅拌锅内做旋转方向相反的公转和自转，并可在竖直方向调节。搅拌锅可以升降，传动机构保证搅拌叶片按规定的方向和速度运转，控制系统具有按程序自动控制与手动控制两种功能。搅拌机拌和一次的自动控制程序：慢速120±3 s，停拌15 s，快速120±3 s。

（2）水泥净浆标准稠度与凝结时间测定仪：也称维卡仪。按不同试验方法采用不同的配件，其中标准法使用试杆（有效长度为50±1mm，直径$\varphi 10\pm 0.05$mm）和截顶圆锥体试模（深度为40±0.2mm，顶内径$\phi 65\pm 0.5$mm，底内径$\varphi 75\pm 0.5$mm），每个试模应配备1个边长或直径约为100mm，厚度4~5mm的平板玻璃底板或金属底板；代用法使用试锥（高度50mm）和锥模（高度75mm）。

（3）量水器：最小刻度0.1mL，精度±0.5mL。

（4）天平：分度值不大于1g。

（四）试验材料

试验用水必须是洁净的饮用水，如有争议时应以蒸馏水为准。

（五）试验条件

试验室温度为20±2℃，相对湿度应不低于50%；水泥试样、拌和水、仪器和用具的温度应与试验室一致。

（六）试验步骤

试验方法分标准法和代用法，其中代用法又分为固定用水量法和调整用水量法。

1. 标准法试验步骤

（1）试验前必须做到：维卡仪的金属棒能自由滑动；调整至试杆接触玻璃板时，指针对准零点；搅拌机运转正常。

（2）用水泥净浆搅拌机搅拌水泥净浆。搅拌锅和搅拌叶片先用湿布擦过，将拌和水倒入搅拌锅内，然后在5~10s内小心将称好的500g水泥加入水中；防止水和水泥溅出；拌和时，先将锅放在搅拌机的锅座上，升至搅拌位置，启动搅拌机，低速搅拌120s，停15s，同时将叶片和锅壁上的水泥浆刮入锅中间，接着高速搅拌120s，停机。

（3）拌和结束后，立即取适量水泥净浆一次性将其装入已置于玻璃底板上的试模中，浆体超过试模上段，用宽约25mm的直边刀轻轻拍打超出试模部分的浆体5次以排除浆体中的孔隙，然后在试模上表面的1/3处，略倾斜于试模分别向外轻轻锯掉多余浆体，再从试模边沿轻抹顶部一次，使净浆表面光滑。

（4）抹平后，将试模放到维卡仪上，并将中心定在试杆下，降低试杆至与水泥接触，拧紧螺丝1~2s后，突然放松，使试杆自由地沉入水泥浆中。

（5）在试杆停止沉入或释放试杆30s时，记录试杆与底板的距离。升起试杆后，将试杆擦净，整个过程在1.5 min内完成。

2．代用法试验步骤

（1）试验前必须做到：仪器金属棒应能自由滑动；试锥降至顶面位置时，指针应对准标尺零点；搅拌机运转正常。

（2）用水泥净浆搅拌机搅拌水泥净浆。水泥净浆的拌制过程同标准法。采用代用法测定水泥标准稠度，用水量可用调整水量和不变水量两种方法的任一种测定。采用调整水量方法时拌和水量按经验找水，采用不变水量方法时拌和水量为142.5 mL。

（3）拌和结束后，立即将拌制好的水泥净浆装入锥模中，用宽约25 mm的直边刀在浆体表面轻轻插捣5次，再轻振5次，刮去多余的净浆。

（4）抹平后迅速放到试锥下面固定的位置上，将试锥降至净浆表面，拧紧螺丝1～2 s后，突然放松，让试锥垂直自由地沉入水泥净浆中。

（5）试锥停止下沉或释放试锥30 s时，记录试锥下沉深度。整个操作应在搅拌后1.5 min内完成。

四、凝结时间试验

（一）试验目的

测定水泥的凝结时间，判断水泥的质量。

（二）试验原理

凝结时间用试针沉入水泥标准稠度净浆至一定深度所需的时间表示。

（三）主要仪器设备

（1）水泥净浆搅拌机。

（2）水泥净浆标准稠度与凝结时间测定仪。测定凝结时间时用试针代替试杆。试针由钢制成直径为$\varphi 10 \pm 0.05$ mm，初凝试针有效长度为50 ± 1 mm；终凝试针有效长度为30 ± 1 mm，在终凝试针上安装有一个环形附件。

（3）湿气养护箱。

（四）试验材料

试验用水必须是洁净的饮用水，如有争议时应以蒸馏水为准。

（五）试验条件

试验室温度为20 ± 2℃，相对湿度应不低于50%；水泥试样、拌和水、仪器和用具的温度应与试验室一致。

湿气养护箱的温度为20±1℃，相对湿度不低于90%。

（六）试验步骤

（1）测定前准备工作：调整凝结时间测定仪的试针接触玻璃板时，指针对准零点。

（2）试件的制备：称取水泥试样500g，以标准稠度用水量按2.5节制成标准稠度净浆，一次装满试模，振动数次刮平，立即放入湿气养护箱中。记录水泥全部加入水中的时间作为凝结时间的起始时间。

（3）试样在湿气养护箱中养护至加水后30min时，进行第一次测定。测定时，从湿气养护箱中取出圆模放到试针下，使试针与圆模接触，拧紧螺丝1~2s后放松，试针垂直自由沉入净浆，观察试针停止下沉或释放试针30s时指针的读数。临近初凝时间时每隔5min（或更短时间）测定一次，当试针沉至距底板4±1mm时，即为水泥达到初凝状态。

（4）在完成初凝时间测定后，立即将试模连同浆体以平移的方式从玻璃板上取下，翻转180°，直径大端朝上，小端朝下，放在玻璃板上，再放入湿气养护箱内继续养护，临近终凝时间时每隔15min（或更短时间）测定一次，当试针沉入试体0.5mm时，即环形附件开始不能在试体上留下痕迹时，水泥达到终凝状态。

（七）注意事项

在最初测定的操作时，应轻轻地扶持金属柱，使其徐徐下降以防试针撞弯，但结果以自由下落为准；在整个操作过程中试针插入的位置至少要距试模内壁10mm。

临近初凝时，每隔5min（或更短时间）测定一次，临近终凝时每隔15min（或更短时间）测定一次，到达初凝时应立即重复测一次，当两次结论相同时，才能确定达到初凝状态，到达终凝时需要在试体另外两个不同点测试，确认结论相同时才能确定达到终凝状态。每次测定不能让试针落入原针孔，每次测定完毕须将试针擦净并将试模放回湿气养护箱内，整个测试过程要防止试模受振。

五、技术要求

1. 细度技术要求

（1）硅酸盐水泥和普通水泥以比表面积表示，不小于300m²/kg；

（2）矿渣水泥、火山灰水泥、粉煤灰水泥和复合水泥以筛余表示，80μm

方孔筛筛余不大于10%，或45μm方孔筛筛余不大于30%。

2．凝结时间要求

（1）硅酸盐水泥初凝时间不小于45 min，终凝时间不大于390 min。

（2）普通水泥、矿渣水泥、火山灰水泥、粉煤灰水泥和复合水泥的初凝时间不小于45 min，终凝时间不大于600 min。

3．安定性要求

用沸煮法检验必须合格。

六、检验项目

矿渣水泥、火山灰水泥、粉煤灰水泥和复合水泥出厂检验项目包括氧化镁、三氧化硫、氯离子、凝结时间、安定性和胶砂强度等6个项目，硅酸盐水泥还包括不溶物和烧失量，普通水泥还包括烧失量，其中矿渣水泥（B型）不用检验氧化镁含量。

试验报告内容应包括出厂检验项目、细度、混合材料的名称和掺加量、石膏的种类、是否掺助磨剂、属旋窑或立窑生产及合同约定的其他技术要求。当用户需要时，水泥厂应在水泥发出之日起7 d内寄发除28 d强度以外的各项试验结果；32 d内补报28 d强度的检验结果。

水泥进场时应对其强度、安定性及其他必要的性能指标进行复检。

七、判定规则

水泥出厂检验项目的结果符合技术要求时为合格品。出厂检验项目的任一结果不符合技术要求时为不合格品。

八、交货与验收

交货时水泥的质量验收可抽取实物试样并以其检验结果为依据，也可以生产者同编号水泥的检验报告为验收依据。采取何种方法验收由买卖双方商定，并在合同或协议中注明。卖方有告知买方验收方法的责任。当无书面合同或协议，或未在合同、协议中注明验收方法的，卖方应在发货票上注明"以本厂同编号水泥的检验报告为验收依据"字样。

以抽取实物试样的检验结果为验收依据时，买卖双方应在发货前或交货地共同取样和签封。取样数量为20 kg，缩分为二等份。一份由卖方保存40 d，一份由买方按标准规定的项目和方法进行检验。在40d以内，买方检验认为产品质量不符合本标准要求，而卖方又有异议时，则双方应将卖方保存的另一份试样送省级或省级以上国家认可的水泥质量监督检验机构进行仲裁检验。水泥安定性仲裁检验时，应在验收检验之日起10d以内完成。

以水泥厂同编号水泥的检验报告为验收依据时，在发货前或交货时买方在同编号水泥中抽取试样，双方共同签封后由卖方保存90d，或认可卖方自行取样、签封并保存90d的同编号水泥的封存样。在90d内，买方对水泥质量有疑问时，则买卖双方应将共同认可的试样送省级或省级以上国家认可的水泥质量监督检验机构进行仲裁检验。

第三节　建筑砂浆试验

一、取样及试样制备

（1）建筑砂浆试验用料应根据不同要求，可从同一盘搅拌料或同一车运送的砂浆中取出；在实验室取样时，可从机械或人工拌和的砂浆中取出，取样量不应少于试验所需量的4倍。

（2）施工中取样进行砂浆试验时，砂浆取样方法应按相应的施工验收规范进行，并宜在现场搅拌点或预拌砂浆卸料点的至少3个不同部位及时取样。对于现场取的试样，实验前应人工搅拌均匀，从取样完毕到开始进行各项性能试验，不宜超过15min。

（3）实验室拌制砂浆进行试验时，拌和用的材料要提前24h运入室内，拌和时实验室的温度应保持在20±5℃。当需要模拟施工条件下所用的砂浆时，实验室原材料的温度宜保持与施工现场一致。

（4）实验用原材料应与现场使用材料一致。砂应过4.75mm筛。

（5）实验室拌制砂浆时，材料应称重计量。水泥、外加剂、掺合料等的称量精度应为±0.5%，细骨料的称量精度应为±1%。

（6）实验室用搅拌机搅拌砂浆时，搅拌的用量宜为搅拌机容量的30%~70%，搅拌时间不宜少于120s。

二、稠度试验

（一）目的与要求

本方法适用于确定配合比或施工过程中控制砂浆的稠度，以达到控制用水量的目的。

（二）主要仪器设备

（1）砂浆稠度测定仪：由试锥、容器和支座三部分组成。试锥由钢材或铜材制成，试锥高度为145 mm，锥底直径为75 mm，试锥连同滑杆的质量应为300 ± 2 g；盛砂浆容器由钢板制成，筒高为180 mm，锥底内径为150 mm；支座分底座、支架及稠度显示三个部分，由铸铁、钢及其他金属制成。

（2）钢制捣棒：直径10 mm、长350 mm，端部磨圆。

（3）秒表等。

（三）试验步骤

（1）应先采用少量润滑油轻擦滑杆，再将滑杆上多余的油用吸油纸擦净，使滑杆能自由滑动，将盛浆容器和试锥表面用湿布擦干净。

（2）将砂浆拌合物一次装入容器，使砂浆表面低于容器口约10 mm，用捣棒自容器中心向边缘均匀地插捣25次，然后轻轻地将容器摇动或敲击五六下，使砂浆表面平整，随后将容器置于稠度测定仪的底座上。

（3）拧开试锥滑杆的制动螺丝，向下移动滑杆，当试锥尖端与砂浆表面刚好接触时，拧紧制动螺丝，使齿条测杆下端刚好接触滑杆上端，并将指针对准零点。

（4）拧开制动螺丝，同时计时，10 s时立即拧紧螺丝，将齿条测杆下端接触滑杆上端，从刻度盘上读出下沉深度（精确至1 mm）即为砂浆的稠度值。

（5）圆锥形容器内的砂浆，只允许测定1次稠度，重复测定时，应重新取样测定。

三、分层度试验

（一）目的与要求

本方法适用于测定砂浆拌合物在运输及停放时内部组分的稳定性。

（二）主要仪器设备

（1）砂浆分层度筒：应由钢板制成，内径应为150 mm，上节高度应为200 mm，下节高度应为100 mm，两节的连接处应加宽3~5 mm，并设有橡胶垫圈。

（2）振动台：振幅0.5±0.05mm，频率50±3Hz。

（三）试验步骤

（1）测定砂浆拌合物的稠度。

（2）将砂浆拌合物一次装入分层度筒内，待装满后，用木锤在分层度筒周围距离大致相等的4个不同地方轻轻敲击一二下，如砂浆沉落到低于筒口，则应随时添加，然后刮去多余的砂浆并用抹刀抹平。

（3）静置30min后，去掉上节200mm砂浆，剩余的100mm砂浆倒出，放在拌合锅内拌2min，再测其稠度。前后测得的稠度之差即为该砂浆的分层度值。

（四）快速法试验步骤

（1）测定砂浆拌合物的稠度。

（2）将分层度筒预先固定在振动台上，砂浆一次装入分层度筒内，振动20s。

（3）去掉上节200mm砂浆，剩余的100mm砂浆倒出，放在拌合锅内拌2min，再测其稠度。前后测得的稠度之差即为该砂浆的分层度值。如有争议时，以标准法为准。

四、保水性试验

（一）目的与要求

新品种砂浆用分层度试验来衡量砂浆各组分的稳定性或保持水分的能力已不太适宜，故采用保水性测定方法测定大部分预拌砂浆的保水性能。

（二）主要仪器设备

（1）金属或硬塑料圆环试模：内径应为100mm，内部高度应为25mm。

（2）可密封的取样容器：应清洁、干燥。

（3）2kg的重物。

（4）金属滤网：网格尺寸45μm，圆形，直径为110±1mm。

（5）超白滤纸：应采用现行国家标准《化学分析滤纸》（GB/T 1914—2017）规定的中速定性滤纸，直径应为110mm，单位面积质量应为200g/m²。

（6）2片金属或玻璃的方形或圆形不透水片，边长或直径应大于110mm。

（7）天平：量程为200g，分度值为0.1g；量程为2000g，分度值为1g。

（8）烘箱。

（三）实验步骤

（1）称量底部不透水片与干燥试模质量，和15片中速定性滤纸质量。

（2）将砂浆拌合物一次性装入试模，并用抹刀插捣数次，当装入的砂浆略高于试模边缘时，用抹刀以45°角一次性将试模表面多余的砂浆刮去，然后再用抹刀以较平的角度在试模表面反方向将砂浆刮平。

（3）抹掉试模边的砂浆，称量试模、底部不透水片与砂浆总质量。

（4）用金属滤网（需预先用水润湿）覆盖在砂浆表面，再在滤网表面放上15片滤纸，用上部不透水片盖在滤纸表面，以2kg的重物把上部不透水片压住。

（5）静置2 min后移走重物及上部不透水片，取出滤纸（不包括滤网），迅速称量滤纸质量。

五、表观密度试验

（一）目的与要求

本方法用于测定砂浆拌合物捣实后的单位体积质量，以确定每立方米砂浆拌合物中各组成材料的实际用量。

（二）主要仪器设备

（1）容量筒：金属制成，内径108 mm，净高109 mm，筒壁厚2～5 mm，容积为1L。

（2）天平：量程不小于5 kg，分度值不大于5 g。

（3）钢制捣棒：直径10 mm，长350 mm，端部磨圆。

（4）砂浆稠度仪。

（5）振动台：振幅应为0.5±0.05 mm，频率应为50±3 Hz。

（6）秒表。

（三）容量筒容积的校正

采用一块能盖住容量筒顶面的玻璃板，先称出玻璃板和容量筒重，然后向容量筒中灌入温度为20±5℃的饮用水，到接近上口时，一边不断加水，一边把玻璃板沿筒口徐徐推入盖严。应注意使玻璃板下不带入任何气泡。

擦净玻璃板面及筒壁外的水分，将容量筒和水连同玻璃板称重（精确至5 g）。

后者与前者称量之差（以kg计），即为容量筒的容积（L）。

（四）试验步骤

（1）应先采用湿抹布擦净容量筒的内表面，再称量容量筒质量，精确至5g。

（2）捣实可采用手工或机械方法。当砂浆稠度大于50mm时，宜采用人工插捣法，当砂浆稠度不大于50mm时，宜采用机械振动法。

采用人工插捣法时，将砂浆拌合物一次装满容量筒，使稍有富余，用捣棒由边缘向中心均匀地插捣25次。当插捣过程中砂浆沉落到低于筒口时，应随时添加砂浆，再用木锤沿容器外壁敲击5~6下。

采用振动法时，将砂浆拌合物一次装满容量筒，连同漏斗在振动台上振10s，当振动过程中砂浆沉入到低于筒口时，应随时添加砂浆。

（3）捣实或振动后，应将筒口多余的砂浆拌合物刮去，使砂浆表面平整，然后将容量筒外壁擦净，称出砂浆与容量筒总质量，精确至5g。

六、立方体抗压强度试验

（一）目的与要求

本方法适用于测定砂浆立方体的抗压强度。

（二）主要仪器设备

（1）试模：70.7mm×70.7mm×70.7mm的带底试模，应符合现行行业标准《混凝土试模》（JG 237—2008）的规定选择，应具有足够的刚度并拆装方便。试模的内表面应机械加工，其不平度应为每100mm不超过0.05mm，组装后各相邻的不垂直度不应超过±0.5°。

（2）钢制捣棒：直径10mm，长350mm的钢棒，端部应磨圆。

（3）压力试验机：精度应为1%，其量程应能使试件的预期破坏荷载值不小于全量程的20%，且不大于全量程的80%。

（4）振动台：空载中台面的垂直振幅应为0.5±0.05mm，空载频率应为50±3Hz，空载台面振幅均匀度不应大于10%，一次试验应至少能固定3个试模。

（三）立方体抗压强度试件的制作及养护步骤

（1）应采用立方体试件，每组试件应为3个。

（2）应采用黄油等密封材料涂抹试模的外接缝，试模内应涂刷薄层机油或隔离剂。应将拌制好的砂浆一次性装满砂浆试模，成形方法应根据稠度而确定。当稠度大于50mm时，宜采用人工插捣成形，当稠度不大于50mm时，宜采用振动台振实成形。

①人工插捣：应采用捣棒均匀地由边缘向中心按螺旋方式插捣25次，插捣过程中当砂浆沉落低于试模口时，应随时添加砂浆，可用油灰刀插捣数次，并用手将试模一边抬高5~10mm各振动5次，砂浆应高出试模顶面6~8mm。

②振动后振实：将砂浆一次装满试模，放置到振动台上，振动时试模不得跳动，振动5~10s或持续到表面泛浆为止，不得过振。

（3）应待表面水分稍干后，再将高出试模部分的砂浆沿试模顶面刮去并抹平。

（4）试件制作后应在温度为20±5℃的环境下静置24±2h，对试件进行编号，拆模。当气温较低时，或者凝结时间大于24h的砂浆，可适当延长时间，但不应超过2d。试件拆模后应立即放入温度为20±2℃，相对湿度为90%以上的标准养护室中养护。

养护期间，试件彼此间隔不得小于10mm，混合砂浆、湿拌砂浆试件上面应覆盖，防止有水滴在试件上。

（5）从搅拌加水开始计时，标准养护龄期应为28d，也可根据相关标准要求增加7d或14d。

（四）立方体抗压强度试验步骤

（1）试件从养护地点取出后，应尽快进行试验，以免试件内部的温湿度发生显著变化。试验前先将试件擦拭干净，测量尺寸，并检查其外观。试件尺寸测量精确至1mm，并据此计算试件的承压面积。如实测尺寸与公称尺寸之差不超过1mm，可按公称尺寸计算。

（2）将试件安放在试验机的下压板上，试件的承压面应与成形时的顶面垂直，试件中心应与试验机下压板中心对准。开动试验机，当上压板与试件接近时，调整球座，使接触面均衡受压。承压试验应连续而均匀地加荷，加荷速度应为0.25~1.5kN/s；砂浆强度不大于2.5MPa时，取下限为宜。当试件接近破坏而开始迅速变形时，停止调整试验机油门，直至试件破坏，然后记录破坏荷载。

第四节　钢筋与沥青试验

一、钢筋实验
（一）拉伸试验

1. 试验原理

试验用拉力拉伸试样，一般拉至断裂，测定钢筋的屈服强度、抗拉强度、伸长率等项目。试验一般在室温10～35℃范围内进行，对温度要求严格的试验，试验温度应为23±5℃。

2. 试样制备

试样自每批钢筋中随机抽取两根钢筋取样，试样的长度应满足以下要求：

（1）试样的原始标距取5d或10d（d为钢筋公称直径）。

（2）试样在试验机两夹头间的自由长度应使试样原始标距的标记与最接近夹头间的距离不小于1.5d。

（3）试样总长度取决于夹持方法，应大于12d（原始标距取5d）或17d（原始标距取10d），通常取样长度为500mm左右。

3. 主要仪器设备

（1）试验机：应为1级或优于1级准确度。

（2）引伸计：测定上屈服强度、下屈服强度应使用不劣于1级准确度的引伸计；测定具有较大延伸率的性能，如抗拉强度、最大力总延伸率以及断后伸长率，应使用不劣于2级准确度的引伸计。

（3）钢筋打点机、游标卡尺（精度为0.1mm）、天平等。

4. 试验步骤

（1）在试样原始标距范围内，按10等分用小标记、细画线或细墨线画线（或用钢筋打点机打点），但不得用引起过早断裂的缺口做标记。有时可以在试样表面画1条平行于试样纵轴的线，并在此线上标记原始标距。

（2）测定试样原始横截面积。热轧带肋钢筋和热轧光圆钢筋采用公称截面积，无须测量。其余钢筋应用量具测定试样原始尺寸（当直径小于10 mm时，量具精度应不小于0.01 mm；当直径大于10 mm时，量具精度应不小于

0.05mm），测量尺寸精确至0.5%。

对于圆形横截面试样，应在标距的两端及中间3处两个相互垂直的方向测量直径，取其算术平均值，取用3处测得的横截面积的平均值。也可根据测量的试样长度、试样质量和材料密度确定其原始横截面积，长度的测量应精确至0.5%，质量的测定应精确至0.5%。

（3）将试件固定在试验机夹具中。

（4）开动试验机进行拉伸，在弹性范围和直至上屈服强度，试验机夹头的分离速率应尽可能保持恒定并在6~60MPa/s的范围内；测定下屈服强度时，在试样平行长度的屈服期间应变速率应在0.00025~0.0025/s之间；屈服后测定抗拉强度时，试样平行长度的应变速率不应超过0.008/s，直至试件拉断。

（5）测定断后伸长率，应将试样断裂的部分仔细地配接在一起，使其轴线处于同一直线上，并采取特别措施确保试样断裂部分适当接触后测量试样断后标距。应使用分辨率优于0.1mm的量具或测量装置测定断后标距，精确至0.25mm。原则上只有断裂处与最接近的标距标记的距离不小于原始标距的1/3情况方为有效，但断后伸长率大于或等于规定值。不管断裂位置处于何处，测量均为有效。

（6）试验出现下列情况之一其试验结果无效，应重做同样数量试样的试验：试样断在标距外或断在机械刻画的标距标记上，而且断后伸长率小于规定最小值；试验期间设备发生故障，影响了试验结果。此外，试验后试样出现2个或2个以上的缩颈以及显示出肉眼可见的冶金缺陷（例如分层、气泡、夹渣、缩孔等），应在试验记录和报告中注明。

（二）冷弯试验

1. 试验原理

弯曲试验是以圆形、方形、矩形或多边形横截面试样在弯曲装置上经受弯曲塑性变形，不改变加力方向，直至达到规定的弯曲角度。试验一般在室温10~35℃的范围内进行，对温度要求严格的试验，试验温度应为23±5℃。

弯曲试验时，试样两臂的轴线保持在垂直于弯曲轴的平面内。如为弯曲180°的弯曲试验，按照相关产品标准的要求，将试样弯曲至两臂相互平行且相距规定距离或两臂直接接触。

2. 试样制备

试样自每批钢筋中随机抽取两根钢筋取样，钢筋类产品均以其全截面进行试验，不允许进行切削，通常取样长度为250 mm左右；当钢筋直径超过28 mm时，取样长度为300 mm。

3．主要仪器设备

试验机或压力机：配备支辊式、V形模具式、虎钳式或翻板式中的一种弯曲装置。

支辊式弯曲装置中支辊长度应大于试样宽度或直径，支辊半径应为试样厚度的1~10倍，支辊应具有足够的硬度。弯曲压头宽度应大于试样宽度或直径，弯曲压头应具有足够的硬度。

4．试验步骤

（1）按试样种类和牌号计算支辊间距离，并调整两支辊间距满足要求，此距离在试验期间应保持不变。

（2）根据相关产品标准中规定选取弯曲压头直径和弯曲角度，并安装合适尺寸的冷弯头。相关产品标准规定的弯曲角度认作为最小值，规定的弯曲半径认作为最大值。

（3）将试样放于两支辊上，试样轴线应与弯曲压头轴线垂直，弯曲压头在两支座之间的中点处，对试样连续施加力使其弯曲，直至达到规定的弯曲角度。如不能直接达到规定的弯曲角度，应将试样置于两平行压板之间，连续施加压力使其两端进一步弯曲，直至达到规定的弯曲角度。

（4）试样弯曲180°至两臂相距规定距离且相互平行的试验，首先采用相应的方法对试样进行初步弯曲（弯曲角度应尽可能大），然后将试样置于两平行压板之间，连续施加压力使其两端进一步弯曲，直至两臂平行。试验时可以加或不加垫块。除非产品标准中另有规定，垫块厚度应等于规定的弯曲压头直径。

（5）试样弯曲至两臂直接接触的试验，应首先将试样进行初步弯曲（弯曲角度应尽可能大），然后将试样置于两平行压板之间，连续施加压力使其两端进一步弯曲，直至两臂直接接触。

（6）弯曲试验时，应缓慢施加弯曲力。

（7）试验结束后，取下试件。

二、沥青实验

（一）针入度试验

1．适用范围

本方法适用于测定道路石油沥青、聚合物改性沥青针入度以及液体石油沥青蒸馏或乳化沥青蒸发后残留物的针入度。其标准试验条件为温度25℃，荷重100g，贯入时间为5s，以0.1mm计。

针入度指数PI用于描述沥青的温度敏感性，宜在15℃、25℃、30℃等3个温度或3个以上温度条件下测定针入度后按规定的方法计算得到，若30℃时的针入度值过大，可采用5℃代替。当量软化点是相当于沥青针入度为800时的温度，用于评价沥青的高温稳定性。当量脆点是相当于沥青针入度为1.2时的温度，用于评价沥青的低温抗裂性能。

2. 主要仪器设备

（1）针入度仪：凡能保证针和针连杆在无明显摩擦下垂直运动，并能指示针贯入深度准确至0.1mm的仪器均可使用。针和针连杆组合件总质量为50±0.05g，另附50±0.05g砝码1只，试验时总质量为100±0.05g。当采用其他试验条件时，应在试验结果中注明。仪器设有放置平底玻璃保温皿的平台，并有调节水平的装置，针连杆应与平台相垂直。仪器设有针连杆制动按钮，使针连杆可自由下落。针连杆易于装拆，以便检查其质量。仪器还设有可自由转动与调节距离的悬臂，其端部有一面小镜或聚光灯泡，借以观察针尖与试样表面接触情况。当为自动针入度仪时，要求基本相同，但应经常校验计时装置。

（2）标准针：由硬化回火的不锈钢制成，洛氏硬度为HRC 54~60，表面粗糙度Ra 0.2~0.3μm，针及针杆总质量为2.5±0.05g，每个针柄上有单独的标志号码。应设有固定用装置盒，以免碰撞针尖，每根针必须附有计量部门的检验单，并定期进行检验。

（3）盛样皿：金属制，圆柱形平底。小盛样皿的内径55mm，深35mm（适用于针入度小于200的试样）；大盛样皿的内径70mm，深45mm（适用于针入度为200~350的试样）；对针入度大于350的试样需使用特殊盛样皿，其深度不小于60mm，试样的体积不小于125mL。

（4）恒温水槽：容积不小于10L，控温的准确度为0.1℃。水槽中应设有一带孔的搁架，位于水面下不得少于100mm，距水槽底不得少于50mm处。

（5）平底玻璃皿：容积不小于1L，深度不小于80mm。内设有一不锈钢三角支架，能使盛样皿稳定。

（6）温度计：0~50℃，精度0.1℃。

（7）秒表：精度0.1s。

（8）其他：盛样皿盖（平板玻璃），三氯乙烯，电炉或砂浴、石棉网、金属锅或瓷把堆锅等。

3．试验步骤

（1）取出达到恒温的盛样皿，并移入水温控制在试验温度+0.1℃（可用恒温水槽的水）的平底玻璃皿中的三角支架上，试样表面以上水的深度不小于10mm。

（2）将盛有试样的平底玻璃皿置于针入度仪的平台上。慢慢放下针连杆，用适当位置的反光镜或灯光反射观察，使针尖恰好与试样表面接触。拉下刻度盘的拉杆，使与针连杆顶端轻轻接触，调节刻度盘或深度指针指示为零。

（3）开动秒表，在指针正指5 s瞬间，用手紧压按钮，使标准针自动下落贯入试样，经规定时间（通常为5 s），停压按钮使针停止移动。（当采用自动针入度仪时，计时与标准针落下贯入试样同时开始，至5 s时自动停止。）

（4）拉下刻度盘拉杆与针连杆顶端接触，读取刻度盘指针或位移指示器的读数，精确至0.1mm。

（5）同一试样平行试验至少3次，各测试点之间及与盛样皿边缘的距离不应小于10mm。每次试验后应将盛有盛样皿的平底玻璃皿放入恒温水槽，使平底玻璃皿中水温保持试验温度。每次试验应换一根干净标准针或将标准针取下用蘸有三氯乙烯溶剂的棉花或布揩净，再用干棉花或布擦干。

（6）测定针入度大于200的沥青试样，至少用3支标准针，每次试验后将针留在试样中，直至3次平行试验完成后，才能将标准针取出。

（7）测定针入度指数PI时，按同样方法在15℃、25℃、30℃（或5℃）3个或3个以上（必要时增加10℃、20℃等）温度条件下分别测定沥青的针入度，但用于仲裁试验的温度条件应为5个。

（二）软化点试验（环球法）

1．适用范围

本方法适用于测定道路石油沥青、聚合物改性沥青的软化点，也适用于测定液体石油沥青、煤沥青蒸馏残余物或乳化沥青破乳蒸发后残留物的软化点。

2．主要仪器设备

（1）软化点仪：软化点仪由钢球试样环、钢球定位环、金属支架和烧杯组成。钢球直径为9.53 mm，质量3.5±0.05 g，表面光滑。试样环由黄铜或不锈钢等制成。钢球定位环由黄铜或不锈钢制成，能使钢球定位于试样中央。试验金属支架由2个主杆和3层平行的金属板组成：上层为一圆盘，直径略大于烧杯直径，中间有一圆孔，用于插放温度计。中层板上有两个圆孔，以供放置试样环与下底板之间的距离为25.4 mm。在连接立杆上距中层板顶面51±0.2 mm处，刻有液面指示线。烧杯是由耐热玻璃制成的无嘴高型烧杯，容积为800～1000 mL，直径不小于86 mm，高度不小于120 mm，其上口应与上盖板相配合。

（2）加热炉具：装有温度调节器的电炉或其他加热炉具。应采用带有振荡搅拌器的加热电炉，振荡子置于烧杯底部。

（3）环夹：由薄钢条制成，用以夹持金属环，以便刮平表面。

（4）试模底板：金属板（表面粗糙度应达$Ra\ 0.8\mu m$）或玻璃板。

（5）其他：温度计（量程0～100℃，分度值0.5℃）、蒸馏水或纯净水、恒温水槽（控温的准确度为±0.5℃）、平直刮刀、甘油滑石粉隔离剂（甘油与滑石粉的比例为质量比2∶1）等。

3. 试验步骤

（1）试样软化点在80℃以下时试验步骤如下：

①将装有试样的试样环连同试样底板置于（5±0.5）℃水的恒温水槽中至少15 min；同时将金属支架、钢球、钢球定位环等亦置于相同水槽中。

②烧杯内注入新煮沸并冷却至5℃的蒸馏水或纯净水，水面略低于立杆上的深度标记。

③从恒温水槽中取出盛有试样的试样环放置在支架中层板的圆孔中，套上定位环；然后将整个环架放入烧杯中，调整水面至深度标记，并保持水温为5±0.5℃。环架上任何部分不得附有气泡。将0～100℃的温度计由上层板中心孔垂直插入，使端部测温头底部与试样环下面齐平。

④将盛有水和环架的烧杯移至放有石棉网的加热炉具上，然后将钢球放在定位环中间的试样中央，立即开动振荡搅拌器，使水微微振荡，并开始加热，使杯中水温在3 min内调节至维持每分钟上升5±0.5℃。在加热过程中，应记录每分钟上升的温度值，如温度上升速度超出此范围时，则应重做试验。

⑤试样受热软化逐渐下坠，至与下层板表面接触时，立即读取温度，精确至0.5℃。

（2）试样软化点在80℃以上时实验步骤如下：

①将装有试样的试样环连同试样底板置于32±1℃甘油的恒温槽中至少

15min，同时将金属支架、钢球、钢球定位环等亦置于甘油中。

②烧杯内注入预先加热至32℃的甘油，其液面略低于立杆上的深度标记。

③从恒温槽中取出盛有试样的试样环，按前述方法进行测定，精确至1℃。

（三）延度试验

1. 适用范围

本方法适用于测定道路石油沥青、聚合物改性沥青、液体石油沥青蒸馏残留物和乳化沥青蒸发后残留物的延度。沥青延度试验温度与拉伸速率可根据要求采用，通常采用的试验温度为25℃、15℃、10℃或5℃，拉伸速度为5±0.25cm/min。当低温采用1±0.5cm/min拉伸速度时，应在报告中注明。

2. 主要仪器设备

（1）延度仪：将试件浸入水中，能保持规定的试验温度及按照规定的拉伸速度拉伸试件，且试验时无明显振动的延度仪均可使用。

（2）制模仪具：制模仪具包括延度试模和试模底板。延度试模由黄铜制成，由2个端模和2个侧模组成。试模底板为玻璃板或磨光的铜板或不锈钢板。

（3）恒温水槽：容积不小于10 L，精度0.1℃。水槽中应设有一带孔的搁架，搁架距水槽底不得少于50mm。试件浸入水中深度不小于100mm。

（4）其他：刻度0~50℃，分度为0.1℃的温度计；砂浴或其他加热工具；甘油滑石粉隔离剂（甘油与滑石粉比例为2∶1）；平刮刀；石棉网；酒精；食盐等。

3. 试验步骤

（1）将保温后的试件连同底板移入延度仪的水槽中，然后将盛有试样的试模自玻璃板或不锈钢板上取下，将试模两端的孔分别套在滑板及槽端固定板的金属柱上，并取下侧模。水面距试件表面应不小于25mm。

（2）开动延度仪，并观察试样的延伸情况。此时应注意，在试验过程中，水温应始终保持在试验温度规定范围内，且仪器不得有振动，水面不得有晃动，当水槽采用循环水时，应暂时中断循环，停止水流。在试验中，如发现沥青细丝浮于水面或沉入槽底时，则应在水中加入酒精或食盐，调整水的密度至与试样相近后，重新试验。

（3）试件拉断时，读取指针所指标尺上的读数，以cm表示。在正常情况下，试件延伸时应成锥尖状，拉断时实际断面接近于零。如不能得到这种结果,则应在报告中注明。

第五节　混凝土试验

一、普通混凝土拌合物性能试验

(一)取样及试样的制备

1. 取样

同一组混凝土拌合物的取样应从同一盘混凝土或同一车混凝土中取样,取样量应多于试验所需量的1.5倍,且不宜小于20 L混凝土拌合物的取样应具有代表性,宜采用多次取样的方法。一般在同一盘混凝土或同一车混凝土中约1/4处、1/2处和3/4处之间分别取样,从第一次取样到最后一次取样不宜超过15 min,然后人工搅拌均匀。

从取样完毕到开始做各项性能试验不宜超过5 min。用于交货检验的商品混凝土试样的采取及坍落度试验应在混凝土运到交货地点时开始算起20 min内完成。用于出厂检验的混凝土坍落度试样,每100盘相同配合比的混凝土取样不应少于一次,一个工作班相同配合比的混凝土不足100盘时,取样不应少于一次。

用于交货检验的混凝土坍落度试样应在混凝土浇筑地点随机抽取,取样频率应符合下列规定。

(1)每100盘且不超过100 m³同配合比的混凝土,取样不得少于一次。

(2)每工作班拌制的同一配合比的混凝土不足100盘时,取样不得少于一次。

(3)一次连续浇注超过1 000 m³,同一配合比的混凝土每200 m³取样不得少于一次。

(4)每一楼层、同一配合比的混凝土,取样不得少于一次。

公路水泥混凝土路面工程拌合物主要检验项目和频率应符合下列规定。

(1)坍落度及其均匀性:每工班测3次,有变化时随时测定。

(2)表观密度:每工班测1次。

(3)凝结时间:冬、夏季施工,气温最高、最低时,每工班至少测一两次。

（4）含气量：高速公路和一级公路每工班测2次，有抗冻要求不少于3次；其他公路每工班测1次，有抗冻要求不少于3次。

2. 试样的制备

（1）在实验室制备混凝土拌合物时，拌合时实验室的温度应保持在20±5℃，所用材料的温度应与实验室温度保持一致。

注：需要模拟施工条件下所用的混凝土时，所用原材料的温度宜与施工现场保持一致。

（2）试验室拌和混凝土时，材料用量以质量计。称量精度：骨料为±1%；水泥、水、掺合料、外加剂均为±0.5%。

（3）每盘混凝土拌合物最小搅拌量与骨料最大粒径有关，骨料最大粒径为31.5mm及以下时，拌合物最小搅拌量为15L；骨料最大粒径为40mm时，拌合物最小搅拌量为25L。当采用机械搅拌时，其搅拌量不应小于搅拌机额定搅拌量的1/4。

（4）主要仪器设备：混凝土搅拌机（容量为60~100L）；磅秤（量程不小于50kg，分度值不大于50g）；天平（量程不小于5kg，分度值不大于1g）；量筒（200mL、1000mL）；拌板（1.5m×2m左右）；拌铲；盛器等。

（5）人工拌合法

①按计算的原材料用量称量各种原材料。

②将拌板和拌铲润湿后，将细集料倒在拌板上，然后加入胶凝材料，用拌铲反复翻拌，直至充分混合，颜色均匀，再加入粗集料，翻拌至混合均匀为止。

③将干混合料堆成锥形，在中间做一凹槽，将已称量好的水倒入一半左右（勿使水流出），然后仔细翻拌，并徐徐加入剩余的水，继续翻拌，每翻拌一次用铲在混合料上铲切一次，直至拌和均匀为止。

④拌和时力求动作敏捷，拌和时间从加水时算起，应符合标准规定：拌合物体积为30L以下时4~5min；拌合物体积为30~50L时5~9min；拌合物体积为51~75L时9~12min。

⑤混凝土拌和完毕后，应根据试验要求，立即进行测试或试件成形。从开始加水时算起，全部操作须在30min内完成。

（6）机械搅拌法

①按计算的原材料用量称量各种原材料。

②正式搅拌混凝土前需对搅拌机挂浆,即用按配合比要求的胶凝材料、砂和水组成的砂浆和少量石子,在搅拌机中进行涮膛,然后倒出并刮去多余的砂浆。其目的是避免正式拌和时影响拌合物的实际配合比。

③开动搅拌机,向搅拌机内依次加入石子、砂和胶凝材料,干拌均匀,再将需用的水徐徐倒入搅拌机内一起拌和,全部加料时间不超过2 min,水全部加入后,再拌和2 min。

④将拌和物自搅拌机中卸出,倾倒在拌板上,再经人工拌和1~2 min,即可进行测试或试件成型。从开始加水时算起,全部操作必须在30 min内完成。

(二)稠度试验——坍落度与坍落扩展度法

1. 目的与要求

稠度是评价混凝土拌合物工作性能的重要指标之一,坍落度与坍落扩展度法适用于骨料最大粒径不大于40 mm、坍落度不小于10 mm的混凝土拌合物稠度测定。

2. 主要仪器设备

(1)混凝土坍落度仪:坍落度仪由坍落度筒、漏斗、测量标尺、底板和捣棒等组成,其中坍落度筒顶部内径为100 ± 2 mm,底部内径为200 ± 2 mm,垂直高度为300 ± 2 mm;

(2)小铲、镘刀、钢直尺等。

3. 试验步骤

(1)湿润坍落度筒、漏斗、捣棒、底板、小铲和镘刀等用具,在坍落度筒内壁和底板上应无明水。底板应放置在坚实水平面上,并把坍落度筒放在底板中心,然后用脚踩住两边的脚踏板,坍落度筒在装料时应保持固定的位置。

(2)把按要求取得的混凝土试样用小铲分三层均匀地装入坍落度筒内,使捣实后每层高度为筒高的1/3左右。每层用捣棒插捣25次。插捣应沿螺旋方向由外向中心进行,各次插捣应在截面上均匀分布。插捣筒边混凝土时,捣棒可以稍稍倾斜。插捣底层时,捣棒应贯穿整个深度,插捣第二层和顶层时,捣棒应插透本层至下一层的表面;浇灌顶层时,混凝土应灌到高出筒口。插捣过程中,如混凝土沉落到低于筒口,则应随时添加。顶层插捣完后,刮去多余的混凝土,并用抹刀抹平。

(3)清除筒边底板上的混凝土后,垂直平稳地提起坍落度筒。坍落度筒的提离过程应在5~10 s内完成;从开始装料到提坍落度筒的整个过程应不间断地进行，并应在150s内完成。

（4）提起坍落度筒后，测量筒高与坍落后混凝土试体最高点之间的高度差，即为该混凝土拌合物的坍落度值；坍落度筒提离后，如混凝土发生崩坍或一边剪坏现象，则应重新取样另行测定；如第二次试验仍出现上述现象，则表示该混凝土和易性不好，应予记录备查。

（5）观察坍落后的混凝土试体的黏聚性及保水性。黏聚性的检查方法是用捣棒在已坍落的混凝土锥体侧面轻轻敲打，此时如果锥体逐渐下沉，则表示黏聚性良好，如果锥体倒塌、部分崩裂或出现离析现象，则表示黏聚性不好。保水性以混凝土拌合物稀浆析出的程度来评定，坍落度筒提起后如有较多的稀浆从底部析出，锥体部分的混凝土也因失浆而骨料外露，则表明此混凝土拌合物的保水性能不好；如坍落度筒提起后无稀浆或仅有少量稀浆自底部析出，则表示此混凝土拌合物保水性良好。

（6）当混凝土拌合物的坍落度大于220mm时，用钢尺测量混凝土扩展后最终的最大直径和最小直径，在这两个直径之差小于50mm的条件下，用其算术平均值作为坍落扩展度值；否则，此次试验无效。如果发现粗骨料在中央集堆或边缘有水泥浆析出，表示此混凝土拌合物抗离析性不好，应予记录。

（三）表观密度试验

1. 目的与要求

本方法适用于测定混凝土拌合物捣实后的单位体积质量（即表观密度）。

2. 主要仪器设备

（1）容量筒：金属制成的圆筒，两旁装有提手。对骨料最大粒径不大于40mm的拌合物采用容积为5L的容量筒，其内径与内高均为186±2mm，筒壁厚为3mm；骨料最大粒径大于40mm时，容量筒的内径与内高均应大于骨料最大粒径的4倍。容量筒上缘及内壁应光滑平整，顶面与底面应平行并与圆柱体的轴垂直。

容量筒容积应予以标定，标定方法可采用一块能覆盖住容量筒顶面的玻璃板，先称出玻璃板和空桶的质量，然后向容量筒中灌入清水，当水接近上口时，一边不断加水，一边把玻璃板沿筒口徐徐推入盖严，应注意使玻璃板下不带入任何气泡；然后擦净玻璃板面及筒壁外的水分，将容量筒连同玻璃板放在台秤上称其质量；两次质量之差（单位：kg）即为容量筒的容积（单位：L）。

（2）台秤：量程不小于50kg，分度值不大于50g。

（3）振动台：应符合《混凝土试验用振动台》（JG/T 245—2009）中技术要求的规定。

（4）小铲、捣棒、拌板、慢刀等。

3. 试验步骤

（1）用湿布把容量筒内外擦干净，称出容量筒质量，精确至50g。

（2）混凝土的装料及捣实方法应根据拌合物的稠度而定。坍落度不大于70mm的混凝土，用振动台振实为宜；大于70mm的用捣棒捣实为宜。

采用捣棒捣实时，应根据容量筒的大小决定分层与插捣次数：用5L容量筒时，混凝土拌合物应分两层装入，每层的插捣次数应为25次；用大于5L的容量筒时，每层混凝土的高度不应大于100mm，每层插捣次数应按每10 000 mm^{2}截面不小于12次计算。各次插捣应由边缘向中心均匀地插捣，插捣底层时捣棒应贯穿整个深度，插捣第二层时，捣棒应插透本层至下一层的表面；每一层捣完后用橡皮锤轻轻沿容器外壁敲打5~10次，进行振实，直至拌和物表面插捣孔消失，并不见大气泡为止。

采用振动台振实时，应一次将混凝土拌合物灌到高出容量筒口。装料时可用捣棒稍加插捣，振动过程中如混凝土低于筒口，应随时添加混凝土，振动直至表面出浆为止。

（3）用刮尺将筒口多余的混凝土拌和物刮去，表面如有凹陷应填平；将容量筒外壁擦净，称出混凝土试样与容量筒总质量，精确至50g。

二、普通混凝土力学性能试验

（一）取样及试样的制备

1. 取样

混凝土的取样应符合有关规定，普通混凝土力学性能试验应以3个试件为一组，每组试件所用的拌合物应从同一盘混凝土或同一车混凝土中取样。

2. 试件的制作

（1）混凝土试件的制作应符合下列规定：

成形前，应检查试模尺寸且试模尺寸应符合标准规定要求，试模内表面应涂一薄层矿物油或其他不与混凝土发生反应的脱模剂。

在实验室拌制混凝土时，其材料用量应以质量计，称量的精度：水泥、掺合料、水和外加剂为±0.5%；骨料为±1%。

取样或实验室拌制的混凝土应在拌制后尽量短的时间内成形,一般不宜超过15min。

根据混凝土拌合物的稠度确定混凝土成形方法,坍落度不大于70mm的混凝土宜用振动振实,大于70mm的宜用捣棒人工捣实;对于黏度较大以及含气量较大的混凝土拌合物,虽然坍落度大于70mm,也可以采用振动振实;检验现浇混凝土或预制构件的混凝土,试件成形方法宜与实际采用的方法相同。

（2）混凝土试件制作应按下列步骤进行：

取样或拌制好的混凝土拌合物应用铁锹至少再来回拌和三次。根据混凝土拌合物的稠度确定的成形方法成形试件。

①用振动台振实制作试件应按下述方法进行：将混凝土拌合物一次装入试模,装料时应用抹刀沿各试模壁插捣,并使混凝土拌合物高出试模口。试模应附着或固定在振动台上,振动时试模不得有任何跳动,振动应持续到表面出浆为止;不得过振。

②用人工插捣制作试件应按下述方法进行：混凝土拌合物应分两层装入模内,每层的装料厚度大致相等。插捣应按螺旋方向从边缘向中心均匀进行,每层插捣次数为10 000 mm^{2}截面积内不少于12次;在插捣底层混凝土时,捣棒应达到试模底部;插捣上层时,捣棒应贯穿上层后插入下层20~30mm;插捣时捣棒应保持垂直,不得倾斜。然后应用抹刀沿试模内壁插拔数次。插捣后应用橡皮锤轻轻敲击试模四周,直至插捣棒留下的空洞消失为止。

③用插入式振捣棒振实制作试件应按下述方法进行：将混凝土拌合物一次装入试模,装料时应用抹刀沿各试模壁插捣,并使混凝土拌合物高出试模口。宜用直径为25mm的插入式振捣棒,插入试模振捣时,振捣棒距试模底板10~20mm且不得触及试模底板,振动应持续到表面出浆为止,且应避免过振,以防止混凝土离析;一般振捣时间为20s。

振捣棒拔出时要缓慢,拔出后不得留有孔洞。

（3）刮除试模上口多余的混凝土,待混凝土临近初凝时,用抹刀抹平。

3. 试件的养护

（1）试件成形后应立即用不透水的薄膜覆盖表面。

（2）采用标准养护的试件,应在温度为20±5℃的环境中静置1~2昼夜,然后编号、拆模。拆模后应立即放入温度为20±2℃、相对湿度为95%以上的标准养护室中养护,或在温度为（20±2)℃的不流动的Ca（OH)$_2$饱和溶液中养护。标准养护室内的试件应放在支架上，彼此间隔10～20mm，试件表面应保持潮湿，并不得被水直接冲淋。

（3）同条件养护试件的拆模时间可与实际构件的拆模时间相同，拆模后，试件仍需保持同条件养护。

（4）当检验结构或构件拆模、出池、出厂、吊装、预应力筋张拉或放张，以及施工期间需短暂负荷的混凝土强度时，其试件的养护条件应与施工中采用的养护条件相同。

（5）标准养护龄期为28d（从搅拌加水开始计时）。

（二）抗压强度试验

1. 目的与要求

抗压强度是评价混凝土力学性能的重要指标之一，本方法适用于测定混凝土立方体试件的抗压强度。

2. 主要仪器设备

（1）压力试验机：测量精度为±1%，试件破坏荷载应大于压力机全量程的20%且小于压力机全量程的80%。应具有加荷速度指示装置或加荷速度控制装置，并应能均匀、连续地加荷。上下压板尺寸不小于试件的承压面积，厚度不应小于25mm，承压面的平面度公差为0.04mm，表面硬度不小于55HRC；硬化层厚度约为5mm。

（2）防崩裂网罩：混凝土强度等级大于等于C60时，试件周围应设防崩裂网罩。

3. 试验步骤

（1）试件从养护地点取出后应及时进行试验，将试件表面与上下承压板面擦干净。

（2）将试件安放在试验机的下压板或垫板上，试件的承压面应与成形时的顶面垂直。试件的中心应与试验机下压板中心对准，开动试验机，当上压板与试件或钢垫板接近时，调整球座，使接触均衡。

（3）在试验过程中应连续均匀地加荷，混凝土强度等级小于C30时，加荷速度为0.3～0.5MPa/s；混凝土强度等级在C30～C60（含C30）之间时，加荷速度为0.5～0.8MPa/s；混凝土强度等级大于等于C60时，加荷速度为0.8～1.0MPa/s。

（4）当试件接近破坏开始急剧变形时，应停止调整试验机油门，直至破坏，然后记录破坏荷载。

（三）劈裂抗拉强度试验

1. 目的与要求

劈裂抗拉强度是评价混凝土力学性能的重要指标之一，本方法适用于测定混凝土立方体试件的劈裂抗拉强度。

2. 主要仪器设备

（1）压力试验机：测量精度为±1%，试件破坏荷载应大于压力机全量程的20%且小于压力机全量程的80%。应具有加荷速度指示装置或加荷速度控制装置，并应能均匀、连续地加荷。

（2）钢制弧形垫块：半径为75mm，垫块的长度与试件相同。

（3）垫条：为三层胶合板制成，宽度为20mm，厚度为3~4mm，长度不小于试件长度，垫条不得重复使用。

（4）支架：为钢支架。

3. 试验步骤

（1）试件从养护地点取出后应及时进行试验，将试件表面与上下承压板面擦干净。

（2）将试件放在试验机下压板的中心位置，劈裂承压面和劈裂面应与试件成形时的顶面垂直；在上、下承压板与试件之间垫以圆弧形垫块及垫条各一条，垫块与垫条应与试件上、下面的中心线对准并与成形时的顶面垂直。宜把垫条及试件安装在定位架上使用。

（3）开动试验机，当上承压板与圆弧形垫块接近时，调整球座，使接触均衡。加荷应连续均匀，当混凝土强度等级小于C30时，加荷速度取0.02~0.05MPa/s；当混凝土强度等级在C30~C60（包含C30）之间时，加荷速度取0.05~0.08MPa/s；当混凝土强度等级大于等于C60时，加荷速度取0.08~0.10MPa/s，至试件接近破坏时，应停止调整试验机油门，直至试件破坏，然后记录破坏荷载。

（四）抗折强度试验

1. 目的与要求

抗折强度是评价混凝土力学性能的重要指标之一，本方法适用于测定混凝土抗折强度。

2. 主要仪器设备

（1）压力试验机：测量精度为±1%，试件破坏荷载应大于压力机全量程的20%且小于压力机全量程的80%。

（2）试验机应能施加均匀、连续、速度可控的荷载，并带有能使两个相等荷载同时作用在试件跨度3分点处的抗折试验装置。

（3）支座：试件的支座和加荷头应采用直径为20～40mm、长度不小于b+10mm的硬钢圆柱，支座立脚点固定铰支，其他应为滚动支点。

3. 试验步骤

（1）试件从养护地点取出后应及时进行试验，将试件表面擦干净。

（2）装置试件，安装尺寸偏差不得大于1mm。试件的承压面应为试件成形时的侧面。支座及承压面与圆柱的接触面应平稳、均匀，否则应垫平。

（3）施加荷载应保持均匀、连续。当混凝土强度等级小于C30时，加荷速度取0.02～0.05 MPa/s；当混凝土强度等级在C30～C60（含C30）之间时，加荷速度取0.05～0.08 MPa/s；当混凝土强度等级大于等于C60时，加荷速度取0.08～0.10 MPa/s，至试件接近破坏时，应停止调整试验机油门，直至试件破坏，然后记录破坏荷载。

（4）记录试件破坏荷载的试验机示值及试件下边缘断裂位置。

三、普通混凝土长期性能和耐久性能试验

（一）取样及试样的制备

1. 取样

制作每组长期性能及耐久性能试验的试件及其相应的对比所用的拌和物应根据不同要求从同一盘搅拌或同一车运送的混凝土中取出，或在实验室用机械或人工单独拌制。

2. 试样的制作

成型前，应检查试模尺寸是否符合标准规定要求，试件成型时不应采用憎水性脱模剂。

在实验室拌制混凝土时，其材料用量应以质量计，称量的精度：水泥、掺合料、水和外加剂为±0.5%；骨料为±1%。

所有试件均应在拌制或取样后尽短时间内成型，一般不宜超过15min。

根据混凝土拌和物的稠度确定混凝土成形方法，坍落度不大于70mm的混凝土宜用振动振实，大于70mm的宜用捣棒人工捣实；检验现浇混凝土工程和预制构件质量的混凝土，试件的成型方法应与实际施工采用的方法相同。混凝

土试件制作步骤同混凝土强度试件。在制作混凝土长期性能和耐久性能试验用试件时，宜同时制作与相应耐久性能试验龄期对应的混凝土立方体抗压强度用试件。

棱柱体试件宜采用卧式成形，埋有钢筋的试件在灌注混凝土及捣实时应特别注意钢筋和试模之间的混凝土能保持灌注密实及捣实良好。

用离心法、压浆法、真空作业法及喷射法等特殊方法成形的混凝土，其试件的制作应按相应的规定进行。

3. 试件的养护

按各试验方法的具体规定，长期性能及耐久性能试验的试件有标准养护、同条件养护及自然养护等几种养护形式。

采用标准养护的试件成型后应覆盖表面，以防止水分蒸发，并应在室温为 20 ± 5 ℃ 情况下静置 1~2 昼夜，然后编号拆模。拆模后的试件应立即在温度为 20 ± 2 ℃、湿度为95%以上的标准养护室中养护，或在温度为 20 ± 2 ℃ 的不流动的 $Ca(OH)_2$ 饱和溶液中养护。在标准养护室内试件应放在架上，彼此间隔应为 10~20mm，并应避免用水直接淋刷试件。

采用与构筑物或构件同条件养护的试件成型后即应覆盖，试件的拆模时间可与实际构件的拆模时间相同，拆模后，试件仍需保持同条件养护。

试验需要进行自然放置并晾干的试件应放置在干燥通风的室内，每块试件之间至少留有 10~20mm 的间隙。

（二）抗冻性能试验——快冻法

1. 目的与要求

快冻法适用于在水中经快速冻融来测定混凝土的抗冻性能，快冻法抗冻性能指标可用能经受快速冻融循环的次数来表示，特别适用于抗冻性能要求高的混凝土。

2. 试件尺寸

试验采用 100mm × 100mm × 400mm 的棱柱体试件。混凝土试件每组3块，在试验过程中可连续使用。除制作冻融试件外，尚应制备同样形状尺寸、中心埋有温度传感器的测温试件，制作测温试件所用混凝土的抗冻性能应高于冻融试件。温度传感器不应采用钻孔后插入的方式埋入。

3. 主要仪器设备

（1）快速冻融装置：应符合现行行业标准《混凝土抗冻试验设备》（JG/T

243—2009）的规定，除应在测温试件中埋设温度传感器外，尚应在冻融箱内防冻液中心、中心与任何一个对角线的两端分别设有温度传感器。运转时冻融箱内防冻液各点温度的极差不得超过2℃。

（2）试件盒：宜采用具有弹性的橡胶材料制作，其内表面底部应有半径为3mm橡胶突起部分，盒内加水后水面应至少高出试件顶面5mm，试件盒截面尺寸宜为115mm×115mm，试件盒长度宜为500mm。

（3）称量设备：最大量程应为20kg，分度值不应超过5g。

（4）动弹性模量测定仪：共振法或敲击法动弹性模量测定仪。

（5）温度传感器（包括热电偶、电位差计）应在-20~20℃范围内测定试件中心温度，且测量精度应为±0.5℃。

4．试验步骤

（1）在标准养护室内或同条件养护的试件应在养护龄期为24d时提前将冻融试验的试件从养护地点取出，随后应将冻融试件放在20±2℃水中浸泡，浸泡时水面应高出试件顶面20~30mm。在水中浸泡试件为4d，试件应在28d龄期时开始进行冻融试验。

始终在水中养护的试件，当试件养护龄期达到28d时，可直接进行后续试验。对此种情况，应在试验报告中予以说明。

（2）当试件养护龄期达到28d时应及时取出试件，用湿布擦除表面水分后应对外观尺寸进行测量、编号、称量试件初始质量，然后测定其横向基频的初始值。

（3）将试件放入试件盒内，试件应位于试件盒中心，然后将试件盒放入冻融箱内的试件架中，并向试件盒中注入清水。在整个试验过程中，盒内水位高度应始终保持至少高出试件顶面5mm。

（4）测温试件盒应放在冻融箱的中心位置。

（5）冻融循环过程应符合下列规定：

①每次冻融循环应在2~4h内完成，且用于融化的时间不得少于整个冻融循环时间的1/4。

②在冷冻和融化过程中，试件中心最低和最高温度应分别控制在-18±2℃和5±2℃内，在任意时刻，试件中心温度不得高于7℃，且不得低于-20℃。

③每块试件从3℃降至-16℃所用的时间，不得少于冷冻时间的1/2；每块试件从-16℃升至3℃所用时间，不得少于整个融化时间的1/2，试件内外的温度差

不宜超过28℃。

④冷冻和融化之间的转换时间不宜超过10min。

（6）每隔25次冻融循环宜测量试件的横向基频。测量前应先将试件表面浮渣清洗干净并擦干表面水分，然后应检查其外部损伤并称量试件的质量。随后测量横向基频。测完后，应迅速将试件调头重新装入试件盒内并加入清水，继续试验。试件的测量、称量及外观检查应迅速，待测试件应用湿布覆盖。

（7）当有试件停止试验被取出时，应另用其他试件填充空位。当试件在冷冻状态下因故中断时，试件应保持在冷冻状态，直至恢复冻融试验为止，并应将故障原因及暂停时间在试验结果中注明。试件在非冷冻状态下发生故障的时间不宜超过两个冻融循环的时间。在整个试验过程中，超过两个冻融循环时间的中断故障次数不得超过两次。

（8）当冻融循环出现下列情况之一时，可停止试验：

①达到规定的冻融循环次数。

②试件的相对动弹性模量下降到60%。

③试件的质量损失率达5%。

（三）弹性模量试验

1. 目的与要求

本方法适用于采用共振法测定混凝土的动弹性模量，以检验混凝土在经受冻融或其他侵蚀作用后遭受破坏的程度，并以此来评定耐久性能。

2. 主要仪器设备

（1）共振法混凝土动弹性模量测定仪（又称共振仪）：其输出频率可调范围应为100～20000Hz，输出功率应能使试件产生受迫振动。

（2）试件支撑体：应采用厚度约为20mm的泡沫塑料垫，宜采用表观密度为16～18kg/m³的聚苯板。

（3）称量设备：最大量程应为20kg，分度值不应超过5g。

3. 试验步骤

（1）首先应测定试件的质量和尺寸。试件质量应精确至0.01kg，尺寸的测量应精确至1mm。

（2）测定完试件的质量和尺寸后，应将试件放置在支撑体中心位置，成形面应向上，并应将激振换能器的测杆轻轻地压在试件长边侧面中线的1/2处，接受换能器的测杆轻轻地压在试件长边侧面中线距端面5mm处。在测杆接触试件前，宜在测杆与试件接触面涂一薄层黄油或凡士林作为耦合介质，测杆压力的大小应以不出现噪声为准。

（3）放置好测杆后，应先调整共振仪的激振功率和接受增益旋钮至适当位置，然后变换激振频率，并应注意观察指示电表的指针偏转。当指针偏转为最大时，表示试件达到共振状态，应以这时所显示的共振频率作为试件的基频振动频率。每一测量值应重复测读两次以上，当两次连续测量值之差不超过两个测值算术平均值的0.5%时，应取这两个测值的算术平均值作为该试件的基频振动频率。

（4）当用示波器作显示的仪器时，示波器的图形调成一个正圆时的频率应为共振频率。在测试过程中，当发现两个以上峰值时，应将接受换能器移至距试件端部0.224倍试件长处，当指示电表示值为零时，应将其作为真实的共振峰值。

（四）抗水渗透试验——渗水高度法

1. 目的与要求

本方法适用于以测定硬化混凝土在恒定水压力下的平均渗水高度来表示混凝土抗水渗透性能。

2. 主要仪器设备

（1）混凝土抗渗仪：应符合现行行业标准《混凝土抗渗仪》（JG/T 249—2009）的规定，并应能使水压按规定的制度稳定地作用在试件上。抗渗仪施加水压力范围应为0.1～2.0 MPa。试模应采用上口内部直径为175 mm、下口内部直径为185 mm和高度为150 mm的圆台体。

（2）梯形板：应采用尺寸为200 mm×200 mm透明材料制成，并应画有10条等间距、垂直于梯形底线的直线。

（3）加压装置：可为螺旋加压器或其他加压形式，其压力应能保证将试件压入试件套内。

（4）其他：密封材料（宜用石蜡加松香或水泥加黄油等材料，也可采用橡胶套等其他有效密封材料）、钢尺（分度值应为1 mm）、钟表（分度值应为1 min）、烘箱、电炉、浅盘、铁锅和钢丝刷。

3. 试验步骤

（1）制作混凝土抗渗仪试件，试件应以6个为一组。试件成形24 h后拆模，拆模后应用钢丝刷刷去两端面的水泥浆膜，并应立即将试件送入标准养护室进行养护。抗水渗透试验的龄期宜为28d，如有特殊要求，可在规定龄期进行试验。

（2）应在到达试验龄期的前一天，从养护室取出试件并擦拭干净，待试件表面晾干后，按下列方法进行试件密封：

①当用石蜡密封时，应在试件侧面裹涂一层熔化的内加少量松香的石蜡。然后应用螺旋加压器或其他形式设备将试件压入经过烘箱或电炉预热的试模中，使试件与试模底平齐，并应在试模变冷后解除压力。试模的预热温度，应以石蜡接触试模，即缓慢融化，但以不流淌为准。

②用水泥加黄油密封时，其质量比应为2.5∶1~3∶1。应用三角刀将密封材料均匀地刮涂在试件侧面上，厚度应为1~2mm。应套上试模并将试件压入，应使试件与试模底齐平。

③试件密封也可以采用其他更可靠的密封方式。

（3）试件准备好之后，启动抗渗仪，并开通6个试位下的阀门，使水从6个孔中渗出，水应充满试位坑，在关闭6个试位下的阀门后应将密封好的试件安装在抗渗仪上。

（4）试件安装好后，应立即开通6个试位下的阀门，使水压在24h内恒定控制在1.2 ± 0.05MPa，且加压过程不应大于5min，应以达到稳定压力的时间作为试验记录起始时间（精确至1min）。在稳压过程中随时观察试件端面的渗水情况，当有某一个试件端面出现渗水时，应停止该试件的试验并应记录时间，并以试件的高度作为该试件的渗水高度。对于试件端面未出现渗水的情况，应在试验24h后停止试验，并及时取出试件。在试验过程中，当发现水从试件周边渗出时，应重新按本步骤第（3）条进行密封。

（5）将从抗渗仪上取出来的试件放在压力机上，并应在试件上下两端面中心处沿直径方向各放一根直径为6mm的钢垫条，并应确保它们在同一竖直平面内。然后开动压力机，将试件沿纵断面劈裂为两半。试件劈开后，应用防水笔描出水痕。

（6）应将梯形板放在试件劈裂面上，并用钢尺沿水痕等间距量测10个测点的渗水高度值，读数应精确至1mm。当读数时若遇到某测点被骨料阻挡，可以靠近骨料两端的渗水高度算术平均值作为该测点的渗水高度。

（五）抗氯离子渗透试验——快速氯离子迁移系数法（或称RCM法）

1. 目的与要求

本方法适用于以测定氯离子在混凝土中非稳态迁移的迁移系数来确定混凝土抗氯离子渗透性能。

2. 主要仪器及设备

（1）切割试件的设备：采用水冷式金刚石锯或碳化硅锯。

（2）真空饱水设备：设备应该至少能容纳3个试件；真空泵能保持容器内气压处于1~5kPa。

（3）RCM试验装置：采用的有机硅胶套的内径和外径应分别为100mm和115mm，长度应为150mm。夹具应采用不锈钢环箍，其直径范围应为110~115mm，宽度应为20mm。阴极试验槽可采用尺寸为370mm×270mm×280mm的塑料箱。阴极板采用厚度为0.5±0.1mm、直径不小于100mm的不锈钢板。阳极板应采用厚度为0.5mm、直径为98±1mm的不锈钢网或带孔的不锈钢板。支架应由硬塑料板制成。处于试件和阴极板之间的支架头高度应为15~20mm。RCM实验装置还应符合现行行业标准《混凝土氯离子扩散系数测定仪》（JG/T 262—2009）的有关规定。

（4）电源：能稳定提供0~60V的可调直流电，精度应为±0.1V，电流应为0~10A。

（5）温度计或热电偶：精度为±0.2℃。

（6）其他：喷雾器、游标卡尺（精度±0.1mm）、直尺（最小刻度1mm）、水砂纸（200~600号）、细锉刀、扭矩扳手、电吹风等。

3. 试剂的配制

试验所用试剂都应采用化学纯，溶剂应为蒸馏水或去离子水。阴极溶液应为10%质量浓度的NaCl溶液，阳极溶液应为0.3mol/L的NaOH溶液。溶液应至少提前24h配制，并应密封保存在温度为20~25℃的环境中。显色指示剂应为0.1mol/L的$AgNO_3$溶液。

4. 试件的制作

（1）RCM试验用试件应采用直径为100±1mm、高度为50±2mm的圆柱体试件。在实验室制作试件时，宜使用φ100mm×100mm或φ100mm×200mm试模。骨料最大公称粒径不宜大于25mm。试件成形后应立即用塑料膜覆盖并移至标准养护室。试件应在24±2h内拆模，然后应浸没于标准养护室的水池中。试件的养护龄期宜为28d，也可根据设计要求选用56d或84d养护龄期。

（2）在抗氯离子渗透试验前7d将试件加工成标准尺寸，当使用 φ100mm×100mm的试件时，应从试件中部切取高度为50±2mm的圆柱体作为试验用试件，并应将靠近浇筑面的试件端面作为暴露于氯离子溶液中的测试面。当使用 φ100mm×200mm试件时，应先将试件从正中间切成相同尺寸的两部分（φ100mm×100mm），然后应从两部分中各切取一个高度为50±2mm的试件，并应将第一次的切口面作为暴露于氯离子溶液中的测试面。

（3）试件加工后应采用水砂纸和细锉刀打磨光滑，并继续浸没于水中养护至试验龄期。

5. 试验步骤

（1）首先应将试件从养护池中取出来，并将试件表面的碎屑刷洗干净，擦干试件表面多余的水分，然后应采用游标卡尺测量试件的直径和高度，测量应精确到0.1mm。应将试件在饱和面干状态下置于真空容器中进行真空处理，并在5min内将真空容器中的气压减少至1~5kPa，并应保持该真空度3h，然后在真空泵仍然运转的情况下，将用蒸馏水配制的饱和氢氧化钙溶液注入容器，溶液高度应保证将试件浸没。在试件浸没1h后恢复常压，并应继续浸泡18±2h。

（2）试件安装在RCM试验装置前应采用电吹风冷风档吹干，表面应干净，无油污、灰砂和水珠。RCM试验装置的试验槽在试验前应用室温凉开水冲洗干净。

（3）试件和RCM试验装置准备好后，应将试件装入橡胶套内的底部，应在与试件齐高的橡胶套外侧安装两个不锈钢环箍，每个箍高度应为20mm，并应拧紧环箍上的螺栓至扭矩30±2N.m，使试件的圆柱侧面处于密封状态，当试件的圆柱曲面可能有造成液体渗漏的缺陷时，应以密封剂保持其密封性。

（4）应将装有试件的橡胶套安装到试验槽中，并安装好阳极板，然后应在橡胶套中注入约300mL浓度为0.3mol/L的NaOH溶液，并应使阳极板和试件表面均浸没于溶液中。应在阴极试验槽中注入12L质量浓度为10%的NaCl溶液，并应使其液面与橡胶套中的NaOH溶液液面齐平。

（5）试件安装完成后，应将电源的阳极（又称正极）用导线连接至橡胶筒中阳极板，并将阴极（又称负极）用导线连接至试验槽中的阴极板。

（6）打开电源，将电压调整到30±0.2V，并应记录通过每个试件的初始电流，后续试验应施加的电压应根据施加30V电压时测量得到的初始电流值所处的范围决定。应根据实际施加电压，记录新的初始电流。应按照新的初始电流值所处的范围，确定试验应持续的时间。

（7）应根据温度计或者热电偶的显示读数记录每一个试件的阳极溶液的初始温度，试验结束时，应测定阳极溶液的最终温度和最终电流。

（8）试验结束后断开电源，并应及时排除试验溶液，将试件从橡胶套中取出，立即用自来水将试件表面冲洗干净，然后擦去试件表面多余水分。试件表面冲洗干净后，应在压力试验机上沿轴向劈成两个半圆柱体，并应在劈开的试件断面立即喷涂浓度为0.1 mol/L的$AgNO_3$溶液指示剂。指示剂喷洒约15 min后，应沿试件直径断面将其分成10等份，并用防水笔描出渗透轮廓线，然后应根据观察到的明显的颜色变化，测量显色分界线离试件底面的距离，精确至0.1 mm。当某一测点被骨料阻挡，可将此测点位置移动到最近未被骨料阻挡的位置进行测量，当某测点数据不能得到，只要总测点数多于5个，可忽略此测点。当某测点位置有一个明显的缺陷，使该点测量值远大于各测点的平均值，可忽略此测点数据，但应将这种情况在试验记录和报告中注明。

（9）试验结束后应用黄铜刷清除试验槽的结垢或沉淀物，并应用饮用水和洗涤剂将试验槽和橡胶套冲洗干净，然后用电吹风的冷风档吹干。

（六）抗氯离子渗透试验——电通量法

1. 目的与要求

本方法适用于测定以通过混凝土试件的电通量为指标来确定混凝土抗氯离子渗透性能。本方法不适用于掺有亚硝酸盐和钢纤维等良导电材料的混凝土抗氯离子渗透试验。

2. 主要仪器及设备

（1）电通量试验装置：电通量试验装置应符合相关的要求，并应满足现行行业标准《混凝土氯离子电通量测定仪》（JG/T 261—2009）的有关规定。其中直流稳压电源的电压范围应为0~80 V，电流范围应为0~10 A，并应能稳定输出60 V直流电压，精度应为±0.1 V。耐热塑料或耐热有机玻璃试验槽的边长应为150 mm，总厚度不应小于51 mm，试验槽中心的两个槽的直径应分别为89 mm和112 mm，两个槽的深度应分别为41 mm和6.4 mm。在试验槽的一边应开有直径为10 mm的注液孔。紫铜垫板宽度应为12±2 mm，厚度应为0.50±0.05 mm。铜网孔径应为0.95 mm（64孔/cm^2）或者20目。

（2）真空饱水机：容器应该至少能容纳3个试件；真空泵能够保持容器内

的气压处于1~5 kPa。

（3）切割试件的设备：采用水冷式金刚石锯或碳化硅锯。

（4）其他：温度计（量程为0~120℃，精度为±0.1℃）；电吹风（功率应为1000~2000 W）；标准电阻（精度为±0.1%）；电流表（量程应为0~20 A，精度为±0.1%）；密封材料（应采用硅胶或树脂等密封材料）。

3. 试剂的配制

试验所用试剂都应采用化学纯，溶剂应为蒸馏水或去离子水。阴极溶液应为3%质量浓度的NaCl溶液，阳极溶液应为0.3 mol/L的NaOH溶液。溶液应至少提前24 h配制，并应密封保存在温度为20~25℃的环境中。显色指示剂应为0.1 mol/L的$AgNO_3$溶液。

4. 试件的制作

（1）电通量试验用试件应采用直径为φ100±1 mm，高度为50±2 mm的圆柱体试件。在实验室制作试件时，宜使用φ100 mm×100 mm或φ100 mm×200 mm试模。骨料最大公称粒径不宜大于25 mm。试件成形后应立即用塑料膜覆盖并移至标准养护室。试件应在24±2 h内拆模，然后应浸没于标准养护室的水池中。试件的养护龄期宜为28 d，也可根据设计要求选用56 d或84 d养护龄期。

（2）在抗氯离子渗透试验前7 d将试件加工成标准尺寸，当使用100 mm×100 mm的试件时，应从试件中部切取高度为50±2 mm的圆柱体作为试验用试件，并应将靠近浇筑面的试件端面作为暴露于氯离子溶液中的测试面。当使用φ100 mm×200 mm试件时，应先将试件从正中间切成相同尺寸的两部分（100 mm×100 mm），然后应从两部分中各切取一个高度为50±2 mm的试件，并应将第一次的切口面作为暴露于氯离子溶液中的测试面。

（3）试件加工后应采用水砂纸和细锉刀打磨光滑，并继续浸没于水中养护至试验龄期。

（4）当试件表面有涂料等附加材料时应预先去除，且试样内不得含有钢筋等良导电材料，在试件移送实验室前，应避免冻伤或其他物理伤害。

5. 实验步骤

（1）电通量试验宜在试件养护到28 d龄期进行。对于掺有大量矿物掺合料的混凝土，可在56 d龄期进行试验。应先将养护到规定龄期的试件暴露于空气中至表面干燥，并应以硅胶或树脂密封材料涂刷试件圆柱侧面，还应填补涂层中的孔洞。

（2）电通量试验前应将试件进行真空饱水。应先将试件放入真空容器中，然后启动真空泵，并应在5 min内将真空容器中的绝对压强减少至1~5 kPa，应保持该真空度3 h，然后在真空泵仍然运行的情况下，注入足够的蒸馏水或者去离子水，直至淹没试件，应在试件浸没1 h后恢复常压，并继续浸泡18±2 h。

（3）在真空饱水结束后，应从水中取出试件，并抹掉多余水分，且应保持试件所处环境的相对湿度在95%以上。应将试件安装于试验槽内，并应用螺杆将两试验槽和端面装有硫化橡胶垫的试件夹紧。试件安装好以后，应采用蒸馏水或者其他有效方式检查试件和试验槽之间的密封性能。

（4）检查试件和试件槽之间的密封性后，应将质量浓度为3.0%的NaCl溶液和摩尔浓度为0.3 mol/L的NaOH溶液分别注入试件两侧的试验槽中，注入NaCl溶液的试验槽内的铜网应连接电源负极，注入NaOH溶液的试验槽中的铜网应连接电源正极。

（5）正确连接电源线后，应在保持试验槽中充满溶液的情况下接通电源，并应对上述两铜网施加60±0.1 V直流恒电压，且应记录电流初始读数。开始时应每隔5 min记录一次电流值，当电流值变化不大时，可每隔30 min记录一次电流值，直至通电6 h。

（6）当采用自动采集数据的测试装置时，记录电流的时间间隔可设定为5~10 min。

电流测量值应精确至±0.5 mA。试验过程中宜同时监测试验槽中溶液的温度。

（7）试验结束后，应及时排出试验溶液，并应用凉开水和洗涤剂冲洗试验槽60 s以上，然后用蒸馏水洗净并用电吹风冷风档吹干。

（8）试验应在20~25℃的室内进行。

第三章 桥隧结构检测技术

桥隧结构检测技术是一门正在发展的新兴学科，它包括试验检测基本理论和测试操作技能，涉及桥隧相关学科基础知识，是工程设计参数、施工质量控制、施工验收评定、养护管理决策的主要依据。

第一节 桥隧结构检测技术的内涵

一、桥隧结构检测的目的和意义

桥隧结构工程试验检测工作是公路工程施工技术管理中的一个重要组成部分，同时也是公路工程施工质量控制和竣工验收评定工作中不可缺少的一个主要环节。通过试验检测能充分地利用当地原材料，迅速推广应用新材料新技术和新工艺；能用定量的方法科学地评定各种材料和构件的质量，合理地控制并科学地评定工程质量，并为科学养护决策提供客观依据。因此，工程试验检测对于提高工程质量、加快工程进度、降低工程造价、提高养护水平、推动公路工程施工技术进步，将起到极为重要的作用。公路工程试验检测技术是一门正在发展的新兴学科，它融试验检测基本理论和测试操作技能以及公路工程相关学科基础知识于一体，是工程设计、施工质量控制、竣工验收评定、养护管理决策的主要依据。

随着各种大跨度桥梁的修建，新桥型、新材料和新工艺得到广泛应用，桥梁施工前的质量检测、施工过程中的试验检测、质量等级评定、成桥状态下的整体性能验收荷载试验等，是公路部门试验检测技术人员面临的一项光荣而艰巨的任务。

对于在施工中的大跨径悬索桥、斜拉桥、拱桥和连续刚构桥，为了使结构达到或接近设计的几何线形和受力状态，施工各阶段需对结构的几何位置和受力状态进行监测，根据测试值对下一阶段控制变量进行预测和制定调整方案，实现对结构施工控制，而试验检测是施工控制的重要手段。

对于各类常规桥涵，试验检测则是控制施工质量的主要手段。对于一个建设项目，施工前首先要试验鉴定进场的原材料、成品和半成品构件是否符合国家质量标准和设计文件的要求，对其做出接收或拒绝决定。从桥位放样到每一工序和结构部位的完成，均需通过试验检测判定其是否符合设计要求和标准规范要求，经检验符合后方可进行下一道工序施工；否则，就需采取补救措施或返工。桥涵施工完成后需全面检测并进行质量等级评定，必要时还需进行荷载试验，以对结构整体受力性能是否达到设计文件和标准规范的要求做出评价。

对于新桥型结构、新材料、新工艺，必须通过试验检测鉴定其是否符合国家标准和设计文件的要求，为完善设计理论和施工积累实践资料。

试验检测又是评价桥涵工程质量缺陷和鉴定工程事故的手段，通过试验检测为质量缺陷或事故判定提供实测数据，以便准确判别质量缺陷和事故的性质、范围和程度，合理评价事故损失，明确事故责任，从中总结经验教训。

工程实践证明，不重视施工控制和施工现场质量的控制管理工作，而仅靠经验评估是造成工程出现早期破坏的重要原因。因此，认真做好桥隧试验检测工作，必须配备一定数量的试验检测设备和相应的专职试验检测技术人员，建立健全工程质量控制检测制度，这对提高我国桥隧工程的设计、施工及整体建设水平具有十分重要的意义。

二、工程质量管理

工程质量是建设工程的核心，是决定工程建设成败的关键。搞好工程质量，对提高工程建设的经济效益、社会效益和环境效益都具有重大意义，直接关系到国家和人民的生命财产安全，关系着社会主义建设事业的发展。

为做好工程质量管理，主要从保证工序质量、以预防为主、用数据说话和建立质量保证体系等方面来进行。

1. 证工质量

一个单位工程都是由分项工程和分部工程所组成，是通过一道道工序来完成的。工程质量是各分项工程质量、分部工程质量组成的，是在各工序施工中创造的。因此，保证各道工序质量是工程质量管理的关键。

首先，要认真贯彻执行"质量第一"的方针，增强质量意识；其次，充分调动施工现场全体职工关心施工质量的积极性；最后，切实有效地运用现代科学和管理技术，做好每一道工序，严格控制影响工序质量的各种因素。例如，钢筋混凝土浇筑的上道工序是安装模板，模板的安装质量，包括安装位置、模板尺寸、拼装严密、支撑牢靠等，一定要满足设计和规范要求。只有保证了模板的安装质量，才能为混凝土浇筑质量创造良好的质量保证。每一道工序的施工都必须为下一道工序做好质量准备，应严格控制本工序的质量，保证不让不良品或废品流入下一道工序。

2. 预防为主

产品质量是在生产过程中形成的。在生产过程中，随时都要受原材料、施工工艺、施工机具、操作者、检测手段及环境等因素的影响，使工程质量产生波动，所以，产品的质量是设计和生产出来的，而不是检查出来的。那种只依靠质量检验把关，鉴定产品是否合格或是剔除废品，只能是亡羊补牢，是一种消极的方法。

因此，全过程质量管理就是强调在设计和生产过程中各道工序、各个环节要采取预防性控制，使产品质量始终处于管理状态，防患于未然，把各种可能产生质量事故的苗头消灭在萌芽之中。也就是把过去那种亡羊补牢的被动管理变成"事前预防的主动管理"，变管结果为管过程，形成以预防为主的管理思想。

3. 用数据说话

在质量管理中，如果没有数据和定量分析，也没有明确的质量概念，就没有科学的质量管理。全面质量管理是在统计质量管理基础上发展起来的。在统计质量管理中，数理统计方法是揭示波动规律、控制正常波动与异常波动的有力工具。全面质量管理运用数理统计方法，从生产过程中无数变化的现象里，客观地抽取有用的数据，加以整理分析，找出质量变动的规律性，作为决定行动、采取措施的基础。因此，在全面质量管理中，强调"一切用数据说话"，就是要尽可能用数据来反映事实，把管理工作定量化，这是科学管理的重要标志。

值得注意的是，"数据"有真、假之分。反映实际的、经过科学方法分析和加工整理的数据，得出真实的产品质量信息，才能做出符合实际的结论。那种凭个人经验估计数据、凑数据，是没有多大使用价值的，这是与用数据说话的观点相违背的。

特别严重的是：个别人为了某种需要，有意地编造数据，不仅不能保证产品质量，相反会造成很大危害。所以，对待"数据"一定要坚持实事求是，不掺任何"水分"，采取严肃的科学态度，坚决杜绝编造数据。

4. 质量保证体系

公路施工单位、工程监理和监督部门，应按照质量第一的方针和全面质量管理要求，采取切实有效的措施，不断提高质量管理水平。要建立健全"政府监督、社会监理、企业自检"的三级质量保证体系，严格实行质量自检，加强质量监理和质量监督，以抓好工序质量，确保分项工程质量，以分项工程质量保证分部工程、单位工程和整个建设项目的工程质量。

公路工程质量监督部门是对公路工程质量进行监督管理的专职机构，以国家有关法规和部颁的现行技术规范、规程和质量检验评定标准为准，对公路工程质量进行强制性的监督管理。建设、设计、施工、监理单位在工程实施阶段都应接受质量监督部门的监督。

三、试验检测管理

试验检测工作是质检机构工作中的一个关键环节，试验检测结果的准确性与可靠性将直接影响质检机构的工作质量。为了确保提供的数据准确可靠要求质检人员在试验检测的全过程中必须严格遵照有关试验检测规程，并力求消除试验检测人为误差，提高试验检测精度。

（一）试验检测人员的要求

为确保检测工作质量，试验检测人员应认真履行岗位职责，做好本职工作，确保工程质量，并应根据以下要求，努力提高自己的业务水平和工作能力。

（1）检测人员应熟悉检测任务、内容、项目，合理选择检测仪器，熟悉仪器的性能；使用精密、贵重、大型检测仪器设备者，应经过培训，考核合格后，取得操作证书方可上岗操作；会进行日常养护，进行一般或常规仪器的检验与校正。

（2）检测人员应掌握与所检测项目相关的技术标准，了解本领域国内外测试技术、检测仪器的现状及发展方向，并具有学习与应用国内外最新技术进行检测的能力。

（3）检测人员应能正确如实地填写原始记录。原始记录不得用铅笔填写，必须有检测人员、计算和校核人员的签名。原始记录如确需更改，作废数据上应画两条水平线，将正确数据填在上方，盖更改人的印章且原始记录保管期不得少于2年。检测结果必须由在本领域5年以上工作经验者校核，校核者必须在检测记录和报告中签字，以示负责。

（4）检测人员应了解计量法常识及国际单位制基本内容，能运用数理统计方面的知识对检测结果进行数据处理。

（5）检测人员要坚持原则，对检测工作、数据处理工作持严肃态度，要以数据说话。

（二）试验检测人员纪律

（1）认真学习贯彻国家、部门、地方有关质量方面的文件、政策、法令、法规，严格按产品技术标准、试验检测规程进行各项测试工作。

（2）坚持原则、忠于职守，遵守质检机构规定的各项规章制度。

（3）不准利用职权和工作条件接受受检企业或单位的礼品。

（4）不准擅自多抽或少抽样品，不准违章自理或使用样品。

（5）不准受贿，不准假公济私、弄虚作假。

（6）作风正派，秉公办事。

（7）严谨细致，实事求是，操作准确，保证工作质量，对检测数据负责。

（8）按要求及时试验，提供检测报告。

（9）对客户信息和保密的资料数据负有保密责任。

（三）检测前的准备工作和检测结束后的检查程序

1. 检测工作开始前的检查程序

（1）检测人员应对试样的被测部分的外观质量或品质进行检查，确保试样质量；填写委托时，应注明样品的来源、数量和参数，明确取样方法，抽样人员不能少于2人，取样和校核人对样品质量亦应负责。

（2）应对试验室的环境条件（如温度、湿度、电源等）进行检查。

（3）应检查仪器、设备的工作性能是否正常，是否有计量合格证或准用证；开始试验。

（4）在运行不可重复的试验前，应对检测方法、仪器、条件等进行检查，当确认正常后再开始。

2. 检测工作结束后的检查程序

（1）对全部检测数据进行复核，确认无误后，对被测试样的被测部分作检后处理。

（2）检测结束后，检测人员应对测试仪器、设备的技术状况进行检查，并填写使用记录。

（3）用于现场检测的仪器、设备，使用完后，在检测机构办理归还手续时，应由借出人与仪器设备保管员共同进行技术性复查并做记录。

（四）试验检测工作程序

1. 室内试验检测工作程序

（1）接受送样委托，并填写试验委托单。

（2）样品管理员负责样品的接收与保管。

（3）部门负责人安排试验任务，确定试验项目负责人。

（4）检验人员根据任务通知单从样品管理员处申领样品。

（5）检验人员按有关标准、规程、实施细则的规定进行检验，并认真填写原始记录。

（6）原始数据处理、复核后编写试验报告，部门负责人及其授权人进行初审。

（7）将报告送质量负责人、技术负责人进行审核。

（8）原始记录资料、检测报告送档案室归档保存。

（9）技术资料送档案室归档保存。

（10）试验设备的管理程序，包括采购、管理、编号、保养、检定、借出、归还、使用记录、维修记录等。

2. 现场检测试验工作程序

（1）接受试验委托。

（2）与委托单位、设计单位、质量监督部门共同确定检测内容及技术要求。

（3）部门负责人安排检测任务、确定检测项目负责人。

（4）检测项目负责人根据承检项目的有关标准、规范、实施细则并按照委托合同的有关内容，编制检测方案。

（5）技术负责人、质量负责人对检测方案进行审核后报中心主任批准。

（6）检测项目负责人根据检测方案落实有关准备工作。

（7）检测项目负责人组织与实施检测试验工作。

（8）检测项目负责人根据检测结果编写检测报告，并由专人进行复核。

（9）将报告送质量负责人、技术负责人进行审核。

（10）原始记录资料、检测报告送档案室归档保存。

（11）技术资料送档案室归档保存。

（五）试样保管制度

（1）试样由专人负责保管。

（2）接受样品时，由专人确认样品的规格、数量、外观完好性及检测要求后进行登记，并由送样单位和接收人签名。

（3）样品要有明确的标识：工程名称、编号、送样日期、批号、龄期、检验项目等，确保样品不致混淆。

（4）环境条件应符合保管样品的要求。

（5）现场采集的试样，要及时登记、注上标记，并有可靠的运输、保管措施，保证样品不致损坏、变形、变质。

（6）不得将样品转借或做他用。

（7）对非破坏性检测的样品，在检测工作结束并经核实检测结果无误后，将样品保存3个月后方可处理；一般样品不能退回送检单位，特殊情况需退回时，应报质量负责人批准并记录。

（8）破坏性检测样品，检测工作结束后，一般不予保留，应统一堆放，不得随意丢弃。

（9）样品在检测过程中遇到意外检测破坏时，检测人员应将破坏的原因和情况填写在"检测任务通知单"内，及时报质量负责人处理。

（六）试验检测数据的处理

1. 试验检测数据整理

试验检测数据的处理是试验检测工作中的一个重要内容。由于试验检测中得到的数值都是近似值，而且在运算过程中，还可能要运用无理数构成的常数，因此，为了获得准确的试验检测结果，同时也为了节省运算时间，必须按误差理论的规定和数字修约规则截取所需要的数据。此外，误差表达方式反映了对试验检测结果的认识是否正确，也利于用户对试验检测结果的正确理解。由于目前尚未规定报告上必须注明不确定度，暂时可以不考虑。

（1）数据处理应注意：检测数据有效位数的确定方法；检测数据异常值

的判定方法；区分可剔除异常值和不可剔除异常值；整理后的数据应填入原始记录的相应部分。

（2）检测数据的有效位数应与检测系统的准确度相适应，不足部分以"零"补齐，以便测试数据位数相等。

（3）同一参数检测数据个数少于3时，用算术平均值法；测试个数大于3时，建议采用数理统计方法，求算代表值。

（4）测试数据异常值的判断，对于每一单元内检测结果中的异常值用格拉布斯（Crabbs）法，检测各试验室平均值中的异常值用狄克逊（Dixon）法。

这里要强调一下，对比检测是用3台与原检测仪器准确度相同的仪器对检测项目进行重复性试验。若检测结果与原检测数据相符，则证明此异常值是由产品性能波动造成的；若不相符，则证明此值是因仪器造成，可以剔除。

2. 试验检测结果判断

在工程质量检验评定中，施工质量的不合格率是大家所关心的问题。由于所抽子样的数据都是随机变量，它们总是存在一定波动。看到数据有一些变化，或某检测数据低于技术规定要求，就认为施工质量或产品有问题，这样的判断方法是不慎重的，也是缺乏科学根据的，因此很容易给施工带来损失。

（七）检测事故分析报告

检测过程发生下列情况按事故处理：

（1）试样丢失或损坏。

（2）原始记录、检测报告等技术资料丢失。

（3）检测人员操作错误、检测仪器的设备、检测条件等不符合检测工作要求，试验方法有误，数据差错，而造成的检测结论错误。

（4）检测过程中发生人身伤亡。

（5）检测过程中发生仪器、设备损坏。

凡违反上述各项规定所造成的事故均为责任事故，可按经济损失的大小、人身伤亡情况分成小事故、大事故和重大事故。

重大或大事故发生后，应立即采取有效措施，防止事态扩大，抢救负伤人员，并保护现场，通知有关人员处理事故。

事故发生后3天内，由发生事故部门填写事故报告单，报告办公室。

事故发生后5天内，由中心负责人主持，召开事故分析会，对事故的直接责任者做出处理，对事故做善后处理并制定相应的办法，以防类似事故产生。

重大或大事故发生后7天内，中心应向上级主管部门补交事故处理专题报告。

（八）异常现象处理方法

检测过程中出现异常现象或突然的外界干扰时的处理办法如下：

（1）出现异常数据时，应停止检测工作，对试样质量、检测仪器设备的工作状态等进行详细检查，并记录检查情况。

（2）因外界干扰（如停电、停水等）而中断试验，干扰过后，检测工作重新开始。

（3）因检测仪器、设备故障或损坏而中断试验者，可用同等级的代用仪器、设备进行检测，或将损坏的仪器、设备修复，经验证合格后，才能开始检测。

（4）如发生检测仪器、设备损坏事故，被测试件损坏事故，人身伤亡等事故时，应保护现场，同时向主任或技术负责人报告，待妥善处理后再进行检测。

（九）检测实施细则的制定

1. 检测方法确定

当技术标准中未明确规定检测方法，或所规定的检测方法不能满足计量认证的要求时，由负责该工程的技术人员根据技术指标和要求，提出质量检测实施细则，由中心主任或副主任批准后实施。

2. 检测实施细则

检测实施细则包括如下内容：

（1）检测工作公正性的措施。

（2）检测所依据的技术标准、规程、规范。

（3）检测项目及技术要求。

（4）检测用仪器、设备的名称、型号、量程、精确度、操作规程、环境条件，对检测仪器设备的安装要求等。

（5）检测过程流程图。

（6）在检测过程中发生意外事故（如停电、停水、或仪器、设备发生意外损坏等）的处理办法。

（7）对检测过程中可能发生的意外事故制定相应的应急处理措施。

（8）检测结果判断方法。

（十）试验室管理制度

（1）试验室是进行检测、检定工作的场所，必须保持清洁、整齐、安静。

（2）试验室内禁止随地吐痰、吸烟、吃东西；禁止将与检测工作无关的物品带入试验室；工作人员不得在恒温恒湿室内喝水，禁止用湿布擦地，禁止开启门窗。

（3）要换鞋、换衣的试验室，不管任何人进入，都要按规定更换工作服、鞋。

（4）试验室应建立卫生值日制度，每天有人打扫卫生，每周彻底清扫一次，空调通风管每季度彻底清扫一次。

（5）下班后与节假日，必须切断电源、水源、气源，关好门窗，以保证试验室的安全。

（6）仪器设备的零部件要妥善保管，连接线、常用工具应排列整齐，说明书、操作手册和原始记录表等应专柜保管。

（7）带电作业应由两人以上操作，地面应采取绝缘措施，电烙铁应放在烙铁架上，电源线应排列整齐，不得横跨过道。

（8）试验室内设置消防设施、消火栓和灭火桶，灭火桶应经常检查，任何人不得私自挪动位置，不得挪作他用。

（9）在进行有毒有害气体产生的试验检测时，应注意实验室的通风，维护试验检测人员的身体健康。

（10）应注意环境保护，不能因为进行试验检测而污染环境。

四、公路隧道检测技术的内容

公路隧道检测技术涉及面广，内容很多。按隧道修建过程分，其主要内容包括：材料质量检测、超前支护与预加固围岩施工质量检测、开挖质量检测、初期支护施工质量检测、防排水质量检测、施工监控量测、混凝土衬砌质量检测、通风检测、照明检测等。也可按材料检测、施工检测、环境检测等内容分类。

1. 材料检测

在隧道工程的常用原材料中，衬砌材料属土建工程的通用材料，其检测方法可参阅有关文献；支护材料和防排水材料较具有隧道和地下工程特色。支护材料包括锚杆、喷射混凝土和钢构件等。锚杆杆体材质、锚固方式、杆体结构和托板形式等种类繁多，特性各异，分别适用于不同的工程条件；喷射混凝土有干喷、湿喷、潮喷3种，为了获取较好的力学特性和工程特性，往往在喷射混凝土混合料之外，还添加各种外加剂。所以锚喷材料的检测内容繁多，限于篇幅，本书只介绍锚喷的施工质量，材料的品质最终由锚喷的强度等指标反映。防排水材料对隧道工程特别重要，有些甚至是隧道与地下工程专用的材料。隧道防水材料包括：注浆材料、高分子合成卷材、排水管和防水混凝土等。值得指出的是，合成高分子防水卷材在我国发展很快，目前修建的公路隧道、地铁和部分铁路隧道都采用不同性能、不同规格的合成高分子卷材作防水夹层，取得了良好的效果。为了适应这种发展需要，将较详细地介绍其检测试验方法。

2. 施工检测

施工检测的内容十分丰富，可概括为两个方面，即施工质量检测和施工监控量测。

（1）施工质量检测

公路隧道工程上出现的种种质量问题，如渗漏水、衬砌开裂和限界受侵等，绝大部分都是在施工过程中埋下了质量隐患，因此必须对施工过程进行质量检测。其主要内容包括：超前支护及预加固、开挖、初期支护、防排水和衬砌混凝土质量检测。

在浅埋、严重偏压、岩溶、流泥地段、砂土层、砂卵（砾）石层、自稳性差的软弱破碎地层、断层破碎带以及大面积淋水或涌水地段进行施工时，由于隧道在开挖后自稳时间小于完成支护所需时间，或由于初期支护的强度不能满足围岩稳定的要求等原因，而产生坍塌、冒顶等工程事故，影响了施工安全，延误了工期，费工费料，危害极大。为避免上述情况，必须在隧道开挖前或开挖中采用辅助施工方法以增强隧道围岩稳定。显而易见，做好辅助施工措施的质量检查工作也是至关重要的。

爆破成形好坏对后续工序的质量影响极大，目前在检测爆破成形质量技术方面发展很快。发达国家已广泛使用隧道断面仪来及时检测爆破成形质量，我国在一些长大铁路隧道施工中也已开始使用断面仪。该仪器可以迅速测取爆破后隧道断面轮廓，并将其与设计开挖断面比较，从而得知隧道的超欠挖情况。应用隧道断面仪还可监测锚喷隧道围岩的变形情况。支护质量主要指锚杆安装质量、喷射混凝土质量和钢构件质量。对于锚杆，施工质量检测的内容有锚杆的间排距、锚杆的长度、锚杆的方向、注浆式锚杆的注满度、锚杆的抗拔力等；对于喷射混凝土，施工中应主要检测其强度、厚度和平整度；对于钢构件，则要检测构件的规格与节间连接、架间距、构件与围岩的接触情况以及与锚杆的连接。此外，对支护背后的回填密实度也要进行探测。

衬砌混凝土质量检测包括衬砌的几何尺寸、衬砌混凝土强度、混凝土的完整性、混凝土裂缝、衬砌背后的回填密度和衬砌内部钢架、钢筋分布等的检测。其中外观尺寸容易用直尺量测，混凝土强度及其完整性则需用无损探测技术完成，混凝土裂缝可用厚薄规（俗称塞尺）等简单方法检测，衬砌背后的回填密实度可采用地质雷达法和钻孔法检测。

（2）施工监控量测

施工监控量测是新奥法施工的一项重要内容，它既是施工安全的保障措施，又是优化结构受力、降低材料消耗的重要手段。量测的基本内容有隧道围岩变形、支护受力和衬砌受力。前面提到的隧道断面仪是目前最先进的隧道围岩变形量测仪器，利用它可迅速测定隧道周边的变形。围岩内部的位移，目前常用机械式多点位移计量测。锚杆受力可用钢筋计量测，喷射混凝土、钢构件和衬砌受力可用各种压力盒、混凝土应变计、表面应变计等量测。将量测结果人工或自动输入计算机，计算机便可根据反算力学模型，推求围岩中的应力场和位移场，据此推断围岩的稳定状态，调整支护或衬砌设计参数。如此反复，使支护与衬砌设计参数与围岩条件相协调，使施工方案不断优化。

3. 环境检测

环境检测可分为施工环境检测和运营环境检测。施工环境检测的主要任务是检测施工过程中隧道内的粉尘和有害气体。这里的有害气体主要指CH，我国西南地区修建隧道时经常遇到。若CO达到一定浓度，施工中防治措施不当，则可能引发CO爆炸，造成人身伤亡或经济损失。

运营环境检测包括通风、照明和噪声等。其中通风检测相对比较复杂，检测内容较多，主要有CO浓度、烟尘浓度和风速等，受来往车辆的影响不易获得准确的数据。照明检测技术较为先进，现有专供照明检测的车载照度仪、亮度仪，只要随车从隧道通过一趟，隧道内各区段的照明情况便可查清。噪声的检测也比较简单，用噪声计可直接数显隧道内噪声。

第二节　结构混凝土无损检测技术

桥隧混凝土结构、钢筋混凝土结构或预应力混凝土结构或构件的检验，依据交通运输部的有关标准，主要包括内容有三个方面：一是施工阶段的质量控制，包括原材料的试验检测、混凝土浇筑前的检查等；二是外观质量检测，主要是在构件成形达到一定强度后检测结构实物的尺寸和位置偏差、混凝土表面平整度、蜂窝、麻面、露筋及裂缝等；三是构件混凝土的强度等级，通常以立方体试件的抗压强度来反映，当对某一方面的检验内容产生怀疑时，如构件的强度离散大、强度不足或振捣不密实时，通常还需要用混凝土的无损检测技术来判定混凝土的强度和缺陷。

混凝土的无损检测技术，是指在不影响结构构件受力性能或其他使用功能的前提下，直接在构件上通过测定某些适当的物理量，推定混凝土的强度、均匀性、连续性、耐久性等一系列性能的检测方法。

一、无损检测技术的特点

无损检测技术与常规的混凝土结构破坏试验相比，具有如下一些特点：

（1）不破坏被检测构件，不影响其使用性能，且简便快速。

（2）可以在构件上直接进行表层或内部的全面检测，对新建工程和既有结构物都适用。

（3）能获得破坏试验不能获得的信息，如能检测混凝土内部空洞、疏松、开裂、不均匀性、表层烧伤、冻害及化学腐蚀等。

（4）可在同一构件上进行连续测试和重复测试，使检测结果有良好的可比性。

（5）测试快速方便，费用低廉。

（6）由于是间接检测，检测结果要受到许多因素的影响，检测精度要差一些。

目前，混凝土无损检测技术主要用于既有构件的强度推定、施工质量检验、结构内部缺陷检测等方面。随着对混凝土制作全过程质量控制要求的不断提高，对既有结构物维修养护的日益重视，无损检测技术在工程建设中会发挥越来越重要的作用。

二、常用无破损检测方法

在我国的已有建筑物中，按设计龄期计算，已有不少建筑物进入了"中年"或"老年"，有不同程度的损伤或老化，或已不能满足当前的使用要求，对于判断其安全性如何以及新建工程的质量怎样，混凝土非破损检测技术都有着不可替代的重要作用。混凝土非破损检测技术能较好地反映结构物中混凝土的均匀性、连续性、强度和耐久性等质量指标。

混凝土的非破损检测方法随着混凝土功能的多样化而随之演变出许多方法，如脉冲回波法、雷达扫描法、红外热谱法等。我们主要介绍回弹法、超声法，它们的特点是测试方便、费用低廉，这两种方法在我国已普遍用于工程检测，并已制定相应的技术规程。在强度检测方面，这两类方法主要用于工地上控制早期混凝土强度的发展水平，作为施工质量控制的手段。超声法还可用来检测结构的内部缺陷。同时，以采用超声回弹法来综合评定混凝土的质量，它比单一物理量的非破损检测方法具有更高的可靠度，可以认为综合检测法是混凝土检测技术的一个重要发展方向。另外，我们在本书中也介绍了钻取芯样试件的半破损方法。这一方法检测精度较高，在我国亦得到广泛使用。由于该方法将造成结构或构件局部破坏，不宜在同一结构中大面积使用，因此，多把钻芯法与其他非破损检测方法结合起来使用，一方面利用钻芯法来校正非破损法的检测结果，以提高检测的可靠性；另一方面利用非破损方法检测混凝土的均匀性，以减少钻取芯样的数量。

三、非破损检测技术的适用范围

非破损检测技术在结构混凝土检测中的应用主要有：结构混凝土的强度检测、内部缺陷的检测以及其他性能的检测。

1. 结构混凝土的实际强度检测

用非破损检测方法，如回弹法，直接在结构物上检测，进而推定混凝土的实际强度。

（1）由于施工控制不严，或在施工过程中由于某种意外事故可能影响混凝土的质量，以及发现预留试块的取样、制作、养护、抗压强度等不符合有关技术规程或标准，怀疑试样的强度不能够代表结构混凝土的实际强度时，应采用非破损检测方法（包括半破损检测方法）来检测和推定结构中混凝土的强度，作为处理问题的依据。

（2）当需要了解混凝土在施工期间的强度增长情况，以便满足结构或构件的拆模、养护、吊装、预应力筋张拉或放张，以及施工期间负荷对混凝土强度的要求时，可用非破损检测方法连续监测结构混凝土强度的增长情况，以便及时调整施工进程。在确保质量的前提下加快施工进度，加速场地周转，降低能耗。同时，也可以用非破损检测技术作为施工过程质量监控的重要手段，以便迅速反馈给有关班组，及时调整工艺参数。

（3）对已建结构需要进行维修、加层、拆除等决策时，或已建结构受破坏性因素影响时，可用非破损检测方法对原有混凝土进行强度推定，以便提供改建、加固设计时的基本强度参数和其他设计依据。

2. 结构混凝土内部缺陷的检测

混凝土工程常会出现一些病害、缺陷。即使整个结构或构件的混凝土的普遍强度已经达到设计要求，但是，由于这些缺陷的存在也会使得结构或构件的整体承载能力严重下降，因此必须探明缺陷的部位、大小和性质，以便采取切实的修补措施或采取对策。

混凝土出现缺陷的成因甚为复杂，病因较多，主要有以下几种情况：

（1）施工过程控制不好，混凝土没有捣实或模板漏浆，以及施工缝黏结不良等原因，造成局部疏松、蜂窝、孔洞、灌浆黏合不全、施工缝结合不良等缺陷，需要检测缺陷的位置、范围和性质。

（2）施工过程中由于温度变形及干燥收缩，以及早期施工超载所形成的早期裂缝，需检测其开展深度和走向。

（3）结构混凝土受到环境侵蚀或灾害性损害，产生由表及里的层状损伤，需要检测受损层的厚度与范围。

（4）混凝土承载后若受力损伤，形成裂缝，则需检测裂缝的开展深度。

各种类型的病害缺陷需要与之相适应的检查诊断手段。本书仅介绍超声波检测法与钻取芯样法。如混凝土的干缩裂缝或冷缩裂缝，仅从其外观形态、工程特征及环境条件上就可以判明产生原因。钢筋锈胀后的沿筋裂缝，外观上也容易判认。对混凝土工程的内部缺陷，如孔洞、缝隙、离析及松弱夹层等，则可采用超声法进行探测，但需要由有经验的专业人员慎重检测评估。在检查工程病害中,大多也需要测试混凝土的实际强度,以助于研究病情。探查混凝土工程内部缺陷最直观、最有效的手段是钻取芯样,通过合理布置钻位,钻孔所取出的芯样,可借以"直接"观察,判断整个工程的内部情况,再结合对芯样进行强度、重度、吸水率等的试验,则可更全面切实地评估病情病因或质量水平。

第三节 桥梁上部结构检测技术

一、基本常识

(1)预应力:在结构和构件承受其他作用前,预先施加的作用力所产生的应力。

(2)后张预应力:先浇筑混凝土的构件,待达到规定强度后,再施加的预应力。

(3)锚具:在后张法结构或构件中,为保持预应力筋的拉力并将其传递到混凝土上所用的永久性锚固装置。锚具可分为两类:

①张拉端锚具:安装在预应力筋端部且可用于张拉的锚具。

②固定端锚具:安装在预应力筋端部,通常埋入混凝土中且不用于张拉的锚具。

(4)夹具:在先张法构件施工时,为保持预应力筋的拉力并将其固定在生产台座(或设备)上的临时性锚固装置;在后张法结构或构件施工时,在张拉千斤顶或设备上夹持预应力筋的临时性锚固装置(又称工具锚)。

(5)连接器:用于连接预应力筋的装置。

(6)预应力钢材:各种预应力混凝土用的钢丝、钢绞线或钢筋的统称。

(7)预应力筋:在预应力结构中用于建立预加应力的单根或成束的预应力钢丝、钢绞线或钢筋。有黏结预应力筋是和混凝土直接黏结的或是在张拉后通过灌浆使之与混凝土黏结的预应力筋;无黏结预应力筋是用塑料、油脂等涂包的预应力筋,可以布置在混凝土结构体内或体外,且不能与混凝土黏结,这种预应力筋的拉力永远只能通过锚具和变向装置传递给混凝土。

(8)预应力筋—锚具组装件:单根或成束预应力筋和安装在端部的锚具

组合装配而成的受力单元。

（9）预应力筋—夹具组装件：单根或成束预应力筋和安装在端部的夹具组合装配而成的受力单元。

（10）预应力筋—连接器组装件：单根或成束预应力筋和连接器组合装配而成的受力单元。

（11）内缩：预应力筋在锚固过程中，由于锚具各零件之间、锚具与预应力筋之间的相对位移和局部塑性变形所产生的预应力筋的回缩现象。回缩长度与锚具构造和张拉锚固工艺有关。

（12）预应力筋—锚具组装件的实测极限拉力：预应力筋—锚具组装件在静载试验过程中达到的最大拉力。

（13）预应力筋—夹具组装件的实测极限拉力：预应力筋—夹具组装件在静载试验过程中达到的最大拉力。

（14）受力长度：锚具、夹具或连接器试验时，预应力筋两端的锚具、夹具之间或锚具与连接器之间的净距离。

（15）预应力筋的效率系数：受预应力钢材根数、孔道状况及试验装置等因素的影响，考虑预应力筋拉应力不均匀的系数。

二、张拉设备校验

1. 校验条件

（1）新千斤顶初次使用前。

（2）油压表指针不能退回零点时。

（3）千斤顶、油压表和油管进行过更换或维修后。

（4）当千斤顶使用超过6个月或张拉超过200次以上。

（5）在使用过程中出现其他不正常现象。

2. 校验方法

校验应在经主管部门授权的法定计量技术机构进行。校验时，应将千斤顶、油泵及油压表一起配套进行。校验用的标准仪器可选用材料试验机，或压力（拉力）传感器。该标准仪器的精度不得低于±2%，压力表的精度不宜低于1.5级，最大量程不宜小于设备额定张拉力的1.3倍。校验时，千斤顶活塞的运行方向应与实际张拉工作状态一致。

（1）用长柱压力试验机校验

校验时，应采取被动校验法，即在校验时用千斤顶试验机，这样活塞运行方向、摩擦阻力的方向与实际工作时相同，校验比较准确。

在进行被动校验时，压力试验机本身也有摩擦阻力，且与正常使用时相反，故试验机表盘读数反映的也不是千斤顶的实际作用力。因此，用被动法校验千斤顶时，必须事先用具有足够吨位的标准测力计对试验机进行被动标定，以确定试验机的度盘读数值。标定后在校验千斤顶时，就可以从试验机度盘上直接读出千斤顶的实际作用力以及相应的油压表的准确读数。

（2）用标准测力计校验

用水银压力计、测力环、弹簧拉力计等标准测力计校验千斤顶，是一种简单可靠的方法。校验拉杆式千斤顶的附加装置与压力试验机校验时相同。校验时，开动油泵，千斤顶进油，活塞杆推出，顶压测力计。

三、预应力构件试验检测

（一）先张法施工的技术要求

1. 台座

先张法墩式台座结构应符合下列规定：

（1）承力台座需具有足够的强度和刚度，其抗倾覆安全系数应不小于1.5，抗滑移系数应不小于1.3。

（2）横梁需有足够的刚度，受力后挠度应不大于2mm。

（3）在台座上铺放预应力筋时，应采取措施防止弄脏预应力筋。

（4）张拉前，应对台座、横梁及各项张拉设备进行详细检查，符合要求后方可进行操作。

2. 张拉

（1）同时张拉多根预应力筋时，应预先调整其初应力，使相互之间的应力一致；张拉过程中，应使活动横梁与固定横梁始终保持平行，并应抽查力筋的预应力值，其偏差的绝对值不得超过按一个构件全部力筋预应力总值的5%。

（2）预应力筋张拉完毕后，与设计位置的偏差不得大于5mm，同时不得大于构件最短边长的4%。

（3）预应力筋的张拉应符合设计要求，设计无规定时，其张拉程序可按规定进行。

(4)张拉时,预应力筋的断丝数量不得超过相关的规定。

3. 放张

(1)预应力筋放张时的混凝土强度须符合设计规定,设计未规定时,不得低于设计的混凝土强度等级值的75%。

(2)预应力筋的放张顺序应符合设计要求,设计未规定时,应分阶段、对称、相互交错地放张。在力筋放张之前,应将限制位移的侧模、翼缘模板或内模拆除。

(3)多根整批预应力筋的放张,可采用砂箱法或千斤顶法。用砂箱放张时,放砂速度应均匀一致;用千斤顶放张时,放张宜分数次完成。单根钢筋采用拧松螺母的方法放张时,宜先两侧后中间,并不得一次将一根力筋松完。

(4)钢筋放张后,可用乙炔—氧气切割,但应采取措施防止烧坏钢筋端部。钢丝放张后,可用切割、锯断或剪断的方法切断;钢绞线放张后,可用砂轮锯切断。长线台座上预应力筋的切断顺序,应由放张端开始,逐次切向另一端。

(二)后张法施工的技术要求

1. 预留孔道

(1)预应力筋预留孔道的尺寸与位置应正确,孔道应平顺,端部的预埋钢垫板应垂直于孔道中心线。

(2)管道应采用定位钢筋固定安装,使其能牢固地置于模板内的设计位置,并在混凝土浇筑期间不产生位移。固定各种成孔管道用的定位钢筋的间距,对于钢管不宜大于1m;对于波纹管不宜大于0.8m;对于胶管不宜大于0.5mm;对于曲线管道宜适当加密。

(3)金属管道接头处的连接管宜采用大一个直径级别的同类管道,其长度宜为被连接管道内径的5~7倍。连接时应不使接头处产生角度变化及在混凝土浇筑期间发生管道的转动或移位,并应缠裹紧密,防止水泥浆的渗入。

(4)所有管道均应设压浆孔,还应在最高点设排气孔及需要时在最低点设排水孔。压浆管、排气管和排水管应是最小内径为20mm的标准管,或适宜的塑性管,与管道之间的连接应采用金属或塑料结构扣件,长度应足以从管道引出结构物以外。

(5)管道在模板内安装完毕后,应将其端部盖好,防止水或其他杂物进入。

2. 预应力筋安装

（1）预应力筋可在浇筑混凝土之前或之后穿入管道。对钢绞线，可将一根钢束中的全部钢绞线编束后整体装入管道中，也可逐根将钢绞线穿入管道。穿束前应检查锚垫板和孔道。

锚垫板应位置准确孔道内应畅通，无水和其他杂物。

（2）预应力筋安装后的保护。

①对在混凝土浇筑及养生之前安装在管道中，但在下列规定时限内没有压浆的预应力筋，应采取防止锈蚀或其他防腐蚀的措施，直至压浆。

不同暴露条件下，未采取防腐蚀措施的力筋在安装后至压浆时的容许间隔时间为：空气湿度大于70%或盐分过大时，7d；空气湿度40%~70%时，15d；空气湿度小于40%时，20d。

②在力筋安装在管道中后，管道端部开口应密封，以防止湿气进入。采用蒸气养生时，在养生完成之前不应安装力筋。

③在任何情况下，当在安装有预应力筋的构件附近进行电焊时，对全部预应力筋和金属件均应进行保护，防止溅上焊渣或造成其他损坏。

（3）对在混凝土浇筑之前穿束的管道，力筋安装完成后，应进行全面检查，以查出可能被损坏的管道。在混凝土浇筑之前，必须将管道上一切非有意留的孔、开口或损坏之处修复，并应检查力筋能否在管道内自由滑动。

3. 张拉

（1）对力筋施加预应力之前，应对构件进行检验，外观和尺寸应符合质量标准要求。张拉时，构件的混凝土强度应符合设计要求，设计未规定时，不应低于设计强度等级值的75%。

（2）预应力筋的张拉顺序应符合设计要求，当设计未规定时，可采取分批、分阶段对称张拉。

（3）应使用能张拉多根钢绞线或钢丝的千斤顶同时对每一钢束中的全部力筋施加应力，但对扁平管道中不多于4根的钢绞线除外。

（4）预应力筋张拉端的设置应符合设计要求，当设计无具体要求时，应符合下列规定：

①对曲线预应力筋或长度大于等于25m的直线预应力筋，宜在两端张拉；对长度小于25m的直线预应力筋，可在一端张拉。

②曲线配筋的精轧螺纹钢筋应在两端张拉，直线配筋的可在一端张拉。

③当同一截面中有多束一端张拉的预应力筋时，张拉端宜分别设置在构件的两端。预应力筋采用两端张拉时，可先在一端张拉锚固后，再在另一端补足预应力值进行锚固。

（5）后张预应力筋的张拉应符合设计要求。

（6）后张预应力筋断丝及滑移不得超过规定的控制数。

（7）预应力筋在张拉控制应力达到稳定后方可锚固。预应力筋锚固后的外露长度不宜小于30mm，锚具应用封端混凝土保护，当需长期外露时，应采取防止锈蚀的措施。一般情况下，锚固完毕并经检验合格后，即可切割端头多余的预应力筋，严禁用电弧焊切割，强调用砂轮机切割。

四、预应力孔道压浆

（一）预应力孔道

在后张有黏结预应力混凝土结构中，力筋的孔道宜由浇筑在混凝土中的刚性或半刚性管道构成，对一般工程，也可采取钢管抽芯、胶管抽芯及金属伸缩套管抽芯等方法进行预留。

浇筑在混凝土中的管道应不允许有漏浆现象。管道应具有足够的强度，以使其在混凝土的重量作用下能保持原有的形状，且能按要求传递黏结应力。

1. 对管道材料的规定

（1）除本规范规定之外，刚性或半刚性管道应是金属的。刚性管道应具有光滑的内壁并可被弯曲成适当的形状而不出现卷曲或被压扁；半刚性管道应是波纹状的金属螺旋管。金属，道宜尽量采用镀锌材料制作

（2）制作半刚性波纹状金属螺旋管的钢带应符合现行《铠装电缆用冷轧钢带》（GB 4175.1—1984）和现行《铠装电缆镀锌钢带》（GB 4175.2—1984）的有关规定，并附有合格证书。钢带厚度应根据管道直径、设置时间（在浇筑混凝土前或后设置钢束）及是否有特殊用途而定，一般情况厚度不宜小于0.3mm。

注：近几年塑料波纹管已在工程中使用，这种完全密封和水密封的系统提供超卓的防腐蚀保护，并消除钢绞线束与塑料壁之间疲劳磨损；同时也减少了摩擦。关于其技术要求及检验详见有关企业标准。

2. 金属螺旋管的检验规定

（1）金属螺旋管进场时，除应按出厂合格证和质量保证书核对其类别、

型号、规格及数量外,还应对其外观、尺寸、集中荷载下的径向刚度、荷载作用后的抗渗漏及抗弯曲渗漏等进行检验。工地自行加工制作的管道亦应进行上述检验。要求外观应清洁,内外表面无油污,无引起锈蚀的附着物,无孔洞和不规则的折皱,咬口无开裂、无脱扣。在规定的集中荷载和均布荷载用后,或在弯曲情况下,不得渗出水泥浆,但允许渗水。

(2)金属螺旋管应按批进行检验。每批应由同一钢带生产厂生产的同一批钢带所制造的金属螺旋管组成,累计半年或50 000m生产量为一批,不足半年产量或50 000m也作为一批的,则取产量最多的规格。

(3)当按本条第1款规定的项目检验结果有不合格项目时,应以双倍数量的试件对该不合格项目进行复验,复验仍不合格时,则该批产品为不合格。

(4)在桥梁的某些特殊部位,当设计规定时,可采用符合要求的平滑钢管和高密度聚乙烯管。

(5)用作管道的平滑钢管和聚乙烯管,其壁厚不得小于2mm。

(6)一般情况下,管道的内横截面积至少应是预应力筋净截面积的2.0~2.5倍。如果由于某种原因,管道与预应力筋的面积比低于给定的极限,则应通过试验验证其可以进行正常压浆作业。对于超长钢束的管道,亦应通过试验来确定其面积比。

(7)制孔采用胶管抽芯法时,胶管内应插入芯棒或充以压力水,以增加刚度;采用钢管抽芯法时,钢管表面应光滑,焊接接头应平顺。抽芯时间应通过试验确定,以混凝土抗压强度达到0.4~0.8MPa时为宜,抽拔时不应损伤结构混凝土。抽芯后,应用通孔器或压气、压水等方法对孔道进行检查,如发现孔道堵塞或有残留物或与邻孔有串通,应及时处理。

(二)水泥浆的技术条件

在后张法预应力混凝土构件施工中,当预应力钢筋张拉完毕后,应尽早向预应力筋孔道压注水泥浆,以保证预应力筋不锈蚀,并与构件混凝土牢固黏结为整体。一般采用水泥净浆作为孔道压浆材料。

水泥浆的技术条件应符合下列规定。

(1)水泥浆的强度应符合设计规定,设计无具体规定时,一般不应低于构件混凝土强度的80%,且不低于30MPa。

(2)水泥浆原材料的技术要求如下:

①水泥。宜采用硅酸盐水泥或普通水泥。采用矿渣水泥时,应加强检验,

防止材性不稳定。水泥的强度等级不宜低于42.5级。水泥不得含有任何团块。

②水。应不含有对预应力筋或水泥有害的成分，每升水不得含500 mg以上的氯化物离子或任何一种其他有机物。可采用清洁的饮用水。

③外加剂。宜采用具有低含水量、流动性好、最小渗出及膨胀性等特性的外加剂，它们应不得含有对预应力筋或水泥有害的化学物质。

水泥浆可通过试验掺入适量膨胀剂（如铝粉等），以利于水泥浆与构件的良好接触。铝粉的掺量约为水泥用量的0.01%。但水泥浆掺入膨胀剂后的自由膨胀率应小于10%。铝粉的纯度应在99%以上，有效细度在50 μm以下，由于铝粉易浮于水面，拌和水泥浆时，在加水拌和前，最好先将铝粉掺入水泥中拌和均匀后，再加水拌和。

④对截面较大的孔道，水泥浆中可掺入适量的细砂，其细度模数以1.3~2.2为宜，砂的掺量不应大于水泥用量的50%，并通过试验确定，一定要保证水泥浆的强度。

（3）水泥浆应有良好的和易性，其水灰比宜为0.40~0.45，掺入适量减水剂时，水灰比可减到0.35。

（4）水泥浆的泌水率最大不得超过3%，拌和后3 h泌水率宜控制在2%，泌水应在24 h内重新全部被水泥浆吸回。

（5）水泥浆稠度宜控制在14~18 s之间。

（6）水泥浆调制后，应经常搅动，并应在30~45 min的时间内用完。

（三）水泥浆施工技术要求

（1）孔道的准备

压浆前，应对孔道进行清洁处理。对抽芯成形的混凝土空心孔道应冲洗干净并使孔壁完全湿润；金属管道必要时亦应冲洗，以清除有害材料；对孔道内可能发生的油污等，可采用已知对预应力筋和管道无腐蚀作用的中性洗涤剂或皂液，用水稀释后进行冲洗。冲洗后，应使用不含油的压缩空气将孔道内的所有积水吹出。

（2）水泥浆自拌制至压入孔道的延续时间，视气温情况而定，一般在30~45 min范围内。

水泥浆在使用前和压注过程中应连续搅拌。对于因延迟使用所致的流动度降低的水泥浆，不得通过加水来增加其流动度。

（3）压浆时，对曲线孔道和竖向孔道应从最低点的压浆孔压入，由最高点的排气孔排气和泌水。压浆顺序宜先压注下层孔道。

（4）压浆应缓慢、均匀地进行，不得中断，并应将所有最高点的排气孔依次放开和关闭，使孔道内排气通畅。较集中和邻近的孔道，宜尽量先连续压浆完成，不能连续压浆时，后压浆的孔道应在压浆前用压力水冲洗通畅。

（5）对掺加外加剂泌水率较小的水泥浆，通过试验证明能达到孔道内饱满时，可采用一次压浆的方法；不掺外加剂的水泥浆，可采用二次压浆法，两次压浆的间隔时间宜为30~45min。

（6）压浆应使用活塞式压浆泵，不得使用压缩空气。压浆的最大压力宜为0.5~0.7MPa；当孔道较长或采用一次压浆时，最大压力宜为1.0MPa，梁体竖向预应力筋孔道的压浆最大压力可控制在0.3~0.4MPa，压浆应达到孔道另一端饱满和出浆，并应达到排气孔排出与规定稠度相同的水泥浆为止。为保证管道中充满灰浆，关闭出浆口后，应保持不小于0.5MPa的一个稳压期，该稳压期不宜少于2min。

（7）压浆过程中及压浆后48h内，结构混凝土的温度不得低于5℃，否则应采取保温措施当气温高于35℃时，压浆宜在夜间进行。

（8）压浆后应从检查孔抽查压浆的密实情况，如有不实，应及时处理和纠正。压浆时，每一工作班应留取不少于3组的70.7mm×70.7mm×70.7mm立方体试件，标准养护28d，检查其抗压强度，作为评定水泥浆质量的依据。

（9）对需封锚的锚具，压浆后应先将其周围冲洗干净并对梁端混凝土凿毛，然后设置钢筋网浇筑封锚混凝土。封锚混凝土的强度应符合设计规定，一般不宜低于构件混凝土强度等级值的80%。必须严格控制封锚后的梁体长度。长期外露的锚具，应采取防锈措施。

（10）对后张预制构件，在管道压浆前不得安装就位，在压浆强度达到设计要求后方可移运和吊装。

（11）孔道压浆应填写施工记录。

第四节　桥梁成桥检测技术

桥梁结构荷载试验就是对桥梁结构物进行直接加载测试的一项科学试验

工作，其目的是通过荷载试验，了解桥梁结构在试验荷载作用下的实际工作状态，从而判断桥梁结构的安全承载能力及评价桥梁的营运质量。对于一些在理论上难以计算的部位，通过荷载试验可达到直接了解其受力状态的目的；通过荷载试验常常有助于发现在一般性检查中难以发现的隐蔽病害；通过荷载试验可以检验桥梁结构的设计与施工质量；通过荷载试验可以确定旧桥结构实际的承载能力，为制订桥梁加固或改建技术方案提供依据。此外，通过对新建桥梁结构的竣工荷载试验以及针对性很强的研究性试验，则可为发展桥梁设计理论和提高施工工艺水平，不断地积累技术数据并提供科学依据。桥梁荷载试验是新型桥梁结构性能研究、各类桥梁施工质量与结构承载能力评定工作的重要手段，普及桥梁荷载试验技术，搞好试验工作并做出桥梁结构性能的正确评定，对于推动我国桥梁建设，提高桥梁工程质量，挖掘服役桥梁承载潜能，都具有十分重要的意义。

一、荷载试验的任务

桥梁荷载试验的任务是根据试验目的和要求来确定的。一般地说，桥梁荷载试验的主要任务如下：

1. 确定桥梁结构的承载能力及营运条件

对于重要的桥梁结构，除在设计阶段即进行必要项目的试验研究外，通常在桥梁建成竣工后，通过荷载试验来鉴定桥梁结构的质量和营运条件，分析判断桥梁的实际承载能力。对于需改建或加固的桥梁，通过荷载试验可进一步提供桥梁改造技术依据，尤其对于缺少技术资料的旧桥更为重要。对于新型桥梁及运用新材料、新工艺等的复杂桥梁结构，通过系统的荷载试验，可以了解和掌握结构在荷载作用下的实际受力状态，验证结构计算图式，并探索具有普遍意义的规律，为充实和发展桥梁结构的计算理论和施工工艺积累科学资料。

2. 分析桥梁病害原因及其变化规律

对于遭受到洪水、冰冻、地震、撞击、河床挖坑或冲刷而损伤的桥梁结构，或在桥梁建造或使用期间发现有严重缺陷，如过大的变形或裂缝等，常通过桥梁荷载试验进行综合分析研究，提出合理的整治方案和养护措施。

3. 检验桥梁结构的内在质量

对新型桥梁或加固、改建桥梁进行竣工验收鉴定，以对桥梁结构整体受力性能是否达到设计文件和规范标准的要求做出评价，检验预期的设计效果。

二、荷载试验的内容

根据试验荷载的作用性质，桥梁荷载试验可分为静载试验和动载试验。桥梁结构的静载试验和动载试验，虽然在试验目的和内容上都很不相同，但对承受以车辆荷载为主的桥梁结构来说，这两种性质的荷载试验对于全面分析和了解桥梁结构的工作状态是同样重要的。静载试验可在结构上布置较多的测点，便于更全面地分析结构的受力情况。动载试验则是研究分析桥梁结构在车辆荷载或其他动力荷载作用下的振动特性所必需的。在桥梁动载试验中，按作用方式可将动力荷载分为冲击荷载、振动荷载和制动荷载。在试验中可根据试验的具体要求来选择荷载方式。目前，在桥梁设计实践中，对于车辆荷载所产生的动力作用的影响，采用了在结构静力计算的基础上引入活载冲击系数的方法来考虑。以跨长或加载长度作为参数的冲击系数是一个概括了多种影响因素的综合性技术指标。冲击系数的数值范围一般是通过桥梁动载试验，并经综合分析研究确定的。

桥梁的荷载试验是一项复杂而细致的工作，技术含量高，应根据荷载试验的目的进行认真的调查分析，必要时进行相关理论分析。荷载试验的主要内容为：

（1）荷载试验的方案拟定（包括静载试验与动载试验测试项目）。

（2）荷载试验的测点设置与测试仪器、设备组配。

（3）荷载试验的加载等级控制与试验过程安全控制。

（4）试验数据分析与结构性能评定。

（5）试验报告编写。

三、荷载试验的预备工作

一般情况下，桥梁荷载试验应按3个阶段进行，即计划与准备阶段、加载与测试阶段、分析总结阶段。计划与准备阶段的工作是顺利地进行桥梁荷载试验的必要条件。计划与准备阶段的工作内容主要有：收集、研究试验桥梁的有关技术文件，考察试验桥梁的现状和试验的环境条件，拟定试验方案及试验程序，确定试验组织及人员组成，测试系统的构成，仪器的组配及标定，必要的器材准备等工作。荷载试验正式进行之前应做好下列准备工作：

1. 试验孔（或墩、塔）的选择

对多孔桥梁中跨径相同的桥孔（或墩、塔）可选1~3孔具有代表性的桥孔

（或墩、塔）进行加载试验。选择时应综合考虑以下因素：

（1）该孔（或墩、塔）计算受力最不利。

（2）该孔（或墩、塔）施工质量较差、缺陷较多或病害较严重。

（3）该孔（或墩、塔）便于搭设脚手架，便于设置测点或便于实施加载。

选择试验孔的工作应与制定计划前的调查工作结合进行。

2. 搭设脚手架和测试支架

脚手架和测试支架应分开搭设互不影响，脚手架和测试支架应有足够的强度、刚度和稳定性。脚手架要保证工作人员的安全，方便操作。测试支架要满足仪表安装的需要，不因自身变形影响测试的精度，同时还应保证试验时不受车辆和行人的干扰。脚手架和测试支架设置要因地制宜、就地取材、便于塔设和拆卸，一般采用木支架或建筑钢管支架。当桥下净空较大或为深水河流而不便搭设固定脚手架时，可考虑采用轻便活动吊架，两端用尼龙绳或细钢丝绳固定在栏杆或人行道缘石上。整套设置使用前应进行试验，以确保安全。活动吊架如需多次使用，可作成拼装式以便运输和存放。

目前国内部分地区已拥有桥梁专用检测车，其突出特点是快速、灵活、方便、安全，可作为桥梁荷载试验移动脚手架使用。晴天或多云天气下进行荷载试验时，阳光直射下的应变测点应设置遮挡阳光的设施，以减小温度变化造成的测试误差。雨季进行荷载试验时，则应准备仪器、设备等的防雨设施，以备不时之需。桥下或桥头用活动房或帐篷搭设临时实验室，安放数据采集仪器等，并供测试人员临时办公和看管设备之用。

3. 静载试验加载位置的放样和卸载位置的安排

静载试验前应在桥面上对加载位置进行放样，以便于加载试验的顺利进行。如加载工况较少、时间允许，可在每次工况加载前临时放样。如加载工况较多，则应预先放样，且用不同颜色的标志区别不同加载工况时的荷载位置。如试验荷载采用载重汽车，一般以汽车后轴或中轴控制荷载位置。

静载试验荷载卸载的安放位置应预先安排。卸载位置的选择既要考虑加卸载方便，离加载位置近一些，又要使安放的荷载不影响试验孔（或墩、塔）的受力，一般可将荷载安放在桥台后一定距离处。对于多孔桥，也可将荷载停放在桥孔上，但一般应停放在距试验孔较远处，以不影响试验测试为度。

4. 试验人员组织及分工

桥梁荷载试验是一项技术性较强的工作，最好能由专门的桥梁试验技术人员来承担，也可由熟悉这项工作的技术人员为骨干，组织试验队伍来承担。应根据每个试验人员的特长进行分工，每人分管的仪表数目除考虑便于进行观测外，应尽量使每人对分管仪表进行一次观测所需的时间大致相同。所有参加试验的人员应能熟练运用所分管的仪器设备，否则应在正式开始试验前进行演练。为使试验有条不紊地进行，应设试验总指挥1人，其他人员的配备可根据桥梁荷载试验的规模等具体情况考虑。

5. 其他准备工作

荷载试验的安全设施供电照明设施通信联络设施、桥面交通管制等工作应根据荷载试验的需要提前进行准备。如采用汽车车辆作为试验荷载，应提前预约租用汽车并确定载重物，按试验要求对车辆型号、轴距和轴重力等参数进行测试并记录。

第五节　隧道检测技术

一、概述

我国山地、丘陵和高原面积约占国土总面积的69%。随着国民经济的迅速发展，公路交通建设规模日益扩大，技术水平不断提高，公路隧道建设不仅在山区和丘陵地区公路建设中，而且在东部江河桥隧跨越方案比选中，日益引起人们重视，并得到很大发展。公路隧道的建造是百年大计，要保证工程质量，检测技术作为质量管理的重要手段越来越为人们所重视。根据公路隧道的施工特点，本节着重介绍山岭隧道检测技术，其主要内容包括：预加固围岩质量检测、开挖质量检测、初期支护质量检测、防排水质量检测、混凝土衬砌质量检测、通风检测、照明检测等。

公路隧道的特点如下：

1. 断面大

一般来说，公路隧道与铁路隧道、水工隧洞、矿山地下巷道相比断面较大，双车道公路隧道的断面面积可达80 m²左右。因此公路隧道围岩受扰动范围较大，其轮廓对围岩块体的不利切割增多，围岩内的拉伸区与塑性区加大，导致施工难度增大。若公路隧道位于土层或软弱岩体内，施工难度更大，通常需要采用特殊的施工方法来建造。

2. 形状扁平

在满足使用功能和施工安全的前提下，尽可能地降低工程造价是隧道设计的基本要求。由于公路隧道的建筑限界基本上是一个宽度大于高度的截角矩形断面，在设计开挖断面、衬砌结构时，总是在保证施工安全和结构长期稳定条件下，尽量围绕建筑限界设计开挖断面和净断面，因此，公路隧道的断面常为形状扁平的马蹄形。

断面扁平容易在拱顶围岩内出现拉伸区，而岩土之类天然材料，其抗拉强度较低，因此，施工中隧道顶部容易崩落，威胁人身安全。正是因为断面呈扁平状，在断面面积相同条件下，公路隧道较之铁路隧道、水工隧洞和矿山巷道施工难度大。

3. 需要运营通风

机动车辆通过隧道时，要不断地向隧道内排放废气。对于短隧道，由于受自然风和交通风影响，一般来说有害气体的浓度不会积聚太高，不会对驾乘人员的身体健康和行车安全构成威胁。但是对于较长及特长隧道，自然风和交通风对隧道内空气的置换作用相对较小，如不采取措施，隧道内有害气体的浓度就会逐渐升高。其中汽油车排放的CO浓度达到一定量值时，会使人感到不适甚至窒息；柴油车排出的烟尘将不断恶化行车环境，使隧道内能见度降低。因此，必须根据隧道的具体条件，采用适当的通风方式，将新鲜空气送入隧道，稀释有害气体，使其浓度降至安全指标以内。

4. 需要运营照明

高速行驶的车辆在白天接近并穿过隧道时，行车环境要经历一个"亮—暗—亮"的变化过程，驾驶员的视觉在此过程中也要发生微妙的变化以适应环境。为了减轻通过隧道时驾驶员的生理和心理压力，消除车辆进洞时的黑框或黑洞效应，消除出洞时的眩光现象，从有利于安全行车角度考虑，高等级公路上的隧道一般都根据具体情况，对隧道进行合理有效的照明。

5. 防水要求高

在高等级公路上，车辆行驶速度较快，如果隧道出现渗漏或路面涌水，则会造成路面湿滑，不利于安全行车。特别是在严寒地区，冬季隧道内的渗漏水或在隧道上部吊挂冰柱，或在路面形成冰湖，常常会诱发交通事故。此外，长期或大量的渗漏水，还会对隧道内的机电设备、动力及通信线路构成威胁。因此，《公路隧道设计规范》（JTG D70—2004）对隧道防排水提出了很严格的要求。根据公路隧道目前的发展情况来看，对防水工程的要求有越来越高的趋势。

二、预加固围岩质量检测

隧道在浅埋地段、自稳性差的软弱破碎地层，严重偏压、岩溶流泥地段，砂土层、砂卵（砾）石层、断层破碎带以及大面积淋水或涌水地段施工时，由于开挖后围岩的自稳时间小于完成支护所需的时间，往往会发生开挖面围岩失稳，或由于初期支护的强度不能满足围岩稳定的要求以及大面积淋水、涌水而导致洞体围岩丧失稳定而产生坍塌、冒顶等。这不仅使围岩条件更加恶化，给施工带来极大的困难，而且影响施工安全，延误工期，费工费料，影响工程质量和隧道使用年限。为了避免上述情况的发生，应在隧道开挖前或开挖中采用辅助施工方法以增强隧道围岩稳定。常用的辅助施工方法主要有：地表砂浆锚杆或地表注浆加固；超前锚杆或超前小导管支护；管棚钢架超前支护；超前小导管预注浆；超前围岩深孔预注浆等。

隧道施工所采用辅助的施工方法，应根据隧道所处的地质和水文地质条件、隧道长度、埋置深度、施工机械装备、工期和经济等方面综合考虑决定。

（一）地表砂浆锚杆或地表注浆加固

地表砂浆锚杆和地表注浆是对地层预加固的一种方法，它适用于浅埋、洞口地段和某些偏压地段。为使预加固有较好的效果，锚固砂浆在达到设计强度的70%以上时，才能进行下方隧道的开挖。

（二）超前锚杆或超前小导管支护

超前锚杆或超前小钢管支护是一种超前预支护方法。一般适用于浅埋松散破碎的地层内。首先用凿岩机或钻孔台车沿隧道外轮廓线向外钻孔，然后安设锚杆或用钻机将小钢管顶入。超前锚杆根据围岩情况，可采用双层或三层。一般超前锚杆或超前小钢管设置后，即可进行开挖，但应保证前后两组支护在纵向应有不小于100 cm的水平投影搭接长度。超前锚杆支护若采用一般砂浆作胶结物时，爆破后很可能影响其强度。为此宜采用早强砂浆作为锚杆与孔壁间的胶结物，以使尽早发挥超前支护作用。

当围岩自稳时间在12~24h之间，必须采用先支护后开挖的措施。通常采用超前锚杆支护，若洞室跨度较大，可采用超前小导管支护。

（三）管棚钢架超前支护

管棚钢架超前预支护适用于极破碎的地层、塌方体、岩堆等地段。在这些地段内辅以灌浆，效果更好。当遇有流塑状岩体或岩溶、严重流泥地段，采用与围岩预注浆相结合的方法，也是一种行之有效的方法。

管棚钢管沿隧道开挖轮廓线纵向设置，其长度为10~45m，应视地质情况选用。为保证开挖后管棚钢管仍有足够的超前长度，纵向两组管棚搭接长度应大于3.0m。管棚钻孔环向间距应视管棚用途而定，如果考虑防塌与防水，一般为30~50cm管棚钢架超前支护施工流程为：制作管棚钢架—测设中线及水平基点—检查已开挖断面尺寸及形状—安设管棚钢架—钻管棚钢管孔眼—安设管棚钢管—开挖断面—喷射混凝土—安设初期支护钢架—锚喷。

施工时可用钻孔钻机将管棚钢管顶入钻孔中；当地层松软时也可直接将钢管打入地层。

（四）超前小导管预注浆

超前小导管（周壁）预注浆是沿隧道开挖轮廓线向外将管壁带孔的小导管打入地层内（有时亦可在开挖面上将小导管打入地层），并以一定的压力向管内压注浆液。它既能将坑道周围岩体预先加固及堵住围岩裂隙水，又能起到超前预支护的作用。这种方法施工简单，且注浆时间短。但由于其注浆每段为3~5m，注浆压力低（0.5MPa），浆液扩散范围小（0.4~0.5m），因而仅适用于较小断面隧道注浆加固。有时还需辅以钢架支撑，以稳定围岩。此种方法适用于自稳时间很短（12h以内）的砂层、砂卵（砾）石层、断层破碎带、软弱围岩浅埋地段或处理塌方等地段。

（五）超前围岩深孔预注浆

在处理极其松散、破碎、软弱地层，或在大量涌水的软弱地段以及断层破碎带的隧道，通常采用超前围岩深孔预注浆加固地层和封堵水源，使围岩强度和自稳能力得到提高。注浆孔可在地表面或开挖面正面分层布置，在纵向呈伞形辐射状。要求注浆孔孔底间距按各个注浆孔的扩散半径相互重叠的原则确定，可以采用周边注浆，也可采用全断面注浆。采用这种方法时注浆设备，注浆周期长，多用于断面较大和不允许有过大沉陷的各类地下工程中。

三、开挖质量检测

开挖是控制隧道施工工期和造价的关键工序。超挖过多，不仅因出渣量和衬砌量增多而提高工程造价，而且由于局部超挖会产生应力集中问题，影响围岩稳定性；而欠挖则直接影响到衬砌厚度，对工程质量和安全产生隐患，处理起来费时、费力、费物。所以必须保证开挖质量，为围岩的稳定和安全支护创造良好条件。

（一）开挖质量评定内容

（1）检测开挖断面的规整度：一般采用目测方法进行评定。

（2）超欠挖控制：通过大量实测开挖断面数据，准确测出隧道开挖的实际轮廓线，并将它与设计轮廓线纳入同一坐标体系中比较，从数量上得到超挖和欠挖的大小和部位，及时指导下一步的施工。

（二）开挖质量基本要求

（1）开挖断面尺寸要符合设计要求。

（2）应严格控制欠挖。当石质坚硬完整且岩石抗压强度大于30 MPa，并确认不影响衬砌结构稳定和强度时，允许岩石个别凸出部分（1 m^{2}内不大于0.1 m^2）凸入衬砌断面（欠挖），锚喷支护时凸入不大于3 cm，衬砌时不大于5 cm。拱脚、墙脚以上1 m内严禁欠挖。

（3）应尽量减少超挖。不同围岩地质条件下的允许超挖值要符合相关规定，当采用特殊方法支护时，允许超挖量应适当降低。

四、初期支护质量检测

初期支护是指隧道开挖后，用于控制围岩变形及防止坍塌及时施作的支护。其类型有锚杆支护、喷射混凝土支护、喷射混凝土与钢筋网联合支护、喷射混凝土与锚杆及钢筋网联合支护、喷钢纤维混凝土支护、喷钢纤维混凝土锚杆联合支护，以及上述几种类型加设钢架而成的联合支护。初期支护的类型及参数应根据围岩的性质及状态、地下水情况、隧道净空尺寸及其埋深等条件确定。

（一）锚杆支护质量检测

锚杆是用机械方法或黏结方法将一定长度的杆体（通常多用钢筋）锚固在围岩预先钻好的锚杆孔内，由于锚杆具有"悬吊作用""组合梁作用"和"加固拱作用"等而使围岩得到加固。

1. 锚杆加工质量检查

锚杆的种类很多，但每一种锚杆在使用安装前，都必须对其材质、规格和加工质量进行检查，以免不合格的锚杆用于隧道支护。

(1) 锚杆材料

①抗拉强度：锚杆在工作时主要承受拉力，所以首先应检测其抗拉强度。方法是从原材料中或成品锚杆上截取试样，在拉力试验机上拉伸，测试材料的力学特性，确定其是否满足工程要求。

②延展性与弹性：有些隧道的围岩变形量较大，这就要求锚杆材质具有一定的延展性，过脆可能导致锚杆中途断裂失效，所以必要时应对材料的延展性进行试验。另外，对管缝式锚杆，要求原材料具有一定的弹性，使锚杆安装后管壁和孔壁紧密接触。检查时，可采用现场弯折或锤击，观察其塑性变形情况。

(2) 杆体规格

锚杆杆体的直径必须与设计相符，可用卡尺或直尺测量。此外还应注意观察杆径是否均匀、一致，若发现锚杆直径明显忽粗忽细，则应弃之不用。

(3) 加工质量

除砂浆锚杆仅需从线材上截取钢筋段外，其他种类的锚杆都需要进行一定的加工。例如，树脂锚杆和快硬水泥锚杆锚固段需要热煅与焊接，另一端需要车丝。检查时，首先应测量各部分的尺寸，其次检查焊接件的焊接质量；对于车丝部分，应检查丝纹质量，观察是否有偏心现象。

2. 锚杆安装尺寸检查

(1) 锚杆位置

钻孔前应根据设计要求定出孔位，做出标记。施工时可根据围岩壁面的具体情况，允许孔位偏差±15mm。检查时应特别注意对锚杆间距与排距的尺量。间距、排距是锚杆设计与施工的重要参数之一。

(2) 锚杆方向

钻孔方向应尽量与围岩壁面和岩层主要结构面垂直。施工时可视具体情况主要照顾其中一面，即围岩壁面或岩层结构面。钻孔方向在边墙和拱脚线稍上位置容易控制，在拱顶部位不易与壁面垂直。检查时应特别注意拱顶钻孔的垂直度，目测即可；若过于偏斜，就会减小锚杆的有效锚固深度，威胁施工安全，浪费材料。

（3）钻孔深度

适宜的钻孔深度是保证锚杆锚固质量的前提。对于水泥砂浆锚杆，允许孔深偏差为±50 mm；对于树脂锚杆和快硬水泥锚杆，钻孔深度应控制更严。施工中容易出现的问题是孔深不够，影响各种锚杆的安装质量。尤其对树脂锚杆和快硬水泥锚杆影响较为严重，深度不足造成托板悬空，锚杆难以发挥作用。钻孔深度可用带有刻度的塑料管或木棍等插孔量测。

（4）孔径与孔形

目前为了降低能耗和提高钻进速度，钻孔直径有逐渐缩小的趋势。但对于砂浆锚杆来说，孔径过小会减小锚杆杆体包裹砂浆层的厚度，影响锚杆的锚固力及其耐久性。所以，检查时，对砂浆锚杆应测量钻孔直径，孔径大于杆体直径15 mm时，可认为孔径符合要求。为了便于锚杆安装，钻孔还应圆而直。

3. 锚杆拉拔力测试

锚杆拉拔力指锚杆能够承受的最大拉力，它是锚杆材料、加工和施工安装质量的综合反映，是锚杆质量检测的一项基本内容。

（1）拉拔设备

锚杆拉拔试验的常用设备为中空千斤顶、手动油压泵、油压表、千分表。

（2）测试方法

①根据试验目的，在隧道围岩指定部位钻锚杆孔。孔深在正常深度的基础上稍做调整，以便锚杆外露长度大些，保证千斤顶的安装；或采用正常孔深，将待测锚杆加长，从而为千斤顶安装提供空间。

②按照正常的安装工艺安装待测锚杆。用砂浆将锚杆口部抹平，以便支放承压垫板。

③根据锚杆的种类和试验目的确定拉拔时间。

④在锚杆尾部加上垫板，套上中空千斤顶，将锚杆外端与千斤顶内缸固定在一起，并装设位移量测设备与仪器。

⑤通过手动油压泵加压，从油压表读取油压，根据活塞面积换算锚杆承受的拉拔力。视需要从千分表读取锚杆尾部的位移，绘制锚杆拉力—位移曲线，供分析研究。

（3）注意事项

①安装拉拔设备时，使千斤顶与锚杆同心，避免偏心受拉。

②加载应匀速，一般以10 kN/min的速率增加。

③如无特殊需要，可不做破坏性试验，拉拔到设计拉力即停止加载。用中空千斤顶进行锚杆拉拔试验，一般都要求做破坏性试验，测取锚杆的最大承载力。一方面检验锚杆施工质量，另一方面为调整设计参数提供依据。

④千斤顶应固定牢靠，并有必要的安全保护措施。特别应注意的是，试验时操作人员要避开锚杆的轴线延长线方向，在锚杆的侧向并远离锚杆尾部的位置上加压读数；测位移时停止加压。

（4）试验要求

①每安装300根锚杆至少随机抽样一组（3根），设计变更或材料变更时另做一组拉拔力测试。

②同组锚杆锚固力或拉拔力的平均值，应大于或等于设计值。

③同组单根锚杆的锚固力或拉拔力，不得低于设计值的90%。

4. 砂浆锚杆砂浆注满度检测

我国公路隧道支护中用量最多的锚杆为砂浆锚杆。施工中若钻孔呈水平或向下，则锚杆孔的砂浆注满度容易保证；若钻孔上仰，特别是垂直向上，则锚杆孔较难用砂浆注满。因此，对于砂浆锚杆，施工检测中应重点注意砂浆注满度或密实度。

（1）检测仪器

M-7锚杆检测仪是铁道部科学研究院和地矿部水文地质、工程地质方法技术研究队联合研制的。该仪器为数字显示，由示波器监测波形，通过游标由操作员置时，仪器显示锚杆长度、振幅值和砂浆密实度级别。为提高测值精度，每一锚杆读数5~10次，取振幅值的平均值，仪器可自动对这读数作累加并取平均。

（2）测量方法

首先，在施工现场按设计参数，对不同类型的围岩，各设3~4组标准锚杆，每组1~2根。例如有水泥砂浆密实度为90%、80%、70%三组锚杆，可定密实度大于90%者为a级，80%~90%者为b级，70%~80%者为c级，密实度小于70%者为d级（可根据设计由业主规定，最多可定4个级别）。然后，在这标准锚杆上测定反射波振幅值（若每组有一根以上锚杆则取平均值），这些值即作为检测其他锚杆的标准。这些标准值在进行其他锚杆的检测前储入仪器，在检测其他锚杆时可由测量仪器自动显示被测锚杆的长度与砂浆密实度的级别。

5. 端锚式锚杆施工质量无损检测

目前隧道工程上除大部分采用全长锚固的水泥砂浆锚杆外，同时还应用着树脂锚杆、快硬水泥药包锚杆和楔缝锚杆等端锚式锚杆。这些锚杆的共同特点是在性能上可迅速承载；在构造上带有螺栓和托板；在施工上操作简便。在一些不良地质条件下，隧道开挖后钢支撑难以及时支护，喷射混凝土不易迅速形成承载结构时，可采用上述的端锚式锚杆快速加固围岩。特别是这类锚杆外端带有螺栓和托板。在锚固端锚固牢靠的情况下，可通过螺栓和托板给锚杆施加预应力，及时限制隧道围岩变形的发展与裂隙的产生。对于这类锚杆的锚固质量检测，除了采用锚杆拉拔机进行破坏性拉拔外，还可利用扭力扳手进行无损伤拉拔试验。此方法实施简便，可随时对大批量的锚杆进行锚固质量检测。

（1）检测工具

锚杆螺母扭力矩的量测工具为扭力扳手。扭力扳手是机械装配和机械修理中常用的工具，它由力臂、刻度盘、指示杆和套筒组成。

（2）检测方法

①将套筒套在待检测锚杆的螺母上，并将扭力扳手主体与套筒连接。

②左手轻按扭力扳手套筒端，右手扳动手柄，同时读取扭力矩的最大读数，并做记录。

③根据扭力矩和锚杆拉力之间的对应关系，确定锚杆的拉力。随着扭力矩的增加，锚杆所受的拉力也增加，最终可能出现两种现象：一种是由于锚固质量欠佳，锚固强度较小，锚固端出现滑移；另一种是锚固强度很大，螺栓丝扣处产生颈缩。出现这两种现象都使锚杆失去或减小承载能力，所以相应的试验为破坏性试验。在工程上更常见的是事先确定锚杆应有的锚固力，当测试过程中发现锚杆的锚固力达到要求时，便停止测试，使锚杆仍完好地工作。扭力扳手还可作为一种锚杆安装工具，据其可对锚杆施加给定量值的预应力，从而既能最大限度地对围岩进行主动加固，又能保护锚杆初期锚固强度不遭破坏。

（二）喷射混凝土质量检测

1. 质量检验指标

（1）喷射混凝土

喷射混凝土是指将水泥、砂、石子、外加剂和水按一定的配合比和水灰比拌和而成的混合物，以风压为动力快速喷至岩体表面而形成的人造石材。

（2）喷射混凝土质量检验指标

喷射混凝土的质量检验指标主要有喷射混凝土的强度和喷射混凝土的厚度两项内容。此外，还应采取措施减少喷射混凝土粉尘、回弹率等。

（3）喷射混凝土强度、厚度、回弹

①喷射混凝土强度包括抗压强度、抗拉强度、抗剪强度、疲劳强度、黏结强度等。因此，喷射混凝土强度应是这些强度指标的综合结果。由于这些强度之间存在着一定的内在联系，这就有可能在具体试验中只检测喷射混凝土的某一种强度，并由此推知混凝土的其他强度。其中，喷射混凝土抗压强度是表示其物理力学性能及耐久性的一个综合指标，所以，工程实际往往把它作为检测喷射混凝土质量的重要指标。

②喷射混凝土的厚度指混凝土喷层至隧道围岩接触界面间的距离。要达到喷射混凝土支护的作用和效果，关键是要确保混凝土支护的施工质量。在施工中保证喷射混凝土的厚度是确保喷射混凝土质量的前提。所以，喷射混凝土的厚度也是喷射混凝土质量检验的一个重要指标。

③喷射混凝土施工过程中，部分混凝土由隧道岩壁跌落到底板的现象叫作喷射混凝土的回弹。回弹下来的混凝土数量与喷射混凝土总数量之比，就是喷射混凝土的回弹率。喷射混凝土施工过程中，回弹率也是检验喷射混凝土施工质量的一项检测指标。

④喷射混凝土质量

喷射混凝土支护工程质量必须做到内坚外美。外观上，无漏喷、离鼓、裂缝、钢筋网（或金属网）外露现象，做到混凝土表面平整密实，断面轮廓符合要求；从内部看，喷射混凝土抗压强度和厚度必须达到设计要求。

2. 质量检测方法

（1）抗压强度试验

①检查试块的制作方法

a.喷大板切割法

在施工的同时，将混凝土喷射在45 cm×35 cm×12 cm（可制成6块）或45 cm×20 cm×12 cm（可制成3块）的模型内，在混凝土达到一定强度后，加工成10 cm×10 cm×10 cm的立方体试块，在标准条件下养护至28 d进行试验（精确到0.1 MPa）。

b.凿方切割法

在具有一定强度的支护上，用凿岩机打密排钻孔，取出长约35 cm、宽约15 cm的混凝土块，加工成10 cm×10 cm×10 cm的立方体试块，在标准条件下养护至28 d，进行试验（精确到0.1 MPa）。

②检查试块的数量

隧道（两车道隧道）每10延米，至少在拱部和边墙各取一组试样，材料或配合比变更时另取一组，每组至少取3个试块进行抗压强度试验。

③判定合格满足以下条件者为合格，否则为不合格。

a.同批（指同一配合比）试块的抗压强度平均值，不低于设计强度或C20。

b.任意一组试块抗压强度平均值不得低于设计强度的80%。

c.同批试块为3~5组时，低于设计强度的试块组数不得多于1组；试块为6~16组时，不得多于2组；17组以上，不得多于总组数的15%。

d.检查不合格时，应查明原因并采取措施，可用加厚喷层或增设锚杆的办法予以补强。

（2）喷射混凝土厚度的检测

①检查方法和数量

a.喷层厚度可用凿孔或激光断面仪、光带摄影等方法检查。凿孔检查时，宜在混凝土喷后8h以内，用短钎将孔凿出，发现厚度不够时可及时补喷。如混凝土与围岩黏结紧密，颜色相近而不易分辨时，可用酚酞试液涂抹孔壁，碱性混凝土即呈现红色。

b.检查断面数量。每10延米至少检查一个断面，再从拱顶中线起每隔2m凿孔检查一个点。

②合格条件

a.每个断面拱、墙分别统计，全部检查孔处喷层厚度应有60%以上不小于设计厚度，平均厚度不得小于设计厚度，最小厚度不应小于设计厚度的1/2，在软弱破碎围岩地段，喷层厚应不小于设计规定的最小厚度。钢筋网喷射混凝土的厚度不应小于6cm。

b.当发现喷射混凝土表面有裂缝、脱落、露筋、渗水情况时，应予修补，凿除重喷或进行整治。

（3）喷射混凝土与围岩黏结强度试验

①检查试块的制作方法

a.成形试验法

在模型内放置面积为10cm×10cm×5cm且表面粗糙近似于实际情况的岩块，用喷射混凝土掩埋。在混凝土达到一定强度后，加工成10cm×10cm×10cm的立方体试块，在标准条件下养护至28d，用劈裂法进行试验。

b.直接拉拔法

在围岩表面预先设置带有丝扣和加力板的拉杆，用喷射混凝土将加力板埋入，喷层厚度约10cm，试件面积约30cm×30cm（周围多余的部分应予清除）。经28d养护，进行拉拔试验。

②强度标准

喷射混凝土与岩石的黏结力，V类及以上围岩不低于0.8MPa，I类围岩不低于0.5MPa。

（4）喷射混凝土粉尘、回弹检查

①作为施工工艺，这两项工作应经常进行，用工艺标准来促进质量的提高。

②《公路隧道施工技术规范》（JTG F60-2009）规定：回弹率应予以控制，拱部不超过40%，边墙不超过30%，挂钢筋网后，回弹率限制可放宽5%。应尽量采用经过验证的新技术，减少回弹率，回弹物不得重新用作喷射混凝土材料。

③减少粉尘和回弹的措施：

a.严格控制喷射机工作风压。

b.合理选择喷射混凝土配合比，适当减小最大集料的粒径，使砂石料具有一定的含水率，呈现潮湿状。

c.掌握好喷头处的用水量，提高喷射作业操作熟练程度和技术水平。

d.采用湿喷工艺，添加外加剂。

e.采用双水环喷头。

f.应保持喷射机密封板的平整，不漏风，并调节好密封板的压力，松紧适宜。

g.应加强喷射的照明、通风。

h.采用模喷混凝土。

（三）钢支撑施工质量检测

1. 钢支撑形式

根据钢材种类的不同，目前我国公路隧道施工中常用的钢支撑分类如下：

（1）钢格栅

钢格栅是目前工程上用量最大的钢支撑，它由钢筋焊接而成，在断面上有矩形和三角形之分。主筋弯曲成与隧道开挖断面相同的形状与尺寸，次筋（构造筋）作波形弯折焊接在主筋上。主筋材料采用Ⅱ级钢筋或Ⅰ级钢筋，直径一般不小于22mm，次筋根据具体情况选用。为了便于施工，每副钢格栅都分成若干节，一般为3～5节。节间加工法，选用螺栓固定连接之后焊接。钢格栅的特点是初期可作为普通钢架支撑及时支护围岩，后期可与模筑或喷射混凝土形成钢筋混凝土，钢材利用得比较充分。

（2）型钢支撑

用于加工钢支撑的型钢有H形钢、工字形钢和U形钢，它们都是在施工现场或工厂用专用弯曲机冷弯成形的，型钢的规格由隧道工程地质条件的几何特征决定，每副型钢支撑也分成3～5节加工、安装。

（3）钢管支撑

钢管支撑通常用于隧道局部不良地质地段围岩的加固，钢管直径在10cm左右，现场常采用灌砂冷弯法加工。施工中分节拼装对焊，在架底和拱顶留有注浆孔和排气孔，安装就位后，用注浆泵从架底注浆孔向管内灌注砂浆，直到拱顶排气孔出浆为止。钢管支撑的特点是钢管的力学特性对称，后期灌浆使钢支撑的承载能力显著增加。

2. 施工质量检测

钢支撑一般都用在围岩条件较差的区段，因其质量欠佳导致围岩片帮冒顶、坍塌失稳的工例屡见不鲜。因此，必须重视钢支撑的加工与安装质量的检测，防患于未然，确保施工安全。

（1）加工质量检测

①加工尺寸。钢架加工尺寸应符合设计要求。隧道的开挖断面是一定的，钢架的尺寸应与之相配套。如果其尺寸与设计尺寸稍有出入，就可能给施工带来不便，同时，还将影响安装质量，降低使用效果。

②强度和刚度。钢支撑必须具备足够的强度和刚度。如果地质条件复杂，钢架用量较大，应对钢架的强度和刚度进行抽检，将一定数量的钢架样品放到试验台上进行加载试验，建立荷载与变形的关系，分析计算钢架的强度与刚度。

③焊接。钢支撑加工时广泛应用焊接，焊接质量是加工质量的重要组成部分，对于钢格栅焊接尤其重要。检测时，要注意是否有假焊，焊缝长度、深度是否符合要求。

（2）安装质量检测

①安装尺寸。对于不同类别的围岩，设计中钢支撑有具体的安装间距，

施工中容易将此间距拉大，检测时应用钢卷尺测量，其误差不应超过设计尺寸5cm，其次应注意量测钢架拱顶的高程，要求钢架不得侵入二次衬砌空间5cm。

②倾斜度。钢架在平面上应垂直于隧道中线，在纵断面上其倾斜度不得大于20，在平面上检测可用直角尺，在纵断面上检测可用坡度规。值得注意的是，如果隧道某区段路面坡度接近3%，而此区段的钢架上部向下坡方向倾斜，且倾斜度在20~30之间，则此区段钢架倾斜度合格，因为这样的倾斜更有利于钢架承受荷载。

③连接与固定。钢架之间必须用纵向钢筋连接，架脚必须放在牢固的基础上。钢架应尽量靠近围岩，当钢架与围岩之间的间隙过大时应设垫块。目前钢架一般都作为衬砌骨架，所以，施工过程中尤其要检查钢架与锚杆的连接，要保证焊接密度与焊接质量，最终使锚杆、钢架和衬砌形成整体承载结构。

（四）地质雷达法探测初期支护背部空洞

支护（衬砌）背部与围岩之间存在空洞时，会导致围岩松弛，使支护结构产生弯曲应力，而损伤支护结构的功能，降低其承载能力，极大地影响了隧道的安全使用。因此，目前对隧道支护（衬砌）背部空洞的探测引起了人们更多的关注。支护（衬砌）的内部和背后状态是隐蔽的，从表面看不出来，为此，人们开发出许多具有实用价值的检测方法，其中最常用的方法是地质雷达法。该方法已广泛应用于检测支护（衬砌）厚度、背部的回填密实度、内部钢架、钢筋等分布情况。

地质雷达法是一种用于确定地下介质分布的光谱（1MHz–1GHz）电磁技术，地质雷达利用一个天线发射高频宽频带电磁波，另一个天线接收来自地下介质界的反射波。电磁波在介质中传播时，其路径、电磁场强度与波形将随所通过介质的电性质及集合形态而变化。因此，可根据接收到波的旅行时间（亦称双程走时）、幅度与波形资料，从而推断介质的结构，确定支护（衬砌）背部与围岩之间的松弛情况。

五、防排水材料及质量检测

（一）隧道防排水基本原则和类型

1. 隧道防排水的必要性

渗漏水是隧道的常见病害之一。隧道渗漏水的长期作用，将极大地降低隧道内各种设施的使用寿命和功能，恶化隧道的运营条件，主要表现为：

（1）隧道渗漏水的长期作用，可能造成隧道侵蚀破坏。

（2）路面积水，行车环境恶化，降低轮胎与路面的附着力。

（3）寒冷地区，尤其是严寒地区，反复冻融循环，在衬砌内部造成衬砌混凝土冻胀开裂；在衬砌与围岩之间造成冻胀，引起拱墙变形、破坏；拱墙上悬挂冰柱、冰溜侵入净空；在路面形成冰坡、冰锥，使行车滑溜，甚至无法通过。

因此，良好的隧道防水与排水，是保证隧道耐久性和行车安全的重要条件。另外，通过隧道防排水，保护地下水环境也是非常重要的。

2. 公路隧道防排水的基本原则及要求

隧道防排水应遵循"防、排、截、堵结合，因地制宜，综合治理"的原则，保证隧道结构物和营运设备的正常使用和行车安全。隧道防排水设计应对地表水、地下水妥善处理，洞内外应形成一个完整畅通的防排水系统。

（1）高速公路、一级公路、二级公路隧道防排水应满足的要求

①拱部、边墙、路面、设备箱洞不渗水。

②有冻害地段的隧道衬砌背后不积水，排水沟不冻结。

③车行横道、人行横道等服务通道拱部不滴水，边墙不滴水。

（2）三级公路、四级公路隧道应做到

①拱部、边墙不滴水，路面不积水，设备箱洞不渗水。

②有冻害地段的隧道衬砌背后不积水，排水沟不冻结。

当采取防排水工程措施时，应注意保护自然环境。当隧道内渗漏水引起地表水减少，影响居民生产、生活用水时，应对围岩采取堵水措施，减少地下水的渗漏。

3. 隧道防排水结构主要类型

目前，隧道防排水技术根据以排为主，还是以堵为主的指导思想区分，主要有3种类型：

（1）水密型防水：从围岩、结构和附加防水层入手，体现以防为主的排水，又称全包式防水。适用于对保护地下水环境和限制地层沉降要求高的工程。它可以为隧道结构的耐久性和安全运营提供极为重要的环境条件。但是造价较高，并且在很多条件下技术上是不可行的。

（2）泄水型或引流自排型：从疏水、泄水着手，体现以排为主的防水，又称半包式防水。适用于对保护地下水环境和限制地层沉降没有严格要求的工

程，结合其他必要的辅助措施和设备，也可以为隧道结构的耐久性以及安全运营提供良好环境条件。这种方式直接造价相对不高，但运营维护成本相对较高。

（3）防排结合的控制型防排水：是近年来为降低全包式防水的成本，又要满足地下水环境保护和限制地层沉降而出现的一种新型的隧道防水措施。在半包式防水的基础上，可以根据对水位和地层变形的监测数据，及时地自动或半自动地调整排水量，达到既降低了一次性造价，又可以维持地下水平衡的目的。

（二）高分子防水卷材性能检测

1. 高分子防水卷材的种类及性能要求

高分子防水卷材与传统的石油沥青油毡相比，具有使用寿命长、技术性能好、冷施工、质量轻和污染性低等优点，在隧道防水工程中得到广泛应用。我国20世纪80年代起相继研制出了三元乙丙橡胶防水卷材（EPDM）和氯丁橡胶薄膜、聚氯乙烯（PVC）和氯化聚乙烯（CPE）、聚乙烯（PE）、聚乙烯-醋酸乙烯（EVA）和聚乙烯-醋酸乙烯-沥青共聚物（ECB）防水卷材、高密度聚乙烯（HDPE）和低密度聚乙烯（LDPE）等。大型建筑工程、地下工程及隧道等重点工程，注重选用三元乙丙防水卷材、聚氯乙烯防水卷材、自粘防水卷材等高档防水材料。目前，PVC应用较少，在隧道防水采用的高分子防水卷材主要是ECB、EVA和LDPE等。

2. 取样方法

合成高分子防水卷材均应成批提交验收。对于出厂合格的产品，同一厂家、同一品种、规格的产品5 000m为一批进行验收，不足5 000m也作为一批。从每批产品的1~3卷中取样，在端部300mm处截取约3m，用于厚度允许偏差、最小单个值检验和截取各项物理力学性能试验所需的样片。试样截取前，在温度23±2℃，相对湿度45%~55%的标准环境下进行状态调整，时间不少于16h。截取试件的部位种类数量及用作试验的项目，应符合相关要求。试样应牢固地粘贴标签，并用样品袋封装，标签及样品袋标注清楚。

3. 试验方法

隧道高分子防水卷材性能检测有如下内容：

（1）外观质量检查

外观质量检查包括：气泡疤痕裂纹、黏结和孔洞检查。

（2）长度、宽度、厚度、平直度和平整度量测

①合成高分子防水卷材的长度和宽度用卷尺测量。

②厚度用压力为$2\times10^{-2}\pm0.2$）$\times10^{-2}$MPa、压头直径为10mm的测厚仪（分度为0.01mm）量测。厚度测量点（至少10个点）均布在卷材的横向上。

③平直度和平整度的量测，在平整基面上展开10m，用分度值为1mm的直尺量测。

（三）土工布特性检测

1. 土工布

土工布也称土工织物，是透水性的土工合成材料，按制造方法分为无纺或非织造土工织物和有纺或机织土工织物。因其具有过滤、排水、隔离、加筋、防渗和防护等作用，在水利、铁路、公路建筑中得到广泛应用。特别是无纺土工织物在隧道工程中作为防水卷材的垫层和排水通道，用量十分可观。为了选择和应用土工织物，必须了解材料的工程特性，以便正确确定设计参数。有些特性参数是生产厂家提供的，例如，产品的类型、聚合物的种类、加工工艺及产品规格等。同一种类型的材料，因加工工艺制造过程不同，其工程特性有时差别很大。因此，对厂家提供的数据应采取慎重的态度，使用单位应抽样试验来核实和确定。对隧道工程比较重要的工程特性有物理特性、力学特性和水力学特性。

2. 土工布特性检测

（1）土工布物理特性检测

隧道用土工布的物理性能测试一般有：单位面积质量试验和厚度试验。

（2）土工织物力学特性测试

土工布的机械性能包括抗拉强度及延伸率，握持强度及延伸率、抗撕裂强度、顶破强度、刺破强度、抗压缩性能等。

隧道用土工布的力学性能测试一般有：条带拉伸试验、撕裂试验、顶破强度试验、刺破试验等。

（3）土工织物水力学特性试验

土工布的渗透性表明其在反滤和排水方面的能力。根据工程需要，土工布必须确定垂直于织物平面的渗透特性（垂直渗透系数及透水率）及沿织物平面排水的特性（平面渗透系数及导水率），这些试验都已纳入国家标准。

隧道用土工布，必须具有以下特性。

①保土性：防止被保护围岩、衬砌的颗粒随水流流走。

②渗水性：保证渗流水能排走。

③防堵性：防止材料被细土粒堵塞失效。

这被称为反滤三准则，都与土工布的水力学性能密切相关。主要包括两个方面：一是透水与导水能力，二是阻止颗粒流失的能力。这些特性主要取决于土工织物的孔隙特征和渗透特性等。

隧道用土工布的水力学性能测试一般有：土工织物孔隙的特征试验、土工织物的渗透特性试验。

（四）防水混凝土抗渗性能试验

1. 防水混凝土

防水混凝土是以水泥、砂、石子为原料，掺入外加剂、高分子聚合物等，以调整配合比，减小孔隙率，增加各原材料界面间密实性或使混凝土产生补偿收缩作用，从而使水泥砂浆或混凝土具有一定抗裂、防渗能力，使其满足抗渗等级大于0.6MPa的不透水性混凝土，也就是自身抗渗性能高于0.6MPa的混凝土。

防水混凝土一般可分为：普通水泥防水混凝土、外加剂防水混凝土和膨胀水泥防水混凝土。

2. 混凝土抗渗性试验

（1）目的和适用范围

主要用于检测混凝土硬化后的防水性能，以测定其抗渗标号。

防水混凝土的抗渗标号可分为以下3种：

①设计标号

它是根据地下工程的埋深以及水力梯度（即最大作用水头与建筑物最小壁厚之比）综合考虑而确定的，由勘测设计确定。

②试验标号

用于确定防水混凝土施工配合比时测定的标号，最终的标号在设计抗渗标号的基础上提高0.2MPa来确定。

③检验标号

它是对防水混凝土抗渗试块进行抗渗试验所测定的标号，检验标号不得低于设计抗渗标号。

（2）试件制备

①每组试件为6个，如用人工插捣成形时，分两层装入混凝土拌合物，每层插捣25次，在标准条件下养护。如结合工程需要，则在浇筑地自行制作，每单位工程制件不少于两组，其中至少一组应在标准条件下养护，其余试件与构

件相同条件下养护，试块养护期不少于28d，不超过90d。

②试件成形后24h拆模，用钢丝刷刷净两端面水泥浆膜，标准养护龄期为28d。

③试件形状有两种。圆柱体：直径、高度均为150mm。圆台体：上底直径175mm，下底直径185mm，高为165mm。

（3）仪器设备

①混凝土渗透仪：应能使水压按规定制度稳定地作用在试件上。常用的有TH4-4.0型自动调压混凝土抗渗仪、HS-4型混凝土抗渗仪、ZKS微机控制高精度抗渗仪、HS-40型混凝土抗渗仪。

②HS-40型混凝土抗渗仪：适用于混凝土抗渗性能的实验和抗渗标号的测定，同时可用于其他建筑材料透气测定和质量检测。

（4）试验步骤

①试件到期后取出，擦干表面，用钢丝刷刷净两端面，待表面干燥后，在试件侧面滚涂一层熔化的密封材料，然后立即在螺旋加压器上压入经过烘箱或电炉预热过的试模中，使试件底面和试摸底平齐，待试模变冷后即可解除压力，装在渗透仪上进行试验。如在试验过程中，水从试件周边渗出说明密封不好，要重新密封。

②试验时，水压从0.2MPa开始，每隔8h增加水压0.1MPa，并随时注意观察试件端面情况，一直加至6个试件中有3个试件表面发现渗水，记下此时的水压力，即可停止试验。

③当加压至设计抗渗标号，经8h后第三个试件仍不渗水，表明混凝土已满足设计要求，也可停止试验。

（五）防水板施工质量检查

1. 防水层铺设的基面要求

一般来说，隧道开挖并进行初期支护后，喷射混凝土基面仍相当粗糙，局部凹凸不平，并可能有锚杆头外露现象。若直接铺设防水卷材，其防水质量难以保证。因此，在防水卷材铺设前，喷射混凝土基面进行认真的处理。平整度用直尺检测，检查要点如下：

（1）喷射混凝土基面平整度：边墙D/L≤1/6，拱顶D/L≤1/8，其中L为喷射混凝土相邻两凸面间的距离，D为喷射混凝土相邻两凸面间下凹的深度。

（2）基面不得有钢筋、凸出的构件等尖锐凸出物。若待铺设卷材基面有尖锐凸出物，则必须进行割除，并在割除部位用砂浆抹平顺，以免刺破防水层。

（3）隧道断面变化或转弯处的阴角应抹成R＞5cm的圆弧。

（4）防水层施工时，基面不得有明水。如有明水，应采取施堵或引排。

2. 防水卷材施工检查方法

目前防水卷材的铺设工艺有两种：一是无钉热合铺设法、二是有钉冷黏铺设法。

（1）无钉热合铺设法

无钉热合铺设法是指先将土工布垫衬用机械方法铺设在喷射混凝土基面上，然后用"热合"方法将EVA或LDPE等卷材粘贴在固定垫衬的圆垫片上，从而使EVA或LDPE卷材无机械损伤。

（2）有钉冷黏铺设法

①工艺与特点

为了施工方便，目前已开发出防水板与土工量布复合的黏结带，在此区内无布层。施工中，先将初期衬砌基面整平。将防水卷材自下而上或自外而内边涂胶、边固定。固定时采用射钉枪固定塑料垫片，塑料垫片外压防水卷材。卷材片间的黏结采用卷材厂家提供的专用胶，可冷涂施工。最后用比固定塑料垫片稍大的卷材块涂胶后修补射钉孔。这种工艺的特点是防水卷材铺成的表面留有钉疤，接茬时用胶冷黏。

②施工检查

有钉冷黏法施工质量的检查方法主要是直观检查，具体方法是：

a.用手托起塑料板，看其是否与喷射混凝土密贴。在拱顶，在1m^{2}范围内塑料板不得下凹或呈水平状。

b.看塑料板是否有被划破、扯破、扎破等破损现象。

c.看接缝处是否胶合紧密，有无漏涂胶现象，搭接宽度必须大于5cm。

d.检查射钉补块是否严密，胶结强度能否满足施工要求。

（六）排水系统施工质量检查

1. 山岭隧道常用排水系统

隧道开挖后，每隔一定距离沿洞周环向铺设弹簧排水管，其直径5～10cm，具有一定的柔性；又由于弹簧具有一定的刚度，无论管子怎样变形，管径基本保持不变。弹簧排水管外面用玻璃纤维布包裹，具有滤水防堵功能。弹簧排水管下端与纵向排水盲管相连。纵向排水盲管有软管和硬管之分，软管与上述的弹簧排水管构造相同，管径通常为10cm左右；硬管即为建筑工程中常用的PVC排水管。为了使该管既具有排水功能，又具有透水作用，使用中常在PVC管的上半部钻有小孔。为了充分利用纵向排水盲管，纵向盲管铺设时还带有一定的泄水坡度。纵向盲管每隔10~20m留有出水口，通过横向盲管与双边排水管或中央排水管相连，地下水经排水管集中排出。

2. 施工质量检查

（1）环向排水管

①围岩渗流水引排

根据开挖时围岩的实际涌水情况，详细做好记录，并作相应的引、排措施。当涌水较集中时，喷锚前先用开缝摩擦锚杆进行导水，当涌水面积较大时，喷锚前设置树枝状软式透水管排水，当涌水严重时设置汇水孔。喷锚完成后，使开挖岩石面与喷射混凝土之间形成排水用的汇水孔，使围岩涌水、渗漏水通过设置的汇水孔等排水装置流向墙脚纵向排水管，再由横向排水管排到隧道中心排水沟内。

②背面排水管安装

二次衬砌前，先对初期支护喷锚混凝土面进行检查，割掉喷锚混凝土表面的锚杆和钢筋网断头，并对凹凸不平的部位进行修凿喷补，使混凝土表面平顺，符合铺挂柔性防水板的要求。然后按设计要求在拱部和边墙环向挂设软式透水管。喷混凝土表面有渗漏水时，根据渗漏水的多少采用透水管引导，或再增加环向软式排水管，并用塑料锚固螺栓绑牢。

③环向排水管的施工检查内容

a.外观检查。

b.安装检查。

附贴式盲沟、软式透水管盲沟布置在防水板外侧紧贴喷射混凝土处，盲沟接触层表面应平顺。当影响盲沟布置时，应进行处理，盲沟用螺钉固定在喷层上。凡铺设软式透水管处，其上部位应铺设防水板，防止堵塞透水管。

（2）纵向排水盲管

①外观检查

a.纵向排水盲管材质及规格检查。塑料制品若保存不当极易发生老化，可目测管材的色泽和管身的变形；轻轻敲击观察管体是否变脆；用卡尺或钢尺量管径与管壁，检查其是否与设计要求相符。

b.管身透水孔检查。纵向排水盲管主要有两个作用：一是将环向排水管下流之水经其排至横向盲管；二是将防水卷材阻挡之水经纵向盲管上部透水孔向管内疏导。为了实现其第二项功能，盲管上的透水孔必须有一定的规格并保证有一定的间距。在纵向盲管安装前，必须用直尺检查钻孔的孔径和孔间距。

②安装检查

a.安装坡度检查。纵向排水盲管通常位于衬砌的墙脚部。当施工条件不利时，施工较易出现管身高低起伏不定，平面上忽内忽外的现象。在这种情况下，隧道建成后纵向盲管容易被淤沙封堵，或被冰冻封堵，造成纵向排水不畅。因此，施工中一定要为纵向盲管做好基础，用坡度规检查、测定纵向盲管的坡度，使地下水进入纵向盲管后在一定的坡度下按指定的方向流动。

b.包裹安装检查。纵向排水盲管在布设时必须注意其细部构造。首先应用土工布将纵向排水管包裹，使泥沙不得进入纵向盲管。其次，应用防水卷材半裹纵向盲管，使从上部下流之水在纵向盲管位置尽量流入管内，而不让地下水在盲管位置纵横漫流。因此，施工时要认真检查纵向育管的包裹安装情况，杜绝粗放施工。

c.与上下排水管的连接检查。施工中应注意检查上部环向弹簧排水管与纵向排水盲管的连接。一般采用环向排水管出口与纵向盲管简单搭接的方式，避免两管之间被喷射混凝土隔断。其次还应注意检查纵向排水盲管与横向盲管的连接。一般采用三通管连接，三通管留设位置应准确，接头应牢靠，防止松动脱落。

（3）横向盲管

横向盲管位于衬砌基础和路面的下部，布设方向与隧道轴线垂直，是连接纵向排水盲管与中央排水管的水力通道。横向盲管通常也为硬质塑料管，施工中先在纵向盲管上预留接头，然后在路面施工前接长至中央排水管。对横向盲管的检查，首先是接头应牢靠、密实，保证纵向盲管与中央排水管间水路畅通，严防接头处断裂，由纵向盲管排出之水在路面下漫流，造成路面翻浆冒水，影响行车安全；其次是在横向盲管上部应有一定的缓冲层，以免路面荷载直接对横向盲管施压，造成横向盲管破裂或变形，影响其正常的排水功能。

（4）中央排水管

①外观检查

中央排水管位于路面下部，通常由预制混凝土管段构成。其作用主要有：

一是集中排放由上游管路流来的地下水；二是通过其上部的众多小孔（$\varphi 12\,mm$ 左右）疏排路面下的各种积水。

中央排水管的外观检查包括：

a.预制管段的规整性。用钢尺量测管段直径，观察管身是否变形或有严重裂缝；检查管身上部透水孔是否畅通。

b.管壁的强度。用石块轻敲管壁，检查混凝土强度是否满足设计与施工要求；对疏松掉块者，不得使用。

②施工检查

a.中央排水管基础检查。中央排水管因隧道所在地区的不同，埋置深度在 0.5~2.0 m之间。施工时先挖基槽，整平基础，然后再铺设管段，最后回填压实。其中最重要的一个环节是处理管段基础。在软岩或断层破碎带区段施工中，应将不良岩（土）体用强度较高的碎石替换，并用素混凝土找平基面，使基础平整、密实。施工中应特别注意检查基础的坡度，不仅总体坡度应符合要求，而且局部的几个管段间也应符合要求，尽量避免高低起伏。

b.管段铺设检查。管段铺设时，首先要保证将具有透水孔的一面朝上。管段逐个放稳后，再用水泥砂浆将段间接缝密封填实。待砂浆凝固后，应逐段进行通水试验，发现漏水，及时处理。之后用土工布覆盖管段透水孔，在横向盲管出口处注意与中央排水管的连接方式。回填时注意保护管段的稳定及其上部透水性。

（七）止水带检查

1. 混凝土衬砌结构性防水措施

隧道围岩中的地下水无孔不入，必须综合治理，多层设防。衬砌施工缝、沉降缝及伸缩缝或明洞与隧道衬砌接缝是隧道防水的薄弱环节，若处理不当则是渗漏水的主要通道。据调查95%的渗漏水与施工缝和沉降缝有关。如何保证二次衬砌的施工缝和沉降缝处的防水工艺质量，在隧道施工中一直是一个难点。

除按《公路隧道施工技术规范》（JTG/T 3660-2020）要求处理接缝外，还应根据围岩地下水出露具体情况，采取专门的防水、防渗技术措施，一般应分别采用L型、企口型、铁皮或钢板型施工缝和橡胶或塑料止水带、沥青麻筋、防水砂浆等组成止水变形缝；用防水砂浆、膨胀水泥配制防水混凝土进行封顶封口。

由于止水带具有高弹性和压缩变形的特点，它在荷载的作用下产生弹性变形，能起到紧固、密封和有效防止接缝渗漏水的作用。衬砌施工缝和沉降缝一般都采用塑料止水带或橡胶止水带进行防水。

2. 止水带的类型

（1）止水带品种较多，根据止水带在衬砌混凝土中的安装位置，分为外贴式、预埋式、内贴式3种；按照止水带的材料，分橡胶止水带、塑料止水带、沥青麻筋和膨胀橡胶止水条。

（2）预埋式止水带，因构造简单，施工简便及质量可靠，使用较为普遍。外贴式塑料止水带一般与防水板组合使用。止水条一般应位于企口型衬砌施工缝或接缝处。

3. 预埋式止水带施工检查

预埋式止水带的施工质量检查主要是预埋位置检查和止水带接头黏结检查。

（1）止水带预埋位置检查

二次衬砌浇筑时总是由外向内或由内向外从一个方向一环一环地逐步推进。止水带通常在先浇的一环衬砌端头由挡头板固定，要保证止水带预埋位置准确。

①止水带安装的横向位置。止水带预埋于衬砌厚度的1/3～1/2处，用钢卷尺量测内模到止水带的距离，与设计尺寸相比，偏差不应超过5cm。

②水带安装的纵向位置。通常止水带以施工缝或伸缩缝为中心两边对称，即埋在相邻两衬砌环节内的宽度是相等的。用钢卷尺检查，要求止水带偏离中心不能超过3cm。

③止水带应与衬砌端头模板正交。浇筑混凝土前应用角尺检查，否则会降低止水带在两侧的有效长度，并有可能影响混凝土密实度。

④根据止水带材质和止水部位可采用不同的接头方法。对于橡胶止水带，其接头形式应采用搭接或复合接；对于塑料止水带的接头形式应采用搭接或对接。止水带的搭接宽度可取10cm，冷黏或焊接的缝宽不小于5cm。

（2）现场接头检查

止水带的接头部位是止水带防水的薄弱环节。止水带现场接头方式分对接、搭接和复合接3种。

①塑料止水带的接头有焊接和熔接。焊接用焊枪以180～200℃热风焊接

为一体，在自然空气中冷却。熔接法是将塑料止水带加热至熔融状态下接合再冷却至常温。这两种接头方式的性能要求为：焊接法为母体抗拉强度的70%以上，熔焊法为母体抗拉强度的90%以上。

②橡胶止水带的接头常用的方法有热接和冷接。外、内贴式橡胶止水带通常采用热接法，因为冷黏法中目前所采用的胶黏剂耐水性较差，故对于外、内贴式橡胶止水带拼接来说不宜采用；而预埋式则可借助混凝土浇捣密实，冷接、热接两种方法均可，以方便为宜。

现场检查主要内容有：

①接头留设部位与压茬方向。由于现场施工条件的限制，一般说来接头部位的防水能力要较正常部位差些，所以留设止水带接头时，应尽量避开排水坡度小与容易形成壁后积水部立，最好留设在起拱线上下。其次应检查接头处上下止水带的压茬方向，此方向应以排水顺畅、将水外引为正确方向，即上部止水带靠近围岩，下部止水带靠近隧道内壁。

②接头强度。现场施工往往忽视接头表面的清刷与打毛焊接或黏结后接头强度低而不密实，防水性极差。检查时，用手轻撕接头，观察接头强度和表面打毛情况，不合格时重新黏结。

第四章　道路施工技术

道路通常是指为陆地交通运输服务，通行各种机动车、人畜力车、驮骑牲畜及行人的各种路的统称。道路按使用性质分为城市道路、公路、厂矿道路、农村道路、林区道路等。城市高速干道和高速公路则是交通出入受到控制的、高速行驶的汽车专用道路。

第一节　道路施工技术综述

我国道路按服务范围及其在国家道路网中所处的地位和作用分为：国道（全国性公路），包括高速公路和主要干线；省道（区域性公路）；县、乡道（地方性公路）；城市道路。前三种统称公路，按年平均昼夜汽车交通量及使用任务、性质，又可划分为5个技术等级。不同等级的公路用不同的技术指标体现。这些指标主要有计算车速、行车道数及宽度、路基宽度、最小平曲线半径、最大纵坡、视距、路面等级、桥涵设计荷载等。

一、国内外道路施工技术的发展

我国在道路施工技术上有着悠久的历史，据史料考证，早在公元前2000年，我国已修建有可供行驶牛马车的道路。两周时期道路建设已初具规模，在道路规划方面，《周礼》中有以下记载："匠人营国，国中九经九纬，经涂九轨，环涂七环，野涂五轨。"在道路管理方面，《周语》中有以下记载："司空视途"，"列树以表道，立鄙食以守路"，"雨毕而除道，水涸而成梁"在道路质量方面，《诗经》中有以下记载："周道如砥，其直如矢。"唐代是我国古代道路发展的鼎盛时期，初步建成了以城市为中心的四通八达的道路网。

其间在道路结构、施工方法等方面做了许多创新。到清代，已对道路进行了分级，即"官马大路""大路""小路"三个等级。其中仅"官马大路"已达2000km以上。

唐代国家强盛，疆土辽阔，道路发展至有骡道五万里，每三十里设一驿站，驿站规模宏大。宋代时发明记里鼓车，车恒指南，践行一里，木人轧击一锤。元朝驿站盛行，有驿站1 496个，还有水站、马站、轿站、牛站及狗站等。清代运输工具更加完备，车辆分客运车、货运车和客货运车，主要是马、驴和骆驼参与运输。清末出现人力车。1876年欧洲出现世界首辆汽车，1902年我国上海出现第一辆汽车，1913年我国修筑了第一条汽车公路——湖南长沙—湘潭，全长45km，揭开了我国现代交通运输的新篇章。抗战时期完成的滇缅公路沥青表处路面100km，是我国最早修建的沥青路面，1949年新中国成立时统计，通车里程为7.8万km，机动车7万余辆。

新中国成立后，大力发展公路交通事业，国民经济恢复期至第一个五年计划期间（1949—1957年），我国完成的重要公路干线有青藏、康藏、青新、川黔、昆洛等线，全国公路里程达30万km，1958—1965年全国公路增长最快，总里程达52万km，1975年更发展至78万km。

与此同时，我国石油工业崛起，全国修建了10万km的渣油和沥青路面，加速了黑色路面的发展。1975—1985年公路里程发展至85万km，同时公路等级和质量也大有提高，一级公路达21 194km。改革开放后，我国公路建设更是飞跃发展。至1997年全国公路里程达120万km，其中沥青路面有22万km，水泥混凝土路面达6万km，其中广东省水泥混凝土路面达18万km。

我国经济的腾飞促进了高速公路的发展，1988年是我国公路交通史上不平凡的一年，高速公路实现了零的突破。专家们认为，这是中国公路迈入现代化的新起点。为适应高等级公路高标准和高质量的要求，进入20世纪80年代以后，我国公路施工技术也获得了前所未有的发展：制定或修订了公路工程技术规范，初步建立起一套符合我国国情的公路施工控制、检测及验收标准，机械化施工水平大大提高，各种先进的筑路机械广泛应用于公路工程施工。全国各地组建了一批设备先进、种类齐全的公路机械化施工队伍，公路施工基本实现由手工操作逐步向现代化机械作业方式的转变。到目前，全国公路施工部门已拥有一大批国产和进口的技术先进、种类齐全、成龙配套的筑路机械、试验仪器和检测设备，大型筑路机械已达30余万台，固定资产原值已达50多亿元。

新技术、新工艺、新材料得到广泛应用，进而取得巨大的经济效益。施工的控制与检测手段日臻完善，保证了工程质量，加快了施工进度。1997年，我国已建成的高速公路有沈阳—大连、北京—石家庄、北京—塘沽、南京—合肥、广州—深圳、汕头—深圳、包头—呼和浩特等线，总里程达3 600 km。全国汽车拥有量达1500万辆以上。

我国的国道规划是以北京为中心，连接各省市重要大中城市、港站枢纽和工农业基地等，干线公路划为国道共20条计116 000 km。国道网由放射线、南北线和东西线组成。首都放射线12条，全长213 197 km，编号从101—112；南北线共28条，全长39 000 km，编号从201—228；东西线共30条，全长53 000 km，编号从301—330，我国各省还有省道规划，如广东省编号19我国公路交通的中、远期规划是建成两纵两横贯穿中国的交通大动脉，即北京—珠海、图们江—三亚、上海—成都、连云港—霍尔果斯高速公路干线，到2020年建成五纵七横共12条干线，共3.5万 km，将全国重点城市、工业中心、交通枢纽和对外口岸连接起来，形成与国民经济发展格局相适应、与其他运输方式相协调的快速的全国高速公路主干系统。我国公路交通建设虽然取得重大成就，但还不能适应国民经济发展的需要，与发达国家相比更显落后。我国公路技术标准低，质量较差，二级以上公路只占6%，砂石路面占70%。我国公路的通行能力不足，国道有40%路段超负荷运行。许多公路混合交通严重，交通控制和管理不善，造成交通堵塞、车速缓慢和耗油率增大，有时造成严重的交通事故。由此可见，如何更快更好地建设完善的公路网，适应国家建设的迫切需要，是摆在公路建设人员面前的重要任务。

随着世界各国技术经济的进步，对公路建设也提出了更高要求，主要表现为：一是公路功能的要求越来越高，如通过能力、承载能力及行车的安全性和舒适性等；二是对公路整体线形、路宽、路况的要求越来越高，特别是山区公路及旅游区道路，其路线与周围环境的协调性成为重要的评定条件；三是对公路的环保要求越来越高，如对行车污染和噪声的限制等；四是对公路的施工速度、施工质量和管理水平要求越来越高，施工中将普遍采用自动化机械设备、快速施工作业，公路施工必将向着机械化、自动化、标准化和工厂化方向发展。

二、道路施工技术在道路工程中的地位和作用

随着社会的发展，交通运输在国民经济中的地位越来越重要，而公路运输则是运输中的主要形式之一，它具有机动、灵活、直达（在陆地上运输货物不需要周转，可直接将货物由起点送达目的地），方便用户和迅速快捷，运输过程所需设备少，运输手续简便，运输过程中可能发生的差错及损耗少等优点。载重量大、行车密度大、车速高是现在及以后公路交通的发展方向。因此对公路路基与路面的密实度，路面的形状、平整度等质量要求也越来越高，而公路的高速发展及等级的提高是离不开施工技术的，主要表现在机械化施工和新技术的不断应用。

道路施工技术的地位与作用主要表现在两个方面：一是筑路机械制造业的不断进步，二是施工技术的不断发展。

筑路机械制造业正是在高速路发展的基础上迅速发展壮大起来的，筑路机械也称公路工程机械，也称为建筑与筑路机械，其中相当一部分为通用机械。包括铲土运输机械、挖掘装载机械、起重与运输机械、石料开采与加工机械、路基与路面压实机械、稳定土路面机械、黑色路面机械、水泥混凝土路面机械、桥隧工程机械等。筑路机械的优越性体现在以下几方面：效率高，人的劳动强度小，劳动力的需求量少，在作业条件恶劣的环境［高原、高寒、高温、沙漠、沼泽、有毒（害）气体］下尤其如此，工期短，工程质量高，工作时间可以较长等。新中国成立后，筑路机械从无到有，从少数品种到多品种，从简单到复杂；动力由早期采用蒸汽机到后来发展为内燃机；传动由机械传动发展为机械传动、液压传动；操纵由机械操纵或钢索滑轮操纵发展到气压操纵、液压操纵、电磁操纵、复合操纵等；操作人员的劳动强度大为改善，机械的功率、尺寸、机重大幅度提高，机械的外观，驾驶室的密封、视野，驾驶员的舒适性、安全性得到较好的改善。其发展方向如下：

①两极发展。为满足大工程与小工程的需要，某些筑路机械逐步向大型化与小型化方向发展。

②一机多用。一台机械可以根据施工对象的不同而方便快捷地更换不同的工作装置，以便从事不同的作业而降低工程造价。

③广泛采用新技术，提高自动化程度。目前电子和激光技术在铲土运输机械上的应用还仅仅是开始阶段，但在这方面的研究和发展却很快。今后自动控制、无人驾驶和远距离遥控都将在某些特殊的筑路机械上得到应用，尤其是在

危险、有害气体区域、高温场合及水下作业的机械,这类新技术的应用将会减轻驾驶员的劳动强度和改善工作环境,使有些特殊场合的工程得以顺利完成。

④提高可靠性和耐久性。筑路机械作业条件恶劣,超载、冲击和偏载等情况都经常发生,作业场地大多远离维修车间,零件的更换与维修比较困难,因此要求零件和产品在使用中耐久、可靠,同时能提高生产率,保证驾驶员的安全。

⑤改善操纵性能及提高舒适性。安全、无公害驾驶室全封闭、视野好、二次减振;电子监控系统以显示功能变化、故障及部位;防倾翻保护机构,落物保护机构;各操纵机构则采用液压、液压助力、气动、电磁控制且操纵杆布置更加合理,使操纵更加轻便、顺手,更注重节能和排气净化等。

20世纪90年代,有些欧美发达国家的高速公路网络已经建成,基本形成一个系统规划、科学设计、整体建设和综合管理的完整体系,他们加强了养护和营运管理,包括养护管理、交通管理和环境管理等,其目的是提高道路的使用功能、保证行车安全舒适和改善道路状况对环境及人文景观的影响。

发达国家高度重视高新技术开发,应用计算机技术、电子信息技术、自动控制技术和新材料技术来改造公路交通行业。他们普遍利用地理信息系统GIS建立公路数据库,通过计算机模拟建立多种分析评价模型,多次修订通行能力手册,为公路交通的规划设计提供分析手段和决策依据;全面利用GPS卫星定位、航测遥感技术取代人工勘测设计,将采集的数据通过数字地面模型与CAD技术衔接配套,进行道路交通的规划设计,并扩展到环境设计,顺便提供动态的景观评价。

随着改革开放和国民经济的蓬勃发展,我国的公路科技取得了巨大成就。到20世纪末,我国已系统开发了公路、桥梁和交通工程CAD技术和航测遥感技术。今后计算机在公路上的应用会更加广泛和深入,并将进一步集成全球卫星定位系统GPS、三维测量技术、航测遥感技术和地质勘查技术。在新建、改建、养护和营运管理方面应用大量信息数据,建立和开发大区域集成网的公路数据库,提供现代科学管理的依据。智能高速公路技术的引进将大大提高我国高等级公路运输、管理和安全监控的水平,并成为公路科技开发的热点。在新材料、新工艺的开发和推广应用方面,各种高性能混凝土、改性沥青和新型复合材料在路桥建设和养护工程上将不断开发并在实践中应用,它将显著节省工程造价,提高道路服务水平和延长路桥使用寿命。今后对大型货运卡车、专用工程建筑机械和养护设备将进一步国产化,并将研制开发系列优质高效的大型沥青混凝土和水泥混凝土自动联合摊铺机,250型转子中置式大功率稳定土拌和机,80型滚动式沥青再生搅拌机,多功能公路养护机,大型排污清疏机,具有快速拖吊功能和救援装置的公路清障车等。

公路环保技术今后将会得到更大的重视,公路环保持续发展战略的重点是防止建设过程中对自然环境景观的破坏,在公路建成后尽量减少车辆引发的噪声、废气和电磁污染,大力开发吸音降噪技术。在公路建设中强调边坡的稳定技术、废旧材料(如粉煤灰、皮轮胎、塑料和工业废渣等)的综合利用技术,加强社会环保意识,让公路建设更好地为造福人类服务。

可见,道路施工技术的不断提高,对道路的使用寿命及品质是非常重要的。随着道路施工技术的提高,道路的服务质量也将不断提高。

第二节 路基工程施工

路基是按照路线位置和一定技术要求修筑的带状构造物,是道路路面的基础。路基的强度和稳定性是保证路面强度和稳定性的前提,而路基的施工质量是路基强度和稳定性的保证。因此,路基的施工质量直接影响到路面甚至整条道路的使用品质和使用寿命。

一、道路路基施工的程序

道路路基施工的程序主要包括:

①施工前的准备工作。施工前的准备工作是保证路基施工顺利进行的基本前提。路基施工前的准备工作包括4个方面:组织准备,如设立施工所需的办公室、施工队等;物质准备,如材料准备、施工机械准备、生产生活用房等;技术准备,如实施合理的施工组织设计、恢复中线测量、施工放样等;现场准备,如场地清理、临时道路等。

②修建小型构造物。小型构造物包括小桥、涵洞、挡土墙、盲沟等,这些构造物通常与路基施工同时进行,但为了减少与其他工程的施工干扰和避免路基填筑后重新开挖,一般要先于路基完工。

③路基土石方工程。路基土石方工程包括路堤填筑、路堑开挖、路基压实、整修边坡、修建排水设施及防护与加固工程等。

④路基工程的竣工检查与验收。其检查与验收的主要项目有路基及其附属工程的位置、高程、断面尺寸、压实度或砌筑质量以及其原始记录、设计图纸及其他资料等，所有检测项目均应满足相应规范要求。

二、道路路基施工的基本原则

道路路基施工的基本原则与要求如下：

①道路路基应具有足够的稳定性和耐久性，应能承受行车荷载的反复作用和自然因素的长期影响。

②路基工程应推行机械化施工，只有在条件极其困难的三、四级公路中才能采用人工施工，但路基的压实必须采用机械碾压。

③路基应按照设计要求进行施工，在确保工程质量的前提下，因地制宜，合理利用当地的材料和工业废料。

④路基施工应在符合工艺要求和质量标准的条件下，积极采用经过鉴定的新材料、新技术、新机具和新的检验方法。

⑤路基施工必须遵守国家有关土地管理法规，应节约土地，保护耕地和农田水利设施等。

⑥道路路基施工应保护生态环境，尽量少破坏原有的植被地貌。清除的杂物应妥善处理，不得倾弃于河流水城中。

⑦道路路基施工必须贯彻安全生产的方针，制定技术安全措施，加强安全教育，严格执行安全操作规程，确保施工安全。

⑧路基施工必须按批准的设计文件进行。如需要变更设计或改变原有施工方案或采用特殊施工方法时，应按施工管理程序，报请业主或监理工程师审批。

⑨路基开工前，应在全面理解设计要求和设计交底的基础上，进行现场调查和核对。

⑩在详尽的现场调查后，应根据设计要求、合同、现场情况等，编制实施性施工组织设计，并按管理规定报批。经批准的施工组织设计是纲领性文件。

⑪路基开工前必须建立健全质量、环保、安全管理体系和质量检测体系，并对各类施工人员进行岗位培训和技术、安全交底。

⑫临时工程应满足正常施工需要,并保证路基施工影响范围内原有道路、结构物及农田水利等设施的使用功能。

施工技术人员必须认真领会上述各原则要求的内涵,并贯彻于自己的工作之中。

三、道路路基施工的方法

路基施工的基本方法按其技术特点大致可分为以下几种:

①人工施工。本方法使用手工工具,效率低、进度慢、工程质量难以保证。只有在条件极其困难的三、四级公路,方可采用人工施工,但路基压实必须采用机械碾压。

②简易机械化施工。本方法主要以人力为主,配以机械或简易机械。与人工施工方法比较,能减轻劳动强度,加快施工进度,质量有所提高。

③机械化施工或综合机械化施工。本方法是使用配套机械,主机配以辅机,相互协调,共同形成主要工序的综合机械化作业组的方法,能极大地减轻劳动强度,显著加快施工进度,提高工程质量和劳动生产率,降低工程造价,保证施工安全。目前,我国大多数高等级公路的施工都是采用这种方法,并在不断提高和完善之中。

④爆破法施工。本方法主要用于石质路基开挖、冻土路基开挖、隧道工程施工,施工时应配以相应的钻岩机钻孔与相应的机械清理。此方法也可用于开石取料与加工等工作。

⑤水力机械化施工。本方法是使用水泵、水枪等水力机械,喷射强力水流,冲散土层并流运至指定地点沉积。视具体情况也可用于采取砂料或地基加固。对于砂砾填筑路堤或基坑回填主要起密实作用(即水夯法),但使用此法要求电力和水源充足,适用于挖掘比较松散的土质及地下钻孔等施工。

上述施工方法的选择,应根据工程性质、地质条件、施工期限、现有条件等因素经过论证而定,应因地制宜并综合考虑使用各种方法。

第三节　道路基层施工

一、概述

基层（底基层）可分为无机结合料稳定类和粒料类。无机结合料稳定类又称半刚性类，包括水泥稳定类、石灰稳定类和综合稳定类。粒料类常分为嵌锁型和级配型。

半刚性基层材料的显著优点是整体性强、承载力高、刚度大、水稳性好，而且较为经济。其强度不仅与使用材料本身性质有关，而且决定于混合料加水拌和碾压后发生的一系列物理、化学作用，其强度随时间增长而逐渐提高。这类基层的最大缺点是干缩或低温收缩时易于开裂。粒料类主要有填隙碎石、级配碎（砾）石、天然砂砾等几种。我国将此类基层主要用于高等级道路的底基层或垫层。粒料类基层（底基层）的主要特点是透水性大、施工方便。

嵌锁型粒料基层的整体强度主要依靠粒料之间的嵌锁和摩阻作用，颗粒间的黏结力很小。

嵌锁型结构强度主要取决于石料的强度、形状、尺寸、均匀性、表面粗糙以及施工时的压实程度。

当石料强度高，形状接近立方体，有棱角，表面粗糙，压实度高时，结构层的强度就高。级配型粒料基层的强度和稳定性取决于粗集料的内摩阻角和黏结力大小，而内摩阻角和黏结力大小取决于集料的类型、集料的最大粒径和级配、混合料中0.5mm以下细粒的含量及塑性指数，同时还与其密实程度有关。对级配型粒料，主要应控制最大粒径、细粒含量塑性指数和现场压实度。

二、半刚性基层施工

在我国，高等级道路半刚性基层施工中，混合料的拌和方式有路拌法和厂拌法，其摊铺方式有人工和机械两种。从施工程序来看，一般是先通过修筑试验路段，制定标准施工方法后再进行大面积施工。

（一）试验段的修筑

施工单位通过修筑试验路段，进行施工优化组合，把主要问题找出来并加以解决，由此提出标准施工方法用以指导大面积施工，从而使整个工程施工质量高、进度快、经济效益显著。

修筑试验路段的任务是：检验、拌和、运输、摊铺、碾压、养生等计划投入使用设备的可靠性；检验混合料的组成设计是否符合质量要求及各道工序的质量控制措施；提出用于大面积施工的材料配合比及松铺系数；确定每一作业段的合适长度和一次铺筑的合理厚度；提出标准施工方法。标准施工方法主要内容包括：集料与结合料数量的控制；摊铺方法；合适的拌和方法、拌和速度拌和深度与拌和遍数；混合料最佳含水量的控制方法；整平和整型的合适机具与方法；压实机械的组合，压实的顺序速度和遍数；压实度检查方法及每一作业段的最小检查数量。若采用集中厂拌和摊铺机摊铺，应解决好机械的选型与配套问题。

（二）半刚性基层施工及注意问题

1. 路拌法施工

（1）准备下承层

半刚性基层的下承层表面应平整、坚实，具有规定的路拱，没有任何松散的材料和软弱地点。下承层的平整度和压实度应符合有关技术规范的要求。

（2）施工放样

在底基层或老路面或土基上恢复中线，直线段每15~20m设一桩，平曲线段每10~15m设一桩，并在两侧路肩边缘外设指示桩。进行水平测量，在两侧指示桩上用明显标记标出水泥稳定土层边缘的设计高程。

（3）备料、摊铺土

①备料。备料包括利用老路面或土基上部材料和利用料场的土（包括细粒土、中粒土和粗粒土）。根据各路段水泥稳定土层的宽度、厚度及预定的干密度，计算各路段需要的干燥土的数量。根据料场土的含水量和所用运料车辆的吨位，计算每车料的堆放距离。

根据水泥稳定土层的厚度和预定的干密度及水泥剂量，计算每平方米水泥稳定土需要的水泥用量，并确定水泥摆放的纵横间距。在预定堆料的下承层上，在堆料前应先洒水，使其表面湿润，但不应过分潮湿而造成泥泞。

②摊铺土。应事先通过试验确定土的松铺系数。将土均匀地摊铺在预定的宽度上，表面应力求平整，并有规定的路拱。摊料过程中，应将土块、超尺寸颗粒及其他杂物捡出。如土中有较多土块，应进行粉碎。松铺土层的厚度应符

合预定要求。施工中除洒水车外，严禁其他车辆在土层上通行。

（4）洒水闷料

如已整平的土（含粉碎的老路面）含水量过小，应在土层上洒水闷料。洒水应均匀，防止出现局部水分过多的现象。严禁洒水车在洒水段内停留和调头。细粒土应经一夜闷料；中粒土和粗粒土，视其中细土含量的多少，可缩短闷料时间。

（5）整平和轻压

对人工摊铺的土层整平后，用6~8t两轮压路机碾压1~2遍，使其表面平整，并有一定的压实度。

（6）摆放和摊铺无机结合料

将计算出的每袋水泥的纵横间距，在土层上做安放标记。应将水泥当日直接送到摊铺路段，卸在做标记的地点，并检查有无遗漏和多余。运水泥的车应有防雨设备。用刮板将水泥均匀摊开，并注意使每袋水泥的摊铺面积相等。水泥摊铺完后，表面应没有空白位置，也没有水泥过分集中的地点。

（7）拌和（干拌）

①对二级及二级以上公路，应采用专用稳定土拌和机进行拌和，并设专人跟随拌和机，随时检查拌和深度，并配合拌和机操作员调整拌和深度。拌和深度应达稳定层底并宜侵入下承层5~10mm，以利于上下层黏结。严禁在拌和层底部留有素土夹层。

②对于三、四级公路，在没有专用拌和机械的情况下，可用农用旋转耕作机（或缺口圆盘耙）与多铧犁或平地机相配合进行拌和，但应注意拌和效果，拌和时间不能过长。

（8）加水并湿拌

①在拌和过程结束时，如果混合料的含水量不足，应用喷管式洒水车（普通洒水车不适宜用作路面施工）补充洒水。

②洒水后，应再次进行拌和，使水分在混合料中分布均匀。拌和机械应紧跟在洒水车后面进行拌和，减少水分流失。

③洒水及拌和过程中，应及时检查混合料的含水量。含水量宜略大于最佳值。对于稳定粗粒土和中粒土，宜较最佳含水量大0.5%~1.0%；对于稳定细粒土，宜较最佳含水量大1%~2%。

④在洒水拌和过程中，应配合人工捡出超尺寸颗粒，消除粗细颗粒"窝"

以及局部过分潮湿或过分干燥之处。

⑤混合料拌和均匀后应色泽一致，没有灰条、灰团和花面，即无明显粗细集料离析现象，且水分合适和均匀。

（9）整形

①混合料拌和均匀后，应立即用平地机初步整形。在直线段，平地机由两侧向路中心进行刮平；在平曲线段，平地机由内侧向外侧进行刮平。必要时，再返回刮一遍。

②用拖拉机、平地机或轮胎压路机立即在初平的路段上快速碾压一遍，以暴露潜在的不平整

③再用平地机整形，整形前应用齿耙将轮迹低洼处表层5cm以上耙松，并再碾压一遍。

④对于局部低洼处，应用齿耙将其表层5cm以上耙松，并用新拌的混合料进行找平。

⑤再用平地机整形一次。应将高处料直接刮出路外，不应形成薄层贴补现象。

⑥每次整形都应达到规定的坡度和路拱，并应特别注意接缝必须顺适平整。

⑦当用人工整形时，应用锹和耙先将混合料摊平，用路拱板进行初步整形。用拖拉机初压1~2遍后，根据实测的松铺系数，确定纵横断面的标高，并设置标记和挂线。

⑧在整形过程中，严禁任何车辆通行，并保持无明显的粗细集料离析现象。

（10）碾压

①根据路宽、压路机的轮宽和轮距的不同，制定碾压方案，应使各部分碾压到的次数尽量相同，路面的两侧应多压2~3遍。

②整形后，当混合料的含水量为最佳含水量（1%~2%）时，应立即用轻型压路机并配合12t以上压路机在结构层全宽内进行碾压。直线和不设超高的平曲线段，由两侧路肩向路中心碾压时，应重叠1/2轮宽，后轮必须超过两段的接缝处，后轮压完路面全宽时，即为一遍。一般需碾压6~8遍。压路机的碾压速度，头两遍采用1.5~1.7km/h为宜，以后宜采用2.0~2.5km/h。采用人工摊铺和整形的稳定土层，宜先用拖拉机或6~8t两轮压路机或轮胎压路机碾压1~2遍，

然后再用重型压路机碾压。

③严禁压路机在已完成的或正在碾压的路段上调头或急刹车，应保证稳定土层表面不受破坏。

④碾压过程中，水泥稳定土的表面应始终保持湿润，如水分蒸发过快，应及时补撒少量的水，但严禁洒大水碾压。

⑤碾压过程中，如有"弹簧"、松散、起皮等现象，应及时翻开重新拌和（加适量的水泥）或用其他方法处理，使其达到质量要求。

⑥经过拌和、整形的水泥稳定土，宜在水泥初凝前并且在试验确定的延迟时间内完成碾压，碾压后应达到要求的密实度，同时没有明显的轮迹。

⑦在碾压结束之前，用平地机再终平一次，使其纵向顺适，路拱和超高符合设计要求。终平应仔细进行，必须将局部高出部分刮除并扫出路外；对于局部低洼之处，不再进行找补，可留待铺筑沥青面层时处理。

（11）接缝和调头处的处理

①稳定土施工中很重要的一个环节是处理好接缝。接缝一定要垂直对接，不能斜接。同日施工的两工作段的衔接处，应采用搭接。前一段拌和整形后，留5～8m不进行碾压，后一段施工时，前段留下未压部分，应再加部分无机结合料重新拌和，并与后一段一起碾压。

②经过拌和、整形的半刚性基层，应在试验确定的延迟时间内完成碾压。

③应注意每天最后一段末端缝（即工作缝）的处理。工作缝和调头处可按下述方法处理：在已碾压完成的水泥稳定土层末端，沿稳定土挖一条横贯铺筑层全宽的宽约30cm的槽，直挖到下承层顶面。此槽应与路的中心线垂直，靠稳定土的一面应切成垂直面，并放两根与压实厚度等厚、长为全宽一半的方木紧贴其垂直面。用原挖出的素土回填槽内其余部分。

如拌和机械或其他机械必须到已压成的水泥稳定土层上调头，应采取措施保护调头作业段。一般可在准备用于调头的8～10m长的稳定土层上，先覆盖一张厚塑料布或油毡纸，然后铺上约10cm厚的土、砂或砂砾。第二天，邻接作业段拌和后，除去方木，用混合料回填。靠近方木未能拌和的一小段，应人工进行补充拌和。整平时，接缝处的水泥稳定土应较已完成断面高出约5cm，以利于形成一个平顺的接缝。整平后，用平地机将塑料布上大部分土除去（注意勿刮破塑料布），然后人工除去余下的土，并收起塑料布。在新混合料碾压过程中，应将接缝修整平顺。

④纵缝的处理。水泥稳定土层的施工应该避免纵向接缝，在必须分两幅施工时，纵缝必须垂直相接，不应斜接。纵缝应按下述方法处理：在前一幅施工时，在靠中央一侧用方木或钢模板做支撑，方木或钢模板的高度与稳定土层的压实厚度相同；混合料拌和结束后，靠近支撑木（或板）的一部分，应人工进行补充拌和，然后整形和碾压。养生结束后，在铺筑另一幅之前，拆除支撑木（或板），第二幅混合料拌和结束后，靠近第一幅的部分，应人工进行补充拌和，然后进行整形和碾压。

（12）养生

半刚性基层经拌和、压实后，必须有一段养生时间，养生时间应不少于7d。应使半刚性基层表面保持湿润，防止半刚性基层中的水分蒸发，以保证水泥充分发挥作用。可以用潮湿的帆布、粗麻袋、稻草麦秸或其他合适的潮湿材料覆盖，但不能用潮湿的有黏性的土覆盖，因为这种土会黏结在稳定土层表层，难以清除干净。

2. 厂拌法施工

（1）设备准备

厂拌法施工前，应先调试拌和设备。调试的目的在于找出各料斗闸门的开启刻度（简称开度）以确保按设计配合比拌和。先要测定各种原材料的流量-开度曲线。然后按厂拌设备的实际生产率及各种原材料的设计质量比计算各自的要求流量，从流量-开度曲线上可查出各个闸门的刻度。按得出的刻度试拌一次，测定其级配、含水量及结合料剂量，如有误差则个别调整后再试拌。一般试拌一两次即可达到要求。

（2）下承层准备、施工放样

同路拌法。

（3）备料

选择原则同路拌法。各种不同材料（水泥、土、外掺剂等）及不同规格集料（碎石或砾石、石屑、砂）应隔离，分别堆放。在潮湿多雨地区或其他地区的雨季施工时，应采取措施，保护集料，特别是细集料（如石屑和砂等）应有覆盖，防止雨淋。

（4）拌和

集中拌和时应注意以下事项：

①拌和机与摊铺机的生产能力应互相匹配。对于高速公路和一级公路，为

了保持摊铺机连续摊铺，拌和机的产量宜大于600 t/h，并宜采用两台拌和机。

②在正式拌制混合料之前，必须先调试所用的设备，使混合料的颗粒组成和含水量都达到规定的要求。原集料的颗粒组成发生变化时，应重新调试设备。

③配料应准确，拌和应均匀。

④拌和出来的混合料的含水量宜略大于最佳值，使混合料运到现场摊铺后碾压的含水量不小于最佳值。因此，在拌和过程中应根据集料和混合料含水量的大小及时调整加水量。

⑤当采用连续式的稳定土拌和设备拌和时，应保证集料的最大粒径和级配符合要求。

（5）运输

可将拌好的混合料从拌和机直接卸入自卸车，尽快送到铺筑现场。为了减少水分损失，自卸车上的混合料应该覆盖。运输的时间一般要限制在30 min内。

（6）摊铺

对于高速公路和一级公路，必须采用沥青混凝土摊铺机或专用的稳定粒料摊铺机摊铺。对于其他道路，有条件宜用摊铺机摊铺，但至少必须采用平地机摊铺，个别面积较小的路段可以采用人工摊铺。

（7）接缝处理

①集中厂拌法施工时不宜中断，如因故中断时间超过2 h，应设置横向接缝，摊铺机应驶离混合料末端。

②人工将末端含水量合适的混合料弄整齐，紧靠混合料放两根方木，方木的高度应与混合料的压实厚度相同，整平紧靠方木的混合料。方木的另一侧用砂砾或碎石回填约3 m长，其高度应高出方木几厘米。将混合料碾压密实。

③在重新开始摊铺混合料之前，将砂砾（或碎石）和方木除去，并将下承层顶面清扫干净。

摊铺机返回到已压实层的末端，重新开始摊铺混合料。

④如摊铺中断后，未按上述方法处理横向接缝，而中断时间已超过2 h，则应将摊铺机附近及其下面未经压实的混合料铲除，并将已碾压密实且高程和平整度符合要求的末端挖成与路中心线垂直并垂直向下的断面，然后再摊铺新的混合料。

⑤应避免纵向接缝。高速公路和一级公路的基层应分两幅摊铺，宜采用两

台摊铺机一前一后相隔5~10m同步向前摊铺混合料,并一起进行碾压,但必须注意横坡的一致性。

在不能避免纵向接缝的情况下,纵缝必须垂直相接,严禁斜接。用平地机摊铺混合料时,横向接缝和纵向接缝的处理方法同路拌法。

(8)养生同路拌法。

3. 施工中应注意的几个问题

(1)施工季节

无机结合料稳定类结构层宜在春末或夏季组织施工,施工期的最低气温应在5℃以上,并保证在冻前有一定成形期,即第一次重冰冻(-3~5℃)到来之前的半月至一个月(水泥类)及一个月至一个半月(石灰与二灰类)完成。若不能完成则应覆盖土层以防冻融破坏。在雨季施工水泥稳定类结构层时,应特别注意气候变化,勿使水泥混合料遭雨淋,并采取措施排除表面水,勿使运到路上的集料过分潮湿。

(2)水泥稳定类材料施工作业长度的确定

确定水泥稳定类混合料的作业长度,应综合考虑水泥的终凝时间、延迟时间对施工质量的影响,施工机械的效率,气候条件等因素,并尽可能减少接缝。水泥稳定类混合料从拌和到碾压之间延迟时间宜控制在3~4h。必须延长时间时,不应超过水泥终凝时间。因此,施工必须采用流水作业法,各工序必须紧密衔接,尽量缩短从拌和到完成碾压之间的延迟时间。一般情况下,每一流水作业段长以200m为宜。

(3)路拌法施工中土与粉煤灰用量的控制

在二灰稳定类基层施工中,石灰剂量可以检测,土与粉煤灰的比例只能在施工中加以控制。若控制不好,不仅影响强度,还会使压实度检测失去意义。实际上,土与粉煤灰不同于砂砾和碎石,后者在装卸或摊铺过程中体积变化不大,而土和粉煤灰经装卸、运输和摊铺等,都能使密度变化,室内测量的松干密度总是偏小,如用其松干密度计算虚铺厚度将使工地用量偏多。此外,工地的运土工具较杂,难以用堆土距离控制。因此,可用稳压厚度控制配比的方法,即固定稳压的压路机型及遍数,实测稳压后土及粉煤灰的干密度。反过来,通过抽检稳压厚度来控制土与粉煤灰的比例。

(4)接茬处理

石灰、二灰稳定类基层施工中,两工作段的衔接处应搭接拌和,即前一段拌和后，留5~8m，不进行碾压。后一段施工时，将前段留下未压部分，一起再进行拌和。对于水泥稳定类基层，当天两工作段的衔接处理方法同前，但应对前一段未压部分要再加水泥，重新拌和。当天最后一段水泥稳定类基层施工完后，将已压成段末端切成垂直断面，在第二天摊铺下段时，应在前一天余留未碾段内添加部分水泥，并与下段一起拌和。

拌和机及其他机械不宜在已成形的结合料稳定层上"调头"。若必须在其上"调头"时，应采取保护措施（加铺覆盖层等）。

（5）养生期的探讨

当半刚性基层分层施工时，下层碾压完后，可立即铺筑上层，不需专门的养生期，但在铺筑上层之前，应始终保持下层表面湿润。

基层完工后，养生期一般不宜少于7d，养生期结束，方可铺筑沥青面层或封层。

三、粒料类基层（底基层）施工

1. 级配碎石施工

级配碎石施工有路拌法和中心厂拌和两种方法。本节只介绍路拌法施工。

①准备下承层，要求同半刚性基层施工。

②施工放样，要求同半刚性基层施工。

③备料。根据各路段基层或底基层的宽度、厚度及规定的压实干密度并按确定的配合比，分别计算各段需要的未筛分碎石和石屑的数量，或不同粒级碎石和石屑的数量，并计算每车料的堆放距离。未筛分碎石和石屑可按预定比例在料场混合，同时洒水加湿，使混合料的含水量超过最佳含水量约1%。

④运输和摊铺集料。运输宜由远到近卸置集料。摊铺集料时应事先通过试验确定集料的松铺系数并确定松铺厚度。采用不同粒级的碎石和石屑时，应将大碎石铺在下层，中碎石铺在中层，小碎石铺在上层。洒水使碎石湿润后，再摊铺石屑。

⑤拌和及整形。对于二级及二级以上公路，应采用专用稳定土拌和机拌和级配碎石。对于二级以下的公路，在无稳定土拌和机的情况下，可采用平地机或多铧犁与缺口圆盘耙相配合进行拌和。拌和结束时，混合料的含水量应均匀，并较最佳含水量大1%左右，同时应没有粗细颗粒离析现象。用平地机将拌和均匀的混合料，按规定的路拱进行整平和整形，在整形过程中，应注意消除

粗细集料离析现象。

⑥碾压。整形后，当混合料的含水量等于或略大于最佳含水量时，立即用12 t以上三轮压路机、振动压路机或轮胎压路机进行碾压。直线和不设超高的平曲线段，由两侧路肩开始向路中心碾压；在设超高的平曲线段，由内侧路肩向外侧路肩进行碾压。碾压时，后轮应重叠1/2轮宽；后轮必须超过两段的接缝处。

接缝的处理：横缝两作业段的衔接处应搭接拌和。第一段拌和后，留5~8 m不进行碾压，第二段施工时，前段留下未压部分与第二段一起拌和整平后进行碾压。碾压应避免纵向接缝。在必须分两幅铺筑时，纵缝应搭接拌和。前一幅应全宽碾压密实，在后一幅拌和时，应将相邻的前幅边部约30 cm搭接拌和，整平后一起碾压密实。

2. 级配砾石施工

级配砾石施工路拌法施工流程如下：

①准备下承层。要求同半刚性基层施工。

②施工放样。要求同半刚性基层施工。

③计算材料用量。根据各路段基层或底基层的宽度、厚度及预定的干密度，计算各段需要的集料数量。如级配砾石是用两种集料组成时，分别计算两种集料的数量；根据料场集料的含水量以及所用运料车辆的吨位，计算每车材料的堆放距离。

④运输和摊铺集料。卸料距离应严格掌握，避免料不够或过多。采用两种集料时，应先将主要集料运到路上，待主要集料摊铺后，再运另一种集料并摊铺。如粗细两种集料的最大粒径相差很多，应在粗集料处于潮湿状态下摊铺细集料。集料的松铺系数和松铺厚度应通过试验确定。用平地机或其他合适的机具将料均匀地摊铺在预定的宽度上，摊铺时表面应力求平整并有规定的路拱横坡度。同时摊铺路肩用料。

⑤拌和及整形。拌和结束时，混合料的含水量应均匀，并较最佳含水量大1%左右。应无粗细颗粒离析现象。用平地机将拌和均匀的混合料，按规定的路拱进行整平和整形。在整形过程中，严禁任何车辆通行。

⑥碾压。要求同级配碎石。

⑦横缝的处理。要求同级配碎石。

⑧纵缝的处理。要求同级配碎石。

3. 填隙碎石施工

填隙碎石的施工工艺流程如下：

（1）准备下承层

要求同半刚性基层施工。

（2）施工放样

要求同半刚性基层施工。

（3）备料

根据各路段基层或底基层的宽度、厚度及松铺系数，计算各段需要的粗碎石数量；根据运料车辆的车厢体积，计算每车料的堆放距离。填隙料的用量为粗碎石质量的30%～40%。

（4）运输和摊铺粗碎石

卸料距离应严格掌握，避免有的路段料不够或料过多。用平地机或其他合适的机具将粗碎石均匀地摊铺在预定的宽度上，表面应力求平整，并有规定的路拱，同时摊铺路肩用料。

（5）撒铺填隙料和碾压

施工方法有干法施工和湿法施工。

4. 干法施工

①初压：用8t两轮压路机碾压3～4遍，使粗碎石稳定就位。在直线和不设超高的平曲线段上，碾压从两侧路肩开始，逐渐错轮向路中心进行；在设超高的平曲线段上，碾压从内侧路肩开始，逐渐错轮向外侧路肩进行。错轮时，每次重叠1/3轮宽。在第一遍碾压后，应再次找平。初压终了时，表面应平整，并具有要求的路拱和纵坡。

②撒铺填隙料：用石屑撒布机或类似的设备将干填隙料均匀地撒铺在已压稳的粗碎石层上，松铺厚度为2.5～3.0cm。必要时，用人工或机械扫匀。

③碾压：用振动压路机慢速碾压，将全部填隙料振入粗碎石间的孔隙中。如没有振动压路机，可用重型振动板。

④再次撒布填隙料：用石屑撒布机或类似的设备将干填隙料再次撒铺在粗碎石层上，松铺厚度为2.0～2.5cm。用人工或机械扫匀。

⑤再次碾压：在碾压过程中，对局部填隙料不足之处，人工进行找补。局部多余的填隙料应扫除。

⑥再次碾压后，如表面仍有未填满的孔隙，则应补撒填隙料，并用振动压

路机继续碾压，直到全部孔隙被填满为止。同时，应将局部多余的填隙料铲除或扫除。填隙料不应在粗碎石表面自成一层。表面必须有能看得见粗碎石。

如填隙碎石层上为薄沥青面层，应使粗碎石的棱角外露3~5mm。

⑦当需分层铺筑时，应将已压成的填隙碎石层表面粗碎石外露5~10mm，然后在其上摊铺第二层粗碎石。

⑧填隙碎石表面孔隙全部填满后，用12~15t三轮压路机再碾压1~2遍。在碾压过程中，不应有任何蠕动现象。在碾压之前，宜在表面先洒少量水，洒水量宜为3 kg/m²以上。

5. 湿法施工

①粗碎石层表面孔隙全部填满后，立即用洒水车洒水，直到饱和，但应注意避免多余水浸泡下承层。

②用12~15t三轮压路机跟在洒水车后进行碾压。在碾压过程中，将湿填隙料继续扫入所出现的孔隙中。需要时，再添加新的填隙料。洒水和碾压应一直进行到填隙料和水形成粉砂浆为止。粉砂浆应填塞全部孔隙，并在压路机轮前形成微波纹状。

③干燥，碾压完成的路段应让水分蒸发一段时间。结构层变干后，表面多余的细料以及细料覆盖层都应扫除干净。

④当需分层铺筑时，应待结构层变干后，将已压成的填隙碎石层表面的填隙料扫除一些，使表面粗碎石外露5~10mm，然后在上摊铺第二层粗碎石。

第四节　沥青路面施工

一、冷拌沥青混合料路面施工

1. 基本要求

冷拌沥青混合料适用于三级及三级以下公路的沥青面层，也可用于二级公路的罩面层以及各级公路沥青路面的基层、连接层或整平层。在养护工程中，冷拌改性沥青混合料可用于沥青路面的坑槽冷补。

冷拌沥青混合料所采用的结合料包括乳化沥青、液体沥青和改性乳化沥青等。结合料的类型与型号、标号都应根据公路等级、交通特点、气候、水温状况、施工季节、施工机具等各种因素参照规范规定，精心选择。冷拌沥青混合料宜采用密级配沥青混合料，当采用半开级配的冷拌沥青碎石混合料路面时应铺筑上封层。

2. 冷拌沥青混合料路面施工

冷拌沥青混合料应具有良好的施工和易性，混合料的拌和、运输、摊铺都在乳液破乳前完成。在拌和与摊铺过程中已破乳的混合料，应予废弃。袋装乳化沥青混合料应加入适宜的稳定剂，以防提前破乳。包装应密封，存放时间不得超出乳液的存放时间。

乳化沥青混合料宜采用拌和厂机械拌和及沥青摊铺机摊铺的方式。混合料摊铺后应立即碾压。通常先用6t左右的轻型压路机初压1~2遍，使混合料初步稳定，再用轮胎压路机或钢筒式压路机碾压1~2遍。当乳化沥青开始破乳、混合料由褐色转变成黑色时，改用12~15轮胎压路机碾压，将水分挤出，复压2~3遍后停止，待晾晒一段时间，水分基本蒸发后继续复压至密实为止。当压实过程中有推移现象时应停止碾压，待稳定后再碾压。当天不能完全压实时，可在较高气温状态下补充碾压。当缺乏轮胎压路机时，也可采用钢筒式压路机或较轻的振动压路机碾压。

乳化沥青混合料路面的上封层应在压实成型、路面水分完全蒸发后加铺。施工结束后宜封闭交通2~6h，并注意做好早期养护。如施工遇雨应立即停止铺筑，以防雨水将乳液冲走。

3. 冷补沥青混合料

用于修补沥青路面坑槽的冷补沥青混合料宜采用适宜的改性沥青结合料制造，并具有良好的耐水性。冷补沥青混合料的集料必须符合规范对热拌沥青混合料集料的质量要求。

冷补沥青混合料有良好的低温操作和易性。用于冬季寒冷季节补坑的混合料，应在松散状态下经-10℃的冰箱保持24h无明显的凝聚结块现象，且能用铁铲方便地拌和操作。冷补沥青混合料应有足够的黏聚性，马歇尔试验稳定度宜不小于3 kN。

二、热拌沥青混合料路面施工

热拌沥青混合料路面通常采用厂拌法施工，施工过程可分为沥青混合料的拌制、运输、摊铺及碾压等几个阶段。

1. 准备工作

沥青混合料路面在施工前应对其下承层的厚度、密实度、平整度、路拱等进行检查。下承层如果有坎坷不平、松散、坑槽等，必须在混合料铺筑之前整修完毕，并清扫干净。对沥青混合料中的沥青、改性沥青、纤维、集料等原材料按照施工要求进行合理选择。

施工前的另一项准备工作为施工放样，放样的目的是检查下承层的厚度和标高以及对将要施工的一层进行厚度和标高的控制。

施工前应对摊铺机、压路机等机械的工作性能进行常规检查，以保证施工的正常运行。各种机械均处于良好状态之后，方允许正式投入施工。

2. 试验段的修筑

高速公路和一级公路的沥青路面在施工前应铺筑试验段。其他等级公路在缺乏施工经验或初次使用重大设备时，也应铺筑试验段。试验段的长度通常为100～200m，宜选在正线上铺筑。

热拌热铺沥青混合料路面试验段铺筑时应做好以下几项工作：

①检验各种施工机械的类型、数量及组合方式是否匹配。

②通过试拌确定拌和机的操作工艺，考察计算机打印装置的可信度。

③通过试铺确定透层油的喷洒方式、效果、摊铺、压实工艺，确定松铺系数等。

④验证沥青混合料生产配合比设计，提出生产用的标准配合比和最佳沥青用量。

⑤建立用钻孔法与核子密度仪无破损检测路面密度的对比关系，确定压实度的标准检测方法。

⑥检测试验段的渗水系数。

3. 拌和

（1）拌和设备

沥青混合料必须在沥青拌和厂（场、站）采用拌和机械拌制。沥青混合料可采用间歇式拌和机或连续式拌和机拌制。间歇式拌和机是在每盘拌和时计量混合料各种材料的质量，连续式拌和机则是在计量各种材料之后连续不断地送进拌和器中拌和。为保证沥青混合料的质量更稳定、沥青用量更准确，高速公路和一级公路的沥青混凝土宜采用间歇式拌和机拌和，并且间歇式拌和机必须配备计算机设备，拌和过程中逐盘采集并打印各个传感器测定的材料用量和沥青混合料拌和量、拌和温度等各种参数。连续式拌和机使用的集料必须稳定不变，一个工程从多处进料、料源或质量不稳定时，不得采用连续式拌和机。

（2）拌和

在拌制沥青混合料之前，应根据确定的配合比进行试拌。试拌时对所用的各种矿料及沥青应严格计量。通过试拌和抽样检验确定每盘热拌的配合比及其总质量（对间歇式拌和机）或各种矿料进料口开启的大小及沥青和矿料进料的速度（对连续式拌和机）适宜的沥青用量、拌和时间矿料和沥青加热温度以及沥青混合料出厂的温度。对试拌的沥青混合料进行试验之后，即可选定施工的配合比。

为使沥青混合料拌和均匀，在拌制时，需要控制矿料和沥青的加热温度与拌和温度。各类沥青混合料的拌制温度、运输温度及施工温度应满足相关要求。经过拌和后的混合料应均匀一致，无细料和粗料分离，无花白、结成团块的现象。

沥青混合料拌和时间根据具体情况经试拌确定，以沥青均匀裹覆集料为度。间歇式拌和机每盘的生产周期不宜少于45 s（其中干拌时间不少于5~10 s）。改性沥青和SMA混合料的拌和时间应适当延长。

间歇式拌和机宜备有保温性能好的成品储料仓，储存过程中混合料温降不得大于10℃且不能有沥青滴漏，普通沥青混合料的储存时间不得超过72 h，改性沥青混合料的储存时间不宜超过24 h，SMA混合料只限当天使用，OGFC混合料宜随拌随用。生产添加纤维的沥青混合料，纤维必须在混合料中充分分散，拌和均匀。拌和机应配备同步投料装置，松散的絮状纤维可在喷入沥青的同时或稍后采用风送设备喷入拌和锅，拌和时间宜延长5 s以上。颗粒纤维可在粗集料投入的同时自动加入，经5~10 s的干拌后，再投入矿粉。

4. 运输

热拌沥青混合料宜采用较大吨位的运料车运输，但不得超载运输、急刹车、急弯掉头，以防止透层、封层造成损伤。运料车每次使用前后必须清扫干净，在车厢板上涂一薄层防止沥青黏结的隔离剂或防粘剂，但不得有余液积聚在车厢底部。

运料车的运力应稍有富余，施工过程中摊铺机前方应有运料车等候。对高速公路、一级公路宜待等候的运料车多于5辆后开始摊铺。从拌和机向运料车上装料时，应多次挪动汽车位置，平衡装料，以减少混合料离析。运料车运输混合料宜用苫布覆盖,以保温、防雨、防污染。

为了防止沥青路面施工过程中的交叉污染,运料车进入摊铺现场时,轮胎上不得沾有泥土等可能污染路面的脏物。沥青混合料在摊铺地点凭运料单接收,若混合料不符合施工温度要求,或已经结成团块、已遭雨淋的不得铺筑。

摊铺过程中运料车应在摊铺机前100~300mm处停住,空挡等候,由摊铺机推动前进开始缓缓卸料,避免撞击摊铺机。在有条件时,运料车可将混合料卸入转运车经二次拌和后向摊铺机连续均匀地供料。转运机介于运料车与摊铺机之间,运料车将混合料卸在转运车上,转运车一边对混合料进行二次拌和,一边与摊铺机完全同步前进,向摊铺机供料。由于运料车的混合料不直接卸在摊铺机上,可有效地改善混合料的离析和温度不均的问题。

运料车每次卸料必须倒净,尤其是对改性沥青或SMA混合料,如有剩余应及时清除,防止硬结。SMA及OGFC混合料在运输、等候过程中,如发现有沥青结合料沿车厢板滴漏时,应采取措施避免。

5. 混合料摊铺

为了使铺筑层与下承层黏结良好,在铺筑前4~8h,在粒料类的下承层上洒布透层沥青;若下承层为旧沥青路面或水泥混凝土路面,则要在旧路面上洒布一层粘层沥青;若下承层为灰土类基层,为防止水渗入基层,加强基层与面层的黏结,要在面层铺筑前铺下封层。

热拌沥青混合料应采用沥青摊铺机摊铺,在喷洒有粘层油的路面上铺筑改性沥青混合料或SMA时,宜使用履带式摊铺机。摊铺机的受料斗应涂刷薄层隔离剂或防黏结剂。铺筑高速公路、一级公路沥青混合料时,一台摊铺机的铺筑宽度不宜超过6(双车道)~7.5m(三车道以上),通常宜采用两台或更多台数的摊铺机前后错开10~20m成梯队方式同步摊铺,两幅之间应有30~60mm宽度的搭接,并躲开车道轮迹带,上下层的搭接位置宜错开200mm以上。摊铺机开工前应提前0.5~1h预热,熨平板不低于100℃。铺筑过程中应选择熨平板的振捣或夯锤压实装置具有适宜的振动频率和振幅,以提高路面的初始压实度。熨平板加宽连接应仔细调节至摊铺的混合料没有明显的离析痕迹。

摊铺机必须缓慢、均匀、连续不间断地摊铺,不得随意变换速度或中途停顿,以提高平整度和减少混合料的离析。摊铺速度宜控制在2~6m/min的范围内。对改性沥青混合料及SMA混合料宜放慢至1~3m/min。当发现混合料出现明显的离析、波浪、裂缝、拖痕时,应分析原因,予以消除。

摊铺机应采用自动找平方式，下面层或基层宜采用钢丝绳引导的高程控制方式，上面层宜采用平衡梁或雪橇式摊铺厚度控制方式，中面层根据情况选用找平方式。沥青混合料的松铺系数应根据混合料类型由试铺试压确定。

沥青路面施工的最低气温应符合相关的要求，寒冷季节遇大风降温，不能保证迅速压实时不得铺筑沥青混合料。

6. 压实及成形

沥青混合料压实是获得高质量、高路用性能沥青路面的关键工序之一，必须重视混合料压实工作。压实成形的沥青路面应符合压实度及平整度的要求。

沥青混凝土的压实层最大厚度不宜大于100mm，沥青稳定碎石混合料的压实层厚度不宜大于120mm。沥青路面施工应配备足够数量的压路机，选择合理的压路机组合方式及初压、复压、终压（包括成形）的碾压步骤，以达到最佳碾压效果。高速公路铺筑双车道沥青路面的压路机数量不宜少于5台。施工气温低、风大、碾压层薄时，压路机数量应适当增加。

压路机应以慢且均匀的速度碾压，压路机的碾压速度应符合相关的规定。压路机的碾压路线及碾压方向不能突然改变以防止混合料推移。碾压区的长度应大体稳定，两端的折返位置应随摊铺机前进而推进，横向位置不得在相同的断面上。

压路机的碾压温度应符合规范的要求，并根据混合料种类、压路机、气温、层厚等情况经试压确定。在不产生严重推移和裂缝的前提下，初压、复压、终压都应在尽可能高的温度下进行。

同时不得在低温状况下作反复碾压，使石料棱角磨损、压碎，破坏集料嵌挤。

（1）初压

初压应紧跟摊铺机后碾压，并保持较短的初压区长度，以尽快使表面压实，减少热量散失。对摊铺后初始压实度较大，经实践证明采用振动压路机或轮胎压路机直接碾压无严重推移而有良好效果时，可免去初压直接进入复压工序。初压的目的主要是使混合料初步稳定，通常宜采用钢轮压路机静压1~2遍。碾压时应将压路机的驱动轮面向摊铺机，从外侧向中心碾压，在超高路段则由低向高碾压，在坡道上应将驱动轮从低处向高处碾压。初压后应检查平整度、路拱，有严重缺陷时进行修整甚至返工。

（2）复压

复压应紧跟在初压后开始，且不得随意停顿。压路机碾压段的总长度应尽量缩短，通常不超过60~80 m。采用不同型号的压路机组合碾压时，宜安排每一台压路机做全幅碾压，以防止不同部位的压实度不均匀。密级配沥青混凝土的复压，宜优先采用重型的轮胎压路机进行搓揉碾压，以增加密实性，其总质量不宜小于25 t。碾压时相邻轮迹带应重叠1/3~1/2的碾压轮宽度，碾压至要求的压实度为止。对以粗集料为主的较大粒径的混合料，宜优先采用振动压路机复压。厚度小于30 mm的薄沥青层，不宜采用振动压路机碾压。碾压时相邻轮迹带重叠宽度为100~200 mm。振动压路机折返时应先停止振动。当采用三轮钢筒式压路机时，总质量不宜小于12 t，相邻碾压带宜重叠后轮的1/2宽度，并不应少于200 mm。对路面边缘、加宽及港湾式停车带等大型压路机难于碾压的部位，宜采用小型振动压路机或振动夯板做补充碾压。

（3）终压

终压应紧接在复压后进行，主要是为了消除碾压轮迹。终压可选用双轮钢筒式压路机或关闭振动的振动压路机碾压，碾压不宜少于2遍，至无明显轮迹为止。

（4）SMA路面

SMA路面宜采用振动压路机或钢筒式压路机碾压。振动压路机应遵循"紧跟、慢压、高频、低幅"的原则，即紧跟在摊铺机后面，采取高频率、低振幅的方式慢速碾压。

（5）OGFC路面

OGFC宜采用小于12 t的钢筒式压路机碾压。碾压轮在碾压过程中应保持清洁，有混合料粘轮应立即清除。对钢轮可涂刷隔离剂或防黏结剂，但严禁刷柴油。

压路机不得在未碾压成型路段上转向、调头、加水或停留。在当天成型的路面上，不得停放各种机械设备或车辆，不得散落矿料、油料等杂物。

7. 接缝处理及开放交通

沥青路面的施工必须接缝紧密、连接平顺，不得产生明显的接缝离析。上下层的纵缝应错开150 mm（热接缝）或300~400 mm（冷接缝）以上。相邻两幅及上下层的横向接缝均应错位1 m以上。

摊铺时采用梯队作业的纵缝应采用热接缝，将已铺部分留下100~200 mm

宽暂不碾压，作为后续部分的基准面，然后做跨缝碾压以消除缝迹。当半幅施工或因特殊原因而产生纵向冷接缝时，宜加设挡板或加设切刀切齐，宜在冷却后采用切割机做纵向切缝。摊铺另半幅前必须将缝边缘清扫干净，并浇洒少量粘层沥青。

高速公路和一级公路的表面层横向接缝应采用垂直的平接缝，以下各层可采用自然碾压的斜接缝，沥青层较厚时也可做阶梯形接缝。其他等级公路的各层均可采用斜接缝。铺筑接缝时，可在已压实部分上面铺设一些热混合料使之预热软化，以加强新旧混合料的黏结。但在开始碾压前应将预热用的混合料铲除。

热拌沥青混合料路面应待摊铺层完全自然冷却，混合料表面温度低于50℃后，方可开放交通。需提早开放交通时，可洒水冷却降低混合料温度。

8. 沥青混合料施工中的缺陷分析

（1）沥青混合料拌和中的异常现象

沥青混合料在拌和和施工过程中容易出现的问题及处理措施：

①每天拌和的第一盘沥青混合料易出现废料。主要原因是拌和设备刚开始启动，集料和沥青预加热没有达到规定的温度。解决的措施是适当减少进入烘干筒的数量，提高开始时火焰的温度，使粗、细集料和沥青的加热温度略高于规定值。

②出现花白料。主要原因有材料温度低或者拌和时间短，可通过升高集料的加热温度和增加拌和时间解决。

③枯料。主要是因为原材料中细集料含水量偏大，造成在烘干筒中细集料加热温度达到规定值时，粗集料的温度已大大超过了规定值。采取的措施是避免料场中细集料受到雨淋，禁止使用含水量大于7%的细集料。

④没有色泽。主要原因是沥青加热温度过高，超过规定温度的沥青极易老化。主要采取的措施是将沥青的加热温度控制在温度限制内。

（2）沥青混合料运输、摊铺和压实中的离析现象

沥青混合料的离析通常分为骨料离析和温度离析。骨料离析是指沥青混合料中大粒径骨料分别聚集，处于较为明显的不均匀混合状态，一般由机械因素引起；温度离析是指沥青混合料中各部分温度出现明显差异。

离析的危害性很大，可对路面质量造成多方面的影响。离析造成路面产生较高的空隙率，高空隙率使水渗透进入沥青混凝土内，当车碾压时，压力压迫

混凝土中的水进一步扩散并使沥青混凝土松散，加速路面的损坏，并且水会进入基层，进一步破坏基层部分。沥青碎石粗集料一旦聚集在一起，在碾压过程中，集料非常容易被压碎。骨料表面积的增大，改变了原设计的路面配合比。离析会使集料油料偏少，造成集料碾压成型后松散，破坏路面结构，影响路面强度、行车安全和行车效果以及道路使用寿命。

沥青混合料的离析在每个施工环节都有可能发生。产生离析的原因有很多，主要有混合料的级配类型、拌和机械、施工情况、装载、运输途中及摊铺碾压情况等因素。沥青混合料中矿料的粒径越大，越容易产生离析现象。沥青混合料向自卸车车厢内装卸时，混合料下落的高度越大，大粒径越容易流到料堆的四周下部；如混合料下落到车厢的固定位置，料堆越高，其四周的大粒径碎石越多。另外，自卸汽车中的混合料向摊铺机卸料时也容易产生离析现象。

（3）提高沥青混合料碾压质量的关键技术

在沥青混合料的压实过程中，可以通过以下几个方面提高碾压质量：

①严格控制碾压温度

碾压温度的高低，直接影响沥青混合料的压实质量。混合料温度较高时，碾压遍数可减少，这样压实的效果和密实度较好；温度低时，碾压比较困难，易产生很难消除的轮迹，道路就不平整。因此，在施工中应摊铺完毕后及时进行碾压。

②严格控制碾压遍数和碾压速度

合理的碾压速度可以减少碾压时间和提高作业效率。在施工中，应保持适当的恒定碾压速度，一般速度控制在2 km/h，轮胎压路机可提高但不能超过5 km/h。速度太低，使摊铺与压实间断，影响压实质量，需要增加压实遍数，提高压实度；碾压速度过快，会产生推移、横向裂缝。

碾压速度与碾压遍数应通过现场试验来确定。

③合理选择振频和振幅

振频主要影响沥青面层的表面压实质量，压路机的振频比沥青混合料的固有频率高一些时，可获得较好的压实效果。振幅主要影响沥青面层的压实深度，碾压层比较薄时，选用高振频、低振幅；碾压层较厚时，在低振频下，选用较大的振幅就可达到压实的目的。

三、层铺法沥青路面施工

层铺法沥青路面施工主要包括沥青表面处治和沥青贯入式。

1. 沥青表面处治路面

沥青表面处治宜在干燥和较热的季节施工,并在最高温度低于15℃以前半个月及雨季前结束。适用于三级及三级以下公路的沥青面层。

沥青表面处治宜采用层铺法施工,厚度不宜大于3 cm,可采用沥青洒布机及集料撒铺机联合作业。层铺法沥青表面处治通常采用先油后料的方法,即先洒布一层沥青,后铺撒一层矿料。主要有二层式和三层式沥青表面处治。以三层式沥青表面处治为例,其施工程序如下:施工前准备工作→浇洒透层沥青→浇洒第一层沥青→撒铺第一层集料→碾压→浇洒第二层沥青→撒铺第二层集料→碾压→浇洒第三层沥青→撒铺第三层集料→碾压→控制交通→初期养护。

二层式表处施工与三层式表处施工相比,仅减少一次洒油、撒料,碾压厚度为1.5~2.5 cm。沥青表面处治施工应确保各工序紧密衔接,每个作业段长度应根据施工能力确定,并在当天完成。除乳化沥青表面处治应待破乳、水分蒸发并基本成形后方可通车外,沥青表面处治在碾压结束后即可开放交通,并通过开放交通补充压实、成型稳定。在通车初期应设专人指挥交通或设置障碍物控制行车,限制行车速度不超过20 km/h,严禁畜力车及铁轮车行驶,使路面全部宽度均匀压实。沥青表面处治应注意初期养护,当发现有泛油时,应在泛油处补撒与最后一层石料规格相同的嵌缝料并扫匀,过多的浮料应扫出路外。

2. 沥青贯入式路面

沥青贯入式路面适用于三级及三级以下公路,也可作为沥青路面的连接层或基层。

沥青贯入式路面的厚度宜为4~8 cm,但乳化沥青贯入式路面的厚度不宜超过5 cm。沥青贯入式路面宜选择在干燥和较热的季节施工,并宜在日最高温度降低至15℃以前半个月结束,使贯入式结构层通过开放交通碾压成型。

沥青贯入式路面施工工序为:备料→施工放样→清扫基层→浇洒透层沥青→撒布主层集料→第一次碾压→浇洒第一层沥青→撒布第一层嵌缝料→第二次碾压→浇洒第二层沥青→撒布第二层嵌缝料→第三次碾压→浇洒第三层沥青→撒布封层料→最后碾压→开放交通。

摊铺主层集料采用碎石摊铺机、平地机或人工摊铺。铺筑后严禁车辆通行。撒布后应采用6~8t的轻型钢筒式压路机自路两侧向路中心碾压,碾压速度宜为2 km/h，每次轮迹重叠约30 cm。浇洒第一层沥青如为乳化沥青时，为防止乳液下漏过多，可在主层集料碾压稳定后，先撒布一部分上一层嵌缝料，再浇洒主层沥青。集料撒布机撒布嵌缝料时尽量均匀，不足处应找补。当使用乳化沥青时，石料撒布必须在乳液破乳前完成。撒布后立即用8～12 t钢筒式压路机碾压嵌缝料，轮迹重叠轮宽的1/2左右，宜碾压4～6遍，直至稳定为止。碾压时随压随扫以使嵌缝料均匀嵌入。按上述方法浇洒第二层沥青、撒布第二层嵌缝料，然后碾压，再浇洒第三层沥青。

四、封层、粘层、透层施工技术

封层、粘层、透层虽然不参与路面结构厚度计算，但也起着重要的功能性作用。设计合理且施工正确的封层、粘层、透层对沥青路面的使用质量影响较大。

1. 封层施工技术

封层是为封闭表面空隙、防止水分侵入而在沥青面层或基层上铺筑的有一定厚度的沥青混合料薄层。铺筑在沥青面层表面的称为上封层，铺筑在沥青面层下面、基层表面的称为下封层。

（1）上封层施工

上封层适用于沥青面层空隙较大，渗水严重，有裂缝或已修补的旧沥青路面或需要铺抗滑磨耗层或保护层的旧沥青路面。可以根据情况选择乳化沥青稀浆封层、微表处、改性沥青集料封层、薄层磨耗层或其他适宜的材料。当裂缝较细、较密的，可采用涂洒密封剂、软化再生剂等涂刷罩面；对二级及二级以下公路的旧沥青路面，可以采用普通的乳化沥青稀浆封层，也可在喷洒道路石油沥青后撒布石屑（砂）后碾压作封层；对高速公路、一级公路有轻微损坏的，宜铺筑微表处；对用于改善抗滑性能的上封层，可采用稀浆封层、微表处或改性沥青集料封层。铺设上封层的下卧层必须彻底清扫干净，对车辙、坑槽、裂缝进行处理或挖补。

（2）下封层施工

多雨潮湿地区的高速公路、一级公路的沥青面层在空隙率较大或有严重渗水可能以及铺筑基层不能及时铺筑沥青面层而需通行车辆时，宜在喷洒透层油后铺筑下封层。下封层宜采用层铺法表面处治或稀浆封层法施工。稀浆封层可采用乳化沥青或改性乳化沥青作结合料。下封层的厚度不宜小于6 mm，且做到完全密水。

（3）种浆封层和微表处施工

稀浆封层和微表处有许多相似之处，但两种是完全不同的类型，必须严格区别。稀浆封层是用适当级配的石屑或砂、填料（水泥、石灰、粉煤灰、石粉等）与乳化沥青、外掺剂和水，按一定比例拌和而成的流动状态的沥青混合料将其均匀地摊铺在路面上形成的沥青封层。稀浆封层可采用普通乳化沥青或改性乳化沥青。一般用于二级及二级以下公路的预防性养护，也适用于新建公路的下封层。

微表处是用适当级配的石屑或砂填料（水泥、石灰粉煤灰、石粉等）采用聚合物改性乳化沥青、外掺剂和水，按一定比例拌和而成的流动状态的沥青混合料，将其均匀地摊铺在路面上形成的沥青封层。微表处必须采用改性乳化沥青。它主要用于高速公路、一级公路的预防性养护以及填补轻度车辙，也适用于新建公路的抗滑磨耗层。对稀浆封层和微表处来说，乳化沥青和改性乳化沥青无疑是最重要的材料。铺筑稀浆封层时，应结合实际情况选择阳离子或阴离子乳化沥青，但都应满足要求。微表处目前基本上都是采用SBR胶乳作改性剂，剂量一般在3%以上。稀浆封层和微表处成败与否的关键是集料。由于它们的功能是制造一个封闭、粗糙的表面所以石料的耐磨耗性特别重要，应选择坚硬、粗糙、耐磨、洁净的集料。稀浆封层和微表处都必须使用专用的摊铺机进行摊铺。

2. 粘层施工技术

为加强路面沥青层与沥青层之间，沥青层与水泥混凝土路面之间的黏结而洒布的沥青材料薄层，称为粘层，是加强层间结合的一种措施。粘层的沥青材料可采用快裂或中裂乳化沥青、改性乳化沥青，也可采用快、中凝液体石油沥青，其规格和质量应符合规范的要求，所使用的基质沥青标号宜与主层沥青混合料相同。

对于双层式或三层式热拌热铺沥青混合料路面的沥青层之间，水泥混凝土路面、沥青稳定碎石基层或旧沥青路面层上加铺沥青层以及路缘石、雨水口、检查井等构造物，与新铺沥青混合料接触的侧面必须喷洒粘层油。粘层油宜采用沥青洒布车喷洒均匀。气温低于10℃时或路面潮湿时不得喷洒粘层油，喷洒不足的要补洒，喷洒过量处应予刮除。喷洒粘层油后，严禁运料车外的其他车辆和行人通过。粘层沥青浇洒后紧跟着铺筑沥青层，确保粘层不受污染。但乳化沥青应待其破乳、水分蒸发完成，或稀释沥青中的稀释剂基本挥发完成后再铺沥青层。

3. 透层施工技术

透层是为使沥青面层与非沥青材料基层结合良好，在基层上喷洒液体石油沥青、乳化沥青、煤沥青而形成的透入基层表面一定深度的薄层。良好的层间接触，可以减少沥青面层在外荷载作用下产生剪切破坏。沥青路面各类基层都必须喷洒透层油，沥青层必须在透层油完全渗透入基层后方可铺筑。根据基层类型选择渗透性好的液体沥青、乳化沥青煤沥青作透层油，喷洒后通过钻孔或挖掘确认透层油渗透入基层的深度宜不小于5（无机结合料稳定集料基层）~10mm（无结合料基层），并能与基层联结成为一体。基层上设置下封层时，透层油不宜省略。气温低于10℃或大风即将降雨时不得喷洒透层油。

用于半刚性基层的透层油宜紧接在基层碾压成形后表面稍变干燥但尚未硬化的情况下喷洒，在无结合料粒料基层上洒布透层油时，宜在铺筑沥青层前1~2天洒布。在半刚性基层上浇洒透层沥青后，立即以$2~3m^3/1000m^2$的用量将石屑或粗砂撒布在基层上，然后用6~8t钢筒压路机稳压一遍。当需要通行车辆时，应控制车速。透层沥青洒布后应尽早铺筑沥青面层。用乳化沥青做透层时，应待其充分渗透、水分蒸发后方可铺筑沥青面层，此段时间不宜小于24h。

第五节　水泥混凝土路面施工

一、轨道式摊铺机施工

从国内外的水泥混凝土路面大型机械化施工技术的发展看，轨道摊铺机铺筑方式明显有被滑模摊铺机取代的趋势，凡是可使用轨道摊铺机的场合，均可使用滑模摊铺机。轨道摊铺机的优点是可以倒车反复做路面；缺点是轨模板过重，轨模板安装劳动强度大。

（一）施工前的准备工作

施工前的准备工作包括材料准备及质量检验、混合料配合比检验与调整、基层的检验与整修等各项工作。

1. 材料准备及其性能检验

根据施工进度计划，在施工前分批备好所需要的各种材料（包括水泥砂、石料及必要的外加剂），并在实际使用时核对调整。对已选备的砂和石料抽样检测含泥量级配、有害物质含量、坚固性；对碎石还应抽检其强度、软弱及针片状颗粒含量和磨耗值等。如含泥量超过允许值，应提前一二天冲洗或过筛至符合规定为止，若其他项目不符合规定时，应另选料或采取有效的补救措施。已备水泥除应查验其出厂质量报告单外，还应逐批抽验其细度凝结时间、安定性及3 d、7 d和28 d的抗压强度等是否符合要求。为节省时间，可采用2 h压蒸快速测定方法。受潮结块的水泥禁止使用。另外，新出厂的水泥至少要存放一周后才可使用。外加剂按其性能指标检验，并须通过试验判定其是否适用。

2. 混合料配合比检验与调整

混凝土施工前必须检验其设计配合比是否合适。否则，应及时调整。

（1）工作性的检验与调整

按设计配合比取样试拌，测定其工作度，必要时还应通过试铺检验。

（2）强度的检验

按工作性符合要求的配合比，成型混凝土抗弯拉及抗压试件，养生28 d后测定强度，或压蒸4 h快速测定强度后推算到28 d强度。强度较低时，可采用提高水泥标号、降低水灰比或改善集料级配等措施。除进行上述检验外，还可以选择不同用水量、不同水灰比、不同砂率或不同集料级配等配制混合料，通过比较，从中选出经济合理的方案。施工现场砂和石子的含水量经常变化，必须逐班测定，并调整其实际用量。

3. 集成检验与整修

（1）基层质量检验

基层强度应以基层顶面的当量回弹模量值或以黄河标准汽车测定的计算回弹弯沉值作为检查指标。基层完成后，应加强养护，控制行车，不得出现车槽。如有损坏应在浇筑混凝土板前采用相同材料修补压实，严禁用松散粒料填补。对加宽的部分，新旧部分的强度应一致。

（2）测量放样

测量放样是水泥混凝土路面施工的一项重要工作。首先应根据设计图纸放出路中心线及路边线，在路中心线上一般每20 m设一中心桩，同时应设胀缩缝、曲线起讫点和纵坡转折点等中心桩，并相应在路边各设一对边桩。放样时，基层的宽度应比混凝土板每侧宽出25~35cm。膨胀土路基上的基层，其宽度应横贯整个路基。主要中心桩应分别固定在路旁稳固位置。测设临时水准点于路线两旁固定建筑物上或另设临时水准桩，每隔100m左右设置一个，不宜过长，以便施工时就近对路面进行标高复核。根据放好的中心线及边线，在现场核对施工图纸的混凝土分块线。要求分块线距窨井盖及其他公用事业检查井盖的边线至少1m的距离，否则应移动分块线的位置。放样时为了保证曲线地段中线内外侧车道混凝土块有较合理的划分，必须保持横向分块线与路中心线垂直。对测量放样必须经常进行复核，包括在浇捣混凝土过程中，要做到勤测、勤核、勤纠偏。

（二）混凝土拌和与运输

1. 混凝土拌和

在拌和机的技术性能满足混凝土拌和要求的条件下，混凝土各组成材料的技术指标和配比计量的准确性是混凝土拌制质量的关键。在机械化施工中，混凝土拌和的供料系统应尽量采用配有电子秤等自动计量设备。在施工前，应按混凝土配合比要求，对水泥、水和各种集料的用量准确调试后，输入到自动计量的控制存储器中，经试拌检验无误，再正式拌和生产。一般国产强制式拌和机，拌制坍落度为1~5cm的混凝土，其最佳拌和时间的控制：立轴强制拌和机为90~180s，双卧轴强制拌和机为60~90s。最短拌和时间不低于低限，最长拌和时间不超过最短拌和时间的3倍。拌和中，如需加入外加剂时，应对外加剂单独计量。混凝土各组成材料的计量精度不应超过：水和水泥±1%，粗细骨料±3%，外加剂±2%。

2. 运输

为保证混凝土的工作性，在运输中应考虑蒸发失水和水化失水（指水泥在拌和之后，开始水化反应，其流动度下降），以及因运输的颠簸和振动使混凝土发生离析等。要减少这些因素的影响程度，其关键是缩短运输时间，并采取适当措施防止水分损失（如用帷布或其他适当方法将其表面覆盖）和离析机械化施工时，可以采用自卸汽车或搅拌车运输混凝土。一般情况下，坍落度大于5.0cm时用搅拌车运输。从开始搅拌到浇筑的时间，用自卸汽车运输时不得超过1h，用搅拌车时不得超过1.5h，若运输时间超过限值，或者在夏天铺筑路面时，宜使用缓凝剂。

3. 卸料

卸料机械有侧向和纵向两种。侧向卸料机在路面铺筑范围外操作，自卸汽车不进入路面铺筑范围，需有可供卸料机和汽车行驶的通道。纵向卸料机在铺筑范围内操作，由自卸汽车后退供料，在基层上不能预先安设传力杆及其支架。

（三）混凝土的摊铺与振捣

1. 摊铺

轨模式摊铺机有刮板式箱式及螺旋式三种类型，摊铺时将卸在基层上或摊铺箱内的混凝土拌和物按摊铺厚度均匀地充满轨模范围内。刮板式摊铺机本身能在轨道上前后自由移动，刮板旋转时将卸在基层上的混凝土拌和物向任意方向摊铺。这种摊铺机质量轻，容易操作，易于掌握使用较普遍，但摊铺能力较小。箱式摊铺机摊铺时，先将混凝土拌和物通过卸料机一次卸在钢制料箱内，摊铺机向前行驶时料箱内的混合料摊铺于基层上，通过料箱横向移动按松铺厚度准确、均匀地刮平拌和物。螺旋式摊铺机由可以正向和反向旋转的螺旋布料器将拌和物摊平，螺旋布料器的刮板能准确调整高度。螺旋式摊铺机的摊铺质量优于前述两种摊铺机，摊铺能力较大。

2. 振捣

摊铺机摊铺时，振捣机跟在摊铺机后面对拌和物做进一步的整平和捣实。在振捣梁前方设置一道长度与铺筑宽度相同的复平梁，用于纠正摊铺机初平的缺陷并使松铺的拌和物在全宽范围内达到正确的高度，复平梁的工作质量对振捣密实度和路面平整度影响很大。复平梁后面是一道弧面振动梁，以表面平板式振动将振动力传到全宽范围。拌和物的坍落度通常不大于25 cm，骨料最大粒径控制在40 mm以下。当混凝土拌和物的坍落度小于2 cm时，应采用插入式振捣器对路面板的边部进行振捣，以达到应有的密实度和均匀性。振捣机械的工作行走速度一般控制在0.8 m/min，但随拌和物坍落度的增减可适当变化，混凝土拌和物坍落度较小时可适当放慢速度。

（四）表面修整与养生

振实后混凝土还应进行整平、精光、纹理制作等工序，使竣工后的混凝土路面具有良好的路用性能。

1. 表面整平

振捣密实的混凝土表面用能纵向移动或斜向移动的表面整修机整平。纵向表面整修机工作时，整平梁在混凝土表面纵向往返移动，通过机身的移动将混凝土表面整平。斜向表面整修机通过一对与机械行走轴线成10°左右的整平梁做相对运动来完成整平作业，其中一根整平梁为振动梁。机械整平的速度决定于混凝土的易整修性和机械特性。机械行走的轨模顶面应保持平顺，以便整修机械能顺畅通行。整平时应使整平机械前保持高度为10~15cm的壅料，并使壅料向较高的一侧移动，以保证路面板的平整，防止出现麻面及空洞等缺陷。

2. 精光及纹理制作

精光是对混凝土路面进行最后的精平，使混凝土表面更加致密、平整、美观，此工序是提高混凝土路面外观质量的关键工序之一。混凝土路面整修机配置有完善的精光机械，只要在施工过程中加强质量检查和校核，便可保证精光质量。

在混凝土表面制作纹理，是提高路面抗滑性能的有效措施之一。制作纹理时用纹理制作机在路面上拉毛、压槽或刻纹，纹理深度控制在12mm范围内；在不影响平整度的前提下提高混凝土路面的构造深度，可提高表面的抗滑性能。纹理应与路面前进方向垂直，相邻板的纹理应相互沟通以利排水。纹理制作从混凝土表面无波纹水迹开始，过早或过晚均会影响纹理质量。混凝土表面整修完毕，应立即进行湿治养护，使混凝土在开放交通时具有规定的强度，尤其在气温较高时，必须保持已浇筑的混凝土表面湿润，以免混凝土表面干裂。在养护初期，可用活动三角形罩棚遮盖混凝土，以减少水分蒸发，避免阳光照晒，防止风吹、雨淋等。混凝土泌水消失后，可在表面均匀喷洒薄膜养护剂。喷洒时在纵横方向各喷一次。在高温、干燥、大风时，喷洒后应及时用草帘、麻袋、塑料薄膜、湿砂等遮盖混凝土表面并适时均匀洒水。养护时间由试验确定，以混凝土达到28d强度的80%以上为准。使用普通硅酸盐水泥时约为14d，使用早强型水泥约为7d，使用中热硅酸盐水泥约为21d。在养护期间禁止车辆通行以保护混凝土路面。

（五）接缝施工

混凝土路面在温度变化时会产生较大的温度变形，使混凝土板产生胀缩和翘曲等，为消除和减小温度变形受到约束后产生的温度应力，避免混凝土路面出现不规则开裂，必须在混凝土路面的纵横方向上设置胀缝和缩缝。同时，在混凝土路面施工过程中由于各种原因造成路面施工中断会形成施工缝。接缝施工质量的好坏将直接影响混凝土路面的使用性能及养护维修工作量的大小。因此，各类接缝的施工应做到位置准确，构造及质量符合设计及规范要求。

1. 胀缝施工

胀缝应与混凝土路面中心线垂直，缝壁垂直于板面，宽度均匀一致，缝中不得有粘浆或坚硬杂物，相邻板的胀缝应设在同一横断面上。胀缝传力杆的准确定位是胀缝施工成败的关键，传力杆固定端可设在缝的一侧或交错布置。施工过程中固定传力杆位置的支架应准确、可靠地固定在基层上，使固定后的传力杆平行于板面路中线，误差不大于5mm。铺筑混凝土拌和物时严禁造成传力杆移位。否则，将导致混凝土路面接缝区的破坏。在传力杆滑动端安装长度为10cm的套筒，套筒内底与传力杆的间隙为1~1.5cm，空隙内用沥青麻絮填塞滑动端涂沥青。

机械化施工混凝土路面时，胀缝可在连续铺筑混凝土拌合物的过程中完成，也可在施工终了时完成。施工时用方木、钢挡板及钢钎固定胀缝板，钢钎间距1m。在摊铺机前方，先在路面胀缝的传力杆范围内铺筑混凝土拌合物，用两个插入式振捣器在胀缝两侧0.5~1.0m的范围内对称均匀地捣实。摊铺机摊铺至胀缝两侧各0.5m范围内时，将振动梁提起，拔去钢钎，拆除方木和挡板，留下的空隙用混凝土拌合物填充并用插入式振捣器捣实，人工进行粗面，并通过摊铺机的振动修平梁进行最终修平。待接缝板以上的混凝土硬化后用锯缝机按接缝板的位置和宽度锯两条缝，凿除接缝板上的混凝土和临时插入物，然后用填缝料填满。这种施工方法可确保接缝施工质量，胀缝的外观也较好。

施工终了时设置胀缝的方法是先浇筑传力杆以下的混凝土拌和物，用插入式振捣器振捣密实，并注意校正传力杆的位置，然后再摊铺传力杆以上的混凝土拌和物。摊铺机摊铺胀缝另一侧的混凝土时，先拆除端头钢挡板及钢钎，然后按要求铺筑混凝土拌合物。填缝时必须将接缝板以上的临时插入物清除。胀缝两侧相邻板的高差应符合如下要求：高速公路及一级公路应不大于3mm，其他等级公路不大于5mm。

2. 横向缩缝施工

混凝土面板的横向缩缝一般采用锯缝的办法形成。混凝土结硬后应适时锯缝，合适的锯缝时间应控制在混凝土已达到足够的强度并且收缩变形受到约束时产生的拉应力仍未将混凝土面板拉断的时间范围内。经验表明，锯缝时间以施工温度与施工后时间的乘积为200~300个温度小时或混凝土抗压强度为5~10MPa较为合适。缝的深度一般为板厚的1/4~1/3。

3. 纵缝施工

纵缝施工应符合设计规定的构造，保持顺直、美观。纵缝为平缝带拉杆时，应根据设计要求，预先在模板上制作拉杆置放孔，模板内侧涂刷隔离剂，拉杆采用螺纹钢筋制作。缝槽顶面采用锯缝机切割，深度为3~4cm，并用填缝料灌缝。不切割顶面缝槽时，应及时清除面板上的黏浆。假缝型纵缝的施工，应预先用门型支架将拉杆固定在基层上，或用拉杆置放机在施工时置入。假缝顶面的缝槽采用锯缝机切割，深6cm，使混凝土在收缩时能从切缝处规则开裂。

4. 施工缝设置

施工中断形成的横向施工缝应尽可能设置在胀缝或缩缝处，多车道路面的施工缝应避免设在同一横断面上。施工缝设在缩缝处应增设一半锚固、另一半涂刷沥青的传力杆，传力杆必须垂直于缝壁、平行于板面。

5. 接缝填封

混凝土养护期满即可填封接缝，填封时接缝必须清洁、干燥。填缝料应与缝壁黏附紧密、不渗水，灌注高度一般比板面低2mm左右。当使用加热施工型填缝料时，应加热到规定的温度并搅匀，采用灌缝机或灌缝枪灌缝；气温较低时应用喷灯加热缝壁，使填缝料与缝壁结合良好。

（六）其他混凝土路面施工

除普通的水泥混凝土外，可用于公路路面结构的水泥混凝土还有碾压混凝土钢纤维混凝土、连续配筋混凝土、混凝土预制块等。

1. 碾压混凝土路面施工

碾压混凝土路面是指水泥和用水量较普通混凝土显著减少，水泥混凝土拌合物经摊铺、碾压后成型的路面。这种路面具有节约水泥施工进度快、开放交通早等特点，与普通混凝土相比可节约投资20%~30%。但由于碾压混凝土路面施工时表面平整度不易达到要求，在车辆高速行驶下抗滑性能下降较快，因此将碾压混凝土直接用在高速公路及一级公路面层还比较少见。用碾压混凝土做下面层，用普通混凝土或沥青混凝土做上面层的路面则具有良好的路用性能。尤其是碾压混凝土与沥青混凝土组成的复合式路面结构（RC+AC），刚柔并济，具有抗滑、耐磨、平整整体强度高、低造价、行车舒适等优点。碾压混凝土的基本组成材料与普通混凝土相同，有时掺入粉煤灰等工业废料，形成强度和稳定性俱佳的密实骨架结构，降低路面造价。碾压混凝土中粗集料应采用连续级配并符合相关的要求，石料强度等级不低于Ⅰ级。针片状颗粒含量对碾压混凝土强度和使用性能均有较大影响，其含量应控制在10%以内。应严格控制细集料的含泥量，砂的细度模数为2.3～2.85。

碾压混凝土路面的主要施工设备为强制式拌和机、高密实度沥青混合料摊铺机、8～20t振动压路机、8～20t轮胎压路机等。施工工序为：碾压混凝土拌合物的拌和与运输→卸入沥青混合料摊铺机→摊铺→打入拉杆→钢轮压路机初压→振动压路机复压→抗滑构造处理→养护→接缝施工。由于碾压混凝土拌合物是单位水量较少的干硬性混合料，为提高拌和质量和施工效率，应采用强制式拌和机拌和。拌合物运到摊铺现场应立即摊铺整形，由于摊铺作业对碾压混凝土路面质量影响很大，摊铺应均匀、连续地进行，并在拌和物初凝前完成。摊铺完毕即开始碾压，碾压分初压、复压和终压三个阶段。初压用钢轮压路机或振动压路机不开振碾压两遍左右，使混凝土表面稳定。随后压路机开振充分碾压，直至达到规定的密实度要求，此阶段为复压。用8～20t的轮胎压路机或振动压路机不开振动进行修整碾压，称为终压。终压的目的是消除碾压轮迹和表面出现的拉裂，使表面密实。

2. 钢纤维混凝土路面

钢纤维混凝土是在混凝土拌和过程中加入适量的短钢纤维，从而提高混凝土的抗折强度和抗压强度。钢纤维混凝土路面的抗裂性、耐磨性和抗疲劳性优于普通混凝土路面。钢纤维混凝土对原材料的质量要求与普通混凝土基本一致，通常选用连续级配的集料，粗集料最大粒径不宜大于20mm。钢纤维最短长度宜大于集料最大公称粒径的1/3，最大长度不宜大于集料公称最大粒径的2倍，应互不熔结和缠绕，截面尺寸不符合设计要求的钢纤维应不超过总质量的5%，颗粒状粉末状的钢屑应低于总质量的0.05%，表面无油污、锈蚀和其他杂质，宜采用熔抽型或剪切型钢纤维，其规格应符合相关的规定。

钢纤维混凝土的配合比要求与普通混凝土基本一致。钢纤维的体积率宜为1.0%～1.2%，拌和物的稠度为6～12，水灰比为0.5左右，单位用水量为185～195kg，砂率采用45%～48%。

钢纤维混凝土路面的施工方法与普通混凝土路面基本相同，但钢纤维混凝土应采用强制式拌和机拌和。投料的顺序与拌和时间为：有钢纤维分散设备时，以砂→水泥→碎石→水泥→砂的顺序投料，拌和时先干拌60s，然后加水湿拌，同时开动分散机，将钢纤维投入拌和筒内，再拌和60～120s；无钢纤维分散设备时，以水泥→1/2砂→碎石→1/2砂→钢纤维的顺序投料，先干拌120～180s，后加水湿拌60～120s。

钢纤维混凝土路面可采用滑模摊铺机、轨模摊铺机或三辊轴机组施工。但布料与摊铺时应保证钢纤维分布的均匀性和连续性；布料松铺高度应通过试铺确定，相同坍落度下比普通混凝土高1mm左右；振捣时除保证混凝土密实外，应保证钢纤维在混凝土中均匀分布；整平后的面板不得有裸露上翘的钢纤维，表面下1～3mm深度范围内的钢纤维应基本呈水平状。采用滑模摊铺机施工时，振动棒组底缘应严格控制在面板表面位置，不得插入混凝土内；采用三辊轴机组施工时，密排振捣棒组不得插入混凝土内振捣，也不得人工插入振捣，应采用大功率平板式振捣器振捣；必须采用硬刻方式制作表面抗滑沟槽。其他工序作业与普通混凝土路面施工相同。

3. 钢筋混凝土和连续配筋混凝土路面施工

钢筋混凝土路面是在普通水泥混凝土路面板内设置纵、横向钢筋或钢筋网，提高混凝土路面的整体强度和防止路面板产生的裂缝不断张开。这种路面适用于面板平面尺寸较大、形状不规则、路基土质不均匀、路基可能产生不均匀沉降或板下埋有地下设施的路段。连续配筋混凝土路面则是沿路面板纵向配置连续的钢筋网的混凝土路面，除与其他路面交接处、邻近构造物处设置胀缝以及因施工需要设置施工缝外，不再设置任何横向接缝。钢筋混凝土路面和连续配筋混凝土路面都具有传荷能力和抗变形能力强、使用寿命长等特点，适用于高速公路和一级公路的面层及桥头引道等路段。

上述两种混凝土路面所用原材料的技术要求和混合料配合比与普通混凝土路面一致，施工方法与要求也基本相同。不同之处在于钢筋混凝土路面施工时，先在钢筋设计位置的底部摊铺一层混凝土拌合物，大致整平后布置钢筋，然后再摊铺钢筋之上的混凝土拌合物。设置双层钢筋时，对于板厚不大于25cm的路面，上下两层钢筋应先用架立筋绑扎成骨架并安放到设计位置上，然后浇筑混凝土，钢筋安放到位后不得在上面踩踏。对于厚度大于25cm的面板，上下两层钢筋应根据设计位置分层安放，分层浇筑混凝土。连续配筋混凝土路面的纵向钢筋应采用闪光对焊或电弧焊焊接，焊头形式、焊接工艺和质量应符合有关规定。钢筋的接头应错开布置，不集中于某一横断面处。横向钢筋宜置于纵向钢筋之下，纵横向钢筋互相垂直。可用与混凝土路面板同标号的预制块布置钢筋。连续配筋混凝土路面与其他路面、桥梁、涵洞等构造物的连接处，应根据实际情况选用矩形地梁、混凝土灌注桩、宽翼缘工字梁接缝、连续设置胀缝等方式进行处理。

4. 混凝土预制块路面

混凝土预制块路面是将混凝土预制成一定尺寸的板状构件，然后按设计要求安放在基层上。混凝土预制块为矩形块或异形块，其规格应根据设计和施工条件确定。预制块按抗压强度的不同可分为C55、C35及C25三个等级。C55级适用于重要的二级公路或城市主干路。C35级适用于一般公路。C25级适用于轻型车辆行驶的公路和人行道。

混凝土预制块路面下的基层质量应符合基层施工规范的规定和设计要求。铺装混凝土预制块前应在基层上设置厚度为3~5cm的砂垫层，砂的含水量应不大于5%，粒径大于5mm的颗粒含量应不大于10%，根据含水量和铺砌方法确定砂垫层的松铺厚度。施工时将砂摊开并刮平，高程符合设计要求，摊铺与刮平砂垫层时不得站在砂垫层上进行。混凝土预制块应根据设计按人字形、十字形或顺序排列等形式铺好第一排砌块，随后的一排砌块应与第一排砌块稳固、紧密地靠齐，砌块间的缝隙宜为2~3mm。用于靠近边缘约束带的砌块应按设计要求特制，也可以根据空隙尺寸用预制块切割。砌块镶嵌完毕，采用平板振捣器振压预制块表面振捣器的振捣面积为0.35~0.5m²，离心力16~20kN，振动频率7.5~10.0Hz。初振时应避开无支撑的边缘和端部砌块。

（七）特殊气候条件下施工

水泥混凝土路面施工质量受环境因素影响较大，对高、低温季节及雨季施工应考虑其特殊性，确保工程质量。

1. 高温季节施工

高温季节施工是指施工现场气温高于30℃、拌合物温度为30~35℃、空气湿度低于80%时施工。高温季节施工会加速水泥的水化作用，增加拌合物水分的蒸发，混凝土面板表面容易出现干缩裂缝。因此，在高温季节施工应尽可能降低混凝土浇筑温度，缩短从开始浇筑到表面修整完毕的操作时间，并保证混凝土进行充分的养生，施工单位应提出高温施工的工艺设计，包括降温措施、保持混凝土工作性和基本性质的措施等。

2. 低温季节施工

低温季节施工是指施工现场连续5昼夜平均气温低于5℃，夜间最低气温在-3~5℃施工。低温施工时混凝土会因水化速度降低而强度增长缓慢，同时也会因结冰引起路面冻坏。因此，低温季节施工水泥混凝土路面时，应采取相应的工艺措施。当施工现场气温低于0℃或混凝土拌合物温度低于5℃时，应停止施工。水泥混凝土路面在低温季节施工时应做好现场的防冻工作，以免施工材料、机具、水管等结冰而影响施工，拌和站应搭设保温棚或其他保温挡风设施。低温季节施工时可采用早强水泥、掺早强型减水剂、早强剂或引气剂等，不得使用矿渣硅酸盐水泥。水泥混凝土路面在低温季节施工过程中应采取措施提高混凝土的拌和温度及养护温度，保证混凝土强度的增长。当混凝土拌合物摊铺温度低于10℃时，应加热水和集料温度使混合物的温度提高然后再投入水泥。加热过程中，水的温度应小于60℃，集料加热温度应小于40℃，最终拌合物的温度不应超过35℃。拌和过程中应随时检测水、集料在拌和前和混凝土拌合物出盘时的温度。

低温季节过后，气温上升到3℃以上时才可进行混凝土路面的施工，并且集料不带冰雪，拌和时间适当延长。下承层应不受冰冻影响，铺筑混凝土路面前，应将下承层上的冰雪清除。混凝土路面施工的各个工序必须紧密衔接，以缩短施工工序时间。运送拌合物的车辆应有保温措施。路面混凝土养护可采用蓄热保温的方法进行。在路面铺筑完毕后，整修表面前应搭设保温棚。混凝土终凝后，应选用合适的保温材料覆盖路面，将原材料加热拌和的混凝土热量和水泥的水化热蓄存起来，以减少面层热量散失，这样有利于混凝土的硬化。保温材料可用麦秸、稻草、油毡纸、锯末等材料，将保温材料铺成至少10cm厚的保温层。

3. 雨季施工

雨季来临之前，应时刻关注气象部门近期的降雨时间和降雨量，以便合理安排施工。施工单位应根据工程所在地区的降雨情况制定雨季施工方案和相应的措施，拌和站、砂石料堆场应考虑防雨防洪，拌和站应搭设遮雨棚。雨季施工混凝土路面时，雨天或遇临阵雨均应停止施工。混凝土拌合物运输车辆应备有遮盖物，如遇雨及时覆盖。雨后施工应及时排除基层表面积水。雨季集料的含水量变化大，需要经常测定，以调整拌合物的加水量。取料时尽量从料堆内部取料，严禁用含泥量大的底脚料。雨季空气湿度大，水泥存放应保持干燥。铺筑混凝土面板达到终凝前，如遇下雨，应及时覆盖塑料膜，且不得触及路表面，以免影响路面的美观。需要在雨中操作时，现场应制备足够长度、轻便、易于移动的防雨工作棚。

二、滑模式摊铺机施工

滑模式摊铺机的特点是不需轨模，整个摊铺机的机架支承在4个液压缸上，它可以通过控制机械上下移动，以调整摊铺机铺层厚度。在摊铺机的两侧设置有随机移动的固定滑模板，因此不需另设轨模。这种摊铺机一次通过就可以完成摊铺、捣振、整平等多道工序。

（一）滑模施工工艺

滑模摊铺技术已成为我国在高等级公路水泥混凝土路面施工中广泛采用的工程质量最高、施工速度最快、装备最现代化的高新成熟技术。

1. 测量放样，悬挂基准绳

滑模式摊铺机的摊铺高度和厚度可实现自动控制。摊铺机一侧有导向传感器，另一侧有高程传感器。导向传感器接触导向绳，导向绳的位置沿路面的前进方向安装。高程传感器接触高程导向绳，导向绳的空间位置根据路线高程的相对位置来安装。

2. 摊铺机的调整和就位

摊铺机进入摊铺现场安装后，停在起始位置，使左右侧模板前后基本上和导向线平行且前后等距，启动发动机与自动方向调整系统慢慢向工作方向行驶，按预设模板与导向线的距离调整前后转向传感器，使前后模板与导向线完全平行。完成方向调整之后，在路面纵横方向各找两个点并打桩成矩形，用细线将纵向桩连接，线的位置与路面设计高程相等，然后将机器移至4根桩内，而前端有一定进料仰角，调整后退至起始位置。

3. 混凝土搅拌

搅拌前应先检查搅拌设备的各机构是否运转正常，并根据实验室提供的配料单将各材料数据输入搅拌设备微机里，在接到前方通知后，进行搅和。搅和时应根据搅和物黏聚性、均质性及强度稳定性试拌确定最佳拌和时间。所生产的拌和物应色泽一致，如有生料、干料、离析或外加剂成团的非均质混合物时，严禁用于路面铺筑。

4. 混凝土拌和物运输与机前布料

把搅拌好的混凝土拌和物运到摊铺现场，在运输过程中要保证不漏浆、不变干、不离析，卸料时尽量不要堆积太高。卸料高度不应超过1.5m。远距离运输或运输桥面、钢筋混凝土路面混凝土拌合物时，宜采用混凝土运输车。机前布料尽量使混凝土在全宽方向厚度较均匀，中间可高一点，布料高度一般比成型后的路面高出6~10cm为宜。

5. 摊铺机摊铺

启动自动找平和自动转向传感器，向前行驶，当布料器接触到混凝土时，应根据料的情况进行二次布料，调整计量门位置使料充分进入振动料仓，振动棒完全接触混凝土后启动振动棒，抹平板和左右侧模板把振实的混凝土通过相互挤压后，经过传力杆和连接筋的安装、搓平梁的搓平、超级抹平器抹平，形成混凝土路面。滑模摊铺机应缓慢、匀速、连续不间断地作业，严禁料多追赶、随意停机等待、间歇摊铺。摊铺速度应根据拌合物稠度、供料多少和设备性能进行控制。正常摊铺时振捣的频率应符合规范规定，防止过振、欠振或漏振。摊铺过程中应经常检查振捣棒的工作情况和位置，路面出现拉裂或麻面时应立即停机检查或更换振捣棒，机后出现砂浆带时必须调整振捣棒的位置。

6. 对路面进行修整加工

为保证质量，对摊铺机摊铺过的路面，应人工检查并及时对有缺陷的部分进行修整抹平，同时还应及时检测路面的平整度和高程。一定时间后，由拉毛养生机对路面进行防滑和养生处理。

（二）施工中的问题与探讨

滑模摊铺机施工中，最常见的问题如下：

1. 塌边

塌边的主要形式有边缘出现塌落、边缘倒塌或松散无边等。由于塌边的存在，既影响路面质量，又增加了修边的工作量，所以塌边是不允许的。如果拌和质量高，塌边现象可减少到零。

（1）边缘塌落

边缘塌落影响路面的平整度和横坡。对双幅施工的整体路面，往往表现为中间积水。造成边缘塌落的主要原因有：模板边缘调整角度不正确，正确的调整应根据混凝土的坍落度调整，一定的预抛高使坍落定形时恰好符合设计的边缘要求；摊铺速度过慢，当摊铺机工作速度在0.5~0.8 m/min时，由于L形振动器强有力的振动影响到滑模板已摊铺好的边缘，引起边缘坍落，滑模机的理想速度为2~4m/min。

（2）倒边和松散无边

造成这种现象的主要原因有：

①拌合料出现离析现象，使用立轴式混凝土拌和设备时离析尤为严重。

因为它的出料靠拌叶将混凝土拌合料刮出，由于混合料各成分的比重不一，在刮出力的作用下抛出距离不同，大骨料常被抛在一起，使骨料和砂浆离析。这种现象若处在边缘，就不可避免地出现倒边；若处在中间，就会出现麻面。因此，发现骨料集中在一起时，就需要处理，将骨料散开，或除去或开动螺旋布料器实现二次布料等。②布料器布料往往将振捣的混凝土稀浆分到两边而导致倒边。其解决办法是人工粗布料或适当调整靠边侧的振动器的振动频率。③骨料形状和配比原因。扁平状或圆状骨料成形差，边缘在脱离滑模板后失去支承就会发生倒边。若混凝土的坍落度不大，塌边是可以避免的。

2. 麻面

混凝土的坍落度值低是形成麻面的主要原因，其次是拌和不匀。严格控制混凝土的坍落度是减少或消除麻面的首要工作，这就要求拌和设备的计量装置精度高。

3. 混凝土板面沟槽现象

在抹平梁的后端，有时会出现混凝土表面大量欠料或产生沟槽现象。主要是由于：一是混凝土拌和物太干，坍落度过小，造成振动出浆困难，表面振动不密实；二是振动仓内料位太低，造成振动仓内补料不足；三是振动棒位置偏移。

4. 抹平后表面呈波浪状

经过超级抹平器的作用，有时表面形成波浪状，严重影响了表面平整度。应调整抹平板的挤压力，同时要根据板块的宽度调整抹平板的工作速度。

第五章　桥梁施工技术

桥梁工程一般可分为上部结构和下部结构。桥梁的上部结构包括桥面结构和桥跨结构，桥跨结构也称桥梁结构，是线路中断时跨越障碍的主要承载结构。桥梁下部结构包括桥墩和桥台，它们是支撑桥跨结构并将恒载、活载传至地基的结构物。现在桥梁的施工方法多种多样，随着工程技术及工程设备的不断进步，桥梁施工技术也得到了迅速的发展。

第一节　桥梁施工技术综述

一、国内外桥梁施工技术的发展

根据史料记载，在距今约三千年的周文王时，我国就已在宽阔的渭河上架起大型浮桥。由于浮桥的架设具有简便快速的特点，因此它常被用于军事活动。汉唐以后，浮桥的运用日益普遍。现代桥梁中广为修建的多孔桩柱式桥梁，在我国春秋战国时期（公元前332年）就已在黄河流域和其他地区普遍采用，不同的只是古桥多以木桩为墩桩，上置木梁、石梁。近代的大跨径吊桥和斜拉桥也是由古代的藤、竹吊桥发展而来的，在各国有关桥梁的历史书上，大都承认我国是最早建造吊桥的国家。据记载，最晚在唐朝中期，我国就从用藤索、竹索建造吊桥发展到用铁链建造吊桥，而西方在16世纪才开始建造铁链吊桥，比我国晚近千年。至今尚保留下来的古代吊桥有四川泸定县的大渡河铁索桥（1706年）以及灌县的安澜竹索桥（1803年）等。泸定铁索桥跨长约100 m，宽约2.8 m，由13条锚固于两岸的铁链组成。安澜桥是世界上最著名的竹索桥，全长340余m，分8孔，最大跨经约61 m，全桥由用细竹篾编成粗5寸（0.17 m）的24根竹索组成，其中桥面索和扶栏索各半。

在秦汉时期，我国已广泛修建石梁桥，世界上现在尚保存着的最长、工程最艰巨的石梁桥——万安桥，是我国于1053—1059年在福建泉州建造的，也称洛阳桥。此桥长达800 m，共47孔，位于"波涛汹涌，水深不可址"的海口江面上。此桥以磐石铺遍桥位江底，是近代筏形基础的开端，并且独具匠心地用养殖海生牡蛎的方法胶固桥基，使之成为整体，此亦是世界上绝无仅有的造桥方法。近千年前就能在这种艰难复杂的水文条件下建成如此的长桥，实为中外桥梁史上的一个奇迹。

1240年建造的福建漳州虎渡桥，是令人惊奇的一座梁式石桥，此桥总长约335 m，某些石梁长达23.7 m，沿宽度用3根石梁组成，每根宽1.7 m、高1.9 m，质量达200 t，该桥一直保存至今。据记载，这些巨大石梁是利用潮水涨落浮运架设的。

赵州桥坐落在河北省赵县洨河上，建于隋代（公元581—618年）大业年间（公元605—618年），由著名匠师李春设计和建造，距今已有约1400年的历史，是当今世界上现存最早、保存最完善的古代敞肩石拱桥。1961年被国务院列为第一批全国重点文物保护单位。赵州桥是以所在地命名的。赵州桥是一座空腹式的圆弧形石拱桥净跨37 m，宽9 m，拱矢高度7.23 m，在拱圈两肩各设有两个跨度不等的腹拱，这样既能减轻桥身自重，节省材料，又便于排洪、增加美观。赵州桥的设计构思和工艺的精巧，在我国古桥是首屈一指，据世界桥梁的考证，像这样的敞肩拱桥欧洲到19世纪中期才出现，比我国晚了1200多年。赵州桥的雕刻艺术，包括栏板、望柱和锁口石等，其上狮象龙兽形态逼真，琢工精致秀丽，是文物宝库中的艺术珍品。我国石拱桥的建造技术在明朝时曾流传到日本等国，促进了与世界各国人民的文化交流并增进了友谊。除赵州桥外，我国还有其他著名的石拱桥，如北京永定河上的卢沟桥、颐和园内的玉带桥和17孔桥，苏州的枫桥等。

在我国古桥建筑中，尚值得一提的是广东潮安县横跨韩江的湘子桥（又名广济桥）。此桥始建于公元1169年，全桥长517.95 m，总共20个墩台19孔，上部结构有石拱、木梁、石梁等多种形式，还有用18条浮船组成的长达97.30 m的开合式浮桥。这座世界上最早的开启式桥，论石桥之长、石墩之大、桥型之多以及施工条件难、工程历时之久，都是古代建桥史上所罕见的。

1957年，第一座长江大桥——武汉长江大桥的胜利建成，结束了我国万里长江无桥的状况。从此，"一桥飞架南北，天堑变通途"。该桥的正桥为三联

3×128m的连续钢桁架梁，下层为双线铁路，上层公路桥面宽18m，两侧各设2.25m人行道，包括引桥在内全桥总长1670.4m。

1969年我国又建成了举世瞩目的南京长江大桥，这是我国自行设计、制造、施工，并使用国产高强钢材的现代化大型桥梁。正桥除北岸第一孔为128m简支钢桁梁外，其余为9孔3联，每联为3×160m的连续钢桁梁。上层为公路桥面，下层为双线铁路。包括引桥在内，铁路桥部分全长6772m，公路桥部分为4589m。桥址处水深流急，河床地质极为复杂，桥墩基础的施工非常困难。南京长江大桥的建成，显示出我国的建桥事业已达到了世界先进水平，也是我国桥梁史上又一个重要标志。

我国还创造和推广了不少新颖的拱桥结构，如1964年创建的双曲拱桥，它具有用料省、造价低、施工简便和外形美观等优点，很快在全国公路上得到应用和推广，对加快我国公路桥梁的建设进度起了很大作用。此外，全国各地还因地制宜地创建了其他一些各具特色的拱式桥型，其中推广较快的有江浙一带建的钢筋混凝土桁架拱桥和刚架拱桥，其特点是上部结构自重小，适合于软土地基上建造拱桥。山东的两铰平板拱，河南的双曲扁拱，山西与甘肃的扁壳拱，广东的悬砌拱，广西的薄壳石拱，湖南的圬工箱形拱和石砌肋板拱等，这些新桥型的结构与施工各具特色。

在拱桥的施工技术方面，除了有支架施工外，对于大跨拱桥，目前已广泛采用无支架施工、转体施工、刚性骨架施工法等。国道318线上的万县长江大桥，全长856.12m，主跨为420m的劲性骨架钢筋混凝土拱桥跨度居目前世界同类型桥梁之冠。矢跨比1/5，拱上结构为14孔30m预应力简支T梁，引桥为13孔30m预应力简支T梁（南5孔，北8孔）。桥面连续，宽24m，设2×7.5m行车道和2×3.0m人行道。设计荷载为汽车-超20级，挂车-120级，人群3.5kN/m²。

钢筋混凝土与预应力混凝土的梁式桥，在我国也取得了很大发展。对于中小跨径的梁桥，已广泛采用装配式的钢筋混凝土及预应力混凝土板或T形梁桥的定型设计，不但经济适用，而且施工方便，能加快建桥速度。1976年建成的洛阳黄河公路大桥，跨径为50m的预应力混凝土梁桥，全长达3.4km。除简支梁桥以外，近年来我国还修建了多座现代化的大跨径预应力混凝土T形刚架桥、连续梁桥和悬臂梁桥。已建成的黄石长江公路大桥，全桥总长约2580.08m，其中主桥长1060m，为（162.5+3×245+162.5）m 5跨预应力混凝土连续刚构桥。采用钢围堰加大直径钻孔灌注桩基础，桥面净宽19.5m，其中分向行驶的4个机动车道宽15 m，两侧各设2.25 m宽的非机动车道。

在桥梁基础方面，除了广泛采用的明挖基础、桩基、沉井等之外，对于深水中的大桥建设，目前在大型管柱的施工技术方面已积累了丰富的经验。在深沉井施工方面，由于成功地采用了先进的触变泥浆套下沉技术，大幅度地减小了基础圬工数量，并使下沉速度加快3~11倍。此外，我国还广泛采用和推广了钻孔灌注桩基础，与国外的同类型基础相比，所要求的施工机械少，动力设备简易，操作方便迅速，易于掌握，且能钻入很深的土层。

纵观国外桥梁建设发展的历史，对于促进和发展现代桥梁有深远影响的，是继意大利文艺复兴后18世纪在英国、法国和其他西欧国家兴起的工业革命，推动了工业的发展，从而也促进了桥梁建筑技术方面空前的发展。1855年起，法国建造了第一批应用水泥砂浆砌筑的石拱桥。

法国谢儒察教授在拱架结构、拱圈砌筑方法以及减少圬工裂缝等方面的研究和改进，对现代石拱桥的发展起到了重要作用。大约在1870年，德国建造了第一批采用硅酸盐水泥作为胶结材料的混凝土拱桥。之后在20世纪初，法国建成了戴拉卡混凝土箱形拱桥，跨度达139.80 m。目前最大跨度的石拱桥是1046年瑞典建成的绥依纳松特桥，跨度为155 m。钢筋混凝土桥的崛起，要追溯到1873年法国的约瑟夫樊尼尔首创建成的一座拱式人行桥。由于有石拱桥的技术和建筑艺术为基础，加之钢筋混凝土突出的受压性能，因此钢筋混凝土拱桥的兴起，一开始就十分引人注目。从19世纪末到20世纪50年代，钢筋混凝土拱桥无论在跨越能力、结构体系和主拱圈的截面形式上均有很大的发展。由法国弗莱西奈教授设计于1930年建成的三孔186 m拱桥和1940年瑞典建造的跨径264 m的桑独桥，均达到了很高的水平。后者作为此种拱桥的跨度纪录，一直保持到1964年澳大利亚悉尼港帕拉马塔河桥建成。鉴于修建钢筋混凝土拱桥时支架、模板的复杂性，加之耗费大量劳力，在此后10多年中，国外较少采用。直至1980年，在前南斯拉夫采用无支架悬臂施工方法建成了跨度达390 m的克尔克（KRK-Ⅱ）桥，突破了305 m的世界纪录。

可以看出，近年来的桥梁结构逐步向轻巧、纤细方面发展，但桥梁的载重、跨长却不断增长。为了适应社会生产力发展所提出的愈来愈高的要求，需要建造大量的承受更大荷载，跨越海湾、大江等跨径和总长更大的桥梁，这就推动了桥梁结构向高强、轻型、大跨度的方向发展。在结构理论上研究更符合实际状态的力学分析方法与新的设计理论，充分发挥结构潜在的承载力，充分利用建筑材料的强度，力求工程结构的安全度更为科学和可靠；在大跨度桥梁的设计中，愈来愈重视空气动力学、振动、稳定、疲劳、非线性等研究成果的应用，并广泛应用计算机辅助设计；在施工上，力求高度机械化、工厂化、自动化；在工程管理上，则力争高度科学化、自动化。

二、桥梁施工技术在桥梁工程中的地位和作用

高速公路在国外的发展已经有半个世纪的历史，我国的高速公路尽管起步较晚，但却创造了令人惊奇的发展速度，尤其是20世纪90年代开始进入了高速发展的黄金时代。但无论是在桥梁施工实践，还是桥梁施工技术研究方面都缺乏科学的指导，导致很多弊端和限制，尤其是在高等级、大跨度桥梁施工方面与国际先进技术有着较大的差距。随着公路中高等级、大跨度桥梁的数量与重要性与日俱增，先进桥梁施工技术方面的制约将越来越明显。所以，桥梁施工技术的地位与作用是非常重要的。

在今天，虽然在一般情况下桥梁结构理论分析和受力计算上都不存在问题，但桥梁设计者的设计意图能否真正得以实现往往还取决于施工技术，有些时候由于施工技术的限制而直接影响桥梁建设的发展，因此，高水平的桥梁设计必须要有高水平的桥梁施工技术来支持，桥梁建设事业的发展依赖于桥梁施工技术的发展。另外，桥梁施工技术的发展为实现桥梁设计意图提供了灵活多样的手段，为增大桥梁跨越能力、新型桥梁结构体系的开发、新型材料的应用、成桥状态受力与线形的改善、工程质量的提高、建设工期的缩短和工程造价的降低等提供了充分的条件和技术保障。所以，要提高桥梁建设水平，就必须提高其施工技术水平。

桥梁施工技术包含施工设计计算、施工方法、手段与工艺、施工控制等内容。施工控制是施工技术的重要组成部分，并始终贯穿于桥梁施工中。施工控制在施工技术中未被重视的原因是过去所建桥梁一般跨径不大、规模较小、影响因素少等，因为施工控制不力而产生的不良后果也就不明显，从而使人们忽视了它的重要性。

随着交通事业发展的需要，桥梁作为公路的咽喉工程，其建设任务更加艰巨。从过去十年我国的交通建设中就可以看出桥梁建设的艰辛。事实上，任何桥梁施工，特别是大跨径桥梁的施工，都是一个系统工程。在该系统中，设计图只是目标，而在自开工到竣工整个为实现设计目标而必须经历的过程中，将

受到许许多多确定和不确定因素（误差）的影响，包括设计计算、材料性能、施工精度、荷载、大气温度等诸多方面，在理想状态与实际状态之间存在的差异。施工中如何从各种受误差影响而失真的参数中找出相对真实之值，对施工状态进行实时识别（监测）、调整（纠偏）、预测，对设计目标的实现是至关重要的。在近年来的桥梁建设中，人们已普遍认识到施工控制在施工技术中的重要地位与作用。实际上，桥梁施工控制早在以前的施工过程中就已被人们采用，如在施工中为了保证桥梁建成时的线形符合设计要求，在有支架施工时总是要在支架上设置预拱度，在悬臂施工中总是要使施工节段的立模（或安装）标高高于设计标高一定数值，这实质上就是在对施工实施控制，这些处理的好坏常常被看作是施工技术水平高低的体现。桥梁施工控制不仅是桥梁施工技术的重要组成部分，而且也是实施难度相对较大的部分。对不同体系、不同施工方法、不同材料的桥梁，施工技术要求也不一样。

桥梁施工是确保桥梁宏观质量的关键，衡量一座桥梁的施工宏观质量标准就是其成桥状态的线形以及受力情况是否符合设计要求。桥梁的下部结构，只要基础埋置深度和尺寸以及墩台尺寸准确就能达到标准要求，且容易检查和控制。而对采用多工序、多阶段施工的桥梁上部结构，要求结构内力和标高的最终状态符合设计要求，就困难了。为了确保桥梁施工质量，对施工过程进行控制是必不可少的。目前我国计算机的应用已非常普通，技术人员完全可以对多阶段、多程序的自架设体系施工方法进行模拟，可预先计算出各阶段内力和位移，称之为预计值。将施工中的实测值与预计值进行比较，若有误差可以进行调整，直到达到最满意的设计状态。也就是通过施工控制使各阶段内力和变形达到预计值，最终达到设计要求，确保建桥的施工质量。桥梁施工控制又是桥梁建设的安全保证。为了安全可靠地建好每座桥，施工控制将变得非常重要。因为每种体系桥梁所采用的施工方法均按预定的程序进行，施工中每一阶段的结构的内力和变形是可以预计的，同时可通过监测得到各施工阶段结构的实际内力和变形，从而完全可以跟踪掌握施工进程和发展情况。当发现施工过程中监测的实际值与计算的预计值相差过大时，就要进行检查和原因分析，而不能再继续进行施工，否则，将可能出现事故。由此可知，为避免突发事故的出现，按期、安全地建成一座桥梁，施工控制是有力的保证。换句话说，桥梁施工系统也就是桥梁建设的安全系统。

所以，桥梁的施工技术在桥梁建设期间以及以后的使用是非常重要的，如果施工技术不合格，即使桥梁建设成功，也为以后的事故埋下伏笔。将来的桥梁无论是结构还是跨度都是非常大的，而且桥梁的载重也在增大，要大力发展桥梁施工各个方面的技术，尤其是监控技术方面。

第二节　桥梁基础施工

一、明挖扩大基础施工

（一）一般基础开挖的规定

刚性扩大浅基础的施工常采用明挖法，其施工顺序和主要工作包括基础定位放样、基坑的开挖、坑壁支撑、基坑排水、基坑检验和基底土的处理、基础砌筑及基坑的回填等工序。基础开挖的规定如下：

①承包人应在基础开挖开始之前通知监理工程师，以便检查、测量基础平面位置和现有地面标高。在未完成检查测量及监理工程师批准之前不得开挖。为便于开挖后的检查校核，基础轴线控制柱应延长至基坑外加以固定。

②开挖应进行到图纸所示或监理工程师所指定的标高，最终的开挖深度要依设计期间所进行的钻探和土工试验，并结合基础开挖的实际调查资料来确定。在开挖的基坑未经监理工程师批准之前，不得浇筑混凝土或砌筑圬工。

③在原有建筑物附近开挖基坑时，应按《公路工程施工安全技术规程》（JTG F90—2015）的规定，采取有效防护措施，使开挖工作不致危及附近建筑物的安全，所采用的防护措施须经监理工程师同意。基坑周围不得堆放建筑材料、设备和危及基坑安全的杂物。

④所有从挖方中挖出的材料，如果监理工程师认为适用，可用作回填或铺筑路堤，或按监理工程师批示的其他方法处理。

⑤在基桩处的基坑开挖，应在打桩之前完成。

⑥必要时，挖方的各侧面应始终予以可靠的支撑，并使监理工程师认可。

⑦所有基础挖方都应始终保持良好的排水，在挖方的整个施工期间都不致遭受水的危害。

凡是低于已知地下水位的地方进行开挖并构成基础时，承包人必须提交一份建议用于每个基础的排水方法以及为此而采取的各项措施的报告，并取得监理工程师的批准。

⑧在施工期间，承包人应维护天然水道并使地面排水畅通。

⑨基坑开挖至图纸规定基底标高后，如发现基底承载力达不到图纸规定的承载力要求时，承包人应根据实际钻探（或挖探）及土壤实验资料提出地基处理的方案，报告监理工程师审查，并按监理工程师的批示处理。

（二）基础的定位放样及施工

基础定位放样，就是将设计图纸上的墩、台位置和尺寸标定到实际工地上去，这主要是测量问题。定位工作可分为垂直定位和水平定位两个方面。垂直定位是定出墩台基础各部分的标高，可借助于施工现场的水准基点进行；水平定位是定出基础在平面上的位置。由于定位桩随着基坑的开挖必将被挖去，所以还必须在基坑位置以外不受施工影响的地方，订立定位桩的护桩，以备在施工中能随时检查基坑和基础位置是否正确，而基坑外围通常可用龙门板固定，或在地面上以石灰线标出。为避免雨水冲坏坑壁，基坑顶四周应做好排水，截住地表水，基坑下口开挖的大小应满足基础施工的要求，渗水的土质，基底平面尺寸可适当加宽50～100cm，便于设置排水沟和安装模板，其他情况可放小加宽尺寸，不设基础模板时，按设计平面尺寸开挖。

（三）基础的排水

基础工程必须防止地下水和地表水的渗透和浸湿，由于各种水流经基础有侵蚀、解体等作用，会导致构筑物质量受到较大的影响，以致破坏。此外，在施工中将会遇到很多困难，特别是深水区操作，既影响工期，又不能保证质量。因此，基础施工的防水和排水极为重要。现在应用最多的有表面排水和井点法降低地下水位两种。

1. 表面排水法

它是基坑整个开挖过程及基础砌筑和养护期间，在基坑四周开挖集水沟汇集坑壁和基底的渗水，并引向一个或多个比集水沟挖得更深一些的集水坑。集水沟和集水坑应在基础范围以外，在基坑每次下挖以前，必须先挖沟与坑，集水坑的深度要大于抽水机吸水龙头的高度，在吸水龙头上罩竹筐围护，以防土体塞入龙头。这种排水方法设备简单、费用低，一般土质条件下均可以采用。当地基土为饱和粉细砂土等黏聚力较小的细料土层时，由于抽水会引起流沙现象，造成基坑的破坏与坍塌，因此应避免采用表面排水法。

2. 井点法降低地下水位

井点降水是人工降低地下水位的一种方法，故又称井点降水法。在基坑开挖前，在基坑四周埋设一定数量的滤水管（井），利用抽水设备抽水使所挖的土始终保持干燥状态的方法。所采用的井点类型有轻型井点、喷射井点、电渗井点、管井井点、深井井点等。

一般该方法用于地下水位比较高的施工环境中，是土方工程、地基与基础工程施工中的一项重要技术措施，能疏干基土中的水分，促使土体固结，提高地基强度，同时可以减少土坡土体侧向位移与沉降，稳定边坡，消除流沙，减少基底土的隆起，使位于天然地下水以下的地基与基础工程施工能避免地下水的影响，提供比较干的施工条件，还可以减少土方量、缩短工期、提高工程质量和保证施工安全。

（四）水中围堰的修建

围堰是指在水力工程建设中，为建造永久性水力设施，修建的临时性围护结构。其作用是防止水和土进入建筑物的修建位置，以便在围堰内排水，开挖基坑，修筑建筑物。一般主要用于水工建筑中，除作为正式建筑物的一部分外，围堰一般在用完后拆除。在桥梁基础施工中，当桥梁墩、台基础位于地表水位以下时，根据当地材料修筑成各种形式的土堰；在水较深且流速较大的河流，可采用木板桩或钢板桩（单层或双层）围堰，目前多使用双层薄壁钢围堰。围堰既可以防水、围水，又可以支撑基坑的坑壁。

1. 围堰分类

围堰应符合以下要求：在材料强度、结构稳定性及防止冲刷等方面应有足够的可靠性；尽量减少渗漏水；水中围堰的堰顶标高一般要求在施工水位0.5~0.7m以上。围堰可用土、石、木、钢、混凝土等材料或预制件修建，在基础工程中并冠以材料命名，也有以结构形式命名的。例如利用下沉沉井作为防水围堰，称沉井围堰。中国江西九江长江大桥使用的双壁钢围堰即属此类。常用的围堰有下列几种：

（1）土围堰

用土堆筑成梯形截面的土堤，迎水面的边坡不宜陡于1：2（竖横比，下同），基坑侧边坡不宜陡于1：1.5，通常用砂质黏土填筑。土围堰仅适用于浅水、流速缓慢及围堰底为不透水土层处。为防止迎水面边坡受冲刷，常用片石、草皮或草袋填土围护。在产石地区还可做堆石围堰，但外坡用土层盖面，以防渗漏水。

(2) 木板桩围堰

深度不大，面积较小的基坑可采用木板桩围堰。为了防渗漏，板桩间应有榫槽相接。当水不深时，可用单层木板桩，内部加支撑以平衡外部压力；水较深时，可用双壁木板桩，双壁之间用铁拉条或横木拉紧，中间填土。其高度通常不超过6~7m。

(3) 木笼围堰

在河床不能打桩、流速较大，同时盛产木材和石料的地区，可用木笼做围堰的堰壁。最常用的形式是用方木做成透空式木笼，迎水面设多层木板防水，就位后，在笼内填石。为减少与河床接触处的漏水，一般用麻袋盛土或混凝土堆置在木笼堰壁外侧。近代也有用钢筋混凝土预制构件装配的笼式围堰。

(4) 钢板桩围堰

钢板桩围堰是最常用的一种板桩围堰。钢板桩是带有锁口的一种型钢，其截面有直板形、槽形及Z形等，有各种大小尺寸及联锁形式。常见的有拉尔森式、拉克万纳式等。其优点为：强度高，容易打入坚硬土层；可在深水中施工，防水性能好；能按需要组成各种外形的围堰，并可多次重复使用。因此，它的用途广泛。在桥梁施工中常用于沉井顶的围堰，管柱基础、桩基础及明挖基础的围堰等。这些围堰多采用单壁封闭式围堰内有纵横向支撑，必要时加斜支撑成为一个围笼。如中国南京长江大桥的管柱基础，曾使用钢板桩圆形围堰，其直径21.9m，钢板桩长6m，待水下混凝土封底达到强度要求后，抽水筑承台及墩身，抽水设计深度达20m。在水工建筑中，一般施工面积很大，则常用以做成构体围堰。它是由许多互相连接的单体所构成，每个单体又由许多钢板桩组成，单体中间用土填实。围堰所围护的范围很大，不能用支撑支持堰壁，因此每个单体都能独自抵抗倾覆、滑动和防止联锁处的拉裂。常用的有圆形及隔壁形等形式。

(5) 锁口管柱围堰

我国1957年在湖北省明山水库，将有锁口的直径1.55m的钢筋混凝土管柱联成一排，作为防渗墙。20世纪60年代以后，日本发展的钢锁口管柱围堰是将钢管柱联锁成为一个整体，可建成任何形状。若将它作为永久基础使用，则称钢锁口管柱沉井基础，如1978年开始建造的大和川斜张桥，水中三个主墩就是用锁口钢管柱围成直径30~33m、入土深40~50m的这种基础。

钢筋混凝土（或预应力混凝土）板桩围堰，一般在围堰建成后仍需长期保留时才使用。板桩截面两侧用榫槽或钢件连接，桩底部向一面倾斜，便于打入地内，同时易使两相邻桩密合。主要用于港湾码头的驳岸及水工建筑的截水墙等。

（6）混凝土围堰

一般在河床无覆盖层的岩面，且水压较高处使用。它的主要特点是耐冲刷、安全性大、防透水性好，可以考虑作为永久性结构物的一部分，但施工较困难。一般主要用于水工建筑中，其他土木工程中较少采用。

2．其他分类

按围堰与水流方向的相对位置分为横向围堰和纵向围堰；按导流期间基坑是否允许淹没分为过水围堰和不过水围堰。

围堰施工应严格按照施工方法和施工工艺流程组织施工，尚应注意以下几点：堰底内侧坡脚距基坑顶缘距离不应小于1.0m；围堰填筑前应清理堰底处的树根、草皮、石块等杂物，如有冰块必须彻底清除，填筑时应自上游开始至下游合拢；应先在顶部支撑，才可抽水逐层安设支撑；应防止锁口损坏和由于自重而引起变形，在堆存期间应防止变形和锁口内积水，并采用坚固夹具；应在锁口内填充防水混合料，再用油灰和棉絮填塞接缝。

（五）基底检验规定与处理

1．基底检验

基底检验的主要内容包括检查基底平面位置、尺寸大小、基底标高；检查基底土质均匀性、地基稳定性及承载力等；检查基底处理和排水情况；检查施工日志及有关试验资料等。按《桥涵施工技术规范》的要求，基底平面周线位置允许偏差不得大于20cm，基底标高不得超过+5cm（土质）、+51～-20cm（石质）。

基底检验根据桥涵大小、地基土质复杂情况（如溶洞、断层、软弱夹层、易溶岩等）及结构对地基有无特殊要求等，按以下方法进行：

①小桥涵的地基，一般采用直观或触探方法，必要时进行土质试验。特殊设计的小桥涵对地基沉陷有严格要求，且土质不良时，宜进行荷载试验。对经加固处理后的特殊地基，一般采用触探或做密实度检验等。

②大、中桥和填土12m以上涵洞的地基，一般由检验人员用直观、触探、挖试坑或钻探（钻深至少4m）试验等方法，确定土质容许承载力是否符合设计

要求。对地质特别复杂，或在设计文件中有特殊要求，或虽经加固处理又经触探、密实度检验后尚有疑问时，需进行荷载试验，确认符合设计要求后，方可进行基础结构物施工。

2．基底处理

基底处理的主要方法有：换填土法、桩体挤密法、砂井法、袋装砂井法、预压法加固地基、强夯法、电渗法、振动水冲法、深层搅拌桩法、高压喷射注浆法、化学固化剂法等。对于一般软弱地基土层加固处理方法可归纳为以下4种类型：

①换填土法：将基础下软弱土层全部或部分挖除，换填力学物理性质较好的土。

②挤密土法：用重锤夯实或砂桩、石灰桩、砂井、塑料排水板等方法，使软弱土层挤压密实或排水固结

③胶结土法：用化学浆液灌入或粉体喷射搅拌等方法，使土壤颗粒胶结硬化，改善土的性质。

④土工聚合物法：用土工膜、土工织物、土工格栅与土工合成物等加筋土体，以限制土体的侧向变形，增加土的周压力，有效提高地基承载力。

（六）基础的施工

桥梁基础的作用是承受上部结构传来的全部荷载，并把它们和下部结构荷载传递给地基。因此，为了全桥的安全和正常使用，要求地基和基础要有足够的强度、刚度和整体稳定性，使其不产生过大的水平变位或不均匀沉降。

与一般建筑物基础相比，桥梁基础埋置较深，由于作用在基础上的荷载集中而强大，加之浅层土一般比较松软，很难承受住这种荷载，故有必要把基础向下延伸，使其置于承载力较高的地基上；对于水中墩台基础，由于河床受到水流的冲刷，桥梁基础必须有足够的埋深，以防冲刷基础底面（简称基底）而造成桥梁沉陷或倾覆事故。一般规定桥梁的明挖、沉井、沉箱等基础的基底按其重要性和维修加固难易，应埋置在河床最低冲刷线以下至少2~5m。对于冻胀土地基，基底应在冻结线以下至少0.25m。对于陆地墩台基础，除考虑地基冻胀要求外，还要考虑生物和人类活动及其他自然因素对表土的破坏，基底应在地面以下不小于1.0m。对于城市桥梁，常把基础顶置于最低水位或地面以下，以免影响市容。基顶平面尺寸应较墩台底的截面尺寸大，以利施工。在水中修建基础，不仅场地狭窄、施工不便，还经常遇到汛期威胁及漂流物的撞

击。在施工过程中如遇到水下障碍，还需进行潜水作业。因此，修建水中基础，一般工期长、技术复杂、易出事故、工程量大，造价常常占到整个桥梁造价的一半，故桥梁基础的修建在整个桥梁工程中占有很重要的地位。

为建造基础而开挖的基坑，其形状和开挖面的大小可视墩台基础及下部结构的形式、施工条件的要求，挖成方形、矩形或长条形的坑槽，基坑的深度而基础埋置深度而定。基坑开挖的断面是否设置坑壁围护结构，可视土的类别性质、基坑暴露时间长短、地下水位的高低以及施工场地大小等因素而定。开挖基坑时常采用机械与人工相结合的施工方法，它不需要复杂的机具，技术条件较简单易操作，常用的机具多为位于坑顶由起吊机操纵的挖土斗和抓土斗，大方量的特大基坑也可用铲式挖土机、铲运机和自卸车等。基坑采用机械挖土，挖至距设计标高约0.3 m时，应采用人工补控修整，以保证地基土结构不被扰动破坏。具体工序如下：

1. 准备工作

在开挖基坑前，应做好复核基坑中心线、方向和高程，并应按地质水文资料，结合现场情况，决定开挖坡度、支护方案以及地面的防水、排水措施。放样工作系根据桥梁中心线与墩台的纵横轴线，推算出基础边线的定位点，再放线画出基坑的开挖范围。基坑底部的尺寸较设计平面尺寸每边各增加0.5~1.0 m，以便于支撑、排水与立模板（坑壁垂直的无水基坑坑底，可不必加宽，直接利用坑壁作基础模板亦可）。

2. 基坑开挖

（1）坑壁不加支撑的基坑

对于在干涸河滩、河沟中，或经改河或筑堤能排除地表水的河沟中，在地下水位低于基底，或渗透量少，不影响坑壁稳定，以及基础埋置不深，施工期较短，挖基坑时不影响邻近建筑物安全的场所，可选用坑壁不加支撑的基坑。

黏性土在半干硬或硬塑状态，基坑顶无活荷载，稍松土质，基坑深度不超过0.5 m，中等密实（锹挖）土质基坑深度不超过1.25 m，密实（镐挖）土质基坑深度不超过2.0 m时，均可采用垂直坑壁基坑。基坑深度在5 m以内，土的湿度正常时，采用斜坡坑壁开挖或按坡度比值挖成阶梯形坑壁，每梯高度为0.5~1.0 m为宜，可作为人工运土出坑的台阶。基坑深度大于5 m时，坑壁坡度适当放缓，或加做平台。土的湿度影响坑壁的稳定性时，应采用该湿度下土的天然坡度或采取加固坑壁的措施。当基坑的上层土质适合散口斜坡坑壁条件时，下层土质为密实黏性土或岩石可用垂直坑壁开挖，在坑壁坡度变换处应保留至少0.5m的平台。

（2）坑壁有支撑的基坑

当基坑壁坡不易稳定并有地下水，或放坡开挖场地受到限制，或基坑较深、放坡开挖工程数量较大，不符合技术经济要求时，可根据具体情况，采取加固坑壁措施，如挡板支撑、钢木结合支撑、混凝土护壁及锚杆支护等。混凝土护壁一般采用喷射混凝土。根据经验，一般喷护厚度为5~8cm，一次喷护需1~2h。一次喷护如达不到设计厚度，应等第一次喷层终凝后再补喷，直至要求厚度为止。喷护的基坑深度应按地质条件决定，一般不宜超过10m。

二、沉入桩基础施工

打入桩又叫沉入桩，是靠桩锤的冲击能量将预制桩打（压）入土中，使土被压挤密实，以达到加固地基的作用。沉入桩所用的基桩主要为预制的钢筋混凝土桩和预应力混凝土桩。沉入桩的施工方法主要包括：锤击沉桩、振动沉桩、射水沉桩、静力压桩以及钻孔埋置桩等。

其特点是：

①桩身质量易于控制，质量可靠。

②沉入施工工序简单，工效高，能保证质量。

③易于水上施工。

④多数情况下施工噪声和振动的公害大、污染环境。

⑤受到运输和起吊等设备条件限制，单节长度有限。

（一）沉入桩的预制

预制桩是在工厂或施工现场制成的各种材料、各种形式的桩（如木桩、混凝土方桩、预应力混凝土管桩、钢桩等），用沉桩设备将桩打入、压入或振入土中。建筑施工领域采用较多的预制桩主要是混凝土预制桩和钢桩两大类。混凝土预制桩能承受较大的荷载、坚固耐久、施工速度快，是广泛应用的桩型之一，但其施工对周围环境影响较大，常用的有混凝土实心方桩和预应力混凝土空心管桩。采用的钢桩主要是钢管桩和H形钢桩两种，都在工厂生产完成后运至工地使用。

1. 钢筋混凝土实心桩

钢筋混凝土实心桩，断面一般呈方形。桩身截面一般沿桩长不变，实心方桩截面尺寸一般为200 mm×200 mm～600 mm×600 mm。钢筋混凝土实心桩桩身长度：限于桩架高度，现场预制桩的长度一般在25～30 m以内；限于运输条件，工厂预制桩的桩长一般不超过12 m，否则应分节预制，然后在打桩过程中予以接长，接头不宜超过2个。

钢筋混凝土实心桩的优点：长度和截面可在一定范围内根据需要选择，由于在地面上预制，制作质量容易保证，承载能力高，耐久性好。因此，工程上应用较广。

材料要求：钢筋混凝土实心桩所用混凝土强度等级不宜低于C30；采用静压法沉桩时，可适当降低，但不宜低于C20；预应力混凝土桩的混凝土强度等级不宜低于C40；主筋根据桩断面大小及吊装验算确定，一般为4～8根，直径12～25 mm，不宜小于φ14 mm；箍筋直径为6～8 mm，间距不大于200 mm，打入桩顶2～3 d长度范围内箍筋应加密，并设置钢筋网片；预制桩纵向钢筋的混凝土保护层厚度不宜小于30 mm，桩尖处可将主筋合拢焊在桩尖辅助钢筋上，在密实砂和碎石类土中，可在桩尖处包以钢板桩靴，以加强桩尖。

2. 混凝土管桩

混凝土管桩一般在预制厂用离心法生产，桩径有φ300 mm、φ400 mm、φ500 mm等，每节长度8 m、10 m、12 m不等，接桩时，接头数量不宜超过4个。管壁内设中φ12～22 mm，主筋10～20根，外面绕以φ6 mm螺旋箍筋，多以C30混凝土制造。混凝土管桩各节段之间的连接可以用角钢焊接或法兰螺栓连接。由于用离心法成型，混凝土中多余的水分由于离心力而甩出，故混凝土致密、强度高，抵抗地下水和其他腐蚀的性能好。混凝土管桩应达到设计强度100%后可运到现场打桩。堆放层数不超过三层，底层管桩边缘应用楔形木块塞紧，以防滚动。

3. 预制桩吊送

钢筋混凝土预制柱应在混凝土达到设计强度等级的70%方可起吊，达到设计强度等级的100%才能运输和打桩。如提前吊运，必须采取措施并经过验算合格后才能进行，起吊时必须合理选择吊点，防止在起吊过程中过弯而损坏。当吊点少于或等于3个时，其位置按正负弯矩相等的原则计算确定；当吊点多于3个时，其位置按反力相等的原则计算确定。长20～30 m的桩，一般采用3个吊点。

4. 预制桩运输与堆放

打桩前，桩从制作处运到现场，并应根据打桩顺序随打随运。桩的运输方式，在运距不大时，可用起重机吊运；当运距较大时，可采用轻便轨道小平台车运输。严禁在场地上直接推拉桩体。堆放桩的地面必须平整、坚实，垫木间距应与吊点位置相同，各层垫木应位于同一垂直线上，堆放层数不宜超过4层。不同规格的桩，应分别堆放。预应力管桩达到设计强度后方可出厂，在达到设计强度及14d龄期后方可沉桩。预应力管桩在节长≤20 m时宜采用两点捆绑法，大于20 m时采用四吊点法。预应力管桩在运输过程中应满足两点起吊法的位置，并垫以楔形掩木防止滚动，严禁层间垫木出现错位。

（二）沉入桩的施工设备

预制桩的沉桩方法有锤击法、静力压桩法、振动法等。锤击法是利用桩锤的冲击克服土对桩的阻力，使桩沉到预定持力层。这是最常用的一种沉桩方法。打桩设备主要有桩锤、桩架和动力装置三部分。

1. 桩锤

桩锤对桩施加冲击力，将桩打入土中。主要有落锤、单动汽锤、双动汽锤、柴油锤、液压锤，目前应用最多的是柴油锤。柴油锤是利用燃油爆炸推动活塞往复运动而锤击打桩，活塞质量从几百公斤到数吨。用锤击沉桩宜重锤轻击。若重锤重击，则锤击功大部分被桩身吸收，桩不易打入，且桩头易被打碎。锤重与桩重宜有一定的比值，或控制锤击应力，以防桩被打坏。

2. 桩架

桩架是支持桩身和桩锤，将桩吊到打桩位置，并在沉桩过程中引导桩的方向，保证桩锤沿着所要求的方向冲击的打桩设备。常用的桩架形式有以下三种：

①滚筒式桩架。行走靠两根钢滚筒在垫木上滚动。优点是结构比较简单、制作容易，但在平面转弯、调头方面不够灵活，操作人员较多。适用于预制桩和灌注桩施工。

②多功能桩架。多功能桩架的机动性和适应性很大，在水平方向可做360°旋转，导架可以伸缩和前后倾斜，底座下装有铁轮，底盘在轨道上行走。适用于各种预制桩和灌注桩施工。

③履带式桩架。以履带起重机为底盘，增加导杆和斜撑组成，用以打桩。移动方便，比多功能桩架更灵活，可用于各种预制桩和灌注桩施工。

（三）沉入桩的施工

打桩时，由于桩对土体的挤密作用，先打入的桩被后打入的桩水平挤推而造成偏移和变位或被垂直挤拔造成浮桩，而后打入的桩难以达到设计标高或入土深度，造成土体隆起和挤压，截桩过大。所以，群桩施工时，为了保证质量和进度，防止周围建筑物破坏，打桩前应根据桩的密集程度、桩的规格、长短以及桩架移动是否方便等因素来选择正确的打桩顺序。常用的打桩顺序是由一侧向单一方向进行，自中间向两个方向对称进行，自中间向四周进行。

打桩推进方向宜逐排改变，以免土壤朝一个方向挤压，而导致土壤挤压不均匀。对于同一排桩，必要时还可采用间隔跳打的方式。对于大面积的桩群，宜采用后两种打桩顺序，以免土壤受到严重挤压，使桩难以打入，或使先打入的桩受挤压而倾斜。大面积的桩群宜分成几个区域由多台打桩机采用合理的顺序进行打设。打桩时对不同基础标高的桩，宜先深后浅；对不同规格的桩，宜先大后小，先长后短，宜防止桩的位移或偏斜。

打桩机就位后，将桩锤和桩帽吊起，然后吊桩并送至导杆内，垂直对准桩位缓缓送下插入土中，垂直偏差不得超过0.5%；然后固定桩帽和桩锤，使桩、桩帽、桩锤在同一铅垂线上，确保桩能垂直下沉。在桩锤和桩帽之间应加弹性衬垫，桩帽和桩顶周围四边应有5~10mm的间隙，以防损伤桩顶。

打桩开始时，应先采用小的落距（0.5~0.8m）做轻的锤击，使桩正常沉入土中1~2m后，经检查桩尖不发生偏移，再逐渐增大落距至规定高度，继续锤击，直至把桩打到设计要求的深度。最大落距不宜大于1m，用柴油锤时，应使锤跳动正常。在打桩过程中，遇有贯入度剧变、桩身突然发生倾斜、移位或有严重回弹、桩顶或桩身出现严重裂缝或破碎等异常情况时，应暂停打桩，及时研究处理。

打桩有"轻锤高击"和"重锤低击"两种方式。这两种方式，如果所做的功相同，而所得到的效果却不相同。轻锤高击，所得的动量小，而桩锤对桩头的冲击力大，因而回弹也大，桩头容易损坏，大部分能量均消耗在桩锤的回弹上，故桩难以入土；相反，重锤低击，所得的动量大，而桩锤对桩头的冲击力小，因而回弹也小，桩头不易被打碎，大部分能量都可以用来克服桩身与土壤的摩阻力和桩尖的阻力，故桩很快入土。此外，又由于重锤低击的落距小，因而可提高锤击频率，打桩效率也高，正因为桩锤频率较高，对于较密实的土层，如砂土或黏性土也能较容易地穿过，所以打桩宜采用"重锤低击"。

（四）试桩试验

打桩质量评定包括两个方面：一是能否满足设计规定的贯入度或标高的要

求；二是桩打入后的偏差是否在施工规范允许的范围内。

1. 贯入度或标高必须符合设计要求

桩端达到坚硬、硬塑的黏性土、碎石土，中密以上的粉土和砂土或风化岩等土层时，应以贯入度控制为主，桩端进入持力层深度或桩尖标高做参考；若贯入度已达到而桩端标高未达到时，应继续锤击3阵，其每阵10击的平均贯入度不应大于规定的数值；桩端位于其他软土层时，以桩端设计标高控制为主，贯入度做参考。

上述所说的贯入度是指最后贯入度，即施工中最后10击内桩的平均入土深度。贯入度的大小应通过合格的试桩或试打数根桩后确定，它是打桩质量标准的重要控制指标。最后贯入度的测量应在下列正常条件下进行：桩顶没有破坏，锤击没有偏心，锤的落距符合规定，桩帽与弹性垫层正常。打桩时如桩端达到设计标高而贯入度指标与要求相差较大，或者贯入度指标已满足，而标高与设计要求相差较大，如遇到这两种情况，说明地基的实际情况与原来的估计或判断有较大的出入，属于异常情况，都应会同设计单位研究处理，以调整其标高或贯入度控制的要求。

2. 平面位置或垂直度必须符合施工规范要求

桩打入后，桩位的允许偏差应符合规范的规定，预制桩（钢桩）桩位的允许偏差必须使桩在提升就位时要对准桩位，桩身要垂直；桩在施打时，必须使桩身、桩帽和桩锤三者的中心线在同一垂直轴线上，以保证桩的垂直入土；短桩接长时，上下节桩的端面要平整，中心要对齐，如发现断面有间隙，应用铁片垫平焊牢；打桩完毕基坑挖土时，应制定合理的挖土方案，以防挖土而引起桩的位移或倾斜。

三、钻孔桩基础施工

（一）场地准备工作

灌注桩是指在工程现场通过机械钻孔、钢管挤土或人力挖掘等手段在地基土中形成桩孔，并在其内放置钢筋笼、灌注混凝土而做成的桩。依照成孔方法不同，灌注桩又可分为沉管灌注桩、钻孔灌注桩和挖孔灌注桩等几类。钻孔灌注桩是按成桩方法分类而定义的一种桩型。特点：与沉入桩中的锤击法相比，施工噪声和震动要小得多；能建造比预制桩直径大得多的桩；在各种地基上均可使用；施工质量的好坏对桩的承载力影响很大；因混凝土是在泥水中灌注的，因此混凝土质量较难控制。施工前应根据施工地点的水文、工程地质条件及机具、设备、动力、材料、运输等情况，布置施工现场。具体如下：

①场地为旱地时，应平整场地、清除杂物、换除软土、夯打密实，钻机底座应布置在坚实的填土上。

②场地为陡坡时，可用木排架或枕木搭设工作平台，平台应牢固可靠，保证施工顺利进行。

③场地为浅水时，可采用筑岛法，岛顶平面应高出水面1~2m。

④场地为深水时，根据水深、流速、水位涨落、水底地层等情况，采用固定式平台或浮动式钻探船。

（二）钻孔成桩施工准备

①钻孔场地应清除杂物、换除软土、平整压实。

②开钻前按照施工图纸要求在选定位置进行试桩，根据试桩资料验证设计采用的地质参数，并根据试桩结果确定是否调整桩基设计。根据地层岩性等地质条件、技术要求确定钻进方法和选用合适的钻具。

③对钻机各部位状态进行全面检查，确保其性能良好。

④浅水场地利用草袋围堰构筑工作平台。

（三）钻孔方法

钻孔灌注桩的施工，有泥浆护壁法和全套管施工法两种。

1. 泥浆护壁施工法

冲击钻孔、冲抓钻孔和回转钻削成孔等均可采用泥浆护壁施工法。该施工法的过程是：平整场地→泥浆制备→埋设护筒→铺设工作平台→安装钻机并定位→钻进成孔→清孔并检查成孔质量→下放钢筋笼→灌注水下混凝土→拔出护筒→检查质量。施工工序如下：

（1）施工准备

施工准备包括：选择钻机、钻具、场地布置等。钻机是钻孔灌注桩施工的主要设备，可根据地质情况和各种钻孔机的应用条件来选择。

（2）钻孔机的安装与定位

安装钻孔机的基础如果不稳定，施工中易产生钻孔机倾斜、桩倾斜和桩偏心等不良影响，因此要求安装地基稳固。对地层较软和有坡度的地基，可用推土机推平，再垫上钢板或枕木加固。

为防止桩位不准，施工中很重要的是定好中心位置和正确安装钻孔机。

对有钻塔的钻孔机,先利用钻机的动力与附近的地笼配合,将钻杆移动大致定位,再用千斤顶将机架顶起,准确定位,使起重滑轮、钻头或固定钻杆的卡孔与护筒中心在一垂线上,以保证钻机的垂直度。钻机位置的偏差不大于2cm,对准桩位后,用枕木垫平钻机横梁,并在塔顶对称于钻机轴线上拉上缆风绳。

（3）埋设护筒

钻孔成败的关键是防止孔壁坍塌,当钻孔较深时,在地下水位以下的孔壁土在静水压力下会向孔内坍塌,甚至发生流沙现象。钻孔内若能保持孔壁地下水位高的水头,增加孔内静水压力,以防止坍孔。护筒除起到这个作用外,同时有隔离地表水、保护孔口地面、固定桩孔位置和钻头导向作用等。

制作护筒的材料有木、钢、钢筋混凝土三种。护筒要求坚固耐用,不漏水,其内径应比钻孔直径大(旋转钻约大20cm,潜水钻、冲击或冲抓锥约大40cm),每节长度2~3m,一般常用钢护筒。

（4）泥浆制备

钻孔泥浆由水、黏土（膨润土）和添加剂组成,具有浮悬钻渣、冷却钻头、润滑钻具,增大静水压力,并在孔壁形成泥皮,隔断孔内外渗流,防止坍孔的作用。调制的钻孔泥浆及经过循环净化的泥浆,应根据钻孔方法和地层情况来确定泥浆稠度。泥浆稠度应视地层变化或操作要求机动掌握,泥浆太稀,排渣能力小、护壁效果差;泥浆太稠,会削弱钻头冲击功能,降低钻进速度。

（5）钻孔

钻孔是一道关键工序,在施工中必须严格按照操作要求进行,才能保证成孔质量。首先要注意开孔质量,为此必须对好中线及垂直度,并压好护筒。在施工中要注意不断添加泥浆和抽渣（冲击式用）,还要随时检查成孔是否有偏斜现象。采用冲击式或冲抓式钻机施工时,附近土层因受到震动而影响邻孔的稳固。所以钻好的孔应及时清孔,下放钢筋笼和灌注水下混凝土。钻孔的顺序也应事先规划好,既要保证下一个桩孔的施工不影响上一个桩孔,又要使钻机的移动距离不要过远和相互干扰。

（6）清孔

钻孔的深度、直径、位置和孔形直接关系到成桩质量与桩身曲直。为此,除了钻孔过程中密切观测监督外,在钻孔达到设计要求深度后,应对孔深、孔位、孔形、孔径等进行检查。在终孔检查完全符合设计要求时,应立即进行孔底清理,避免隔时过长以致泥浆沉淀,引起钻孔坍塌。对于摩擦桩,当孔壁容易坍塌时,要求在灌注水下混凝土前沉渣厚度不大于30 cm;当孔壁不易坍塌时,不大于20 cm。

(7)灌注水下混凝土

清完孔之后,就可将预制的钢筋笼垂直吊放到孔内,定位后要加以固定,然后用导管灌注混凝土,灌注时混凝土不要中断,否则易出现断桩现象。

2. 全套管施工法

全套管施工法的施工顺序是:平整场地→铺设工作平台→安装钻机→压套管→钻进成孔→安放钢筋笼→放导管→浇注混凝土→拉拔套管→检查成桩质量。

全套管施工法的主要施工步骤除不需泥浆及清孔外,其他的与泥浆护壁法类同。压入套管的垂直度,取决于挖掘开始阶段的5～6 m深时的垂直度,因此应使用水准仪及铅锤校核其垂直度。

(四)钻孔故障及处理措施

1. 塌孔

预防措施:根据不同地层,控制使用好泥浆指标;在回填土、松软层及流沙层钻进时,严格控制速度;地下水位过高,应升高护筒,加大水头;地下障碍物处理时,一定要将残留的混凝土块处理清除;孔壁坍塌严重时,应探明坍塌位置,用砂和黏土混合回填至坍塌孔段以上1～2 m处,捣实后重新钻进。

2. 缩径

预防措施:选用带保径装置钻头,钻头直径应满足成孔直径要求,并应经常检查,及时修复;易缩径孔段钻进时,可适当提高泥浆的黏度,对易缩径部位也可采用上下反复扫孔的方法来扩大孔径。

3. 桩扎偏斜

预防措施:保证施工场地平整,钻机安装平稳,机架垂直,并注意在成孔过程中定时检查和校正;钻头、钻杆接头逐个检查调正,不能用弯曲的钻具;在坚硬土层中不强行加压,应吊住钻杆,控制钻进速度,用低速度进尺;对地下障碍物预先处理干净,对已偏斜的钻孔,控制钻速,慢速提升,下降往复扫孔纠偏。

(五)钢筋骨架吊放及预防措施

1. 钢筋笔安装与设计标高不符

预防措施:钢筋笼制作完成后,注意防止其扭曲变形;钢筋笼入孔安装时要保持垂直；混凝土保护层垫块设置间距不宜过大；吊筋长度精确计算，并在安装时反复核对检查。

2. 钢筋笼的上浮

钢筋笼上浮的预防措施：严格控制混凝土质量，坍落度控制在18±3cm，混凝土和易性要好；混凝土进入钢筋笼后，混凝土上升不宜过快；导管在混凝土内埋深不宜过大，严格控制在10m以下，提升导管时，不宜过快，防止导管钩将钢筋笼带上等。

（六）混凝土的灌注及预防措施

①混凝土采用200~300mm钢导管灌注，导管采用吊车分节吊装，丝扣式快速接头连接。灌注前，对导管进行水密、承压试验。

②安装储料斗及隔水栓，储料斗的容积要满足首批灌注下去的混凝土埋置导管深度的要求，封底时导管埋入混凝土中的深度不得小于1m；首批混凝土方量是根据桩径和导管埋深及导管内混凝土的方量而定，将混凝土搅拌运输车内的混凝土倒入封底料斗内，由专人统一指挥，待全部准备好后将隔水栓拉起进行封底，同时混凝土搅拌运输车快速反转，加快出料速度。

③灌注开始后应紧凑连续地进行，不得中断，同时要防止混凝土从漏斗内溢出或从漏斗外掉入孔底；在灌注过程中，技术人员应经常检查孔内混凝土面的位置和混凝土质量，掌握拆除导管时间，严格控制导管埋深，防止导管提漏或埋管过深拔不出而出现断桩；使导管埋入混凝土内的深度始终保持在2~6m，并做好灌注记录；测深时采用专用测绳及测锤进行，每测一次用钢尺检查深度，以钢尺测量为准，探测至混凝土面时手感有石子碰撞测锤为准，否则为砂浆或沉渣。

④灌注混凝土时，要保持孔内水头，防止出现坍孔。

⑤桩身混凝土灌注顶面高出设计桩顶高程0.8~1.0m，以保证桩头质量。

（七）钻孔灌注桩质量检验要求

①混凝土质量的检查和验收，应符合规范的规定。每桩试件组数一般为2组。

②承包人应在监理工程师在场的情况下，对下列规定的钻孔桩，采用经监理工程师同意的无破损检测法，进行桩的质量检验和评价。小桥选有代表性的桩或重要部位的桩进行检测；中桥、大桥及特大桥的钻孔桩，应逐根进行检测。

③承包人应在工地配备能对全桩长钻取70 mm直径或较大芯样的设备和经过训练的工作人员,也可以分包给经监理工程师认可的钻探队来承担钻取芯样的工作。

④若设计有规定和监理工程师对桩的质量有疑问时,或在施工中遇到的任何异常情况,说明桩的质量可能低于要求的标准时,应采用钻取芯样对桩进行检验,以检验桩的混凝土灌注质量。对支撑桩应钻到桩底0.5 m以下。钻芯检验应在监理工程师指导下进行,检验结果若不合格,则应视为废桩。

⑤当监理工程师对每一根成桩平面位置的复查试验结果及施工记录都认可后,监理工程师应以书面形式进行批准,在未得到监理工程师的批准前,不得进行该桩基础的其他工作。

四、沉井与沉箱基础施工

沉井基础是以沉井法施工的地下结构物和深基础的一种形式,是先在地表制作一个井筒状的结构物(沉井),然后在井壁的围护下通过从井内不断挖土,使沉井在自重作用下逐渐下沉,达到预定设计标高后,再进行封底,构筑内部结构。广泛应用于桥梁、烟囱、水塔的基础;水泵房、地下油库、水池竖井等深井构筑物和盾构或顶管的工作井。技术上比较稳妥可靠,挖土量少,对邻近建筑物的影响比较小,沉井基础埋置较深,稳定性好,能支撑较大的荷载。沉井是一个无底无盖的井筒,一般由刃脚、井壁、隔墙等部分组成。

沉井按其截面轮廓分,有圆形、矩形和圆端形三类。

①圆形沉井水流阻力小,在同等面积下,同其他类型相比,周长最小,摩阻力相应减小,便于下沉;井壁只受轴向压力,且无绕轴线偏移问题。

②矩形沉井和等面积的圆形沉井相比,其惯性矩及核心半径均较大,对基底受力有利;在侧压力作用下,沉井外壁受较大的挠曲应力。

③圆端形沉井对支撑建筑物的适应性较好,也可充分利用基础的圬工,井壁受力也较矩形有所改善,但施工较复杂。

使用材料:有木沉井,砖、石沉井,混凝土沉井,钢筋混凝土沉井和钢沉井等。木沉井用木材较多,现很少采用。砖、石沉井过去多用于中小桥梁,现在常用的是钢筋混凝土沉井,或底节为钢筋混凝土,钢沉井多用于大型浮运的沉井。

外壁:沉井的外壁可做成铅直形、台阶形或斜坡形。斜坡形虽可减少周围的摩阻力，但下沉过程中容易倾斜；台阶形便于加高井壁。沉井的内部可根据需要做隔墙，划分成几个取土井，但取土井必须对称设置，以利均衡挖土或纠正偏斜；取土井尺寸，须能容纳机械挖土斗自由上下。

（一）沉井的制作

陆地下沉井均采用就地制造。在浅水中，下沉井需先做围堰，填土筑岛出水面，再就地制造；在深水处，下沉井一般均采用在岸边陆地制造，浮运就位下沉。

就地制造沉井，井壁多为实体，自重较大，而刃脚部分面积小，重心较高，为使其在制造过程中不致因地面下沉而引起沉井开裂或倾倒，过去多在地面整平后，先铺垫木，以增加承压面积，再立模板制造沉井，下沉前需边抽垫木，边以砂将刃脚处填实，然后再挖土下沉。现今则用砂土夯实做成刃脚土模，表面抹层水泥，在土模内制造刃脚部分，既节约木料，又简化施工工艺。如我国枝城长江大桥引桥桥墩基础的沉井刃脚部分，就是用此法灌筑的。

水中沉井的施工：筑岛法——水流速不大，水深在3 m或4 m以内；浮运沉井施工——水流速较大，水深较深。

（二）沉井施工

沉井施工步骤：场地平整，铺垫木，制作底节沉井；拆模，刃脚下一边填塞砂，一边对称抽拔出垫木；均匀开挖下沉沉井，底节沉井下沉完毕；建筑第二节沉井，继续开挖下沉并接筑下一节井壁；下沉至设计标高，清基；沉井封底处理；施工井内设计和封顶等。

沉井下沉分排水和不排水下沉两种。在软弱土层中须采用不排水下沉，以防涌砂和外周边土坍陷，造成沉井倾斜及位移，必要时采取井内水位略高于井外水位的施工方法。出土机械可使用抓土斗、空气吸泥机、水力吸泥机等。近代各国发展用锚桩及千斤顶将沉井压下的方法。此外，还有用大直径钻机在井底钻挖的方法，如日本在圆形沉井内采用臂式旋转钻机，在硬黏土层内开挖，直径可达11 m，由沉井外的电视机反映操作情况及下沉速度。

沉井到达设计标高后，一般用水下混凝土封底。井孔是否填充，应根据受力或稳定要求决定，可填砂石或混凝土，但在低于冻结线0.25 m以上的部分应用混凝土或圬工填实，沉井基础的最后一道工序是灌筑顶盖。

沉井外壁和土的摩擦力是沉井下沉的主要阻力，为克服这种阻力，一是加大沉井壁厚或在沉井上部增加压重，二是设法减少井壁和土之间的摩擦力。减少摩擦力的方法很多，常用的有射水法、泥浆套法及壁后压气法。

①射水法。在沉井下部井壁外面，预埋射水管嘴，在下沉过程中射水以减小周边阻力。

②泥浆套法。在沉井井壁和土层之间灌满触变泥浆以减少摩擦力，触变泥浆是用黏性土、水、化学处理剂等按一定配合比搅拌而成，当静置时它处于"凝胶"状态，沉井下沉时它受到搅动，又恢复"溶胶"状态而大大减少摩擦力。

③壁后压气法。在井壁内预埋管路，并沿井壁外侧水平方向每隔一定高度设一排气龛，在下沉过程中，沿管路输送的压缩空气从气龛内喷出，再沿井壁上升，从而减少摩擦力。初步资料表明：在粉细砂层及含水量较大的黏性土层中，可以减少摩擦力30%以上，下沉速度加快（与气龛数和喷气量有关），且无泥浆套法的缺点，可在水中施工，不受冲刷的影响，但在卵石层及硬黏土层内效果较差。

（三）浮式沉井施工

浮运的沉井，在陆地先做底节，以减轻质量，在浮运到位后再接筑上部。为增加沉井的浮力便于浮运，常采取以下三种方法：

①在钢沉井内加装气筒，浮运到位后，在沉井内部空间填充混凝土并接高沉井，为控制吃水深度，可在气筒内充压缩空气，待沉入河底预定位置后，再除去气筒顶盖，挖泥（或吸泥）下沉。此法用钢量大，制造安装都较复杂，宜用于深水大型沉井。美国旧金山奥克兰湾桥第一次采用此法，该桥最大的沉井为60 m×28 m，内装55个直径4.5 m的气筒。中国在南京长江大桥也曾使用18.26 m×22.42 m、底节高11.65 m的钢沉井，内有20个直径3.2 m的气筒，浮运就位后，以钢筋混凝土将沉井接高至5 m，中间隔墙全部用预制件。

②将沉井做成双壁式使能自浮，到位后在壁内灌水或灌筑混凝土下沉。这种沉井可用钢、木或钢筋混凝土制造。我国1972年在四川宜宾岷江公路桥，将制造钢丝网水泥船的经验用于造双壁浮运沉井。沉井外径12 m，高7.5 m，双壁厚1.3 m，网壁厚3 cm，中间一层钢筋网，4~6层钢丝网上抹水泥砂浆，重60 t，采用岸边制造，滑道下水，拉锚定位，灌水下沉。因这种材质的沉井具有较高的弹性和抗裂性，以后在四川南充嘉陵江大桥及湖南益阳桥修建时都曾经使用。

③在沉井底部加临时底板以增加浮力，待到位沉入河底后，再拆除底板，

挖泥下沉。如因风振而破坏的美国塔科马海峡桥，其水中桥墩基础为钢筋混凝土沉井，尺寸是20.1m×36.6m，曾用此法施工。

在深水处，采用浮式沉井施工时，有关沉井下水、浮运及悬浮状态下接高、下沉等，必须加以严密控制：

①各类浮式沉井在下水前，应对各节浮式沉井进行水密性试验，合格后方可下水。

②浮式沉井下水前，应制定下水方案。采用起吊下水时，应对起重设备进行检查，在河岸有适合坡度，采用滑称、牵引等方法下水时，必须严防倾覆。

③浮式沉井，必须对浮运、就位和落河床时的稳定性进行检查。浮式沉井，定位落河床前，应考虑潮水涨落的影响，对所有锚碗设备进行检查和调整，使沉井安全准确落位；浮式沉井落河床后，应尽快下沉，并使沉井达到保持稳定的深度；随时观察沉井的倾斜、移位及河床冲刷情况。

（四）沉箱基础施工

沉箱下沉前需具备以下条件：

①所有设备已经安装、调试完成，相应配套设备已配备完全。

②所有通过底板管路均已连接或密封。

③基坑外围回填土已结束。

④工作室内建筑垃圾已清理干净。

⑤井壁混凝土已达到强度。

下沉过程中箱内的各种设备应架设牢固，箱外浇筑平台、脚手架等不应与箱壁连接。沉箱下沉加气应在沉箱下沉至地下水位以下0.5~1m开始加气，施工现场应有备用供气设备。沉箱施工时，应首先保证工作室内气压的相对稳定，工作室内气压原则上应与外界地下水位相平衡。沉箱在穿越砂性土等渗透性较高土层时，应维持气压略低于地下水位的水平。挖机取土下沉时应先在井格中央形成锅底，逐步均匀向周围扩大，应避免掏挖刃脚处土体，保证此处的土塞高度。当沉箱偏斜达到允许值的1/4时应进行纠偏。沉箱的助沉措施，可采用触变泥浆和压重措施，不宜使用空气幕助沉。

（五）施工事故及应急措施

沉井施工时出现的问题主要有瞬间突沉、下沉搁置、沉井悬挂。

1. 瞬间突沉

现象：沉井在瞬时间内失去控制，下沉量很大或很快，出现突沉或急剧下沉，严重时往往使沉井产生较大的倾斜或使周围地面塌陷。

原因分析：在软黏土层中，沉井侧面摩阻力很小，当沉井内挖土较深，或刃脚下土层掏空过多，使沉井失去支撑，常导致突然大量下沉或急剧下沉。当黏土层中挖土超过刃脚太深，形成较深锅底，或黏土层只局部挖除，其下部存在的砂层被水力吸泥机吸空时，刃脚下的黏土一旦被水浸泡而造成失稳，会引起突然塌陷，使沉井突沉。当采用不排水下沉，施工中途采取排水迫沉时，突沉情况尤为严重。沉井下沉遇有粉砂层，由于动水压力的作用，向井筒内大量涌砂，产生流沙现象，而造成急剧下沉。

预防措施：在软土地层下沉的沉井可增大刃脚踏面宽度，或增设底梁以提高正面支承力；挖土时，在刃脚部位宜保留约50cm宽的土堤，控制均匀削土，使沉井挤土缓慢下沉；在黏土层中严格控制挖土深度（一般为40cm）不能太多，不使挖土超过刃脚，可避免出现深的锅底将刃脚掏空；黏土层下有砂层时，防止把砂层吸空；控制排水高差和深度，减小动水压力，使其不能产生流沙或隆起现象，或采取不排水下沉的方法施工。

2. 下沉搁置

现象：沉井被地下障碍物搁住或卡住，出现不能下沉或下沉困难的现象。

原因分析：沉井下沉局部遇孤石、大块卵石、矿渣块、砖石、混凝土基础、管线、钢筋、树根等被搁置、卡住，造成沉井难以下沉。下沉中遇局部软硬不均地基或倾斜岩层。

预防措施：施工前做好地基勘察工作，对沉井壁下部3m以内的各种地下障碍物，下沉前挖井取出。对局部软硬不均地基或倾斜岩层，采取先破碎开挖较硬土层或倾斜岩层，再挖较弱土层，使其均匀下沉。

治理方法：遇较小孤石，可将四周土掏空后取出；遇较大孤石或大块石、地下沟道等，可用风动工具或用松动爆破方法破碎成小块取出。炮孔距刃脚不小于50cm，其方向须与刃脚斜面平行，药量不得超过200g，并设钢板、草垫防护，不得用裸露爆破。钢管、钢筋、树根等可用氧气烧断后取出。不排水下沉，爆破孤石，除打眼爆破外，也可用射水管在孤石下面掏洞。

3. 沉井悬挂

现象：沉井下沉过程中，刃脚下部土体已经掏空，而沉井的自重仍不能克服摩阻力下沉，产生悬挂现象，有时将井壁拉裂。

原因分析：井壁与土壁间的摩阻力过大，沉井自重不够，下沉系数过小；

沉井平面尺寸过小，下沉深度较大，遇较密实的土层，其上部有可能被土体夹住，使其下部悬空，有时将井壁拉裂。

预防措施：使沉井有足够的下沉自重；下沉前应验算沉井的下沉系数，应不小于1.1~1.25。加大刃脚上部空隙，使井壁与土体间有一定空间，以避免被土体夹住。

治理方法：用0.2~0.4MPa的压力流动水针沿沉井外壁缝隙冲水，以减少井壁和土体间的摩阻力；在井筒顶部加荷载，或继续浇筑上节筒身混凝土增加自重和对刃口下土体的压力，但应在悬空部分下沉后进行，以免突然下沉破坏模板和混凝土结构；继续第二层碗形挖土，或挖空刃脚土，必要时向刃脚外掏深100mm；在岩石中下沉，可在悬挂部位进行补充钻孔和爆破。

五、地下连续墙基础施工

（一）地下连续墙的分类与特征

由于目前挖槽机械发展很快，与之相适应的挖槽工法层出不穷，有不少新的工法已经不再使用膨润土泥浆；墙体材料已经由过去以混凝土为主而向多样化发展，不再单纯用于防渗或挡土支护，越来越多地作为建筑物的基础，所以很难给地下连续墙一个确切的定义。一般地下连续墙可以定义为：利用各种挖槽机械，借助于泥浆的护壁作用，在地下挖出窄而深的沟槽，并在其内浇注适当的材料而形成一道具有防渗（水）、挡土和承重功能的连续的地下墙体。

地下连续墙的分类如下：

①按成墙方式可分为：桩排式、槽板式、组合式。

②按墙的用途可分为：防渗墙、临时挡土墙、永久挡土（承重）墙、作为基础用的地下连续墙。

③按墙体材料可分为：钢筋混凝土墙、塑性混凝土墙、固化灰浆墙、自硬泥浆墙、预制墙、泥浆槽墙（回填砾石、黏土和水泥三合土）、后张预应力地下连续墙、钢制地下连续墙。

④按开挖情况可分为：地下连续墙（开挖）、地下防渗墙（不开挖）。

地下连续墙施工震动小、噪声低，墙体刚度大，防渗性能好，对周围地基无扰动，可以组成具有很大承载力的任意多边形连续墙代替桩基础、沉井基础或沉箱基础。对土壤的适应范围很广，在软弱的冲积层、中硬地层、密实的砂砾层以及岩石的地基中都可施工。初期用于坝体防渗，水库地下截流，后发展为挡土墙、地下结构的一部分或全部。房屋的深层地下室、地下停车场、地下街、地下铁道、地下仓库、矿井等均可应用。

（二）地下连续墙施工工艺流程

在挖基槽前先做保护基槽上口的导墙，用泥浆护壁，按设计的墙宽与深分段挖槽，放置钢筋骨架，用导管灌注混凝土置换出护壁泥浆，形成一段钢筋混凝土墙。逐段连续施工成为连续墙。施工主要工艺为导墙→泥浆护壁→成槽施工→水下灌注混凝土→墙段接头处理等。

1. 导墙

导墙通常为就地灌注的钢筋混凝土结构。主要作用是保证地下连续墙设计的几何尺寸和形状；容蓄部分泥浆，保证成槽施工时液面稳定；承受挖槽机械的荷载，保护槽口土壁不被破坏，并作为安装钢筋骨架的基准。导墙深度一般为1.2~1.5m。墙顶高出地面10~15cm，以防地表水流入而影响泥浆质量。导墙底不能设在松散的土层或地下水位波动的部位。

2. 泥浆护壁

通过泥浆对槽壁施加压力以保护挖成的深槽形状不变，灌注混凝土把泥浆置换出来。泥浆材料通常由膨润土、水、化学处理剂和一些惰性物质组成。泥浆的作用是在槽壁上形成不透水的泥皮，从而使泥浆的静水压力有效地作用在槽壁上，防止地下水的渗水和槽壁的剥落，保持壁面的稳定，同时泥浆还有悬浮土渣和将土渣携带出地面的功能。在砂砾层中成槽，必要时可采用木屑、蛭石等挤塞剂防止漏浆。泥浆使用方法分静止式和循环式两种。泥浆在循环式使用时，应用振动筛、旋流器等净化装置。在指标恶化后要考虑采用化学方法处理或废弃旧浆，换用新浆。

3. 成槽施工

使用成槽的专用机械有：旋转切削多头钻、导板抓斗、冲击钻等。施工时应视地质条件和筑墙深度选用。一般土质较软，深度在15m左右时，可选用普通导板抓斗；对密实的砂层或含砾土层，可选用多头钻或加重型液压导板抓斗；在含有大颗粒卵砾石或岩基中成槽，以选用冲击钻为宜。槽段的单元长度一般为6~8m，通常结合土质情况、钢筋骨架质量及结构尺寸、划分段落等决定。成槽后需静置4h，并使槽内泥浆比重小于1.3。

4. 水下灌注混凝土

采用导管法按水下混凝土灌注法进行，但在用导管开始灌注混凝土前为防止泥浆混入混凝土，可在导管内吊放一管塞，依靠灌入的混凝土压力将管内泥浆挤出，混凝土要连续灌注并测量混凝土灌注量及上升高度。所溢出的泥浆送回泥浆沉淀池。

5. 墙段接头处理

地下连续墙是由许多墙段拼组而成，为保持墙段之间连续施工，接头采用锁口管工艺，即在灌注槽段混凝土前，在槽段的端部预插一根直径和槽宽相等的钢管，即锁口管，待混凝土初凝后将钢管徐徐拔出，使端部形成半凹榫状。也有根据墙体结构受力需要而设置刚性接头的，以使前后两个墙段联成整体。

(三) 地下连续墙的检测

地下连续墙槽底的沉渣必须清理，清理后的沉渣厚度不大于200mm。地下连续墙水下混凝土必须连续浇筑，严禁发生中断或导管进水现象。每槽段实际浇筑混凝土的数量严禁小于计算体积。超声波地下连续墙检测仪利用超声探测方法，将超声波传感器侵入钻孔中的泥浆里，可以很方便地对钻孔四个方向同时进行孔壁状态监测，可以实时监测连续墙槽宽、钻孔直径、孔壁或墙壁的垂直度、孔壁或墙壁坍塌状况等；可以帮助改善钻孔质量、减少工作时间、降低工程费用；输出清晰的孔以及槽壁图像，是目前几种常见同类进口设备所无法比拟的。目前超声波钻孔检测仪无论从成图清晰度、检测数据的准确，还是机械性能等方面已经完全可以取代进口设备，而且检测图像更直观、清晰，对泥浆的适应能力更高。

第三节　桥梁墩台施工

一、墩台混凝土工程

(一) 混凝土的灌注和养护

1. 混凝土的灌注

混凝土自吊斗口下落的自由倾落高度不得超过2m，浇筑高度如超过3m时必须采取混凝土措施，用串桶或溜管等。浇筑混凝土时应分段分层连续进行，浇筑层高度应根据混凝土供应能力、一次浇筑方量、混凝土初凝时间、结构特点、钢筋疏密综合考虑决定，一般为振捣器作用部分长度的1.25倍。使用插入式振捣器应快插慢拔，插点要均匀排列，逐点移动，顺序进行，不得遗漏，做到均匀振实。移动间距不大于振捣作用半径的1.5倍（一般为30~40cm）。振捣上一层时应插入下一层5~10cm，以使两层混凝土结合牢固。振捣时，振捣棒不得触及钢筋和模板，表面振动器（或称平板振动器）的移动间距应保证振动器的平板覆盖已振实部分的边缘。

浇筑混凝土应连续进行，如必须间歇，其间歇时间应尽量缩短，并应在前层混凝土初凝之前，将次层混凝土浇筑完毕。间歇的最长时间应按所用水泥品种、气温及混凝土凝结条件确定，一般超过2h应按施工缝处理。（当混凝土凝结时间小于2h时，则应当执行混凝土的初凝时间）浇筑混凝土时应经常观察模板、钢筋、预留孔洞、预埋件和插筋等有无移动、变形或堵塞情况，发现问题应立即处理，并应在已浇筑的混凝土初凝前休整完好。

柱浇筑前底部应先填5~10cm厚与混凝土配合比相同的减石子砂浆，柱混凝土应分层浇筑振捣，使用插入式振捣器时每层厚度不大于50cm，振捣棒不得触动钢筋和预埋件。柱高在2m之内，可在柱顶直接下灰浇筑；超过2m时，应采取措施（用串桶）或在模板侧面开洞口安装斜溜槽分段浇筑。每段高度不得超过2m，每段混凝土浇筑后将洞模板封闭严实，并用箍箍牢。柱子混凝土的分层厚度应当经过计算确定，并且应当计算每层混凝土的浇筑量，用专制料斗容器称量，保证混凝土的分层准确，并用混凝土标尺杆计量每层混凝土的浇筑高度，混凝土振捣人员必须配备充足的照明设备，保证振捣人员能够看清混凝土的振捣情况。柱子混凝土应一次浇筑完毕，如需留施工缝时应留在主梁下面。浇筑完后，应及时将伸出的搭接钢筋整理到位。

2. 混凝土的养护

（1）覆盖浇水养护

根据外界气温在混凝土浇筑完后3~12h内用草帘、芦席、麻袋等适当材料将混凝土表面予以覆盖，并经常浇水保持湿润，大部分混凝土工程采用该种养护方法。

覆盖浇水养护应符合以下规定：混凝土的浇水养护时间，对采用硅酸盐水泥、普通硅酸盐水泥或矿渣硅酸盐水泥拌制的混凝土，不得少于7d；对掺用缓凝型外加剂或有抗渗性要求的混凝土，不得少于14d；当采用其他品种水泥时，混凝土的养护应根据所采用水泥的技术性能确定。

浇水次数应根据能保持混凝土处于湿润的状态来确定，混凝土的养护用水与拌制水相同。当日平均气温低于5℃时，不得浇水。

（2）塑料薄膜养护

将塑料薄膜直接覆盖在混凝土构件上，使混凝土与空气隔绝，水分不再被蒸发，采用双层薄膜，下层用黑色，上层用透明的，四周必须压严。该法优点是不必浇水，操作方便，能重复使用，能提高混凝土的早期强度，加速模具的周转。

（3）薄膜养生液养护

将可成膜的溶液喷洒在混凝土表面上，溶液挥发后在混凝土表面凝结成一层薄膜，使混凝土表面与空气隔绝，封闭混凝土中的水分不再被蒸发，而完成水化作用。适用于表面积大的混凝土施工或浇水养护困难的情况。常用塑料薄膜养护剂有氯乙烯-乙烯养护剂和过氯乙烯树脂塑料薄膜养护剂。

（4）加热养护

为了加快混凝土预制构件的强度增长速度，提高模具的周转速度，预制构件常采用加热养护方法。

（5）蒸汽养护

施工现场多采用地下的养护坑上覆盖养护罩或简易的帆布、油布。蒸汽养护分为4个阶段：静停阶段，指混凝土浇筑完毕至升温前在室温下先放置一段时间，一般需2~6h；升温阶段，混凝土由原始温度上升到恒温阶段，温度急速上升会使混凝土表面因体积膨胀太快而产生裂缝，因此升温速度必须控制好，一般为10~25℃/h（干硬性混凝土为35~40℃/h）；恒温阶段，是混凝土强度增长最快的阶段，一般恒温时间为5~8h，恒温加热阶段应保持90%~100%的相对湿度，恒温的温度应随水泥品种不同而异，普通水泥的养护温度不得超过80℃，矿渣水泥、火山灰水泥可提高到90~95℃；降温阶段，在此阶段内，混凝土已经硬化，如降温过快，混凝土会产生表面裂缝，因此降温速度应予控制，一般情况下构件厚度在10cm左右时，降温速度每小时不大于20~30℃。为避免由于蒸汽温度骤然降温而引起混凝土构件产生裂缝变形，必须严格控制升温和降温的速度，出槽的构件温度与室外温度相差不得大于40℃，当室外为负温度时，不得大于20℃。施工现场常采用的为坑式蒸气养护，可间歇式生产，其设备简单。

（6）太阳能养护

用透光材料搭设的养护棚（罩），直接利用太阳能加热养护棚（罩）内的空气，使棚内混凝土能在足够的温度、湿度下进行养护，获得早强。现在常用的养护方法为棚罩式、覆盖式等。棚罩式养护是在混凝土构件上加盖养护棚罩，棚罩的材料可用透明玻璃钢、聚酯薄膜、聚乙烯薄膜等。其中以透明玻璃钢和透明塑料薄膜为佳，棚的形式有单坡、双坡、拱形等，棚罩内的空腔不易过大，一般略大于混凝土构件即可。覆盖式养护是在混凝土成型、表面略平后，其上覆盖塑料薄膜进行养护，塑料薄膜为黑色，应采用耐老化的，接缝应采用热黏合，采用搭接时，搭接长度应大于30cm，覆盖时应紧贴四周，用沙袋或其他重物压紧盖严，防止被风吹开。

（二）特殊外形墩台混凝土施工

对于特殊外形混凝土墩台，为了增强墩身混凝土表面光洁、美观，墩身模板采用厂制定型钢模，经试拼检查各项指标合格后，方可用于墩身使用。台身采用竹胶板作模板，模板内设拉杆，模板外用两根槽钢作为拉杆的带木。模板的下部固定在承台上，上部用钢丝绳与地面上的钢管桩进行拉结，以稳固模板上部。在承台上搭设钢管脚手架作施工平台。

墩身模板采用两半圆形拼装而成，模板接缝采用企口型式，接缝间挤夹海绵条，节段连结采用高强螺栓。对顶部为变截面的圆柱形墩身，分节制作，变截面部分单独制作，然后进行拼接，以满足墩身的变化要求。墩（台）身模板的组装和拆除分别采用汽车吊配合作业。安装模板时先搭设脚手架，便于施工人员操作。垂直度控制通过在墩柱四周设置缆风绳用花篮螺丝调整。校正后缆风绳不拆除，为保证浇筑混凝土时模板不移动，四周与钢管脚手架连接并打入钢管斜撑支撑固定。模板下缘与水平层间设单面黏结海绵止浆条，防止烂根。在混凝土强度达到设计强度75%时进行拆模，松开缆风绳和固定撑，松开连接螺丝，用吊车缓缓将半片模板吊出，及时清理干净及整体堆放。

支立模板时采用整体组拼法。整体组拼后的模板用汽车起重机吊装就位，并用经纬仪调整横纵方向及垂直度，用缆风绳加固保证混凝土施工时无扰动。钢筋采用钢筋场统一加工的半成品，现场拼接或绑扎工艺。主筋接长采用搭接焊，两接长钢筋要保证轴线在一条直线上，并保证同一截面接头数量小于主筋数量的50%。墩柱钢筋施工时，采用搭设临时支架的方式防止骨架筋的整体偏移。在固定墩柱钢筋时，采用锤球对中的方式，防止钢筋的偏斜和中心的移位。钢筋骨架保护层使用与设计等厚度同级别的弧形垫块绑于骨架上实现。采用弧形垫块的目的是防止拆模后表面存有垫块痕迹，影响混凝土表面质量。

混凝土施工前在立柱模板与承台交接处以砂浆堵漏,防止振捣时底部发生漏浆,要求砂浆量必须保证充塞密实。要求现场控制坍落度,以避免产生混凝土表面灰线。混凝土由罐车运输至现场,使用吊车加料斗或混凝土泵车的形式进行混凝土浇筑,用插入式振捣器分层振捣,混凝土浇筑自由下落高度严格控制小于2m,当柱高大于2m时,为防止下落高度过大造成混凝土离析,利用溜管或串筒等设施下落。每次浇筑高度不得超过30cm,立柱混凝土必须一次连续浇筑完,及时养护,确保混凝土外观质量优良。根据立柱高度选用合适长度的振动棒,振动棒间距为30~35cm,振捣深度一般插入前层5~10cm,振捣程度直至混凝土表面泛浆并不再冒气泡、水泡。振捣时尽量避免碰撞钢筋及模板,不得出现漏振、重复振捣。当混凝土浇筑至设计标高时用木抹子抹平,在初凝前进行第二次收面抹光。严禁超低、高抹面交活和顶面混凝土出现收缩裂缝现象。混凝土浇筑完后,及时对裸露面进行覆盖,待初凝后进行洒水养护。在墩台身混凝土的强度达到设计要求后,采用汽车吊由上而下进行模板及支架的拆除;拆除后继续洒水养护,养护时间不得小于14d。

二、高墩台施工

(一)高墩台施工特点及准备工作

高墩台施工的特点是施工难度最大,技术含量较高,对操作人员素质要求严格;其特高空作业,更容易产生安全隐患和发生各类安全事故。高墩台施工准备工作如下:①混凝土配合比设计。混凝土宜采用半干硬或低流动混凝土,要求和易性好,不易产生离析、泌水现象,坍落度应控制在3~5cm范围内,混凝土出模强度宜控制在$0.2~0.4 N/mm^2$,以保证混凝土出模后既能易于抹光表面,不致拉裂或带起,又能支承上部混凝土的自重,不致流淌、坍落或变形。②滑模施工的组织设计。高墩台施工是一项综合性工艺,为此必须做好详细的施工组织计划,制定可靠的质量保证措施,设立完善的安全保证体系,以保证连续作业和施工质量。③模板制作及滑模系统。模板装置由滑模系统提升系统、操作平台系统部分组成。滑模系统由全钢模及提升架组成,钢模均使用定型大钢模板,模板中间采用螺栓连接。围圈应有定的刚度,围圈接头应采用刚性连接,并上下错开布置附着在钢模板上连成整体,以防模板变形。提升系统由液压控制台、千斤顶油路及支承杆组成。操作平台系统由外挑架及吊架组成,外挑架采用钢管连接,以增加整体钢度,外设防护栏杆,挂安全网。④机具设备的选择。爬杆用材以前常用25 mm的圆钢,后因其承压能力小,较易发生弯曲而被同截面的48 mm×3.5 mm钢管取代。钢管位置一般取决于墩台的截面,爬杆应尽量处于混凝土的中心,其数量由起重计算确定,应做到受力均匀,提升同步并具有一定的安全储备,通常其间距为1.5~25 m。同时滑模提升也应做到垂直、均衡一致,各提升架之间的高差不大于5 mm。为此浇筑混凝土时应严格保持均匀平衡,每层厚度要严格控制混凝土布料也要对称,钢筋上料要按施工要求分成小批对称地堆放在平台上,以防止滑模在不均匀荷载作用下倾斜,并应随时对滑模的水平结构变形进行检查,以便及时调整加固。

(二)滑升模板施工

滑升模板法施工时,模板固定在工作平台上,随墩身的施工而逐渐提升、逐段浇筑混凝土。滑升模板法施工具有施工进度快、混凝土质量好、安全可靠等优点,故广泛应用于高墩台、桥塔的施工。当桥梁跨越深谷时,必须采用高桥墩,这种情况下常采用滑升模板法进行墩身施工。

1. 滑升模板的构造

滑升模板主要由工作平台、模板和提升设备三大部分组成。工作平台是整个滑升模板的骨架,由顶架、操作平台、吊架、混凝土平台等组成。它既提供施工操作的场地,又把各组成部分连接在提升设备的顶杆上。其中顶架用以承受整个模板和操作平台的荷载,并传递给顶杆;操作平台提供施工操作场地;吊架位于整个滑升模板的下方,供施工人员对混凝土进行表面整饰和养生等操作。

模板悬挂在工作平台上,如果桥墩是空心墩,模板由内模和外模组成;如果桥墩向上收坡,可在模板上连接收坡丝杆,用于调节内外模板间距。提升设备由千斤顶和顶杆组成,千斤顶用于提供向上的提升力,把整个滑升模板设备向上提升;顶杆一端固定于墩台混凝土中,另一端穿过千斤顶,承受施工过程中的全部荷载。

2. 滑升样板的施工

滑升模板的施工是一个连续、循环的过程,主要包括组装滑升模板、浇筑混凝土、滑升模板等工序。

(1)组装滑升模板

组装滑升模板大致步骤如下:

①在基础顶面定出桥墩中心线,垫好垫木。

②在垫木上安装工作平台的内钢环,再依次安装辐射梁、外钢环、立柱、顶杆、千斤顶等。

③提升设备,撤去垫木,安装模板就位。

④待模板滑升至一定高度后安装吊架。

设备组装完毕后,必须进行全面检查,及时纠正偏差。

（2）浇筑混凝土

滑升模板法施工宜浇筑低流动性或半干硬性混凝土,浇筑时应分层、分段、对称进行,分层厚度以200~300mm为宜,浇筑后混凝土表面距模板上缘宜有不小于100~150mm的距离。

混凝土脱模时的强度控制在0.2~0.5MPa,混凝土中可掺入适量早强剂,以加速提升。脱模后8h左右开始养生。吊架上环绕墩身有带小孔的水管,用水管进行混凝土的湿法养护。

（3）滑升模板

滑升模板分为初次滑升阶段和正常滑升阶段。模板初次滑升的程序是：初次浇筑混凝土厚度为600~700mm,分3次浇筑,待强度达到滑升要求后,初次滑升20~50mm,再浇筑300mm混凝土,滑升100~150mm。以后进入正常滑升阶段,每浇筑一层混凝土向上滑升同样高度。

滑升模板法施工要求连续作业,如施工过程出现暂停,必须每隔1h左右将模板略为提升,避免混凝土和模板粘连。施工过程中还必须穿插进行钢筋绑扎、顶杆接长、预埋件的处理、混凝土表面整饰、检查中线等工作。滑升模板法施工,尤其是高空作业施工人员应随时注意施工安全,严格执行高空作业安全制度。

（三）翻板式模板施工

墩身模板采用液压自升平台翻模,内外模板共设三节,循环交替翻升。当第三节混凝土灌注完成后,提升工作平台,拆卸并提升第一节模板至第三节上方,安装、校正后,浇筑混凝土,依此周而复始。当临近墩顶连结处时,在墩身上预埋托架,支立墩帽模板,浇筑墩帽混凝土,混凝土浇筑用泵送入模,插入式振捣器振捣,用软塑管缠绕墩身喷水养护。施工中因大风、大雨或其他原因必须停工时,应充分做好停工处理。停工前将混凝土面摊平,振捣完毕,控制好工作平台提升高度,防止平台提升过高而影响其稳定性。复工时加强中线水平观测,新旧混凝土接缝按规定处理,再继续进行施工。

1. 墩身模板

模板分上、下两节，接缝采用对接接头，模板制作尺寸误差小于2 mm，倾斜角偏差小于1.5 mm，孔位误差小于1 mm。为确保工程质量，在厂内统一加工。施工过程中，两节模板交替轮番往上安装，每一节都立在已浇筑混凝土的模板上。

圆形空心墩内模采用组合钢模拼装，内外模间设带内纹的对拉螺栓，以便利于拆模和避免墩身混凝土内形成孔洞。墩身内腔每隔一定高度便预设型钢作支撑梁，上面搭设门式脚手架作为装拆内模和浇筑混凝土工作平台之用。安装和拆卸模板，提升工作平台以及钢筋等物品的垂直运输均由塔吊完成。墩身外侧设施工电梯，用于人员的运送。

2. 钢筋工艺

墩身竖向钢筋采用挤压套管连接方法。钢筋长度均为9.0 m，但在高度上将一半数量的接头错开4.5 m，这样每节混凝土外露钢筋有高低两层。施工时，先在长钢筋上点焊一道箍筋，并依靠已立好的内模将钢筋调整到正确位置，然后以此为定位筋安装接长钢筋。

3. 拆模

在安装钢筋的同时，可以开始拆下面一节外模工作。拆模时用手拉葫芦将下面一节模板与上面一节模板上下挂紧，同时另设两条钢丝绳拴在上下节模板之间。拆除左右和上面的连接螺栓，下节模板脱落。脱模后放松，使拆下的模板由钢丝绳挂在上节的模板上。然后逐个将四周各模板拆卸并悬挂于上节模板上。这样将拆模工作和钢筋安装工作同时进行，节约了时间，也减少了对塔吊工作时间的占用。

4. 模板位置调整

当模板组拼成形后，所有螺栓不必拧紧，留出少量松动余地。如模板前后方向偏斜可通过手拉葫芦调整至正确位置，左右偏斜的调整则在模板底边靠倾斜方向的一端塞加垫片实现。模板之间的缝隙塞有橡胶条，因而不会漏浆。调整完毕后，拧紧全部螺栓，即可浇筑混凝土。

5. 混凝土施工

混凝土的垂直运输采用输送泵一次送到位。泵管则利用模板对拉螺栓留在墩身内的螺母安装固定架，由下而上固定在墩柱壁上。由于运送高度大，要求混凝土既要保持较大的流动性又要达到设计强度。因此对各种水泥、外加剂及配合比进行了多次实验,并依泵送情况随时调整。在振捣时,加强振捣,确保混凝土密实度,真正做到内实外美。在混凝土强度达到设计或监理工程师的要求后拆模、养生。

6. 施工中墩身施工测量控制

用极坐标定位法、铅垂线控制法、悬挂钢尺水准测量和三角高程间接法分别对墩身进行平面和标高定位。

(四)爬升式模板施工

1. 爬架设施

爬架设施主要由架体结构、提升设备、附着支撑结构和防倾、防坠装置等组成。利用少量不落地的附于墩身上的脚手架,以墩身为支撑点,利用提升设备沿着墩身上下移动。

附着支撑结构:爬架的附着支撑结构采用导轨式。轨道用钢轨或普通槽钢背靠背焊接而成,利用埋设于钢筋混凝土墩身中的预埋件附着于墩壁上,每两根轨道两两互相平行,保证爬架上的连接器不用改变距离就可实现从墩底爬升到墩顶。

架体结构:每幅爬架用角钢焊接成钢骨架,各爬架既可以互相连接成整体,又可以单独爬升,保证爬升过程中既可以整体爬升,又可以个别调整。

连接器:连接器是爬架和轨道的连接部分,通过连接器实现爬架在轨道上爬行,连接器用厚钢板制作。

提升设备和升降装置:提升设备采用可移装的液压千斤顶,这种液压千斤顶油缸行程为450mm,速度为200mm/min,每走一个行程后,用穿销固定,使缸体恢复原位,然后开始另一个顶升行程。可用于单段或多段的提升。完成提升后,可拆移至另外一段架体。

防倾和防坠装置:为防止架体倾斜,每幅爬架架体上设置了两排共6幅连接器。为防止架体突然坠落,每幅架体的连接器下部都设置了FZ25型爬架防坠器,这样每幅架体上有6幅防坠器。

2. 模板

根据桥墩特点,制作大块全钢模板,每套模板分为3节,每节模板按6m高制作,每次浇筑混凝土6m高。为避免留下明显的接茬缝,拆模时不拆最上一层模板,留作下次立模的基础。

3. 作业台座

爬架上共有三层作业台座。最上一层作业台座为墩内爬架最上端互相连接起来搭设的台座，这层台座主要用来存放一些小型机具及工人在上绑扎钢筋及立模作业；中间一层作业台座为主要作业台座，这层作业台座是各爬架附着端互相连接起来形成的作业台座，工人在这层作业台座上可实现爬升模板、绑扎钢筋、立拆模、调整模板、临时存放模板、安拆对拉螺栓、检查防坠装置等作业；最下一层作业台座是吊挂在爬架下的作业台座，工人在该层作业台座上可实现安拆轨道、修补混凝土、检查爬架完好状态及防坠器等作业。

4. 安设轨道

利用埋于墩身内的预埋螺母，将轨道附在桥墩上，也可利用桥墩对拉螺栓将轨道固定于桥墩上。

5. 绑扎钢筋

钢筋在加工厂加工好后运至现场吊至墩位处进行绑扎，钢筋绑扎或焊接时的搭接长度符合施工规范要求，同一截面的接头数量不超过规定的数量，钢筋安装完后，周边钢筋交错绑扎上圆形混凝土垫块，以避免拆模后混凝土表面有垫块的痕迹。

6. 混凝土的灌注

混凝土在搅拌站集中拌和，通过混凝土搅拌运输车水平运输至墩台处，再由混凝土输送泵泵送入模，插入振动棒振捣密实。

7. 拆模及混凝土的养生

工人将模板一块一块的拆下，暂时放在中层操作台座上，最上一层模板不需拆除。拆模后马上需要进行混凝土的养生，当气温较高时，采用塑料薄膜包裹、膜内浇水养生。

8. 爬架的爬升

墩身模板拆除，轨道附设后，进行爬架的爬升。利用可移装的液压千斤顶一端安于轨道上的销孔中，另外一端安于爬架上，一个行程可爬升约450 mm。每走完一个行程后用穿销固定，使缸体恢复原位，然后开始另一个顶升行程。

9. 模板的提升

操作工人利用爬架立柱上设置的手动导链将模板提起，然后立模。从基础到墩身，再到墩顶的整个施工过程中，每层模型应严格检查，复核断面和高程尺寸，确保墩位正确。

（五）混凝土浇筑与养护

1. 混凝土浇筑

混凝土浇筑应遵守相应的施工规范，特别应注意：混凝土在浇筑前应对施工中涉及的吸水性物件做相应的处理，以避免混凝土水分被吸收，影响混凝土的质量。混凝土应在初凝之前浇筑，且不能有离析现象，若有离析现象，则应重新搅拌才能浇筑，且浇筑过程也应避免产生离析现象。在浇筑立柱等结构物时，应在底部浇筑一层50~100mm水泥砂浆（配合比与混凝土中的砂浆相同），这样可避免产生蜂窝麻面现象。混凝土浇筑时，应按结构要求分层进行，随浇随捣。一般结构的混凝土整体浇筑时，应尽可能连续进行，避免间断施工。混凝土浇筑后初期，应防止混凝土受震动或撞击。

2. 混凝土养护

混凝土浇筑完毕后，为减少水分蒸发，应避免日光照射，且应防风吹和淋雨等，可用活动的三角形罩棚将混凝土板全部遮起来，等到混凝土板表面的泌水消失后，可采取用湿草帘或麻袋等物覆盖表面，并每天洒水2~3次，最短养护时间为7d。天气突变时，要改变养护方式，防止起灰、起泡等现象。如风大时，要提前养护等。当天气温度下降时，应适当延迟拆模时间。

（六）高墩台施工注意事项

1. 高墩台竖直度的控制

高墩台竖直度允许偏差为墩台高度的0.3‰，且不超过20mm。为此，在正常的施工中，每滑升1m就要进行一次中心校正，滑升中如发现偏扭，应查明原因，逐一纠正。方法一般是将偏扭一方的千斤顶相对提高2~4cm后逐步纠正，每次纠正量不宜过大，以免产生明显的弯曲现象。

2. 操作平台水平度的控制

控制操作平台的水平度是滑模施工的关键之一，如果操作平台发生倾斜，将导致墩台扭转和滑升困难。为避免平台倾斜，平台上材料堆放要均匀，并应注意混凝土浇筑是否顺利，还要经常进行观测和调整。具体做法是用水平仪观察各千斤顶高差，并在支承杆上划线标记千斤顶应滑升到的高度，在同一水平面上的千斤顶其高不宜大于20mm，相邻千斤顶高差不宜大于10mm。

3. 模板安装准确度的控制

滑升模板经组装好直到施工完毕，中途一般不再拆装模板，组装前要检查起滑线以下已施工的基础或结构的标高和几何尺寸，并标出结构的设计轴线、边线和提升架的位置等。

4. 爬杆弯曲度的控制

必须防止爬杆弯曲，否则会引起严重的质量和安全事故。爬杆负荷要经过计算确定，如果负荷过大或脱空距离过大时，就会引起爬杆弯曲，平台倾斜也会使爬杆弯曲，若爬杆弯曲程度不大，可用钢筋与墩台主筋焊接固定，以防再弯；若弯曲较大时，应切去弯曲部分，再补焊一截新杆；弯曲严重时，应切去上部，另换新杆，新杆与混凝土接触处应垫10mm厚钢靴。

第四节　混凝土连续梁施工

一、悬臂施工

悬臂施工法也称为分段施工法。悬臂施工法就是从已建桥墩开始，对称逐段地沿桥跨方向向两边延伸施工，并通过预应力筋的张拉将新建节段与已有节段集成为整体。悬臂施工过程中不需满设支架，为了承受施工荷载产生的不平衡弯矩，需首先将墩和梁临时固结，施工时首先形成两端带悬臂的T形刚架，待合龙后才成为连续梁，因此施工过程中存在体系转换。预应力混凝土桥梁采用悬臂施工法是从钢桥悬臂安装发展而来的。悬臂施工法最早主要用于修建预应力T形刚构桥，由于悬臂施工方法的优越性，后来被推广应用于预应力混凝土悬臂梁桥、连续梁桥、斜腿刚构桥、桁架桥、拱桥及斜拉桥等。随着桥梁事业的发展，近年来悬臂施工法在国内外大跨径预应力混凝土桥梁中得到了广泛采用。据资料统计，国内外1952年以来100m以上大跨径桥梁中，采用悬臂浇筑法施工的占80%左右，采用悬臂拼装法施工的占20%左右。

悬臂施工法的主要特点是：

①在跨间不需要搭设支架。在施工过程中，施工机具和人员的质量全部由墩台和已建的梁段承受，随着施工的进展，悬臂逐渐延伸，机具设备也逐步移置于梁端，始终无需用支架自下对梁做支撑。

②能减少施工设备，简化施工工序。应用悬臂施工法易于做到施工时的受力与桥梁建成后的受力尽量一致。

③多孔结构可同时施工，加快施工速度。

④悬臂施工法充分利用预应力混凝土悬臂结构承受负弯矩能力强的特点，将跨中正弯矩转移为支点负弯矩，使桥梁的跨越能力提高。

⑤悬臂施工可节省施工费用，降低工程造价。

（一）悬臂法施工工序

悬臂法施工工序不同，体系转换的方式也不一样。基本工序有如下三种：

1．逐跨连续悬臂施工

逐跨连续悬臂施工可以利用已建结构在桥面上运输故机具设备材料、预制节段的运输简捷。此外每完成一个新的悬臂并在跨中合龙后，结构稳定性和刚度不断加强。因此常在多跨连续梁或较长的大跨桥上使用。

2．T构—单悬臂——连续施工

此方法可使结构稳定，受力对称，并便于结构内力调整，常在3跨5跨的连续梁中采用。

3．T构—双悬臂——连续施工

此方法在结构呈双悬臂状态时，一端施力将引起另一端产生较大的位移，因此稳定性差，且费用昂贵，故较少采用。

上述三种悬臂施工的程序是施工的基本方法，对于某一具体桥梁的施工程序可选择其中一种，也可兼顾各程序优点综合选用合适的程序。

（二）悬臂对称施工

悬臂对称施工根据施工方法的不同，可分为悬臂浇筑和悬臂拼装两类。悬臂浇筑是在桥墩两侧利用挂篮，对称浇筑混凝土，待混凝土达到张拉强度后张拉预应力筋，而后移动挂篮继续下一段的悬臂浇筑。悬臂拼装是利用吊机将预制块在桥墩两侧对称吊装，张拉预应力筋后使悬臂不断接长。下面对这两种方法分别进行介绍：

1．悬臂浇筑

悬臂浇筑法采用移动式挂篮作为主要施工设备，以桥墩为中心，对称向两岸利用挂篮浇筑梁段混凝土，待混凝土达到要求强度后，张拉预应力束，再移动挂篮，进行下一节段的施工。悬臂浇筑施工的主要优点为：使用少量施工机具，免去设置支架，不须占用很大的预制场地；可以很方便地跨越深谷，逐段浇筑易于调整和控制梁段位置，提高施工精度；主要作业设在顶棚的挂篮内进行，施工可不受外界气温影响，便于施工。主要缺点为：墩与上部结构不能平行进行，施工周期较长，而且混凝土加载龄期短，混凝土收缩、徐变对预应力影响较大。

根据挂篮和施工方法的不同，悬臂浇筑又分为挂篮悬臂浇筑施工法、移动桁式吊悬臂浇筑施工法、分段悬臂浇筑施工法、渐近施工法和挂篮-导梁悬臂浇筑施工法等。

2. 悬臂拼装

悬臂拼装是在工厂或桥位附近将梁体沿轴线划分成适当长度的块件进行预制，然后将预制块件运至架设地点，用活动吊机起吊后向墩柱两侧对称均衡拼装，通过张拉预应力筋，逐段接长的施工方法。悬臂拼装施工的优点是：墩和上部结构可同时进行施工，施工周期较现浇法施工要短；梁体塑性变形小，可减小由此产生的预应力损失；块件集中预制，质量易于保证；和悬臂浇筑法一样，可不用或少用支架，施工不受通航或桥下交通的影响，适于深谷、水流急的情况。缺点是：需占用较大的预制场地，须用较大的运输和起吊设备。悬臂拼装法的基本工序为：梁节段预制、移位、运输、起吊拼装以及施加预应力。

（三）合龙段施工注意事项

当悬臂施工各T构完成后，两悬臂之间需有一段梁体将各相邻T构连成整体，完成体系转换，最终形成连续梁结构。合龙段施工是悬臂施工技术的重要环节，在混凝土刚浇筑完成至张拉预应力钢筋完毕期间，由于昼夜温差的变化，新浇混凝土的早期收缩、已成梁段混凝土产生的收缩和徐变、新浇混凝土水化热、结构体系的变化、施工荷载及外力变化等原因，在结构中要产生变形和内力，这对尚未达到强度的合龙段混凝土质量有直接影响。例如广西红水河铁路斜拉桥，主跨96 m两个T构施工完成后，两悬臂端之间距离为1.4 m，在昼夜温差影响下，伸缩力达1289 kN，伸缩量达5~6 mm，可见若合龙段设计不合理，施工措施不利，势必引起合龙段混凝土的压碎或开裂，其后果是非常严重的。

为保证桥梁工程质量，从合龙段混凝土开始灌筑至达到设计强度并张拉部分预应力钢筋之前，既保持新浇混凝土不承受任何外力，又要使合龙段所连接的梁体在各种因素影响下变形协调，为此，应从以下两个方面采取措施：

1. 结构设计

①在满足施工需要的前提下尽量缩短合龙段的长度，以减小现浇混凝土数量，缩短合龙混凝土浇筑时间。据国内外施工实践，合龙段长度以采用1.5~2.0 m为宜。

②合龙段的混凝土应选用早强、高强、微膨胀混凝土，以使混凝土尽早达到设计强度，及早施加预应力，完成合龙段的施工。

③合理选择合龙顺序，使合龙段施工中及合龙后体系转换时产生的内力较小，且又满足工期的需要。

④加强合龙段的配筋。

2. 施工设计

为了保证结构按设计要求合龙，往往在合龙段设置临时劲性支撑，以保证合龙前后结构变形协调。临时支撑分为下述两大类：

（1）体内支撑法

①用劲性钢管作为合龙段支撑。这种方法是在合龙段内用厚壁钢管安装在箱梁顶、底板的某些预应力孔道位置上，钢管两端加法兰以增加支撑面，并在钢管对应的预应力筋孔道内张拉部分预应力筋，以共同承受和传递合龙段在混凝土施工和养生期间的内力，待合龙段混凝土达到设计强度并张拉预应力筋后，放松钢管内临时束或补足到设计应力，成为永久索，最后拆除支撑处临时支座，实现体系转换。这种方法的不足是钢管不能回收，由于钢管的作用，减小了合龙后所张拉预应力筋对混凝土的有效预应力值。

②采用预制钢筋混凝土短柱支撑。在合龙段的上、下部设置预制钢筋混凝土短柱，短柱做成空心（与合龙段预应力孔道相吻合），短柱两端预埋带孔钢板，以便与已完成悬臂端预埋钢板焊接。施工程序与劲性钢管支撑相同，这种方法能节省钢材，且可避免钢管对预应力的影响。

（2）体外支撑法

在箱梁顶面及底板上方，预先设置若干牛腿，然后在两悬臂端相应位置的牛腿上安装临时型钢支撑，以传递合龙段混凝土的压应力，在预应力管道中张拉部分预应力钢筋，以承受合龙段施工时悬臂两端的拉力，待合龙段混凝土达到张拉强度后，张拉连续束，之后即可解除临时型钢支撑，实现体系转换。这种方法钢材可以回收，但需设置专门的牛腿，牛腿位置往往与合龙用的托架模板有干扰，须特殊处理。

3. 施工措施

合龙段设计及构造除应注意以上几方面外，在施工过程中还应采取以下措施：

①采取低温合龙。为避免新浇混凝土早期受到较大拉力作用，合龙段混凝

土浇筑时间，应选在当天气温最低时刻，使气温最高时混凝土本身已能承受部分应力。

②加强混凝土养护，使新浇箱梁混凝土在达到设计强度前处于潮湿状态，以减小箱梁顶面因日照不均所造成的温差。

③为防止合龙段两边悬臂端因降温而产生上翘，在合龙段施工时应在两悬臂端增加压重。

④及时张拉。在合龙段混凝土强度达到设计强度的80%时，应及时张拉预应力连续束，解除临时支座，实现体系转换，以策安全。

⑤支撑合龙段混凝土重的吊架，应具有较大的竖向刚度，以保证合龙段混凝土施工时两悬臂端不致因升温产生过大的挠度。

（四）悬臂法施工质量控制

1. 结构体系转化控制

采用悬臂施工方法，一般会出现施工过程的体系转换问题。对于预应力混凝土连续梁桥，采用悬臂施工时，结构的受力为T形刚构状态。一侧端部合龙就位，更换支座后，呈单悬臂梁状态。两跨以上悬臂梁合龙后，呈连续梁的受力状态。因此，为适应这一体系转换，需要注意以下几点：

①结构由双悬臂状态转换成单悬臂受力状态时，梁体某些部位的弯矩方向发生转换。所以在拆除梁墩锚固前，应按设计要求，张拉部分或全部布置在梁体下缘的正弯矩预应力束，对活动支座还需保证解除临时固结后的结构稳定，如控制和采取措施限制单悬臂梁发生过大纵向水平位移。

②梁墩临时锚固的放松，应均衡对称进行，确保逐渐均匀地释放。在放松前应测量各梁段高程。在放松过程中，应注意各梁段的高程变化，如有异常情况，应立即停止作业，找出原因，以确保施工安全。

③对转换为超静定结构，需考虑钢束张拉、支座变形、温度变化等因素引起结构的次内力。若按设计要求，需进行内力调整时，应以高程、反力等多因素控制，相互校核。如出入较大时，应分析原因。

④在结构体系转换中，临时固结解除后，将梁落于正式支座上，并按高程调整支座高度及反力。支座反力的调整，应以高程控制为主，反力作为校核。

2. 施工线形质量控制

悬臂施工的大跨径桥梁，由于受许多因素的影响，施工中的实际结构状态可能会偏离预定的目标，这种偏差较大时将影响结构的使用。为了使悬臂施工状态尽可能达到预定的目标，必须在施工过程中逐段进行跟踪控制和调整。施工线形控制是桥梁悬臂施工中的一个难点，控制不好，两端合龙时，梁底高程误差会大大超出允许范围，公路桥梁挠度允许误差为20mm，轴线允许偏位10mm，既对结构受力不利，也会因梁底曲线产生转折点而影响美观，形成永久性缺陷。为此，一般采用计算程序采用以下步骤进行跟踪控制：

①将施工中实际结构状态信息如量测的标高、钢束张拉力、温度变化、截面应力，以及设计参数的实测值，如混凝土、钢材的容量和弹性模量、构件几何尺寸、施工荷载、混凝土的徐变系数等输入计算机程序。

②通过对各种量测信息的综合处理，分析得到结构的实测标高与理论标高的误差。

③对状态进行判断，决定是否要采取有效措施来纠正已偏离目标的结构状态。可采用调整浇筑梁段的标高，改变预应力束的张拉次序，改变张拉力等方法实现。

通过上述每个节段反复循环地跟踪控制调整，使结构与预定目标始终控制在很小误差范围内，最后合龙时可达到理想目标。

二、逐孔施工

逐孔施工法是中等跨径预应力混凝土连续梁桥较常采用的一种施工方法，逐孔施工时不再在一联各跨内同时施工，而是在支架上逐孔现浇施工，或是用临时支撑组拼预制节段逐孔施工，也可以是预制梁的逐孔架设施工，逐孔施工过程中会不断产生体系转换。

（一）逐孔拼装法

逐孔拼装法施工是将每孔梁分成若干节段，首先进行节段的预制和运输，然后使用移动支架造桥机上的吊机将梁段起吊，并依靠移动支架临时支撑节段自重，待一定长度的梁段安装就位后，张拉预应力筋，完成一孔梁的施工，之后将支架移至下一孔继续进行施工。各梁段接缝拼装时可采用湿接缝和胶接缝。移动支架造桥机包括悬吊吊机、承重系统、支撑系统和走行系统，适用于预应力混凝土简支或连续箱梁的现场节段拼装，其吊机、支架及导梁可纵向移动。移动支架造桥机分为上行式和下行式两种，预制节段由移动支架临时悬吊固定的为上行式，由移动支架在下方支撑（通常在支撑与节段两侧翼缘处）的为下行式。

（二）移模架法

逐孔现浇施工就是只在一跨内设置支架和模板，在支架上只浇筑这一节段混凝土，待预应力筋张拉完毕后，将支架移动到下一孔继续施工，这样，最少只需要一套模板周转使用，施工费用小，但施工周期相对较长。在支架上逐孔现浇和满堂支架施工是不同的，满堂支架施工一次落架即形成连续梁，不存在体系转换，而逐孔现浇施工时，随着施工的进行，结构体系是在不断发生变化的。逐孔现浇施工时必然会留有施工缝，为避免接缝强度不够，其位置应设在弯矩较小的部位，一般取离桥墩$L/5$处（L为梁的跨径）。

逐孔现浇施工可采用移动模架完成。移动模架造桥机是一种自带模板，利用箱梁支撑，对桥梁进行现场浇筑的施工机械。其主要特点：施工质量好、施工操作简便、成本低廉等。在国外，已广泛地被采用在公路桥、铁路桥的连续梁施工中，是较为先进的施工方法。国内已开始在高速公路、铁路客运专线上使用。移动模架造桥机主要由支腿机构、支承桁梁、内外模板、主梁提升机构等组成，其外模、底模和支架及导梁可纵向移动，如用于连续梁可一次浇筑数孔，减少移支架次数，加快制梁进度；其内模则可收缩后从箱室内逐节退出，可完成由移动支架到浇筑成形等一系列施工。

移动造桥机也分为上行式和下行式两种。

移动造桥机制梁的主要施工工艺为：

①安装墩旁托架，安装造桥机，上、下游移动模架同步横移合龙。

②调整底、外模及梁底预拱度。

③安装支座，吊放底板和腹板钢筋骨架。

④安装内模，吊放顶板钢筋骨架。

⑤浇筑梁体混凝土，养护。

⑥张拉、脱模、模架横移分开。

⑦利用造桥机辅助门吊，倒换、安装前方墩旁托架；图造桥机纵移过墩到位，同步横移合龙模架。

⑧进入前一孔梁的循环。

三、顶推施工

顶推施工法是在沿桥轴方向的台后设置预制场地，分节段预制梁体，并用纵向预应力筋将页制节段与已完成的梁段联成整体，然后通过水平千斤顶施力,将梁体向前顶推出预制场地,之后继续在预制场进行下一节段梁的预制,直至全桥完成。

顶推法于1962年首次在奥地利的阿格尔桥上使用,该桥为四孔一联预应力混凝土连续梁桥,全长280m,最大跨径85m,梁高4.5m,箱形截面。该桥分节段预制,每段8.5m,采用0.5的湿接缝;该桥在施工时待全桥组拼完成后一次顶推完成。我国最早采用顶推法建造的桥梁为1977年建成的预应力混凝土铁路连续梁桥——西延线狄家河桥,该桥分跨为4×40m,截面为等截面箱梁,顶推时逐段预制,逐段顶推,全桥分4个阶段拼装和顶推。

1. 顶推施工特点

顶推施工有以下特点:

①顶推施工时,主梁节段预制,连续作业,结构整体性较好。由于不需大型起重设备,所以节段长度可根据预制场地条件及分段的合理位置选用,一般取10~20m。

②梁节段在预制场预制,避免高空作业,同时模板和设备可多次周转使用。

③顶推法宜在等截面梁上使用,但当桥跨过大时,选用等截面会造成材料的不经济,也增加施工难度,因此顶推法应以中等跨径的连续梁为宜,推荐的顶推跨径为40~50m,桥梁的总长也以500~600m为宜。

④顶推施工平稳、安全、无噪声,可以在深水、山谷中采用,也可在曲率相同的弯桥上使用。

⑤顶推时,梁的受力状态变化较大,施工时的应力状态与运营时的应力状态相差较大,因此在截面设计和预应力筋布置时要同时满足施工与运营荷载的要求。在施工时也可采取加设临时墩、导梁和其他措施,以减少施工应力。

2. 单点顶推与多点顶推

按顶推施力方法分为单点顶推和多点顶推。

(1)单点顶推

单点顶推即在全桥纵向只设一个或一组顶推装置,顶推装置一般设在预制场侧的桥台或桥墩上,而在前方各墩上设置滑移装置。单点顶推在国外也称为TL顶推法。我国首次采用顶推法施工的西延线狄家河桥就是采用水平千斤顶和竖向千斤顶联用单点顶推法,水平千斤顶采用H200顶推专用千斤顶,顶推速度为5~7cm/min,水平最大顶推力2000 kN;竖向千斤顶采用V314型千斤顶,垂直顶力3 140 kN。

（2）多点顶推

多点顶推即在每个墩台上均设置一对小吨位水平千斤顶，将集中顶推力分散至各墩上，在所有墩及临时墩上均设置滑移支撑。为保证各墩上千斤顶同步工作，所有顶进千斤顶通过中心控制室控制千斤顶的出力等级。

多点顶推通常采用拉杆式顶推装置，拉杆多采用高强粗钢筋，也有用高强钢丝束作拉杆的。如广东九江桥北岸引桥成功地采用了高强钢丝束作拉杆、单孔三瓣夹片锚固体系，完成了13×50 mPC连续箱梁的顶推施工。采用钢丝束作拉杆，其长度可自由选择，中间没有接头，制作简单，使用方便，九江桥仅此一项就省料费5万元。

（3）单点顶推与多点顶推的比较

和单点顶推相比，多点顶推由于将集中力分散至各墩，能减小对墩台的冲击影响，但都存在从静摩擦（水平推力大）到动摩擦（摩擦力小）的多次反复变化，可能使墩台多次受到前后两个方向的冲击力。多点顶推不需大型的顶推设备，顶推时对桥墩的水平推力较小，便于结构采用柔性墩。若多点顶推采用连续顶推，更能提高顶推速度，但连续顶推需一联梁预制完毕后一顶推，因此要占用较大的预制场地。

3. 顶推法施工中的临时措施

（1）顶推时的横向导向

为了使顶推能正确就位，施工中的横向导向是不可少的。通常在桥墩台上主梁的两侧各安置一个横向水平千斤顶，千斤顶的高度与主梁的底板位置平齐，由墩（台）上的支架固定位置。在千斤顶的顶杆与主梁侧向外缘之间放置滑块，顶推时千斤顶的顶杆与滑块的聚四氟乙烯板形成滑动面，顶推时由专人负责不断更换滑块。

横向导向千斤顶在顶推施工中一般只控制两个位置，一个是在预制梁段刚刚离开预制场的部位，另一个设置在顶推施工的最前端桥墩上，因此梁前端的导向位置将随着顶推梁的前进而不断更换位置。施工中如发现梁的位置有误而需要纠偏时，必须在梁的顶推过程中进行。对于曲线桥，由于超高而形成的单面横坡，横向导向装置可以只在外侧设置。

（2）导梁

顶推过程中梁各截面正负弯矩交替出现，其弯矩包络图与使用荷载作用下弯矩包络图相差较大，为减小施工过程的内力，防止梁顶推过程中倾覆，常用一些临时措施如导梁、临时墩等，以减小顶推跨径，保证施工安全。

导梁设置在主梁的前端，为等截面或变截面的钢桁梁或钢板梁，主梁前端装预埋件与钢导梁拴接。导梁在外形上，底缘与箱梁底应在同一平台上，前端底缘呈向上圆弧形，以便于顶推时顺利通过桥域。

导梁的结构需通过计算，从受力状态分析，导梁的控制内力是导梁与箱梁连接处的最大正、负弯矩和下弦杆（或下缘）承受的最大支点反力。国内外实践经验表明：导梁的长度一般为顶推跨径的0.6~0.7倍，较长的导梁可以减少主梁悬臂负弯矩，但过长的导梁也会导致导梁与箱梁接头处负弯矩和支反力的相应增加，合理的导梁长度应是主梁最大悬臂负弯矩与使用状态支点负弯矩基本接近。对于导梁的刚度宜选主梁刚度的1/9~1/5，导梁的刚度在满足稳定和强度条件下，选用较小的刚度及变刚度的导梁，将在顶推时减小最大悬臂状态的负弯矩，使负弯矩的两个峰值比较接近。此外，在设计中要考虑动力系数，使结构中有足够的安全储备。

我国西延线狄家河桥（4×40m）导梁由拼装式桁架杆件组成，全长30.8m，自重仅t/m，远远小于梁段质量，大大降低了梁的悬臂弯矩。

（3）临时墩

单向顶推最适宜建造跨度为40~60m的多跨连续梁，当跨度更大时，就需要在桥墩间设置临时支墩。临时墩由于仅在施工中使用，在符合要求前提下，应便于装拆，造价要低。临时支墩常采用混凝土薄壁空心墩、混凝土预制板或轻便钢组成的框架临时墩。临时墩的基础可采用打桩或混凝土井架浅基础，依据地质和水深情况确定。为了减小临时墩承受的水平力和增加临时墩的稳定性，在顶推前可将临时墩与永久墩用钢丝绳拉紧。通常临时墩上不设顶推装置而仅设置滑移装置。

委内瑞拉卡罗尼河公路桥，设计方案为4孔96m加2孔48m预应力混凝土连续梁，顶推法施工，为减小顶推施工过程中的悬臂弯矩，设置了临时支墩，使梁顶推时最大伸臂长度由原来的96m减小到48m。

（4）拉索、托架及科拉索

用拉索加劲主梁，用以抵消顶推时的悬臂弯矩，这样的临时设施已在法国和意大利建桥中使用并获得成功。如法国的波里弗桥，$L=286.4\,m$，分跨为$35.7\,m+5×43\,m+35.7\,m$，$B=13.34\,m$，采用单箱截面，导梁长25m，同时采用拉索,无临时墩。

拉索系统由钢制塔架、连接构件、竖向千斤顶和钢索组成,设置在主梁的前端,牵拉的范围为2倍顶推跨径左右,塔架支撑在主梁的混凝土固定块上,用钢铰连接,并在该处的箱梁截面进行加固,以承受塔架的竖向集中力。在顶推过程中,箱梁内力不断变化,因此要根据不同阶段的受力状态调节索力,这项工作由设在塔架下端的两个竖向千斤顶来完成。

在桥墩上设托架用以减小顶推跨径和梁的受力。如苏联的西德维纳河桥,该桥主跨231 m,小跨为33 m +51 m+63 m+33 m,导梁长30 m,该桥在主墩的每侧设有长10.4 m的托架,使顶推跨径减小为42.2 m,施工后托架和主梁联成整体,形成连续撑架桥。我国万江桥主跨135 m,分跨为40 m+54 m+40 m,导梁长24 m,该桥在主墩的每侧设有12 m长的托架,使顶推跨径减小为30 m,施工后托架作为桥墩的一部分,缩短了桥梁跨径,但增加了梁的支座,结构体系也从三跨连续梁变得复杂一些。

斜拉索在顶推时用于加固桥墩,特别对于具有较大的纵坡和较高桥墩的情况下,采用斜拉索可以减小桥墩的水平力,增加稳定性。法国在具有4%~6%纵坡的连续梁顶推施工中使用了这种加固桥墩的临时设施。当采用向上坡方向顶推时,顶推力大于摩擦力,矫墩需要在墩后设拉索;当采用下坡方向顶推时,顶推力很小,甚至需要制动装置控制梁向前滑移,此时摩擦力使墩产生向后的水平力,需在墩前设拉索。这种加固方法宜在水不太深或跨山谷的桥梁上采用。

4. 顶推施工中的注意事项

顶推施工主要包括预制场地准备、梁体节段预制和拼装、安装顶推装置和滑移装置、顶推梁体、落梁就位、施加预应力等。为了使主梁顶推顺利进行,施工中应注意以下几个问题:

(1)主果的节段长度划分和预制场布置

顶推施工的主梁节段类型主要有两种:一种是在梁周线的预制场地上连续现浇制作逐段顶推;另一种是在工厂制成预制块件,运送到桥位连接后进行顶推。主梁的节段长度划分主要考虑段间的连接处不要设在连续梁受力最大的支点与跨中截面。同时要考虑制作加工容易,尽量减少分段,缩短工期。因此,一般常取节段长10~30 mm为宜。同时根据连续梁反弯点的位置,参考国外有关设计规范,连续梁的顶推节段长度应使每跨梁不多于2个接缝。

预制场是预制梁和顶推过渡的场地，包括主梁节段的浇制平台和模板，钢筋和钢索的加工场地，混凝土搅拌站以及砂、石、水泥的堆放和运输路线用场地。预制场一般设在桥台后，长度需要有预制节段长的3倍以上。如果路堤已先做好，可把钢筋加工、材料堆放场地安排得更合理一些。

（2）节段的预制工作

节段的预制对桥梁施工质量和施工速度起决定作用。由于预制工作固定在一个位置上进行周期性生产，所以完全可以仿照工厂预制桥梁的条件设临时厂房、吊车，使施工不受气候影响，减轻劳动强度，提高工效。

箱梁模板由底模、侧模和内模组成。一般来说，采用顶推法施工多选用等截面梁，模板可以多次周转使用。因此宜使用钢模板，以保证预制梁尺寸的准确性。

底模板安置在预制平台上，平台的平整度必须严格控制，因为顶推时的微小高差就会引起梁内力的变化，而且梁底不平整将直接影响顶推工作。通常预制平台要有一个整体的框架基础，要求总下沉量不超过5 mm，其上是型钢和钢板制作的底模和在腹板位置的底模滑道，在底模和基础之间设置卸落设备，要求底模的重量要大于底模与梁底混凝土的黏结力，当千斤顶及木楔的卸落设备放下时，底模要自动脱模，将节段落在滑道上。

节段预制的模板构造与是否为全断面浇筑有关。桥梁采用顶推施工时，其工期主要取决于梁体预制周期。根据统计资料得知，梁段预制工作量占上部结构总工作量的55%~65%，加快预制工作的速度对缩短工期具有十分重要的意义。为缩短预制周期，在预置时可考虑采取如下措施：

①组织专业化施工队。

②采用墩头锚、套管连接器，前期钢束采用直束，加快张拉速度。

③在混凝土中加入减水剂，提高混凝土的早期强度，增加施工和易性，是加快施工速度的有效措施。

④采用大型模板，提高机械化和装配化的程度。

（3）预应力钢束的张拉

顶推施工的预应力混凝土连续梁桥有三种预应力钢束：一种是兼顾营运与施工要求所需的钢束；第二是为施工阶段要求配置的钢束；第三是在施工完成之后，为满足营运阶段需要而增加的钢束。

这三类预应力钢束的构造布置特点：对于兼顾营运与施工要求的力筋，

通常采用墩头锚，并用连接器接长，为了不使接头集中在同一截面，钢束的长度取用两个主梁节段的长度，交错排列，使一半数量的钢束通过某一接头位置，而另一半钢束在该截面接头；对于施工需要而临时配置的力筋，一般选用短索，在施工完成后拆除；为便于施工，此两类顶推施工中所需钢束常采用直索，布置在截面的上下缘，对梁施加一个近似于中心受压的预应力；为满足营运阶段需要而增设的钢束有直索和弯索，锚在箱梁内的齿板上。

三种钢束应严格按照设计规定进行布置、张拉、接长和拆除，不得随意增加或漏拆，更不得漏张拉。钢束张拉时应注意：张拉顺序宜采用先临时束后永久束、先长束后短束、先直束后弯束；为防止因水平扭矩而产生附加内力，顶底板钢束应上下交替、左右对称地进行；对主梁顶推就位后需拆除的临时钢束，张拉后不应灌浆，锚具外露多余钢材不必切除；对梁段间需连接的永久束，应在节段间留出适当供连接器连接的空间。

（4）注意施工中的稳定问题

顶推过程中的稳定问题包括倾覆稳定和滑动稳定。

①主梁顶推时的倾覆稳定

施工时可能发生倾覆失稳的最不利状态发生在顶推初期，导梁或箱梁尚未进入前方桥墩，呈最大悬臂状态时。要求在最不利状态下的倾覆安全系数不小于1.3，当不能保证有足够的安全系数时，应考虑采用加大稳定段长度或在跨间增设临时墩的措施。

②主梁顶推时的滑动稳定

在顶推初期，由于顶推滑动装置的摩擦系数很小，抗滑能力很弱，当梁受到一个不大的水平力时，很可能发生滑动失稳，特别是地震区的桥梁和具有较大纵坡的桥梁，更要注意计算各阶段的滑动稳定，安全系数应不小于1.2。

（5）注意施工挠度控制

随着顶推施工进行，桥梁结构的受力体系不断变化，主梁挠度也发生相应的变化。主梁挠度的大小将直接影响施工是否能正常进行，所以要随时根据设计提供的挠度数值校核施工精度，并调整施工时梁的高程。当计算结果与施工观测结果出现较大不符时，必须查明原因，确定对策，以保证施工顺利进行。

第六章　道路桥梁施工组织与管理

施工组织与管理是研究如何以最合理的方法和手段来组织均衡生产，提高劳动生产率，确保质量和效益的一门学科，是对施工活动实行科学管理的重要手段，它具有战略部署和战术安排的双重作用。它体现了实现基本建设计划和设计的要求，提供了各阶段的施工准备工作内容，协调施工过程中各施工单位、各施工工种、各项资源之间的相互关系。

第一节　施工组织设计介绍

一、施工组织设计的任务与原则

1. 道路与桥梁工程施工特点

道路桥梁是一种人工构筑物，是通过设计与施工，消耗大量的人工、材料和机械而完成的建筑产品。和工业生产比较，道路桥梁施工同样是把一系列的资源投入产品（即工程）的生产过程，在生产上的阶段性和连续性与组织上的专门化和协作化是一致的。但是，道路桥梁施工与一般工业生产和其他土建工程施工（如房屋建筑）都有所不同。比如，由于道路工程的线性分布性质，使施工面狭长，流动性大，临时工程多，施工容易受到其他工程和外界干扰，施工管理工作量大，由于道路施工全系野外作业，受自然条件影响很大，施工受季节影响；由于工程数量分布不均匀（特别是集中土石方和大中桥），给各施工项之间的协调工作带来困难；由于道路是永久性建筑，占用土地又多，一般不可能拆除重建，因此施工质量尤其重要。

由于道路桥梁施工的上述特点，为了保证施工任务的圆满完成，必须做好施工组织设计，并采取相应的管理措施。

2. 施工组织设计的任务与作用

施工现场的组织与管理工作贯穿于施工的全过程,分为施工准备工作、现场施工管理与调度工作及竣工验收与结算。具体包括以下内容:

(1) 施工准备工作

①现场调查,即调查地物地貌、水文地质、资源供应及施工运输条件。

②图纸会审与技术交底。

③编制施工组织设计。

④编制施工预算,下达施工任务,签订分包协议。

⑤组织劳力、机械、材料进场。

⑥测量放线,三通一平,按平面布置图搭设临时生产、生活设施。

⑦外部协作,办理施工执照,申办封闭交通。

(2) 现场施工管理与调度

①编制和下达施工作业计划,制定劳动组合与施工作业程序,工程任务划分。

②建立施工组织管理体系,形成生产指挥系统。

③开展现场技术管理、质量管理、材料管理、机械设备管理、安全文明施工管理及施工现场的平面管理与环境管理。

④建立现场调度会议制度,定期分级召开生产调度会议。

⑤推行施工任务书与包工合同,加强基层作业队(班、组)管理。

(3) 竣工验收与工程结算

①工程收尾、清场、返修补修。工程分级检查验收,工程量核实,签证与工程结算,交工会议与签订保修协议。

②当承担大中型市政工程施工项目时,应实行"项目法"管理。

施工组织设计的作用是指导拟建工程从施工准备到竣工验收全过程的各综合性的技术经济文件,是沟通工程设计和施工之间的桥梁,是指导现场施工的法规。它的作用是全面规划、布置施工生产活动;制定先进合理的技术和组织措施;确定先进合理、切实可行的施工方案;节约使用人力、物力和加强各方面的协调配合,保证有节奏的连续施工,全面完成施工任务,以便企业以最小的消耗,取得较大的经济效果。

3. 施工组织设计的一般原则

组织施工或编制施工组织设计时,应根据施工特点和以往积累的经验,遵循以下几项原则：

①认真贯彻党和国家对基本建设的各项方针和政策。

②严格遵守国家和合同规定的工程竣工及交付使用期限。

③合理安排工程开展程序和施工顺序。建筑施工的特点之一是产品的固定性，因此使建筑施工在同一场地上同时或者先后交叉进行。没有前一阶段的工作，后一阶段的工作就不能进行，同时它们之间又是交错搭接地进行；顺序反映客观规律要求，交叉则反映争取时间的努力。

因此在编制施工组织设计的过程中必须合理安排施工程序。在安排施工程序时必须考虑以下几点：①要及时完成相关的准备工作，为正式施工创造良好条件；②正式施工时应该先进行全场性的工作，然后再进行各个项目的施工；③对于单个构筑物的施工顺序，既要考虑空间的顺序，也要考虑各个工种之间的顺序；④可供整个施工过程使用的建筑物要尽可能地提前建造，以便减少施工的临时设施，从而节约投资。

④在选择施工方案时，要积极采用新材料、新设备、新工艺和新技术，努力为新结构的推行创造条件；要注意结合工程特点和现场条件，使技术的先进适用性和经济合理性相结合，防止单纯追求先进而忽视经济效益的做法；还要符合施工验收规范、操作规程的要求和遵守有关防火、保安及环保等规定，确保工程质量和施工安全。施工方案的选择必须进行多方案比较。比较时应做到实事求是，在多个方案中选择最经济、最合理的；一切从实际出发，以数据来定方案，数据一定要准确，结论要有理、有力。

⑤对于那些必须进入冬、雨季施工的工程，应落实季节性施工措施，以增加全年的施工天数，提高施工的连续性和均衡性。建筑施工周期长，多属露天作业，不可避免地受到天气和季节的影响，主要是冬、雨季的影响。因此，如何克服冬季、雨季所造成的不利影响是关键问题。主要措施有两条：一是在安排进度时，将受季节影响较大的施工项目安排在有利的天气进行，将受天气影响较小的项目安排在冬季、雨季进行；二是采取一定的措施，保证冬季、雨季施工的施工质量与进度。

⑥尽量利用正式工程已有设施，以减少各种临时设施；尽量利用当地资源，合理安排运输、装卸与储存作业，减少物资运输量，避免二次搬运；精心进行场地规划布置，节约施工用地，不占或少占农田。

⑦必须注意根据地区条件和构件条件，通过技术经济比较，恰当地选择预

制方案或现场浇筑方案。确定预制方案时，应贯彻工厂预制与现场预制相结合的方针，努力提高建筑工业化程度，但不能盲目追求装配化程度的提高。

⑧要贯彻先进机械、简易机械和改进机械相结合的方针，恰当选择自行装备、租赁机械或机械化分包施工等方式，但不能片面强调提高机械化程度指标。

⑨制定节约能源和材料措施。

⑩要贯彻"百年大计、质量第一"和预防为主的方针，从各方面制定保证质量的措施，预防和控制影响工程质量的各种因素。

⑪要贯彻"安全为了生产，生产必须安全"的方针，建立健全各项安全管理制度，制定安全施工的措施，并在施工过程中经常地进行检查和督促。

二、施工组织设计的阶段与内容

（一）施工组织设计阶段的方案

施工组织设计根据设计和编制对象的不同大致可分为三类：施工组织总设计、单位工程施工组织设计和分部分项工程施工组织设计。

1. 施工组织总设计

施工组织总设计即施工组织大纲，它是以群体工程若干个单项工程为对象，在初步设计阶段或扩大初步设计阶段编制的战略性和方针性的全面规划和总体部署，是指导整个工程施工全过程的组织、技术、经济的综合性设计文件。它将建设项目视为一个系统，对影响全系统的重大战略问题进行预测和决策，预见工程建设的进程和发展，预见可能发生的矛盾，从而把握全局，取得主动，指导做好施工前的准备工作，内容比较概括、粗略。它是施工单位编制年度施工计划和单位工程施工组织设计的依据。

施工组织总设计的主要内容包括：工程概况，施工部署与施工方案，施工总进度计划，施工准备工作及各项资源需要计划，施工总平面图，主要技术组织措施及主要技术经济指标等。

2. 单位工程施工组织设计

单位工程施工组织设计是以单位工程为对象，在接到施工图纸资料后，并在主体工程开工之前，编制的统筹规划和施工部署，由直接组织施工的单位编制。如确定具体的施工组织、施工方法、技术措施等。内容比施工组织总设计详细、具体，是指导该单位工程施工全过程的组织、技术、经济的综合性文件，也是施工企业编制季度、月度计划的依据。

3. 分部分项工程施工组织设计

分部分项工程施工组织设计是以一个较小的单位工程或大型复杂的分部分项工程或专业工程为对象，在接到图纸资料后，并在工程开工之前，针对工程特点和主要施工工序，在施工方法、施工机具、施工进度、劳动组织、技术措施、时间配合和空间布置等方面编制的，用以指导该项工程施工全过程的组织、技术、经济的综合性文件。内容比单位工程施工组织设计详细、具体、简明，是专业工程的具体施工设计。一般在单位工程施工组织设计确定了施工方案之后，由施工队技术员负责编制。

分部分项工程设计的主要内容包括：工程概况、施工方案、施工进度表、施工平面图及技术组织措施等。

施工方案是根据设计图纸和说明书，决定采用哪种施工方法和机械设备，以何种施工顺序和作业组织形式来组织项目施工活动的计划。施工方案确定了，就基本上确定了整个工程施工的进度、劳动力和机械的需要量、工程的成本、现场的状况等。所以说，施工方案的优劣在很大程度上决定了施工组织设计质量的好坏和施工任务能否圆满完成。施工方案包括施工方法与施工机械选择、施工顺序的合理安排以及作业组织形式和各种技术组织措施等内容。

（1）施工方案制定的原则

①制定方案首先必须从实际出发，符合现场的实际情况，有实现的可能性。所制定方案在资源、技术上提出的要求应该与当时已有的条件或在一定时间能争取到的条件相吻合，否则是不能实现的。

②施工方案的制定必须满足合同要求的工期。按工期要求投入生产，交付使用，发挥投资效益。

③施工方案的制定必须确保工程质量和施工安全。工程建设是百年大计，要求质量第一，保证施工安全是员工的权利和社会的要求。因此，在制定方案时应充分地考虑工程质量和施工安全，并提出保证工程质量和施工安全的技术组织措施，使方案完全符合技术规范、操作规范和安全规程的要求。如在质量方面制定工序质量控制标准、岗位责任制与经济责任制和质量保障体系等。

④在合同价控制下，尽量降低施工成本，使方案更加经济合理，增加施工生产的盈利。从施工成本的直接费和间接费中找出节约的途径，采取措施控制直接消耗，减少非生产人员，挖掘潜力，使施工费用降低到最低限度，不突破

合同价，取得好的经济效益。

（2）施工方法的选择

施工方法是施工方案的核心内容，它对工程的实施具有决定性作用。确定施工方法应突出重点，凡是采用新技术、新工艺和对工程质量起关键作用的项目，以及工人在操作上还不够熟练的项目，应详细而具体，不仅要拟订进行这一项目的操作过程和方法，而且要提出质量要求，以及达到这些要求的技术措施，并要预见可能发生的问题，提出预防和解决这些问题的办法。对于一般性工程和常规施工方法则可适当简化，但要提出工程中的特殊要求。

（3）施工方法选择的依据

正确地选择施工方法是确定施工方案的关键。各个施工过程均可采用多种施工方法进行施工，而每一种施工方法都有其各自的优势和使用的局限性。我们的任务就是从若干可行的施工方法中选择最可行、最经济的施工方法。选择施工方法的依据主要有：

①工程特点。主要指工程项目的规模、构造、工艺要求、技术要求等方面。

②工期要求。要明确本工程的总工期和各分部、分项工程的工期是紧迫、正常与充裕三种情况的哪一种。

③施工组织条件。主要指气候等自然条件，施工单位的技术水平和管理水平，所需设备、材料、资金等供应的可能性。

④工程扩建，要求采用的施工方法必须保证既有工程的安全和行车的安全。

⑤设计图纸，主要指根据设计图纸的要求，确定施工方法。如隧道施工设计要求用新奥法施工，确保施工质量和安全，且保证要求的工期，那么在做施工准备时必须按新奥法施工要求做准备。

⑥施工方案的基本要求。主要是指根据制定施工方案的基本要求确定施工方法。对于任何工程项目都有多种施工方法可供选择，但究竟采用何种方法，将对施工方案的内容产生巨大影响。

（4）施工方法的确定与机械选择的关系

公路工程施工机械的合理组合也是公路建设中选择施工机械时应遵循的原则之一。施工机械的合理组合分为技术性能组合和类型、数量组合。施工机械技术性能的合理组合包括以下方面：

①主要机械与配套机械的组合。配套机械的工作容量、生产率和数量应稍大一点，以便充分发挥主要机械的作业效率。例如，自卸运输车的车厢容积应是挖掘机铲斗工作容量的3~5倍，但不要大于7~8倍。

②主要机械与辅助机械的组合。辅助机械的生产率应略大一些，以便充分发挥主要机械的生产率。

③牵引车与其他机具的组合。两者要互相适应，以便获得最佳的联合作业效益。

施工机械类型与其数量的合理组合：施工机械类型及数量宜少不宜多。根据道路建设项目的作业内容，尽可能地选用大工作容量、高作业效率的相同类型的施工机械。一般来说，组合的施工机械台数适当减少，有利于提高协同作业的效率。施工机械品种、规格单一时，便于施工过程中的调度、管理和维护。并列组合，只依靠一套施工机械组合作业，当主要施工机械发生故障时，就会造成建设项目全线停工。若选用两套或多套施工机械并列作业，则可避免或减少全线停工现象的发生。沥青路面施工中多采用两套沥青摊铺机、压路机并列作业即为典型实例。在多年的公路工程施工实践中，从实际出发，根据道路建设项目和施工机械保有量（机型、规格、数量），可采用如下不同的方法选配施工机械：

①根据道路建设项目作业内容选择施工机械。以路基工程施工为例，路基工程作业内容包括土石方挖掘、铲运、填筑、压实、修整及挖沟等基本内容，以及伐树除根、松土、爆破、表层清理和处置等辅助作业，每种作业可根据工程类别选择机械与设备。

②根据道路建设项目工程量选择施工机械。在公路建设项目的施工期限内，按照施工计划中的月作业强度和日作业量选择施工机械。

③根据运输距离和道路情况选择施工机械。在沥青路面施工中，为保证沥青混合料摊铺工序所需温度（≥110℃）和压实工序所需温度（≥90℃），自卸车运输沥青混合料的距离不宜超过30km。在路基工程施工中，选择施工机械时应考虑运输机械的经济运距和道路条件。

④根据土质选择施工机械。在路基工程施工中，土壤是施工机械作业的主要对象，其性质和状态直接关系到施工机械的作业质量、作业效率和成本，因此土质是选择施工机械的重要根据之一。根据土壤性质和状态，可选择推土机、装载机、平地机、挖掘机等，压实机械有光面压路机、轮胎压路机、振动

压路机等土方施工机械。

⑤根据气象条件选择施工机械。雨水会迅速改变土壤状态，特别是黏土。因此，选择施工机械时要充分考虑道路建设项目施工期间的气象情况。如久晴不下雨、土质干燥时，可选择轮式施工机械进行作业；反之，旷日持久下雨、土壤过分潮湿和作业场地及道路泥泞时，则选用履带式施工机械进行作业为宜。

（5）施工机械的选择和优化

施工机械对施工工艺、施工方法有直接影响，施工机械化是现代化大生产的显著标志，对加快建设速度、提高工程质量、保证施工安全、节约工程成本起着至关重要的作用。因此，选择施工机械成为确定施工方案的一个重要内容，应主要考虑下列问题：

①在选用施工机械时，应尽量选用施工单位现有机械，以减少资金的投入，充分发挥现有机械效率。若现有机械不能满足工程需要，则可考虑租赁或购买。

②机械类型应符合施工现场的条件。施工条件指施工场地的地质、地形、工程量大小和施工进度等，特别是工程量和施工进度计划，是合理选择机械的重要依据。一般来说，为了保证施工进度和提高经济效益，工程量大应采用大型机械，工程量小则应采用中小型机械，但也不是绝对的。如一项大型土方工程，由于施工地区偏僻，道路、桥梁狭窄或载重量限制大型机械的通过，如果只是专门为了它的运输问题而修路、桥，显然是不经济的，因此应选用中型机械施工。

③在同一建筑工地上施工机械的种类和型号应尽可能少。为了便于现场施工机械的管理及减少转移，对于工程量大的工程应采用专用机械；对于工程量小而分散的工程，则应尽量采用多用途的施工机械。

④要考虑所选机械的运行费用是否经济，避免大机小用。施工机械的选择应以能否满足施工的需要为目的。如本来土方量不大，却用了大型土方机械，结果不到一星期就完工了，但大型机械的台班费、进出场的运输费、便道的修筑费以及折旧费等固定费用相当庞大，使运行费用过高，超过缩短工期所创造的价值。

⑤施工机械的合理组合。选择施工机械时，要考虑各种机械的合理组合，这样才能使选择的施工机械充分发挥效率。合理组合是指主机与辅机在台数和

生产能力上的相互适应,作业线上的各种机械互相配套的组合。主机与辅机的组合:一定要在设法保证主机充分发挥作用的前提下,考虑辅机的台数和生产能力。作业线上各种机械的配套组合:一种机械化施工作业线是由几种机械联合作业组合成一条龙施工,才能具备整体生产能力,如果其中某种机械的生产能力不适应作业线上的其他机械,或机械可靠性不好,都会使整条作业线的机械发挥不了作用。如在桥梁工程中的混凝土拌和机、塔吊、吊斗的一条龙施工,就存在合理配套组合的问题。

⑥选择施工机械时应从全局出发统筹考虑。全局出发就是不仅考虑本项工程,而且考虑所承担的同一现场或附近现场其他工程的施工机械的使用。这就是说,从局部考虑去选择机械是不合理的,应从全局的角度进行考虑。

(6)施工顺序的选择

施工顺序是指施工过程或分项工程之间施工的先后次序,它是编制施工方案的重要内容之一。施工顺序安排得好,可以加快施工进度,减少人工和机械的停歇时间,并能充分利用工作面,避免施工干扰,达到均衡、连续施工的目的,并能实现科学的组织施工,做到不增加资源,加快工期,降低施工成本。安排好一个施工项目的施工顺序,要考虑到多方面的因素:

①统筹考虑各施工过程之间的关系。在工程施工过程中,任何相邻的施工过程之间总是有先有后,有些是由于施工工艺的要求而固定不变的,也有些不受工艺限制,有一定的灵活性。

②考虑施工方法和施工机械的要求。如桥梁工程的基础是钻孔灌注桩,施工方法采用钻孔机钻孔,在安排每个基础每根桩的施工顺序时相邻桩不能顺序施工,否则会发生塌孔现象,所以必须要间隔施工。采用间隔施工时,钻机移动的次数会增多,而钻机移动需要拆卸和重新安装,很费时间。此时必须采取措施合理安排桩基的施工顺序,既要保证钻机移动的最少,又要保证钻孔安全,还能加快施工进度。

③考虑施工工期与施工组织的要求。合理的施工顺序与施工工期有较密切的关系,施工工期影响到施工顺序的选用,如有些建筑物,由于工期要求紧张,采用逆作法施工,这样便导致施工顺序的较大变化。

一般情况下,满足施工工艺条件的施工方案可能有多个,因此,还应考虑施工组织的要求,通过对方案的分析、对比,选择经济、合理的施工顺序。通常,在相同条件下,应优先选择能为后续施工过程创造良好施工条件的施工顺序。

④考虑施工质量的要求。确定施工顺序时，应以充分保证工程质量为前提。当有可能出现影响工程质量的情况时，应重新安排施工顺序或采取必要的技术措施。

⑤考虑当地的气候条件和水文要求。在安排施工顺序时，应考虑冬季、雨季、台风等气候的影响，特别是受气候影响大的分部工程应尤为注意。在南方施工时，应从雨季考虑施工顺序，可能因雨季而不能施工的应安排在雨季前进行。如土方工程不能安排在雨季施工。在严寒地区施工时，则应考虑冬季施工特点安排施工顺序。桥梁工程应特别注意水文资料，枯水季节宜先施工位于河中的基础等。

⑥安排施工顺序时应考虑经济和节约，降低施工成本。合理安排施工顺序，加速周转材料的周转次数，并尽量减少配备的数量。通过合理安排施工顺序可缩短施工期，减少管理费、人工费、机械台班费等，降低工程成本，给项目带来显著的经济效益。

⑦考虑施工安全要求。在安排施工顺序时，应力求各施工过程的搭接不会产生不安全因素，以避免安全事故的发生。

（7）技术组织措施的设计

组织措施是施工企业为完成施工任务，保证工程工期，提高工程质量，降低工程成本，在技术上和组织上所采取的措施。企业应该把编制技术组织措施作为提高技术水平的关键，改善经营管理。通过编制技术组织措施，结合企业内部实际情况，很好地学习和推广同行业的先进技术和行之有效的组织管理经验。

1）技术组织措施

技术组织措施主要包括以下几方面的内容：

①提高劳动生产率和机械化水平，加快施工进度方面的技术组织措施。例如，推广新技术、新工艺、新材料，改进施工机械设备的组织管理，提高机械的完好率、利用率，科学地进行劳动组合等方面的措施。

②提高工程质量，保证生产安全方面的技术组织措施。

③施工中的节约资源，包括节约材料、动力、燃料和降低运输费用的技术组织措施。

为使编制技术组织措施的工作经常化、制度化，企业应分段编制施工技术组织措施计划。

2）工期保证措施

①施工准备抓早、抓紧。尽快做好施工准备工作，认真复核图纸，进一步完善施工组织设计，落实重大施工方案，积极配合业主及有关单位办理征地拆迁手续。主动疏通地方关系，取得地方政府及有关部门的支持，施工中遇到问题而影响进度时，要统筹安排，及时调整，确保总体工期。

②采用先进的管理方法（如网络计划技术等）对施工进度进行动态管理。以投标的施工组织进度和工期要求为依据，及时完善施工组织设计，落实施工方案，报监理工程师审批。

根据施工情况变化，不断进行设计、优化，使工序衔接、劳动力组织、机具设备、工期安排等有利于施工生产。

③建立调度指挥系统，全面、及时掌握并迅速、准确地处理影响施工进度的各种问题。对工程交叉和施工干扰应加强指挥和协调，对重大关键问题超前研究，制定措施，及时调整工序，调动人、财、物、机，保证工程的连续性和均衡性。

④加强物资供应计划的管理。每月、旬提出资源使用计划和进场时间。

⑤对控制工期的重点工程，优先保证资源供应，加强施工管理和控制。如现场昼夜值班制度，及时调配资源和协调工作等。

3）保证质量措施

保证质量的关键是对工程对象经常发生的质量通病制定防治措施，从全面质量管理的角度，把措施落到实处，建立质量保证体系，保证"PDCA循环"的正常运转，全面贯彻执行国际质量认证标准。对采用的新工艺、新材料、新技术和新结构，必须制定有针对性的技术措施，以保证工程质量。

常见的质量保证措施有：质量控制机构和创优规划；加强教育，提高项目全员综合素质；强化质量意识，健全规章制度；建立分部、分项工程的质量检查和控制措施；技术、质量要求比较高，施工难度大的工作，成立科技质量攻关小组——全面质量管理体系中QC攻关小组，确保工程质量；全面执行和贯彻标准、行业指导书，保证工序质量和工作质量。

4）工程安全施工措施

安全施工措施应贯彻安全操作规程，对施工中可能发生安全问题的环节进行预测，提出预防措施。杜绝重大事故和人身伤亡事故的发生，把一般事故减少到最低限度，确保施工的顺利进展。

安全施工措施的内容包括：全面推行和执行职业安全健康管理体系标准，在项目开工前，进行详细的危险辨识，制定安全管理制度和作业指导书；建立安全保证体系，项目部和各施工队设专职安全员，专职安全员属质检科，在项目经理和副经理的领导下，履行保证安全的一切工作；利用各种宣传工具，采用多种教育形式，使职工树立"安全第一"的思想，不断强化安全意识，使安全管理制度化、教育经常化；各级领导在下达生产任务时，必须同时下达安全技术措施；检查工作时，必须总结安全生产情况，提出安全生产要求，把安全生产贯彻到施工的全过程中去；认真执行定期安全教育、安全讲话、安全检查制度，设立安全监督岗，发挥群众安全人员的作用，对发现的事故隐患和危及工程、人身安全事项，要及时处理，并做记录，及时改正，落实到人；施工临时结构前，必须向员工进行安全技术交底，对临时结构必须进行安全设计和技术鉴定，合格后方可使用。

5) 施工环境的保护措施

为了保护环境，防止污染，尤其是防止在城市施工中造成污染，出台防止污染的措施。主要包括以下几方面：积极推行和贯彻环境管理体系标准，制定相应的环境保护管理制度和作业指导书；对施工环境保护意识进行宣传教育，提高对环境保护工作的认识；保护施工场地周围的绿色覆盖层及植物，防止水土流失。

（二）施工组织计划内容

1. 工程概况

①简要说明工程名称，施工单位名称，建设单位及监理机构、设计单位、质检站名称，合同开工日期和施工日期，合同价（中标价）。

②简要介绍拟建工程的地理位置、地形地貌、水文、气候、降雨量、雨季、交通运输、水电情况。

③施工组织机构设置及职责部门之间的关系。

④工程结构、规模、主要工程数量表。

⑤合同特殊要求，如业主提供结构材料、指定分包商等。

2. 施工平面部署

①简要说明可供使用的土地、设施、周围环境、环保要求，需要保护或注意的情况。

②施工总平面布置必须以平面布置图表示，并应标明拟建工程平面位置、

生产区、生活区、预制场、材料场、爆破器材库位置。

③施工总平面布置可用一张图,也可用多张相关的图表示;图上无法表示的,应用文字简单叙述。

3. 技术规范及检验标准

①明确本工程所使用的施工技术规范和质量检验评定标准。

②注明本工程所使用的作业指导书的编号和标题。

4. 施工顺序及主要工序的施工方法

①施工顺序。一般应以流程图表示各分项工程的施工顺序和相关关系,必要时附以文字简要说明。

②施工方法。施工方法是施工组织设计重点叙述的部分,它包含主要分项工程的施工方法,重点叙述技术难度大、工种多、机械设备配合多、经验不足的工序和结构关键部位。对于常规的施工工序则简要说明。

5. 质量保证计划

①明确工程质量目标。

②确定质量保证措施。

根据工程实际情况,按分项工程项目分别制定质量保证技术措施,并配备工程所需的各类技术人员;对于工程的特殊过程,应对其连续监控和持证上岗作业,并制定相应的措施和规定;对于分包工程的质量要制定相应的措施和规定。

6. 安全劳保技术措施

安全劳保技术措施包括水上作业、高空作业、夜间作业、起吊安装、预应力张拉、爆破作业、汽车运输和机械作业等安全措施,安全用电、防水、防火、防风、防洪的措施;机械、车辆多工种交叉作业的安全措施,操作者安全环保的工作环境,所需要采取的措施,拟建工程施工过程中工程本身的防护和防碰撞措施,维持交通安全的标志。所有措施应遵守行业和公司各类安全技术操作规程和各项预防事故的规定,应由项目部的安全部门负责人审核后定稿。

7. 施工总进度计划

①施工总进度计划用网络图和横道图表示。

②计划一般以分项工程划分并标明工程数量。

③将关键线路(工序)用粗线条(或双线)表示。

④根据施工强度配备各类机械设备。

8. 物资需用量计划

①本计划用表格表示，并将施工材料和施工用料分开。

②计划应注明由业主提供或自行采购。

③计划一般按月提出物资需用量，以分项工程为单位计算需用量。

④本计划同时附有物资计划汇总表，将配备品种、规格、型号的物资汇总。

9. 机械设备使用计划

①机械设备使用计划一般用横道图表。

②计划应说明施工所需机械设备的名称、规格、型号、数量等。

③计划应标明最迟的进场时间和总的使用时间。

④必要时，可注明某一种设备是租用外单位或自行购置。

10. 劳动力需用量计划

①劳动力需用量计划以表格表示。

②计划应将各技术工种和普通杂工分开，根据总进度计划需要，统计各月工种最多和最少人数。

③计划应说明本单位各工种自有人数和需要调配或雇用人数。

（三）实施施工组织设计

工程中标后，对于单位工程和分部工程，应在指导性施工组织设计的基础上分别编制实施性的施工组织设计。

实施性施工组织设计的任务是：

①它是用来直接指挥施工的计划，这是它的核心内容。因此应具体制定出按工作日程安排的施工进度计划。

②根据施工进度计划，具体计算出劳动力机具、材料等的日程需要量，并规定工作班组及机械在作业过程中的移动路线及日程。

③在施工方法上，要结合具体情况考虑到工程细目的施工细节，具体到能按所定施工方法确定工序、劳动组织及机具配备。

④工序的划分、劳动力的组织及机具的配备，既要适应施工方法的需要，还要考虑工作班组的组织结构和设备情况，要最有效地发挥班组的工作效率，便于实行分项承包和结算，还要切实保证工程质量和施工安全。

⑤要考虑到当发生意外情况时留有调节计划的余地。如因故中途必须停止计划项目的施工时，要准备机动工程，调动原计划安排的班组继续工作，避免

窝工。

实施性施工组织设计，必须具体、详细，以达到指导施工的目的，但应避免过于复杂、烦琐。

在某些特定情况下，针对工程的具体情况有时还需要编制特殊的施工组织设计，如以下几种情况：

①某些特别重要和复杂，或者缺乏施工经验的分部、分项工程，如复杂的桥梁基础工程、站场的道岔铺设工程、特大构件的吊装工程、隧道施工中的喷锚工程等。为了保证施工的工期和质量，有必要编制专门的施工组织设计。但是，编制这种特殊的施工组织设计，其开工与竣工的工期要与总体施工组织设计一致。

②对一些特殊条件下的施工，如严寒、雨季、沼泽地带和危险地区（如隧道中通过瓦斯地层的施工）等，需要采取一些特殊的技术措施，有必要为之专门编制施工组织设计，以保证施工的顺利进行，以及质量要求和人员的安全。

③某些施工时间长的项目，即跨越几个年度的项目，在编制指导性施工组织设计或实施性施工组织设计时，不可能准确地预见到以后年度各种施工条件的变化，因而也不可能完全切实或详尽地进行施工安排。因此，需要对原定项目施工总设计在某一年进行进一步具体化或做相应的调整与修正。这时，就有必要编制年度的项目施工组织总设计，用以指导施工。指导性项目施工组织设计是整个项目施工的龙头，是总体的规划。在这个指导文件规划下，再深入研究各个单位工程，从而制定实施性的施工组织设计和特殊的施工组织设计。在编制项目指导性施工组织设计时，可能对某些因素和条件未预见到，而这些因素或条件却是影响整个部署的。这就需要在编制了局部的施工组织设计后，再对全局性的指导性施工组织设计做必要的修正和调整。

第二节　施工组织的一般方法

一、顺序作业法

根据工程结构施工程序和工艺流程，按照先后顺序施工操作，按照固定的程序组织施工称为顺序作业法。主要特点如下：

①没有充分利用工作面进行施工，工期较长。

②每天投入施工的劳动力、材料、机具的种类比较少，有利于资源供应的组织工作。

③施工现场的组织、管理比较简单。

④不强调分工协作，若由一个作业队完成全部施工任务，不能实现专业化生产，不利于提高劳动生产率；若按工艺专业化原则成立专业作业队，各专业队不能连续作业，劳动力和材料的使用可能不均衡。

二、平行作业法

根据工程结构施工程序和工艺流程，大量人员机械施工操作，按照固定的程序组织施工称为平行作业法。主要特点如下：

①充分利用工作面进行施工，（总）工期较短。

②每天同时投入施工的劳动力、材料和机具数量较大，影响资源供应的组织工作。

③如果各工作面之间需共用某种资源时，施工现场的组织管理比较复杂、协调工作量大。

④不强调分工协作，此点与顺序作业法相同。

三、流水作业法

流水施工是一种科学、有效的工程项目施工组织方法，它建立在分工协作的基础上，实行专业化施工，充分利用工作时间和操作空间，减少非生产性劳动消耗，保证工程施工连续、均衡、有节奏的进行，从而对提高工程质量、降低工程造价、缩短工期有着显著作用。流水作业施工就是由固定组织的工人在若干个工作性质相同的施工环境中依次连续地工作的一种施工组织方法。工程施工中，可以采用依次施工（亦称顺序施工法）、平行施工和流水施工等组织方式。对于相同的施工对象，当采用不同的作业组织方法时，其效果也各不相同。

流水施工组织的具体步骤是：将拟建工程项目的全部建造过程，在工艺上分解为若干个施工过程，在平面上划分为若干个施工段，在竖向上划分为若干个施工层，然后按照施工过程组建专业工作队（或组），并使其按照规定的顺序依次连续地投入到各施工段，完成各个施工过程。当分层施工时，第一施工层各个施工段的相应施工过程全部完成后，专业工作队依次、连续地投入第二、第三……第N施工层，有节奏、均衡、连续地完成工程项目的施工全过程，这种施工组织方式称为流水施工。例如吊顶的班组在10层工作一周完成任务后，第二周立即转移到11层干同样的工作，然后第三周再到12层工作。别的工作队也是这样工作。此种作业法既能充分利用时间，又能充分利用空间，大大缩短了工期，三个楼层总工期为35 d，同时又克服了平行作业法资源高度集中的缺点，所以流水作业法是一种先进有效的作业组织法。流水作业法可保证生产的连续性和均衡性，而生产的连续性和均衡性势必使各种材料可以均衡使用，消除了工作组的施工间歇，因而可以大大缩短工期，一般可缩短1/3~1/2。

流水施工方式是一种先进、科学的施工方式，由于在工艺过程划分、时间安排和空间布置上进行统筹安排，将会给相应的项目部带来显著的经济效果，具体可归纳为以下几点：前后施工过程衔接紧凑，消灭了不必要的时间间歇，使施工得以连续进行，后续施工过程尽可能提前在不同的工作面上开展，从而加快施工进度，缩短工程工期；各个施工过程均采用专业班组操作，可提高工人的熟练程度和操作技能，同时，工程质量也易于保证和提高；采用流水施工，使得劳动力和其他资源的使用比较均衡，从而可避免出现劳动力和资源使用大起大落的现象，减轻施工组织者的压力，为资源的调配、供应和运输带来方便；由于工期的缩短、工作效率提高、资源消耗等因素共同作用，可以减少临时设施及其他一些不必要的费用，从而降低工程造价。

流水施工的优点是：各工作队可以实行专业化施工，从而为工人提高技术熟练程度以及改进操作方法和生产工具创造了有利条件，可充分提高劳动生产率。劳动生产率得到提高，相应可以减少工人人数和临时设施数量，从而可以节约投资，降低成本，同时专业化施工有助于保证工程质量。

流水施工具有以下特点：

①科学地利用了工作面，争取了时间，总工期趋于合理。

②工作队及其工人实现了专业化生产，有利于改进操作技术，可以保证工程质量和提高劳动生产率。

③工作队及其工人能够连续作业，相邻两个专业工作队之间可实现合理搭接。

④每天投入的资源量较为均衡，有利于资源供应的组织工作。

⑤为现场文明施工和科学管理创造了有利条件。

上述经济效果都是在不需要增加任何费用的前提下取得的。可见，流水施工是实现施工管理科学化的重要组成内容，是与建筑设计标准化、施工机械化等现代施工内容紧密联系、相互促进的，是实现企业进步的重要手段。

四、网络计划法

网络计划技术既是一种科学的计划方法，又是一种有效的生产管理方法。主要有单代号网络图、双代号网络图。与横道图计划管理方法相比，网络计划技术具有如下特点：

①网络计划把整个施工过程中各有关工作组成一个有机的整体，因而能全面而明确地反映出各工序之间的相互制约和相互依赖的关系，能够清楚地看出全部施工过程在计划中是否合理。

②网络计划可以通过时间参数计算，能够在工作众多、错综复杂的计划中，找出影响工程进度的关键工作，便于管理人员集中精力抓住施工中的主要矛盾，确保按期竣工，避免盲目抢工。因为，在通常的情况下，当计划内有10项工作时，关键工作只有3～4项，占30%～40%；有100项工作时，关键工作只有12～15项，占12%～15%；有5000项时，关键工作也不过150～160项，占3%～4%。据说，世界上曾经有过10000项工作的计划，其中关键工作只占1%～2%。

③通过利用网络计划中反映出来的各工作的机动时间，可以更好地运用和调配人力与设备，节约人力、物力，达到降低成本的目的。

④通过对计划的优劣比较，可在若干可行性方案中选择最优方案。

⑤在计划的执行过程中，当某一工作因故提前或拖后时，能从计划中预见到它对其他工作及总工期的影响程度，便于及早采取措施以充分利用有利的条件或有效地消除不利的因素。

⑥它还可以利用现代化的计算工具——计算机，对复杂的计划进行绘图、计算、检查、调整与优化。

网络计划的缺点是从图上很难清晰地看出流水作业的情况，也难以根据一般网络图算出人力及资源需要量的变化情况。

可见，网络计划技术的最大特点就在于它能够提供施工管理所需的多种信息，有利于加强工程管理。所以，网络计划技术已不仅仅是一种编制计划的方法，而且还是一种科学的工程管理方法。它有助于管理人员合理地组织生产，做到心中有数，知道管理的重点应放在何处，怎样缩短工期，在哪里挖掘潜力，如何降低成本。在工程管理中提高应用网络计划技术的水平，必能进一步提高工程管理的水平。

网络计划的优化是指在一定的约束条件下，利用最优化原理，按照既定目标对网络计划进行不断改进，以寻求满意方案的过程。根据优化目标的不同，网络计划的优化可分为工期优化、资源优化和费用优化。

第三节 机械化施工组织

一、机械化施工组织的作用

施工机械在城市建设、交通运输、能源开发、国防建设中起着十分重要的作用，是国家经济建设不可缺少的技术装备，是确保工程质量、降低工程造价、减轻劳动强度、提高经济效益和社会效益的重要手段。

土石方机械包括推土机、装载机、挖掘机、铲运机、平地机、凿岩机以及石料破碎、筛分机械等几个重要机种，它们是工程机械中用途最广泛的一大类机械，也是公路建设特别是高等级公路建设中土石方工程中的主要施工机械。同时，土石方机械还广泛应用于铁路、水利、矿山、港口、机场、农田及国防等工程建设中，在国民经济建设中起着重要作用。在公路路基工程中，土石方机械担负着土石方的铲装、填挖、运输、整平等作业，它具有施工速度快、作业质量高、生产效率高等优点，是现代公路建设中不可缺少的机种。土石方机械的作业对象是各种土、砂、石等物料。在进行施工作业时，机械承受负荷重、外载变化波动大、工作场地条件差、环境比较恶劣，因此，要求土石方机械具有良好的低速作业性、足够的牵引力、整机的高可靠性和较高的作业生产能力。

由于现代工程的大型化，土石方机械继续向大型化方向发展，以适应巨大工程机械化施工的需要；同时为满足道路与桥梁建设、环保和窄小场地以及小型土石方工程的要求，小型、多功能、机动性好的机种也得到进一步的发展。现代计算机、电子和激光等技术的发展以及这些技术在土石方机械上的应用，将大大提高土石方机械的自动控制和智能化程度。同时，省力操纵、安全防护、降低噪声、提高可靠性及驾驶人员的舒适性等，将是土石方机械今后继续发展的方向。

二、施工机械的选型与配套原则

作为生产工具的施工机械，其购价都很高因此使用费用很大（以土方工程为例，设备费占工程费的30%~40%）。工作环境（地形、土壤、质量）复杂、工地施工条件艰巨时，工程的机械设备费用将更高。为了使施工机械在施工过程中发挥其最大的经济效益，顺利地完成工程任务，必须选择最适合施工条件的机种。这种选型工作在设计阶段应该考虑周详。在选定所需机种、数量、工程量等条件后，还须正确估算其成本，然后用优选法选出最优的机械配组，这才是施工机械选型和配组的目的。

1. 施工机械选型的一般选定

合理地选定机种，必须与施工条件、施工方法和技术经济效益联系起来进行比较，才能选出理想的机种。一般机械选定考虑的要点是：

①能适应工地的土质、地形。

②能满足工程质量要求。

③在保证质量的前提下，不影响和损坏附近建成的建筑物。

④能高效率地完成需要的工作。

⑤机械运转费少而施工单价低。

⑥容易进行运转、维修，可靠性又高。

⑦可以自动化和省力。

⑧安全而又不会污染环境。

⑨易于筹办、便于转移。

2. 特殊性机械的选定

根据施工需要，必须引进特殊机械时，除了上述要点外，还要考虑以下几点：

①有无可代替的其他施工方法。

②引进特殊机械后，是否具备经营管理的能力并能充分发挥特殊机械的效能。

③能否成为今后新施工方法的典型。

3. 施工机械的配组

根据机械选型要点，选出与其相适应的机种和数量后，还需要研究施工技术和施工组织，合理地进行配组。配组的方法是：首先在已选定的施工机械中，正确确定机组的主体机械，然后配备所需的辅助机械，使之成龙配套，形成单项工程机械化。这样可以提高机械化施工水平，逐步向全工程实行流水作业法的综合机械化发展。为了使组合的每台机械都能在施工中发挥最大效率，机械选型配套应符合下列要求：

①在规定施工期内，机械应完成的工作量。
②要充分利用主机的生产能力。
③主体机械与辅助机械以及运输工具之间各机械的工作能力要保持平衡，还要使机组得到合理的配合和使用。

三、施工机械组织措施

施工机械使用管理的基本要求是保持机械的良好技术状态，正确使用和优化组合，发挥机械的效能，以达到安全、优质、高效、低消耗地完成施工生产任务。

机械技术状态是指机械所具有的工作能力，包括性能、精度、效率、运动参数、安全、环保、能源消耗等所处的状态及其变化情况。机械在使用过程中，由于受到各种力的作用和环境条件、使用方法、工作规范、工作持续时间长短等影响，使机械应有的功能和技术状态水平不断发生变化而有所降低或劣化。要控制这种变化过程，除了应创造适合机械工作的环境和条件外，正确使用机械是控制机械技术状态变化和延缓工作能力下降的先决条件。

评定机械技术状态达到完好标准的要求，主要有以下三点：

①机械性能良好。机械的性能和精度能稳定地满足施工生产工艺要求，动力部分应能达到规定的功率。
②机械运转正常。部件齐全，安全防护装置良好，操纵、控制系统灵敏可靠，机械的牵引力和工作装置的效率应正常。
③燃料、动能、润滑油料以及材料、配件等消耗正常，基本无漏油、漏水电现象，外表清洁整齐。

凡不符合上述三项要求的机械，不应称为完好机械。机械完好的具体标准，应能对机械做出定量分析和评价，各行业主管部门根据总的要求结合行业机械特点制定。

正确使用机械是机械使用管理的基本要求，它包括技术合理和经济合理两个方面的内容。

技术合理就是按照机械性能、使用说明书、操作规程以及正确使用机械的各项技术要求使用机械；经济合理就是在机械性能允许范围内，能充分发挥机械的效能，以较低的消耗得到较高的经济效益

根据技术合理和经济合理的要求，机械的正确使用主要应达到以下三个标志：

①高效率。机械使用必须使其生产能力得以充分发挥。在综合机械化组合中，至少应使其主要机械的生产能力得以充分发挥。机械如果长期处于低效运行状态，那就是不合理使用的主要表现。

②经济性。在机械使用已经达到高效率时，还必须考虑经济性的要求。使用管理的经济性、要求在可能的条件下，使单位实物工程的机械使用费成本最低。

③机械非正常损耗防护。机械正确使用追求的高效率和经济性必须建立在不发生非正常损耗的基础上，否则就不是正确使用，而是拼机械，吃老本。机械的非正常损耗是指由于使用不当而导致机械早期磨损、事故损坏以及各种使机械技术性能受到损害或缩短机械使用寿命等现象。

在机械化施工中，机械的选用和组合是否合理，将直接关系到施工进度、质量和成本，是优质、高产、低耗地完成施工生产任务和充分发挥机械效能的关键。必须做到以下几点：

（1）编好机械使用计划

根据施工组织设计编制机械使用计划。编制时要采用分析、统筹、预测等方法，计算机械施工的工程量和施工进度，作为选择调配机械类型、台数的依据，以尽量避免大机小用，早要迟用，既要保证施工需要，又不使机械停置，或不能充分发挥其效率。

（2）通过经济分析选用机械

任何工程配备的施工机械，不仅有机种上的选用，还有机型、规格上的选择。在满足施工生产要求的前提下，对不同类型的机械施工方案，从经济性进行分析比较，即将几种不同的方案，计算单位实物工程的成本费，取其最小者为经济最佳方案。对于同类型的机械施工方案，如果其规格、型号不相同，也

可以进行分析比较，按经济性择优选用。

（3）合理组合机械

机械施工是多台机械的联合作业，合理的组合和配套才能最大限度地发挥每台机械的效能。合理组合机械的原则是：

①尽量减少机械组合的机种类。机械组合的机种数越多，其作业效率会越低，影响作业的概率就会增多，如组合机械中一种机械发生故障，将影响整个组合作业。

②注意机械能力相适应的组合。在流水作业中使用组合机械时，必须对组合的各种机械能力进行平衡。如作业能力不平衡时，会出现一台或几台机械能力过剩，发挥不出机械的正常效率。

③机械组合要配套和平列化。在组织机械化施工时，必须要注意机械配套，而且要注意分成几个系列的机械组合，同时平列地进行施工，以免组合中一台机械损坏造成全面停工。

④组合机械应尽可能简化机型，以便于维修和管理。

⑤尽量选用具有多种作业装置的机械，以利于一机多用。

（4）重视机械的配套使用

要使选用的机械达到高效率，必须做到合理配套，主要有以下几个方面：

①工序机械配套。如土石工程中，不仅有挖土、运土机械（挖掘机、推土机、运输车等），还要有平整、压实机械（平地机、压路机、振动夯、洒水车等），要做到机种和工序配套。

②机械的规格、能力配套。如自卸汽车应和挖掘、装载机的容量相适应。

③同一台机械的主机、副机和一机多用的配套。

④组合机械中应以关键及重型机械为基准，其他配套机械都应以确保关键及重型机械充分发挥效率为选配标准。

（5）提高机械操作人员素质

施工机械是由操作人员直接掌握的，机械使用的好坏、生产效率的高低与工作人员的高度责任心和熟练的操作技术有关。因此，必须做好下列工作：

①合理配备机械操作和维修人员。根据机械类型和作业班次，按照定额配备技术等级符合机械技术要求的操作和维修人员。

②所有机械操作人员都应经过专业技术培训，按照应知、应会要求进行考核，合格者获得操作证，凭证操作机械。

③坚持定人、定机，建立岗位责任制及交接班制度。

④新工人在独立使用机械时，必须经过对机械的结构性能、安全操作、维护要求等方面的技术知识教育和实际操作及基本功的培训。

⑤严格执行机械使用安全技术规程和使用监督检查制度，定期开展机械使用检查评比活动。

（6）施工机械的现场管理

施工机械现场管理就是机械进入施工现场的管理工作，目的是维持机械良好的技术状况，保证施工的连续、均衡、协调和高效。机械施工现场准备包括场地准备、机械准备、机械安装、机械组织准备等，这些准备工作可以同时进行或穿插进行。

①施工场地准备。根据施工现场条件和施工顺序，考虑机械停放、机械作业、行驶路线、管线路设置、材料堆放等位置关系，合理布置施工场地。

②施工场地要做好"三通一平"，要为机械使用提供良好的工作环境。需要构筑基础的机械（塔式起重机、施工升降机等），要预先构筑好符合规定要求的轨道基础或固定基础。一般机械的安装场地必须平整坚实，四周要有排水沟。

③设置为机械施工必需的临时设施，主要有停机场、机修所、油库，以及固定使用的机械工作棚等。其设置要点是：位置要选择得当，布置要合理，便于机械施工作业和使用管理，符合安全要求，建造费用低，以及交通运输方便等条件。

④根据施工机械作业时的最大用电量和用水量，设置相应的电，保证机械施工用电、用水的需要。

（7）机械进场运输

机械进场应选择合理的运输方式，尤其是距离较远的施工现场。选择运输方式的原则应以保证安全和按时投入施工为前提，综合考虑机械的体积、质量、行走装置、运输工具和条件、运输距离和装卸能力、运输费用等情况，经计算和评价确定。

（8）机械施工组织准备

机械施工组织准备应以施工计划为依据，以有利于施工指挥、调度和协作为原则。

①编制作业班组。机械作业班组一般按机械类型或作业地点编制。由于

施工机械种类繁多，工作性质和内容各不相同，因此，应根据施工任务和现场具体情况确定。总的要求是规定各班组的机械和人员组成、作业内容和职责要求等。

②确定作业班制。机械作业班应根据施工进度计划确定，并在实施中根据施工进度情况随时调整，以保证按时完成施工任务。机械作业班制可分为单班制、双班制和三班制，在一般情况下，以采用双班制效率较高。

③配备维修力量。根据机械数量及作业班次配备相应的维修力量。机械数量较多的施工现场应设置维修所，维修人员一般为操作人员的1/4～1/3，工种应根据需要配备，维修机具也应尽量配套。

（9）机械施工计划的协调

在机械施工计划中，有总的施工进度计划、短期（月、旬、日）施工作业计划、各工序（或流水作业）之间的机械协作计划、机械保养修理计划、物资供应计划等，这些计划互相联系、互相制约，只要一个计划执行不好，就会影响整个施工进度计划的完成。现场管理就是要根据机械施工的特点，注意各种计划的执行情况及有关信息，发现某计划失调或不平衡时应及时采取措施进行协调，并注意以下几点：

①机械施工进度计划和维修计划的协调。在编制机械施工进度计划时，应考虑机械的保养和修理时间，在确定保养和修理日期时，应考虑对施工生产的影响，尽量使保养、修理的停机时间不过分集中；对于施工高潮阶段，保养、修理应穿插进行，保养、修理周期也可适当提前或滞后。总之，应根据施工需要进行合理调节，使机械施工与维修作业基本均衡。

②机械施工作业计划和供应计划的协调。机械施工作业计划的执行决定于各项供应计划的实现，为此，应把材料、配件等供应计划统一在施工作业计划中，使机械施工计划有可靠的物质保证。在施工过程中，应随时掌握材料、配件的库存及消耗动态，做出预测及调节措施。如发现计划失调，应立即进行调整。

③机械施工计划应留有余地。机械施工中存在一些不可预见的因素变化（如气候、不明地质以及事故等）须随之调整，因此，机械施工长期计划应留有余地；对于施工短期计划的余地，一般应留在第四季度或年末月份，以利于年度计划的完成并为明年施工做好准备。

（10）机械施工组织调度

机械施工组织调度应以施工计划为依据，对机械施工过程中各阶段、各工序进行组合排列和协调，以达到机械施工的连续和均衡。

全面了解和掌握机械施工进度以及影响进度的有关因素，统筹安排，合理调节，如重点工程的机械、人力和材料应优先安排，保证供给；受气候影响较大的施工项目，应在有利季节组织施工等。

合理组织机械施工必须把空间组织和时间组织结合起来，做出统一的施工组织。如流水作业，可按照工序或机械种类合理布置，要求达到工作面排列系统化、机械运行单向化、作业时间同步化，以缩短机械作业循环时间，提高生产率。

在施工过程中，当某一工序的机械发生故障或某一计划失调时，应从劳动组织或技术综合分析，采取果断措施，进行调度。为此，应广泛收集施工过程中的各种信息措施；还应建立信息反馈系统，提高组织调度效率。为了做好组织调度工作，应有科学的预见性和预防措施，如防洪、防火、防质量事故等。此外，在不影响竣工期的情况下，备留一些工程项目，作为施工淡季时调节备用。

第四节　环境保护与施工安全

一、道路桥梁工程施工与环境保护

1. 施工对生态环境的影响及防治

（1）公路施工对生态环境的影响

①道路的廊道与分割效应。对于生物来说，尤其是对地面的动物，公路的建设导致自然生境的人为分割，使生境岛屿化，不利于生物多样性的保护。为避免生境岛屿化造成的生物多样性受损，许多自然保护区需要建立与其他自然保护区域、自然地域的通道，这就是经常所说的"生物走廊"。

②水文影响。公路建设会改变地表径流的固有态势，从而造成冲、淤、涝、溃等局部影响。

③对土地利用的影响。公路建设对土地利用的影响较为显著，将改变沿线

被征用土地的利用现状,其中对耕地的占用较为突出。

④生态敏感地区的影响。交通运输线路长,会穿越各种生态系统,其中不可避免地会涉及一些特殊、敏感的生态能区,如湿地、荒地、自然保护区、天然森林、森林公园、水源保护区、风景名胜区、特殊地质地貌区以及生态脆弱区、自然灾害多发区等。

(2)防治措施

①充分考虑公路环保措施,严格控制公路占地面积和临时用地规模,减少对耕地和植被的破坏;避开环境敏感性区域,如学校、工厂、医院、名胜古迹、自然保护区、精密食品基地和军事设施等。

②重视水土资源,减少水土流失。工程设计应充分考虑水土流失预防措施,一是注意填挖平衡,减少土石方量,减少借土弃土;二是做好边坡防护设计工作,确保边坡稳定,以减少将来使用过程中的不良病害发生,并应根据地质情况多采用种草植树的绿化护坡方法;三是做好沿线排水设计;四是合理取土、规范弃土、保护耕地、少占良田,应尽量在荒地或低产耕地集中取土,取土后对取土坑进行后期利用,弃方应集中堆弃,不占农田,堆弃后应上覆表土,播种绿化。

③注意保持原有的灌溉系统和自然水网体系。桥梁布置尽量避免影响河流水文、水流特征,做到顺应地形和原水体流向;避免改变或堵塞大型河沟;对小型排灌系统如遭破坏应予以恢复或加以调整,合理设置小桥涵位置,必要时对原有排灌体系进行优化合并或改移;做好项目自身的排水系统,增加必要构造设施,以防止路基路面排水对农田水利的冲击。

④做好公路沿线景观设计工作。首先路线要尽量与地形地貌相吻合,减少土石方量,减少对自然风景的破坏,避开受保护的景观空间;还要加强道路沿线绿化,以补充和改善沿线景观,如边坡尽量采用种草植树的护坡方式。

2. 施工噪声及振动的影响及防治

(1)公路施工噪声及振动的影响

在公路施工期间,各种作业机械和运动车辆产生施工噪声,对环境产生一定影响。由于施工机械不单是噪声源,同时也是振动源。大多数施工机械5m处的声级为80~90dB,运输车辆7.5m处的声级为80~86dB。当多台不同机械同时作业时,声级将叠加。

除了打桩和爆破作业外,其他施工阶段的一般施工噪声的达标距离,在昼间约需60m，而在夜间则需200m，甚至更远。因此，在施工期间，这些施工机械产生的噪声对公路两侧一定范围内的居民会产生一定影响，有的甚至影响居民的正常生活。

（2）防治措施

①合理选址。施工人员生活区、大型施工场地以及水泥混凝土拌和场、沥青混凝土拌和场碎石厂的选址时，应尽可能远离学校、医院、幼儿园、敬老院、居民集中区等环境敏感点，最好在200m以上。如果达不到此要求，可对强噪声源采取消声、隔声、减振等措施。

②选用低噪声、低振动的施工工艺。

③加强施工机械和运输车辆的保养、维修。

④环境敏感点附近施工防治措施。

3. 道路与桥梁施工废水的影响及防治

（1）公路施工废水对环境的影响

公路施工过程中对水环境的影响主要来自施工作业中的生产废水和施工人员生活污水两方面。施工作业的生产废水主要指工程中各大、中、小桥梁建设过程中钻孔桩污水和施工机械所产生的含油污水等。

①桥梁施工的影响。桥梁施工中对水体的影响主要是桥桩建设时采用钻孔灌注桩，其对河道水体的影响主要是钻孔扰动河水使底泥浮起，局部悬浮物增加，河水变得较为混浊。

②施工物料流失的影响。公路建设由于建筑材料堆放、管理不当，特别是易流失的物资，土方等露天堆放，遇暴雨时将可能被冲刷进入水体，建材在运输过程中的散落也会随雨水进入附近的水体；而施工中，如水泥拌和后没有及时使用造成的废弃等，部分建材也会随雨水进入附近的水体。

③机修及洗车废水的影响。公路建设中的汽车维修站及施工设备维修站的污水，常含有泥沙和油类物质，若不经过处理直接排入周围水体，必将造成水域的油类污染。

④施工人员生活污水的影响。公路施工时，施工人员集中生活，在特大桥、大桥、互通等大型施工场地，施工人员可达数百人。如果施工营地生活污水直接排放，对附近河道会产生一定的污染。

（2）防治措施

①实施清洁生产，减少废水量。

②开展科学研究，采用先进技术。

③开展环境宣传，提高环境意识。

④从全局出发，对废水进行妥善处理。

4．道路与桥梁施工对空气环境的影响及防治

（1）公路施工对空气环境的影响

公路施工阶段，对空气环境的污染主要来自施工扬尘、施工车辆尾气及路面铺浇沥青的烟气。

①施工扬尘对环境的影响。施工扬尘主要有车辆行驶扬尘、堆场扬尘、拌和扬尘。

②沥青烟气对环境的影响。沥青混凝土路面施工阶段的空气污染除扬尘外，沥青烟气是主要污染源，会对附近的居民产生一定的影响。

（2）防治措施

①运输扬尘的防治。运输道路应定时洒水，每天至少两次（上、下班）；粉状材料应罐装或袋装，粉煤灰采用湿装湿运。土、水泥、石灰等材料运输时禁止超载，并盖篷布，如有撒落，应派人立即清除。

②沥青混凝土拌和。沥青混凝土集中拌和，合理安排沥青混凝土拌和场；沥青混凝土拌和场不得选在环境敏感点上风向，与其距离应在300 m以上。

③灰土拌和。合理安排拌和场并集中拌和，尽量减少拌和场；灰土拌和场不得选在环境敏感点上风向，与其距离应在200 m以上。

④水泥混凝土拌和。水泥混凝土集中拌和，封闭装罐运输；水泥混凝土拌和场不得选在环境敏感点上风向，与其距离应在300 m以上。

5．道路与桥梁建设对社会环境的影响及防治

（1）公路建设对社会环境的影响

①对社会经济的影响。公路建设对沿线区域的社会经济发展有积极的促进作用，公路建设将促进沿线区域的城镇化进程。

②征地拆迁的影响。

③对基础设施的影响。如对水、电等基础设施的影响，对其他道路的影响。

④对人员交往的阻隔。

⑤对文物保护的影响。

（2）减缓公路建设对社会环境影响的措施

①节约用地：a.在施工招标时，应将耕地保护的条款列入招标文件；b.项目法人要增强耕地保护意识，统筹工程实施临时用地，加强科学指导；c.施工单位要严格控制临时用地数量，施工便道、各种料场、预制场要根据工程进度统筹考虑，尽可能设置在公路用地范围内或利用荒坡、废弃地解决；d.进行公路绿化，如公路沿线是耕地则要严格控制绿化带宽度；e.公路建设中废弃的旧路要尽可能复垦，不能复垦的要尽量绿化，避免闲置浪费；f.农村公路改建要贯彻因地制宜，充分利用旧路资源的原则，尽量在原有路基基础上加宽改造，尽量减少占地，保护基本农田。

②减小施工对当地交通的影响。

③做好与水、电、通信等部门的协调工作。

④其他措施。根据沿线实际情况，增加或改移通道、天桥等，减少对人民群众生产、生活、上学、交往的阻隔；对临时用地进行清理、平整、恢复等。

二、道路桥梁工程施工安全

（一）安全生产原则与方针

1. 安全生产的原则

①"管生产必须管安全"的原则：是指工程项目各级领导和全体员工在生产工程中必须坚持在抓生产的同时抓好安全工作。它体现了安全和生产的统一，二者是一个有机的整体，不能分割更不能对立起来，应将安全寓于生产之中。

②"安全一票否决权"的原则：是指安全生产工作是衡量工程项目管理的一项基本内容，它要求在对工程项目各项指标考核、评优创先时，首先必须考虑安全指标的完成情况。安全指标没有实现，其他指标顺利完成，仍无法实现工程项目的最优化，安全具有一票否决的权利。

③职业安全卫生"三同时"的原则：是指一切生产性的基本建设和技术改造工程项目，必须符合国家的职业安全生产的法规和标准，职业安全卫生技术措施及设施应与主体工程同时设计、同时施工、同时投产使用，以确保工程项目投产后符合职业安全卫生要求。

④事故处理"四不放过"的原则：国家法律法规要求，在处理事故时必须坚持和实施"四不放过"原则，即事故原因未查清不放过，事故责任和职工群众没受到教育不放过，安全隐患没有整改预防不放过，事故责任者不处理不

放过。

2. 安全生产要处理好的五种关系和要坚持的六项原则

（1）安全生产要处理好的五种关系

①安全与危险的并存。安全与危险在事物的运动中是相互对立、相互依赖而存在的。因为有危险才要进行安全管理，以防止危险。安全与危险并非等量并存、平静相处。随着事物的运动变化，安全与危险每时每刻都在变化着，进行着此消彼长的斗争。可见，在事物的运动中，都不会存在绝对的安全和危险。危险因素客观地存在于事物运动之中的，自然是可知的，也是可控的。保持生产的安全状态必须采取多种措施，以预防为主，危险因素是完全可以控制的。

②安全与生产的统一。生产是人类社会存在和发展的基础。如果生产中人、物、环境都处于危险状态，则生产无法顺利进行。因此，安全是生产的客观要求。自然地，当生产完全停止，安全也就失去意义。生产有了安全保障，才能持续、稳定发展。生产活动中事故层出不穷，生产势必混乱，直至瘫痪状态。当生产与安全发生矛盾，危及职工生命或国家财产时，生产活动停下来整顿、消除危险因素以后，生产形势会变得更好。

③安全与质量的同步。从广义上看，质量包涵安全生产质量，安全概念也包含着质量，交互作用、互为因果。安全第一、质量第一两个第一并不矛盾。安全第一是从保护生产因素的角度提出的，质量第一则是从关心产品成果的角度而强调的。安全为质量服务，质量需要安全保证。生产过程舍掉哪一头，都要陷于失控状态。

④安全与速度的互促。生产的蛮干、乱干、一味求快，缺乏真实性与可靠性，一旦酿成不幸，非但没有速度可言，反而会延误时间。速度应以安全作保障，追求安全加速度，竭力避免安全减速度。安全与速度成正比例关系，当速度与安全发生矛盾时，暂时减缓速度，保证安全才是正确的做法。

⑤安全与效益的兼顾。安全技术措施的实施，会改善劳动条件，调动职工的积极性，焕发劳动热情，带来经济效益，足以使原投入得以补偿。从这个意义上说，安全促进了效益的增长，安全与效益是一致的。在安全管理中，投入要适度，统筹安排，既要保证安全生产，又要经济合理，还要考虑力所能及。单纯为了省钱而忽视安全生产，或单纯追求安全不惜资金的盲目高标准，都是不可取的。

（2）安全生产的六项原则

①坚持管生产同时管安全原则。安全寓于生产之中，并对生产发挥促进与保证作用。从安全生产管理的目标、目的，安全与生产表现出高度的一致和完全的统一。安全管理是生产管理的重要组成部分，安全与生产的实施过程中两者存在着密切的联系，存在着进行共同管理的基础。

管生产同时管安全，国务院《关于加强企业生产中安全工作的几项规定》中明确指出：各级领导人员在管理生产的同时，必须负责管理安全工作，企业中有关专职机构都应该在行业业务范围内，对实现安全生产的要求负责，不仅是对各级领导人员明确安全管理责任，同时，也向一切与生产有关的机构、人员，明确了业务范围内的安全管理责任。可见，一切与生产有关的机构、人员，都必须参与安全管理并在管理中承担责任。认为安全管理只是安全部门的事，是一种片面、错误的认识。各级人员安全生产责任制度的建立、管理责任的落实，体现了管生产同时管理安全。

②坚持目标管理原则。安全管理的内容是对生产的人、物、环境因素状态的管理，有效地控制人的不安全行为和物的不安全状态，消除或避免事故，达到保护劳动者的安全与健康的目的。没有明确目标的安全管理是一种盲目行为，只能劳民伤财，危险因素依然存在，而且只能纵容威胁人的安全与健康的状态，向更为严重的方向发展或转化。

③坚持预防为主的原则。安全生产的方针是"安全第一，预防为主"。"安全第一"是从保护生产力的角度和高度，表明在生产范围内安全与生产的关系，肯定安全在生产活动中的位置和重要性。进行安全管理是对于生产的特点，对各个因素采取管理措施，有效控制不安全因素的发展与扩大，把可能发生的事故消灭在萌芽状态，以保证生产活动中人的安全与健康。

④坚持全方位动态管理。安全管理涉及生产活动的方方面面，涉及从开工到竣工交付的全部生产过程，涉及全部的生产时间，涉及一切变化着的生产因素。因此，安全生产活动中必须坚持全员、全过程、全方位、全天候的全面动态管理。安全管理不是少数人和安全机构的事，而是一切与生产有关的人共同的事。缺乏全员的参与，安全管理不会有生气，不会出好的管理效果，生产组织者在安全管理中的作用固然重要，全员参与管理也十分重要。

⑤坚持全过程控制原则。进行安全管理的目的是预防、消灭事故，防止或消除事故伤害，保护劳动者的安全与健康。在安全管理的主要内容中，虽然都

是为了达到安全管理的目的，但是对生产因素状态的控制，即事前控制、事中控制、事后控制，与安全管理的目的关系更直接，显得更为突出。因此，对生产中人的不安全行为和物的不安全状态的控制，必须是动态的安全管理。事故的发生，是由于人的不安全行为运动轨迹与物的不安全状态运动轨迹的交叉。从事故发生的原理，也说明了对生产因素状态的控制，应该作为安全管理的重点。

⑥坚持持续改进原则。建设工程施工安全管理是在变化着的施工生产活动中的管理，是一种动态管理，其管理就意味着是不断变化的，以适应变化的生产活动，消除新的危险因素，更重要的是不间断地摸索新规律，总结管理和控制的办法与经验，持续改进，指导新变化后的管理，从而不断提高建设工程施工安全管理水平。

（二）安全生产管理的实施

为了切实加强公路建设安全生产管理，认真贯彻执行国家有关安全生产的法律、法规和"安全第一、预防为主"的方针，规范安全生产行为，保障在生产过程中的安全和健康，预防事故发生，确保国家和人民生命财产的安全，制定如下规定：

①建设指挥部是本建设工程安全生产的主管机关，总监办、驻地办负责实施对承包人安全生产监督管理。承包人应按职责和合约对安全生产进行落实。

②建设指挥部成立建设安全管理领导小组：建设指挥部指挥长任组长，副指挥长、总工程师、副总工程师、总监理工程师任副组长，成员由建设指挥部相关部门人员组成。领导小组下设办公室，建设指挥部工程部长兼办公室主任。领导小组办公室的主要职责是：检查监督施工安全生产情况，对存在的安全隐患责令承包人限期整改；协调解决施工中的重大安全问题；监督指导和考核创建安全文明标准工地。

③驻地办应当审查施工组织设计中的安全技术措施或者专项施工方案是否符合工程建设强制性标准。在实施监理过程中，发现承包人存在安全事故隐患的，应当要求承包人整改；情况严重的，应当要求承包人暂时停止施工，并及时报告建设指挥部。承包人拒不整改或者不停止施工的，驻地办应当及时向建设指挥部和总监办报告。驻地办和监理工程师应当按照法律、法规和工程建设强制性标准实施监理，并对建设工程安全生产承担监理责任。

④承包人相应成立安全管理机构，配备专职安全生产管理人员，主要负责

人对安全生产工作全面负责。其主要职责是：a.认真贯彻执行国家《安全生产法》《建设工程安全生产管理条例》《环境保护法》等法律法规；b.必须在施工组织设计中编制安全技术措施和专项安全技术方案；c.施工前必须进行安全技术交底；d.建立健全本单位安全生产责任制度和安全生产教育制度；e.组织制定安全生产规章制度和操作规程，在施工场所设置明显的安全警示标志，保证本单位安全生产条件所需资金的投入；f.定期和不定期安全检查，及时消除安全事故隐患，并做好记录；g.组织制定并实施本单位的生产安全事故应急救援预案；h.及时如实报告生产安全事故和事故按"四不放过"的原则进行调查处理。

⑤安全保证体系组成。为了全面贯彻落实安全方针和实现安全目标，各单位根据具体情况并结合工程实际，从安全生产管理的思想组织保证、工作保证、制度保证等方面建立和完善安全保证体系。

⑥思想组织保证：a.承包人要建立健全安全管理组织机构和各级机构或部门的安全管理工作人员，明确其安全工作职责范围，将施工经验丰富、安全意识强的人员充实到安全管理的各级机构和部门，项目经理是安全管理的第一责任人，以确保安全管理工作的领导权威。b.制定严格的安全管理制度和措施，定期分析安全生产形势，研究解决施工中存在的问题，建立健全各级安全生产责任制，责任落实到人。充分发挥各级专职安检人员的检查和监督作用，及时发现和排除安全隐患。c.安全教育要形成经常化、制度化，对特种作业人员必须经培训合格后持证上岗，对新员工必须进行经理部、项目队和班组三级安全教育和培训。d.承包人应通过安全生产竞赛、现场安全标语、图片等宣传形式，增强全员安全生产意识和自觉性，把"以人为本、珍惜生命"的安全生产思想落到实处。

⑦工作保证：a.编制实施性施工组织设计的同时必须编制安全组织设计及安全技术措施，必须坚持"三同时"的原则，并下达月、季度、年度安全生产计划及安全保证措施；b.根据工程特点编制有针对性的安全防护措施，对一些危险点，必须组织设计专项安全防护方案及措施；c.承包人要对作业层人员进行安全措施及防护方案等安全技术交底；d.针对工程具体情况，制定相应的安全操作规程、技术措施和安全规则；e.根据各工点或工序的具体情况，配置与之相适应的机械设备，杜绝因机械设备不符合工程特点而造成的安全事故。

施工过程阶段检查内容和要求：各个作业层及操作人员必须熟悉、清楚所从事施工项目的安全设计、安全技术措施及工艺流程安全注意事项，并在实施中严格遵守。坚持安全管理制度，充分发挥安全监督岗的积极作用；实行安全否决制，杜绝违章指挥和违章作业；广泛开展安全的预测预控活动和"三不伤害"活动（即不伤害他人、不伤害自己、不被别人伤害）；认真开展安全大检查，查制度、查违章、查隐患、搞整改，消灭事故隐患，杜绝安全事故的发生。

竣工验收阶段：总结施工过程中的安全生产经验，对于好的经验措施和办法在下一项目建设中推广运用。找出施工过程中的安全管理薄弱环节和安全事故的原因，改进或制定具有针对性的措施。

⑧制度保证。承包人必须完善安全生产各项管理制度，针对各工序及各工种的特点，制订相应的安全管理制度，建立安全生产责任制，落实各级管理人员和操作人员的安全职责，做到纵向到底，横向到边，人人有责，各自做好本岗位的安全工作。安全工作必须坚持下列管理制度：安全生产责任制，安全会议制度，安全三级教育管理制度，安全技术方案逐级审查制度，安全技术交底制度，特殊工种持证上岗制度，每周一安全活动制和工地班前安全讲话、班后安全活动制度，安全技术操作规程制度，安全生产检查制度（工班每天自检，专职安检员每周专检，项目每月系统检查），安全资金保障制度，安全生产操作挂牌制度，环境保护制度，安全生产事故报告处理制度，安全生产奖惩制度。

⑨经济保证。实行安全生产包保责任制，谁主管、谁负责，明确奖惩措施，实行层层包干负责，定期进行考核，并严格兑现奖惩。

⑩安全防范重点：严格控制路基土石方爆破，防止飞石伤害事故；预防高空坠落、物体打击事故；土石方开挖、填筑及隧道施工中防止塌方事故；隧道控制爆破中防止爆破伤害事故；加强隧道通风、挖孔桩基通风，防止瓦斯爆炸，防止缺氧窒息事故；防止机械设备伤害、触电事故；规范施工场地交通安全，防止交通伤害事故；防止火灾、洪灾事故；防止压力容器爆炸伤亡事故。

⑪安全事故处理。伤亡事故：承包人必须用电话2h内报建设指挥部，并在12h内以书面形式报建设指挥部；发生死亡、重大死亡事故的单位应迅速采取必要措施抢救人员和财产，防止事故扩大，同时保护事故现场；重大伤亡事故由其上级有关主管部门组成事故调查组，报请地方相关部门参加，进行调查；事故采取"四不放过"的原则进行处理；对伤亡事故，在上报本单位上级主管部门的同时，将事故调查报告一并报建设指挥部。

（三）危险源辨识与风险评估

1. 风险的识别结果

风险识别的结果是制定建设工程风险清单。在建设工程风险识别过程中，核心工作是建设工程风险的分解，识别建设工程风险因素、风险事件及后果。

2. 建设工程风险的分解

根据建设工程的特点，建设工程风险的分解可以按以下途径进行：

①目标维：按建设工程目标进行分解。

②时间维：按建设工程实施的各个阶段进行分解。

③结构维：按建设工程组成内存进行分解。

④因素维：按建设工程风险因素的分类进行分解。

⑤环境维：按建设工程与其所在环境的关系进行分解。

在风险分析过程中，有时并不仅仅是采用一种方法就能达到目的的，而需要几种方法组合。

3. 建设工程风险识别的方法

建设工程风险识别的方法有风险调查法、专家调查法、财务报表法、流程图法、初始清单法和经验数据法。其中，风险调查法是建设工程风险识别的主要方法。

①风险调查法。风险调查通常可以从组织、技术、自然及环境、经济、合同等方面分析拟建建设工程的特点以及相应的潜在风险。

②专家调查法。专家调查法通常包括两种形式：头脑风暴法和德尔菲法。前者是召集有关专家开会，让其各抒己见，充分发表意见；后者是问卷式调查，并且各专家不知道其他专家的意见。针对专家发表的意见，由风险管理人员进行归纳分类、整理分析。头脑风暴法的特点是：多人讨论、集思广益，可以弥补个人判断的不足，采取专家会议的方式互相启发、交换意见，使风险的识别更加细致、具体。德尔菲法的特点是：避免了集体讨论中的从众倾向，代表专家的真实意见。

③经验数据法。经验数据法是根据已建设工程与风险有关的统计资料来识别拟建建设工程的风险。

此外，建设工程风险管理是一个系统、完整的循环过程，因此风险识别也应该在建设工程实施全过程中不断地进行，这样才能了解不断变化的条件对建设工程风险状态的影响。

对扩建工程的风险识别来说,仅仅采用一种风险识别方法是远远不够的,综合采用两种或多种风险识别方法才能取得较为满意的结果。

4. 风险评估

风险评估在系统地识别建设工程风险与合理地做出风险对策之间起着重要的桥梁作用。

风险评价可以采用定性和定量两大类方法。

定性风险评估方法有专家打分法、层次分析法等,其作用在于区分不同风险的相关严重程度以及根据预先确定的可接受的风险水平做出相应的对策。定量风险评估方法有敏感度分析、盈亏平衡分析、作业条件危险性评价法、决策树、定量风险评价法和随机网络等,其作用在于可以定量地确定建设工程各种风险因素和风险事件发生的概率大小或概率分布,及发生后对建设工程目标影响的严重程度或损失严重程度,了解和估计各种风险所造成的损失后果。

5. 风险对策

风险回避就是拒绝承担风险,通过回避建设工程风险因素,回避可能产生的潜在损失或不确定性。其特点是:回避也许是不实际或不可能的;回避失去了从中获益的可能性;回避一种风险,有可能产生新的风险。

损失控制是一种主动、积极的风险对策。损失控制可分为预防损失和减少损失两方面工作。预防损失措施的主要作用是降低或消除损失发生的概率,而减少损失措施的作用是降低损失的严重性或遏制损失的进一步发展,使损失最小化。一般地,损失控制方案包括了预防损失和减少损失两个方面措施。就施工阶段而言,该计划系统一般应由预防计划、灾难计划和应急计划三部分组成。

预防计划的目的在于有针对性地预防损失的发生,其主要作用是降低损失发生的概率,同时能在一定程度上降低损失的严重性。

灾难计划是为现场人员提供一组事先编制好的、目的明确的处理特种紧急事件的工作程序和具体措施,其作用是在各种严重的、恶性的紧急事件发生时,现场人员可以做到从容不迫,及时、妥善地处理紧急事件,从而减少人员伤亡以及财产等损失。灾难计划是在严重风险事件发生或即将发生时实施的。

应急计划是在风险损失基本确定后的处理计划,其作用是使因严重风险事件而中断的工程实施过程尽快恢复,并减少进一步的损失,使其影响程度减少到最小。应急计划包括制定所需采取的相应措施和规定不同工作部门相应的职责等。

（四）应急救援预案

为了更好地适应法律和经济活动的要求，给企业员工的工作和施工场区周围居民提供更好、更安全的环境；保证各种应急反应资源处于良好的备战状态；指导应急反应行动计划有序地进行，防止因应急反应行动组织不足或现场救援工作的无序和混乱而延误事故的应急救援；有效地避免或降低人员伤亡和财产损失；帮助实现应急反应行动的快速、有序、高效；充分体现应急救援的"应急精神"，根据预测危险源、危险目标可能发生事故的类别、危害程度，而制定的事故应急救援方案，要充分考虑现有物资、人员及危险源的具体条件，能及时、有效地统筹指导事故应急救援行动。

1. 应急预案的作用

①应急预案确定了应急救援的范围和体系，使应急管理不再无据可依、无章可循，尤其是通过培训和演练，可以使应急人员熟悉自己的任务，具备完成指定任务所需的相应能力，并检验预案和行动程序，评估应急人员的整体协调性。

②应急预案有利于做出及时的应急响应，降低事故后果，应急行动对时间要求十分敏感，不允许有任何拖延，应急预案预先明确了应急各方职责和响应程序，在应急资源等方面进行先期准备，可以指导应急救援迅速、高效、有序开展，将事故造成的人员伤亡、财产损失和环境破坏降到最低限度。

③应急预案是各类突发事故的应急基础，通过编制应急预案，可以对那些事先无法预料到的突发事故起到基本的应急指导作用，成为开展应急救援的"底线"。在此基础上，可以针对特定事故类别编制专项应急预案，并有针对性地制定应急预案，进行专项应急预案准备和演习。

④应急预案建立了与上级单位和部门应急救援体系的衔接，通过编制应急预案可以确保当发生超过本级应急能力的重大事故时，与有关应急机构的联系和协调。

⑤应急预案有利于提高风险防范意识，应急预案的编制、评审、发布、宣传、演练、教育和培训，有利于各方了解面临的重大事故及其相应的应急措施，有利于促进各方提高风险防范意识和能力。

2. 应急救援预案的基本要求

（1）针对性

应急预案是针对可能发生事故，为迅速、有序地开展应急行动而预先制定的行动方案，因此，应急预案应结合危险分析的结果。

①针对重大危险源。重大危险源是指长期或是临时地生产、搬运、使用或贮存危险性物品，且危险物品的数据等于或超过临界量的单位。重大危险源历来都是生产经营单位监管的重点对象。

②针对可能发生的各类事故。在编制应急预案之初需要对生产经营单位中可能发生的各类事故进行分析和编制，在此基础上编制预案，才能保证应急预案更广范围的覆盖性。

③针对关键的岗位和地点。不同的生产经营单位，同一生产经营单位不同生产岗位所存在的风险大小都往往不同，特别是在危险化学品、煤矿开采、建筑等高危行业，都存在一些特殊或关键的工作岗位和地点。

④针对薄弱环节。生产经营单位的薄弱环节主要是指生产经营单位为应对重大事故发生而存在的应急能力缺陷或不足方面。企业在编制预案过程中，必须针对生产经营在进行重大事故应急救援过程中，人力、物力、救援装备等资源是否可以满足要求而提出弥补措施。

⑤针对重要工程。重要工程的建设和管理单位应当编制预案，这些重要工程往往关系到国计民生的大局，一旦发生事故，其造成的影响或损失往往不可估量，因此，针对这些重要工程应当编制应急预案。

（2）科学性

应急救援工作是一项科学性很强的工作，编制应急预案必须以科学的态度，在全面调查研究的基础上，实行领导和专家结合的方式，开展科学分析和论证，制定出决策程序和处置方案、应急手段先进的应急反应方案，使应急预案真正的具有科学性。

（3）可操作性

应急预案应具有实用性和可操作性，即发生重大事故灾害时，有关应急组织、人员可以按照应急预案的规定迅速、有序、有效地开展应急救援行动，降低事故损失。

（五）安全生产检查与绩效考核

安全生产工作必须贯彻执行（法定代表人）负责制，各级领导要坚持"管生产必须管安全"的原则，生产要服从安全的需要，实现安全生产和文明生产。对在安全生产方面有突出贡献的团体和个人要给予奖励，对违反安全生产制度和操作规程造成事故的责任者，要给予严肃处理，触及刑律的，交由司法机关论处。

安全生产主要责任人的划分：单位行政第一把手是本单位安全生产的第一责任人，分管生产的领导和专职安全生产管理员是本单位安全生产的主要责任人。

企业安全生产专职管理人员职责：协助领导贯彻执行劳动保护法令、制度，综合管理日常安全生产工作；汇总和审查安全生产措施计划，并督促有关部门切实按期执行；制定、修订安全生产管理制度，并对这些制度的贯彻执行情况进行监督检查；组织开展安全生产大检查，经常深入现场指导生产中的劳动保护工作，遇有特别紧急的不安全情况时，有权指令停止生产，并立即报告领导研究处理；总结和推广安全生产的先进经验，搞好安全生产的宣传教育和专业培训；根据有关规定，发放符合国家标准的劳动防护用品，并监督正确佩戴和使用；组织有关部门研究制定防止职业危害的措施，并监督执行；生产单位专职安全生产管理员要协助本单位领导贯彻执行劳动保护法规和安全生产管理制度，处理本单位安全生产日常事务和安全生产检查监督工作。

安全生产专职管理干部职责：协助领导贯彻执行劳动保护法令、制度，综合管理日常安全生产工作；汇总和审查安全生产措施计划，并督促有关部门切实按期执行；制定、修订安全生产管理制度，并对这些制度的贯彻执行情况进行监督检查；组织开展安全生产大检查，经常深入现场指导生产中的劳动保护工作，遇有特别紧急的不安全情况时，有权指令停止生产，并立即报告领导研究处理；总结和推广安全生产的先进经验，协助有关部门搞好安全生产的宣传教育和专业培训；参加审查新建、改建、扩建、大修工程的设计文件和工程验收及试运转工作；参加伤亡事故的调查和处理，负责伤亡事故的统计、分析和报告，协助有关部门提出防止事故的措施，并督促其按时实现；根据有关规定，制定本单位的劳动防护用品，并监督执行；组织有关部门研究制定防止职业危害的措施，并监督执行；对上级的指示和基层的情况上传下达，做好信息反馈工作。

各生产单位专（兼）职安全生产管理员要协助本单位领导贯彻执行劳动保护法规和安全生产管理制度，处理本单位安全生产日常事务和安全生产检查监督工作。各生产班组安全员要经常检查、督促班组人员遵守安全生产制度和操作规程；做好设备、工具等安全检查、保养工作；及时向上级报告班组的安全生产情况，做好原始资料的登记和保管工作；职工在生产、工作中要认真学习和执行安全技术操作规程，遵守各项规章制度；爱护生产设备和安全防护装置、设施及劳动保护用品；发现不安全情况，及时报告领导，迅速予以排除。

（六）安全教育培训

对新职工、实习人员，必须先进行安全生产的三级教育（即生产单位或班组、生产岗位）才能准其进入操作岗位。对改变工种的工人，必须重新进行安全教育才能上岗。

对从事电气、焊接、车辆驾驶、易燃易爆等特殊工种人员，必须进行专业安全技术培训，经有关部门严格考核并取得合格操作证（执照）后，才能准其独立操作。对特殊工种的在岗人员，必须进行经常性的安全教育。

结语

总而言之，想要在路桥施工过程中保证其施工质量的良好，就一定要对施工材料进行检测，对施工技术进行更新，进而从根本上对工程质量进行控制。但是在实际检测和更新过程中可能会受到多种因素的影响，而使检测结果出现误差，更新进度出现停滞，因此就要选取最为适合的策略进行材料检测和技术更新，进而保证路桥工程质量良好。

参考文献

[1] 李栋国，张洪军.道路桥梁工程施工技术［M］.武汉：武汉大学出版社，2014.

[2] 杨亚峰.道路桥梁工程施工质量管理与控制措施探究［M］.大连：大连理工大学出版社，2012.

[3] 卜建清，严战友.道路桥梁工程施工［M］.重庆：重庆大学出版社，2012.

[4] 彭盛涛，张凤春，孙小菊.道路桥梁工程理论及施工方法研究［M］.北京：中国水利水电出版社，2016.

[5] 黄家城.公路桥梁建设设计与质量监督［M］.北京：人民交通出版社，2003.

[6] 中国建筑工业出版社.城镇道路桥梁施工规范［M］.北京：中国计划出版社，2008.

[7] 田海风.道路与桥梁工程概论［M］.北京：化学工业出版社，2011.

[8] 杜建华.公路与桥梁试验检测［M］.北京：中国电力出版社，2009.

[9] 吴书君.道路与桥梁工程试验检测技术［M］.北京：中国矿业大学出版社，2012.

[10] 周艳，贾朝霞.道路与桥梁工程基础理论与监理实务［M］.北京：中国环境科学出版社，2006.

[11] 张新天，周建宾，吴育琦，等.道路与桥梁工程概论［M］.北京：人民交通出版社，2006.

[12] 邢世建.道路与桥梁工程试验检测技术［M］.重庆：重庆大学出版社，2005.

[13] 苏志忠.道路与桥梁工程概论［M］.北京：人民交通出版社，2009.

[14] 蒋红，田万涛.道路与桥梁工程施工［M］.北京：中国水利水电出版社，

2010.

［15］中国建筑工业出版社.城市道路与桥梁施工验收规范［M］.北京：中国计划出版社，2003.

［16］芦国超，张汉军.道路与桥梁工程材料［M］.北京：北京理工大学出版社，2013.

［17］胡昌斌.道路与桥梁检测技术.第2版［M］.北京：人民交通出版社，2015.

［18］姚谦峰.土木工程结构试验［M］.北京：中国建筑工业出版社，2001.

［19］夏才初，潘国荣.土木工程监测技术［M］.北京：中国建筑工业出版社，2001.

［20］赵菊梅，李国庆.土木工程结构试验与检测［M］.成都：西南交通大学出版社，2015.

［21］杨振华.道路施工基本技能［M］.北京：中国工人出版社，2009.

［22］郑渝力.道路施工技术创新探索［M］.成都：西南交通大学出版社，2013.

［23］孙翰耕，王琨.公路工程施工技术［M］.济南：山东大学出版社，2010.

［24］方诗圣，李海涛.道路桥梁工程施工技术［M］.武汉：武汉大学出版社，2013.

［25］张培韬.道路混凝土施工技术［M］.郑州：黄河水利出版社，2004.

［26］闫超君，丁明科，费秉胜.道路工程施工技术［M］.北京：中国水利水电出版社，2008.

［27］王钧利.桥梁施工技术及质量控制［M］.北京：中国水利水电出版社，2006.

［28］盛可鉴.公路与桥梁施工技术［M］.北京：人民交通出版社，2007.

［29］王海良，董鹏.桥梁工程施工技术［M］.北京：人民交通出版社，2013.

［30］陈从春.桥梁施工技术与安全［M］.北京：中国建筑工业出版社，2012.